企业安全规范与事故隐患排查治理指导丛书

机械制造企业

Ji Xie Zhi Zao Qi Ye

安全规范与事故隐患排查治理指导

An Quan Gui Fan Yu Shi Gu Yin Huan Pai Cha Zhi Li Zhi Dao

《企业安全规范与事故隐患排查治理指导丛书》编委会 编

中国劳动社会保障出版社

图书在版编目(CIP)数据

机械制造企业安全规范与事故隐患排查治理指导/《企业安全规范与事故隐患排查治理指导丛书》编委会编. —北京：中国劳动社会保障出版社，2015

(企业安全规范与事故隐患排查治理指导丛书)

ISBN 978-7-5167-1789-9

Ⅰ. ①机… Ⅱ. ①企… Ⅲ. ①机械制造企业-安全生产-生产管理-中国 Ⅳ. ①F426.4

中国版本图书馆 CIP 数据核字(2015)第 088718 号

中国劳动社会保障出版社出版发行

(北京市惠新东街 1 号 邮政编码：100029)

*

三河市华骏印务包装有限公司印刷装订 新华书店经销

787 毫米×1092 毫米 16 开本 18 印张 391 千字

2015 年 5 月第 1 版 2015 年 5 月第 1 次印刷

定价：44.00 元

读者服务部电话：(010) 64929211/64921644/84643933

发行部电话：(010) 64961894

出版社网址：http://www.class.com.cn

编委会

内容提要

我国是机械制造产业大国，从 21 世纪初开始，我国就成为世界工厂，中国产品远销世界各地，机械制造业也成为我国国民经济的支柱产业之一。

根据加工的物品特点不同，加工机械可分为冷加工机械（如金属切削机床、冲剪压设备等）和热加工机械（如锻造机械、铸造机械等），以及与机械制造、加工相配套的其他设备设施。在安全管理中，需要根据冷加工机械、热加工机械和其他配套设备设施的不同特点，采取有针对性的安全管理措施，保证作业场所和作业人员的安全。

在本书中，根据机械制造企业的实际情况，对机械制造企业事故特点与安全要求、机械制造企业安全生产相关法律法规、机械制造企业安全生产规范要求、机械制造企业事故隐患排查治理相关规章制度、机械制造企业安全检查、机械制造企业重大危险源辨识与防范措施、机械制造企业应急救援相关规章制度、机械制造企业典型事故案例分析等内容，进行了全面详细的介绍。

本书适合于机械制造、机械加工企业开展各类人员的安全培训，也是机械制造、机械加工企业进行安全管理的必备用书。

前　言

安全生产事关人民群众生命财产安全，事关改革发展稳定大局，事关党和政府形象和声誉。党中央、国务院高度重视安全生产，确立了安全发展理念和“安全第一、预防为主、综合治理”的方针，采取一系列重大举措加强安全生产工作，十八大以来，以《安全生产法》为基础的安全生产法律法规体系不断完善，以“关爱生命、关注安全”为主旨的安全文化建设不断深入，安全生产形势也在不断好转，连续几年呈现出事故起数、重特大事故起数持续下降的局面。

2014 年 8 月 31 日，十二届全国人大常委会第十次会议审议通过了《关于修改〈中华人民共和国安全生产法〉的决定》，修改后的《安全生产法》于 2014 年 12 月 1 日施行。在《安全生产法》修订中，特别加强了基础性工作，这个基础性工作既包括科技教育方面的内容，也包括经济投入和社会支持。第三十七条规定：生产经营单位对重大危险源应当登记建档，进行定期检测、评估、监控，并制定应急预案，告知从业人员和相关人员在紧急情况下应当采取的应急措施。第三十八条规定：生产经营单位应当建立健全生产安全事故隐患排查治理制度，采取技术、管理措施，及时发现并消除事故隐患。事故隐患排查治理情况应当如实记录，并向从业人员通报。对于企业来说，对重大危险源登记建档，对安全事故隐患排查治理，是全面改进安全生产工作的重要基础工作。

为了促进企业全面贯彻落实新的《安全生产法》，提高企业安全生产管理水平，提高企业排查治理安全事故隐患的能力，我们组织专业人员编写了这套“企业安全规范与事故隐患排查治理指导丛书”。这套丛书分为十本，根据不同企业的特点，对煤矿企业、非煤矿山企业、化工生产企业、危险化学品储存运输企业、冶金企业、机械制造企业、建筑施工企业、道路交通运输企业、商贸服务企业、特种设备使用单位的事故隐患排查治理，以及重大危险源登记建档、事故应急救援等知识，做了比较详细全面的介绍，同时还介绍了相关企业的经验与做法，比较细致地分析了相关典型事故案例。

在企业的安全生产工作中，人是起决定作用的关键因素，企业的各项安全管理工作都需要具体人员来贯彻落实，企业的生产、技术、经营等活动也需要人员来实现。因此，加强人员的安全培训与安全教育，实际上就是在保障企业的安全。这套“企业安全规范与事故隐患排查治理指导丛书”，适合企业各类人员的安全培训与安全教育，是比较好的企业各类人员安全培训教材。希望这套丛书能够切实有效地提高企业的安全管理水平，促进企业安全生产各项工作。

《企业安全规范与事故隐患排查治理指导丛书》编委会

2015 年 5 月

目　录

第一章　机械制造企业事故特点与安全要求 ……………………………（1）

第一节　机械制造企业存在的危险危害因素与事故特点 ………………（1）

一、机械设备存在的危险因素与危害 ……………………………（1）

二、机械加工作业中的主要危害因素 ……………………………（2）

三、机械设备事故特点与原因分析 ………………………………（5）

四、机械制造企业事故发生发展过程及责任 ………………………（7）

第二节　机械制造企业安全生产基本要求 ……………………………（9）

一、对机械设备的基本安全要求 …………………………………（9）

二、对机械设备安全防护措施的要求 ……………………………（10）

三、对机械加工作业场所的安全要求 ……………………………（15）

四、对金属切削机床安全技术措施的要求 ………………………（17）

第二章　机械制造企业安全生产相关法律法规 ……………………（21）

第一节　机械制造企业安全生产相关法律法规 ………………………（21）

一、《安全生产法》（修订版）相关要点 ……………………………（21）

二、《职业病防治法》（修订版）相关要点 …………………………（27）

三、《特种设备安全法》相关要点 …………………………………（34）

第二节　机械制造企业安全生产重要规定 ……………………………（43）

一、《生产经营单位安全培训规定》相关要点 ……………………（44）

二、《安全生产培训管理办法》相关要点 …………………………（47）

三、《特种作业人员安全技术培训考核管理规定》相关要点 ………（50）

四、《特种设备作业人员监督管理办法》相关要点 ………………（54）

五、《工贸企业有限空间作业安全管理与监督暂行规定》相关要点 …… (58)
六、《有限空间安全作业五条规定》 …… (61)
七、《企业安全生产风险公告六条规定》与解读 …… (62)
八、《严防企业粉尘爆炸五条规定》与条文释义 …… (63)

第三章 机械制造企业安全生产规范要求 …… (67)

第一节 机械制造企业安全生产规范相关规定 …… (67)
一、《企业安全生产标准化基本规范》相关要点 …… (67)
二、《企业安全生产标准化基本规范》讲解 …… (73)
三、《关于进一步加强企业安全生产规范化建设严格落实企业安全生产主体责任的指导意见》相关要点 …… (74)
四、《机械制造企业安全生产标准化规范》相关要点 …… (79)
第二节 企业人员作业安全规范要求 …… (105)
一、机械制造企业生产现场的安全管理措施 …… (105)
二、机械制造企业通用安全操作要求与规范 …… (108)
三、金属切削加工机械安全操作要求与规范 …… (112)
四、冲压机械安全操作要求与规范 …… (114)
五、特种作业人员安全操作要求与规范 …… (116)

第四章 机械制造企业事故隐患排查治理相关规章制度 …… (120)

第一节 机械制造企业事故隐患排查治理相关规章 …… (120)
一、《安全生产事故隐患排查治理暂行规定》相关要点 …… (120)
二、《安全生产事故隐患排查治理体系建设实施指南》相关要点 …… (123)
第二节 机械制造企业事故隐患治理相关制度 …… (131)
一、机械制造企业安全生产检查办法 …… (132)
二、机械制造企业重大危险源和重点部位管理制度 …… (134)
三、机械制造企业特种设备安全管理制度 …… (136)
四、机械制造企业特种作业和危险作业安全管理办法 …… (137)
五、机械制造企业劳动防护用品管理制度 …… (140)

六、机械制造企业从业人员安全行为规范 …………………………………… (140)

第五章 机械制造企业安全检查 …………………………………………………… (142)

第一节 机械制造企业安全检查 ………………………………………………… (142)
一、机械制造企业安全检查的类型与内容 ………………………………… (142)
二、机械制造企业安全检查的要求 ………………………………………… (145)
三、机械制造企业安全检查的做法 ………………………………………… (146)
第二节 机械制造企业设备设施的安全检查 …………………………………… (149)
一、机械加工设备设施的安全检查 ………………………………………… (149)
二、热加工设备设施的安全检查 …………………………………………… (154)
三、其他生产作业设备设施的安全检查 …………………………………… (158)
四、电力设备设施的安全检查 ……………………………………………… (165)

第六章 机械制造企业重大危险源辨识与防范措施 …………………………… (169)

第一节 重大危险源监督管理相关规定 ………………………………………… (169)
一、《危险化学品重大危险源监督管理暂行规定》相关要点 ……………… (169)
二、《危险化学品重大危险源辨识》相关要点 ……………………………… (174)
三、《危险化学品重大危险源辨识》解读 …………………………………… (178)
第二节 重大危险源基本概念与控制系统 ……………………………………… (179)
一、重大危险源辨识简介 …………………………………………………… (179)
二、危险源辨识技术 ………………………………………………………… (181)
三、对危险源的认识与分类 ………………………………………………… (184)
四、对危险源的控制与管理 ………………………………………………… (187)
第三节 机械制造企业事故隐患排查治理新做法 ……………………………… (189)
一、上海锅炉厂有限公司三个层次开展事故隐患排查治理的做法 ……… (189)
二、武汉锅炉股份有限公司应用人机工程学消除潜在事故隐患的做法
…………………………………………………………………………… (191)
三、北方重工集团有限公司强化隐患排查治理细节管理的做法 ………… (195)
四、中国一拖集团有限公司采取技术与管理措施消除事故隐患的做法

…………………………………………………………………………………… (197)
五、精密转盘轴承有限责任公司加强现场事故隐患排查治理的做法 …… (198)
六、天津轨道交通装备公司推进排查治理事故隐患的做法 ………………… (200)

第七章　机械制造企业应急救援相关规章制度 ………………………… (203)

第一节　机械制造企业应急救援管理相关政策法规 ……………………… (203)
一、《突发事件应急预案管理办法》相关要点 ……………………………… (203)
二、《生产安全事故应急预案管理办法》相关要点 ………………………… (208)
三、《生产经营单位生产安全事故应急预案编制导则》相关要点 ……… (211)
四、《生产经营单位生产安全事故应急预案编制导则》解读 …………… (216)
五、《生产经营单位生产安全事故应急预案评审指南（试行）》相关要点
…………………………………………………………………………………… (218)
六、《生产安全事故应急演练指南》相关要点 ……………………………… (220)
七、《关于进一步加强生产经营单位一线从业人员应急培训的通知》相关
要点 ……………………………………………………………………………… (223)
第二节　机械制造企业应急救援预案的编制 ……………………………… (225)
一、编制应急救援预案的基本要求 ………………………………………… (225)
二、企业应急救援预案编制与实施要点 …………………………………… (226)
第三节　机械制造企业事故应急救援预案参考 …………………………… (229)
一、某机械制造企业生产安全事故综合应急预案 ………………………… (230)
二、南车青岛四方机车车辆股份有限公司转向架分厂生产安全事故应急
预案 ……………………………………………………………………………… (237)
三、解放公司卡车厂涂装车间生产安全事故应急预案 …………………… (243)

第八章　机械制造企业典型事故案例分析 ……………………………… (247)

第一节　机械制造企业金属切削加工事故分析 …………………………… (247)
一、机械制造公司人员戴手套操作旋转机床左手被绞事故 ……………… (247)
二、操作机床麻痹大意误触操作手柄造成的面部伤害事故 ……………… (248)
三、轨梁厂人员对钢管抛光作业戴手套操作手指受伤事故 ……………… (249)

四、金属加工中心操作镗铣机床工作服被缠绕导致伤害事故 …………（250）
第二节　机械制造企业金属热加工事故分析 ……………………………………（251）
一、衡水中盛工程橡胶有限公司人员违章操作导致的物体挤压事故 ……（251）
二、永庆铸件厂钢包翻倒在存有积水地面导致的爆炸事故 …………………（252）
三、重型机械厂作业人员操作液压切板机造成的断指事故 …………………（254）
四、热处理车间作业人员开玩笑导致的铁吊篮挤压头部事故 ………………（255）
第三节　机械制造企业人员作业触电事故分析 …………………………………（256）
一、永强起重设备有限公司拆除临近高压线铁架子触电伤亡事故 ………（256）
二、国盛管道装备制造有限公司施工中人员违规操作触电事故 ……………（257）
三、机械制造厂电仪车间维护电工操作不当触电烧伤事故 …………………（258）
四、炼铁厂电修车间值班电工违章带电作业触电伤亡事故 …………………（259）
五、动力车间电工进行临时用电接线作业被电弧灼伤事故 …………………（260）
第四节　机械制造企业起重作业事故分析 ……………………………………（261）
一、机电制造有限公司起吊油缸自制吊环断裂造成的伤害事故 ……………（261）
二、正通石化冶金机械有限公司吊装楼板碎裂导致的起重伤害事故 ……（262）
三、欧美佳焙烤机械有限公司天车电机坠落导致的物体打击事故 ………（264）
四、亚泰重工机械有限公司焊工违规操作天车导致的工件坍塌事故 ……（265）
五、中海钢管制造股份有限公司吊车起吊中钢管坠落伤害事故 ……………（266）
六、锚链有限公司制链车间起重工违章起吊导致的人身伤害事故 ………（267）
第五节　机械制造企业其他类型事故分析 ……………………………………（268）
一、港口机械有限公司人员高处作业未采取防护措施导致的坠落事故
……………………………………………………………………………………（268）
二、润宏建筑机械制造有限公司维修天窗导致的高处坠落事故 ……………（271）
三、机械加工厂电瓶车运送管片产生位移导致的伤害事故 …………………（272）
四、机械制造厂冲压工作业中进入模腔取工件导致的右手重伤事故 ……（273）
五、电气设备制造公司操作冲床改动安全装置导致的事故 …………………（273）
六、人造板有限公司机修工焊接作业不遵守规程导致的伤亡事故 ………（274）

第一章 机械制造企业事故特点与安全要求

随着现代工业的发展，机械设备已经广泛应用于各个领域，为减轻作业人员的劳动强度和提高生产效率做出了巨大贡献。据统计，我国目前有 2 400 多万家中小企业，其中 70%以上都从事制造业；而在制造业中，从事机械制造（包括电气机械及器材）的企业，2012 年约有 200 万家，从业人数约 576 万人。从 21 世纪初开始，我国就成为世界工厂，产品远销世界各地，遍布五湖四海，机械制造业也成为我国国民经济的支柱产业之一。

第一节 机械制造企业存在的危险危害因素与事故特点

根据加工的物件特点不同，加工机械可分为冷加工机械（如金属切削机床、冲剪压设备等）和热加工机械（如锻造机械、铸造机械等），以及与机械制造、加工相配套的其他设备设施。在安全管理中，需要根据冷加工机械、热加工机械和其他配套设备设施的不同特点，采取有针对性的安全管理措施，保证作业场所和作业人员的安全。

一、机械设备存在的危险因素与危害

1. 机械设备存在的危险因素

机械设备在规定的使用条件下执行其功能的过程中，以及在运输、安装、调整、维修、拆卸和处理时，无论处于哪个阶段，处于哪种状态，都存在着危险与有害因素，这有可能对操作人员造成伤害。

（1）机械设备正常工作状态存在的危险

机械设备在完成预定功能的正常工作状态下，存在着不可避免的但却是执行预定功能所必须具备的运动要素，并可能产生危害后果。如零部件的相对运动、刀具的旋转、机械运转的噪声和振动等，使机械设备在正常工作状态下存在碰撞、切割、作业环境恶化等对操作人员安全不利的危险因素。

（2）机械设备非正常工作状态存在的危险

在机械设备运转过程中，由于各种原因引起的意外状态，包括故障状态和维修保养状态。设备的故障不仅可能造成局部或整机的停转，还可能对操作人员构成危险，如运转中的砂轮片破损会导致砂轮飞出造成物体打击事故；电气开关故障会产生机械设备不能停机的危险。机械设备的维修保养一般都是在停机状态下进行，由于检修的需要往往

迫使检修人员采用一些特殊的做法，如攀高、进入狭小或几乎密闭的空间、将安全装置拆除等，使维护和修理过程容易出现正常操作不存在的危险。

2. 机械设备的主要危害

由危害因素导致的危害主要包括两大类，一类是机械性危害，另一类是非机械性危害。

机械性危害主要包括挤压、碾压、剪切、切割、碰撞或跌落、缠绕或卷入、戳扎或刺伤、摩擦或磨损、物体打击、高压流体喷射等。

非机械性危害主要包括电流、高温、高压、噪声、振动、电磁辐射等产生的危害；因加工、使用各种危险材料和物质（如燃烧爆炸、毒物、腐蚀品、粉尘及微生物、细菌、病毒等）产生的危害；还包括因忽略安全人机学原理而产生的危害等。

二、机械加工作业中的主要危害因素

1. 金属切削的主要危险因素

金属切削机床（简称“机床”）是用切削的方法将金属毛坯加工成一定的几何形状、尺寸精度和表面质量的机器零件的机器。在机床上装卡被加工工件和切削刀具，带动工件和刀具进行相对运动；在相对运动中，刀具从工件表面切去多余的金属层，使工件成为符合预定技术要求的机器零件。按加工性质和所用刀具分类，目前，国家标准《金属切削机床型号编制方法》（GB/T 15375—2008）将机床分为 11 大类。

在金属切削加工过程中，切削所产生的切屑可能对操作人员造成伤害，或对工件造成损坏，如崩碎的切屑可能迸溅伤人；带状切屑会连绵不断地缠绕在工件上，损坏已加工工件的表面。

金属切削主要的危险因素有：机械传动部件外露时，无可靠有效的防护装置；机床执行部件，如装夹工具、夹具或卡具脱落、松动；机床本体的旋转部件有凸出的销、楔、键；加工超长工件时伸出机床尾端的部分；工、卡、刀具放置不当；机床的电气部件设置不规范或出现故障等。

2. 金属切削加工常见的机械伤害

金属切削加工常见的机械伤害有：

（1）挤压

如压力机的冲头下落时，对手部造成挤压伤害；人手也可能在螺旋输送机、塑料注射成形机中受到挤压伤害。

（2）咬入（咬合）

典型的咬入点是啮合的齿轮、传送带与带轮、链与链轮、两个相反方向转动的轧辊。

（3）碰撞和撞击

一种典型例子是人受到运动着的刨床部件的碰撞造成伤害；另一种是飞来物撞击造成伤害。

（4）剪切

这种事故常发生在剪板机、切纸机上。

（5）卡住或缠住

运动部件上的凸出物、皮带接头、车床的转轴、加工件等都能将人的手套、衣袖、头发甚至工作服口袋中擦拭机械用的棉纱缠住而使人造成严重伤害。

需要注意的是，一种机械可能同时存在几种危险，即可同时造成几种形式的伤害。

3. 铸造工序存在的主要危害因素

铸造可分为手工造型和机械造型两大类。手工造型是指用手工完成紧砂、起模、修整及合箱等主要操作的过程，其劳动强度大，劳动者直接接触粉尘、化学毒物和物理因素，职业危害大。机械造型生产率高，质量稳定，工人劳动强度低，劳动者接触粉尘、化学毒物和物理因素的机会少，职业危害相对较小。

（1）粉尘危害

造型、铸件落砂与清理时产生大量的砂尘，其中粉尘性质及危害性大小主要决定于型砂的种类，如选用石英砂造型时，因游离二氧化硅含量高，其危害最大。

（2）毒物与物理因素危害

砂型与砂芯的烘干，以及熔炼、浇注产生高温与热辐射；如果采用煤或煤气作为燃料还会产生一氧化碳、二氧化硫和氢氧化物等；如果采用高频感应炉或微波炉加热时则存在高频电磁场和微波辐射。

4. 锻压工序存在的主要危害因素

锻压是对坯料施加外力，使坯料产生部分或全部的塑性变形，从而获得锻件的加工方法。

（1）物理因素危害

噪声是锻压工序中危害最大的职业病危害因素。锻锤（空气锤和压力锤）可产生强烈噪声和振动，一般为脉冲式噪声，其强度超过 100 dB（A）。冲床、剪床也可产生高强度噪声，但其强度一般比锻锤小。加热炉温度高达 1 200℃，锻件温度也在 500～800℃之间，工作场所中存在高温与较强的热辐射等物理性危害因素。

（2）粉尘与毒物危害

锻造炉、锻锤工序中加料、出炉、锻造过程可产生金属粉尘、煤尘等，尤以燃料工业窑炉污染较为严重。燃料工业窑炉可产生一氧化碳、二氧化硫、氮氧化物等有害气体。

5. 热处理工序的主要危害因素

热处理工艺主要是使金属零件在不改变外形的条件下，改变金属的性质（硬度、韧度、弹性、导电性等），达到工艺上所要求的性能。热处理包括正火、淬火、退火、回火和渗碳等基本过程。热处理一般可分普通热处理、表面热处理（包括表面淬火和化学热处理）和特殊热处理等。

（1）有毒气体

金属零件的正火、退火、渗碳、淬火等热处理工序要用品种繁多的辅助材料，如酸、碱、金属盐、硝盐及氰盐等。这些辅料都是具有强烈的腐蚀性和毒性的物质。如氯化钡作加热介质，工艺温度达 1 300℃时，氯化钡大量蒸发，产生氯化钡烟尘污染车间空气；氯化工艺过程中有大量氨气排放于车间空气中；在渗碳、氰化等工艺过程使用氰化盐（亚铁氰化钾等）毒性很大；盐浴炉中熔融的硝盐与工件的油污作用产生氮氧化物。此外，热处理过程经常使用甲醇、乙醇、丙烷、丙酮及汽油等有机溶剂。

（2）物理因素危害

热处理工序都是在高温下进行的，车间内各种加热炉、盐浴槽和被加热的工件都是热源。这些热源可造成高温与强热辐射的工作环境。各种电机、风机、工业泵和机械运转设备均可产生噪声与振动。但多数热处理车间噪声强度不大，噪声超标现象较少见。

6. 机械装配工序存在的主要危害因素

简单的机械装配工序职业危害因素很少，复杂的装配生产过程中存在的职业危害因素与特殊装配工艺有关。如各类电焊存在电焊职业病危害；使用胶黏剂及涂装工艺都存在职业病危害问题。

7. 职业病危害因素防护措施

机械制造企业职业病危害主要集中在铸造生产过程中的矽尘危害、涂装生产过程中的苯及同系物等有机溶剂的危害，以及电焊作业中的电焊（烟）尘的职业危害，为此，机械制造工业的职业病危害防护应从以下方面综合考虑。

（1）合理布局

在车间布局上，要考虑减少职业病危害交叉污染问题。如铸造工序中的熔炼炉应放在室外或远离人员集中的公共场所；铆工和电焊、（涂）喷漆工序应分开布置。

（2）防尘

铸造应尽量选用低游离二氧化硅含量的型砂，并减少手工造型和清砂作业。清砂是铸造生产中粉尘浓度最高的岗位，应予重点防护，如安装大功率的通风除尘系统，实行喷雾湿式作业，以降低工作场所空气中粉尘浓度。并做好个人防护，佩戴符合国家相关标准的防尘口罩。

（3）防毒及应急

对热处理和金属熔炼过程中有可能产生化学毒物的设备，应采取密闭措施或安装局部通风排毒装置。对产生高浓度一氧化碳、氰化氢、甲醛和苯等剧毒气体的工作场所，如某些特殊的淬火、涂装和使用胶黏剂岗位，应制定急性职业中毒事故应急救援预案，设置警示标识，配备防毒面具或防毒口罩等。

（4）噪声控制

噪声是机械制造行业中重要的职业病危害之一。噪声控制主要包括对铸造、锻造中的气锤、空压机，以及机械加工的打磨、抛光、冲压、剪板、切割等高强度噪声设备的治理。对高强度噪声源可集中布置，并设置隔声屏蔽。空气动力性噪声源应在进气或排气口进行消声处理。对集控室和岗位操作室应采取隔声和吸声处理。进入噪声强度超过 85 dB（A）的工作场所应佩戴防噪声耳塞或耳罩。

（5）振动控制

振动是机械制造工业中较为常见的职业病危害因素。对铆接、锻压机、型砂捣固机、落砂、清砂等振动设备应采取减振措施或实行轮岗操作。

（6）射频防护

应选择合适的屏蔽防护材料，对产生高频、微波等射频辐射的设备进行屏蔽，或者进行距离防护和时间控制。

（7）防暑降温

应做好铸造、锻造、热处理等高温作业人员的防暑降温工作。宜采取工程技术、卫生保健和劳动组织管理等多方面的综合措施，如合理布置热源、供应清凉含盐饮料、轮换作业、对集控室和操作室设置空调等。

三、机械设备事故特点与原因分析

1. 机械伤害事故的类型

机械伤害是指机械设备与工具引起的绞、碾、碰、割、戳、切等伤害。机械伤害的危害分为五类，这些伤害是：

（1）夹伤

人的身体及四肢在机器的闭合或往返运动中被夹住。在有些情况下，肢体被卷进闭合运动的部件中时，会发生夹伤。例如，在使用抓夹工具不当时，会夹伤手指。

（2）撞伤

在受到机器的运动部件的撞击时，会造成伤害。

（3）接触伤害

当人体接触到机器锋利的或锉状的表面时，会发生伤害。另外，接触高温或带电部件，也会造成伤害。

（4）卷动伤害

头发、耳环、衣物等卷入机器的运动部件造成伤害。

（5）射伤

在机器运转时，因机器部件或工件被抛出而造成的伤害。例如碎条、细渣、熔滴或机器部件的碎片抛出，造成的伤害。

2. 构成机械伤害事故的主要要素

通过对机械制造与加工企业大量事故的分析，构成事故的主要要素有：作业人员或其他人员的不安全行为，机械设备存在的不安全状态，生产以及作业环境的不安全条件，即人、物、环境三个要素。这三个要素构成了生产中的危险因素（事故隐患），事故的发生，可以看作是对这三个要素的失控。对这三个要素的控制是企业安全管理的主要任务，事故的发生则是由于在企业安全管理方面，没有将人、物、环境这三个要素控制住。所以，在事故分析上，把安全管理也作为一个重要要素看待。

各种事故发生的时间、地点和过程、原因虽然不尽相同，多种多样，但是通过大量事故分析，运用系统工程观点方法分析可知，每一种事故的发生都取决于一个或多个要素（见表1—1）。

3. 机械加工设备事故的特点

机械加工设备是各行业机械加工的基础设备，主要有金属切削机床、锻压机械、冲剪压机械、起重机械、铸造机械、木工机械等。

机械伤害是企业职工在工作中最常见的事故类别，伤害类型多以夹挤、碾压、卷入、剪切等为主。各类机械设备的旋转部件和成切线运动的部件间、对向旋转部件的咬

表 1—1 构成事故原因要素分析

人的不安全行为和状态	物和环境的不安全状态	管理上的原因
1. 忽视和违反安全生产规章制度及操作规程的行为 2. 操作上的误动作 3. 作业中的不注意 4. 疲劳作业 5. 身体有缺陷等	1. 设备和装置的结构不良，强度不够，零部件磨损和老化 2. 工作环境面积偏小或工作场所有其他缺陷 3. 物质的堆放和整理不当 4. 外来的或自然的不安全状态，危险物与有害物的存在 5. 安全防护装置失灵 6. 劳动保护用具或服装缺乏或有缺陷 7. 作业方法不安全 8. 工作环境，如照明、温度、噪声、振动、颜色和通风等条件不良	1. 技术缺陷：工业建筑物、构筑物、机械设备、仪器仪表的设计、选材、布置安装、维护检修有缺陷，或工艺流程及操作程序有问题 2. 对操作者缺乏必要的培训教育 3. 劳动组织不合理 4. 对作业现场缺乏检查和指导 5. 没有安全操作规程或操作规程不健全 6. 隐患整改不及时，事故防范措施不落实

合处、旋转部件和固定部件的咬合处等，都可能成为致人受伤的危险部位。据我国安全生产部门统计，近年来，夹挤、碾压类事故占机械伤害事故的一半左右，注重此类工伤事故的特点和预防，是一项不容忽视的重要工作。

4. 机械制造企业事故的直接原因

从机械制造与加工企业发生的大量事故案例来看，机械制造与加工企业事故发生的原因，主要有直接原因与间接原因两个方面。属于事故的直接原因主要有两个因素。

（1）机械、物质或环境的不安全状态

如防护、保险、信号等装置缺乏或有缺陷，设备、设施、工具、附件有缺陷，个体防护用品用具缺少或有缺陷，生产（施工）场地环境不良等。

（2）人的不安全行为

如操作错误造成安全装置失效，使用不安全设备，用手代替工具操作，物体存放不当，冒险进入危险场所，违反操作规定，注意力分散，忽视个体防护用品用具的使用，不安全装束等。

5. 机械制造与加工企业事故的间接原因

（1）技术和设计上有缺陷

工业构件、建筑物、机械设备、仪器仪表、工艺过程、操作方法、维修检验等的设计、施工和材料使用存在问题。

（2）教育培训不够

没有经过安全和技术培训，缺乏或不懂安全操作技术知识；劳动组织不合理。

（3）对作业现场缺乏检查或指导错误

没有安全操作规程或不健全，没有或不认真实施事故防范措施，对事故隐患整改不力等。

需要注意的是，有的事故的直接原因与间接原因很清楚，有的事故直接原因与间接原因则模糊。对于大多数事故来讲，造成事故的直接原因通常只有一个，而有的事故的直接原因可能不局限于一个。一般来讲，造成事故的间接原因较多，往往是由于多种因素共同作用的结果。

在造成事故的直接原因中，违章作业、维护不周、操作失误这三个原因，又是直接原因中的主要原因。除此之外，还有设计缺陷、制造缺陷、化学腐蚀等原因，但不是导致事故的主要原因，尤其是那些常见多发事故。因此可以说，造成事故的主要原因是违章作业、维护不周、操作失误。

四、机械制造企业事故发生发展过程及责任

机械制造与加工企业所发生的大多数事故，其过程简单，原因清晰，因果关系明确，这与煤矿、化工等企业所发生的事故有所不同，不像煤矿、化工事故具有许多不确定的外在因素，也很少出现群死群伤现象。

1. 事故发生发展的三个阶段

事故的发生发展实际上是一个不断变化的过程，任何事故的发生都存在以下三个阶段。

（1）前兆阶段

导致灾害和事故爆发的因素逐渐积累的阶段，就是前兆阶段。任何伤亡事故都有前兆，只是在显露程度上有所区别。安全管理工作的重要任务之一，就是尽早发现和识别事故的前兆，因为处于前兆阶段的事故最容易控制甚至予以消除。所以企业要开展经常性的安全检查，以期发现事故隐患，采取针对措施，从而达到防止事故发生的目的。

（2）爆发阶段

这一阶段只有一瞬间，事故往往以极快的速度和极高的强度发生。事故所造成的损失大多集中在这一阶段。这一阶段最具有意外性和紧急性的特点。

（3）持续阶段

持续阶段即灾害和事故所造成的后果仍然存在的阶段，往往需要持续较长的时间。持续阶段越长，所造成的危害越大。要消除后果往往要花费很大的力量。例如伤亡事故的抢救、善后处理、事故现场清理及恢复生产等都属于持续阶段。

2. 事故发生责任的追究

事故发生后，需要确定事故责任者，事故责任者包括直接责任者、主要责任者和领导责任者。直接责任者是指其行为与事故发生有直接因果关系，对事故的发生负有直接责任。主要责任者是指造成不安全状态的人和有不安全行为的人，对事故的发生负有重要的责任。对事故发生负有领导责任的为领导责任者，一般从间接原因确定领导责任。在直接责任者和领导责任者中，对事故发生起主要作用的，为主要责任者。

下述原因造成的事故，应首先追究领导者的责任：

（1）员工没按规定进行安全教育和技术培训，或未经工种考试合格就上岗操作。

（2）缺乏安全技术操作规程或规程不健全。

（3）安全措施、安全信号、安全标志、安全用具、个体防护用品缺乏或有缺陷。

（4）设备严重失修或超负荷运转。

（5）对事故熟视无睹，不采取措施，或挪用安全技术措施经费，致使重复发生同类

事故。

(6) 对作业现场缺乏检查或指导错误。

下述原因造成的事故，应追究肇事者或有关人员责任：

(1) 违章指挥、违章作业、违反劳动纪律。

(2) 违反安全生产责任制，玩忽职守。

(3) 擅自开动机器设备，擅自更改、拆除、毁坏、挪用安全装置和设备。

虽然绝大多数事故发生在操作者身上，但事故是由多种因素构成的；有导致事故的直接原因，也有多层次的间接原因，尤其是安全管理上的原因。事故发生后，吸取事故教训，从安全管理上和企业领导者自身查找原因，对于预防事故的再次发生具有重要意义，而不能推卸责任，将责任完全归结于操作者，这样将不利于对事故的预防。

预防伤亡事故的发生是安全管理工作最主要、最常见的任务。通过对已经发生的伤亡事故的分析发现，绝大部分伤亡事故是由于人为的因素造成的或与人有直接关系，因此对事故预防要有信心。当然，员工每天都在从事生产活动，设备设施和工作环境也处于不断的变化之中，此外还存在着许多技术问题、管理问题等，使预防和消除事故的工作变得更复杂，所以必须长期不懈地做好安全生产管理工作。

3. 机械制造企业事故防范措施

企业的安全生产管理，主要从三个方面着手：一是从规章制度着手，用规章制度约束操作者和管理者的行为，这是安全管理的基础；二是从教育培训着手，通过教育培训增强操作者和管理者的安全意识，提高遵守规章制度的自觉性；三是从技术措施和管理方法上着手，通过实施有效的技术措施，提高安全生产的可靠性和提高设备设施、技术措施的可靠性。防范事故的发生，实际上也主要从这三个方面着手，采取工程技术措施、安全教育及培训措施、安全管理措施，吸取事故教训，预防同类事故的发生。

(1) 工程技术措施

工程技术措施是指对主要设备、设施、工艺、操作等，从安全角度考虑计划、设计、检查和保养的措施。对新设备、新装置从设计阶段开始，就需要充分考虑安全问题。有时虽然有完整的设计方案，但在制造、加工过程中，可能因材料缺陷或加工技术差，使新设备、新装置处于不安全状态。若设备开始时能满足安全要求，但使用以后，因磨损、疲劳或腐蚀等因素的影响，设备也会转变为不安全状态。因此，必须根据生产的发展和设备的使用情况，及时改进或采取相应的工程技术措施。

(2) 安全教育及培训措施

安全教育及培训措施是指通过不同形式和途径的安全教育和培训，使员工掌握安全方面应有的知识和操作方法，使安全寓于生产之中。安全教育不仅仅是为了学习安全知识，更重要的是要会应用安全知识。

安全教育分两个方面，一个是思想教育，另一个是安全技术知识教育。思想教育是安全生产教育的一项重要内容，目的是使企业领导、管理人员和操作人员从思想上认识到做好安全工作对企业生产的重要意义。在实际工作中，需要正确处理好安全与生产的辩证统一关系，自觉地去组织和进行安全教育。法制教育和劳动纪律教育都属于思想政治教育。严格执行规章制度，加强法制观念，安全生产就有了保证。安全生产方针、政策的教育是为了提高各级领导和广大职工的政策水平，正确理解党的安全生产方针，严肃认真地执行安全生产法规，做到不违章指挥、不违章作业。安全技术知识教育，包括生产技术和安全技术知识，以及专业性的安全技术知识教育。根据这些技术知识，结合先进经验，掌握操作技术，并且需要不断提高操作技能。

（3）安全管理措施

安全管理从广义上讲，一是预测生产活动中存在的危险，从而预先采取防范措施，使员工在生产活动中不致受到伤害和职业病的危害；二是制定各种规章制度和消除危害因素所采取的各种办法、措施；三是告诉人们去认识危险和防止灾害。具体包括这样几个方面：

1）贯彻落实国家安全生产法律法规，落实“安全第一，预防为主”的安全生产方针，并落实企业各级人员安全生产责任制。

2）制定安全生产的各种规程、规定和制度，对作业现场的安全生产监督检查，纠正并处罚各种违章违规行为，使安全生产的各种规程、规定和制度得到认真贯彻实施。

3）对作业场所、机械设备设施进行安全检查和综合治理，消除不安全因素及事故隐患，使企业的生产机械设备和设施达到本质化安全的要求，保障职工有一个安全可靠的作业条件，减少和杜绝各类事故造成的人员伤亡和财产损失。

4）采取各种劳动卫生措施，不断改善劳动条件和环境，定期检测，防止和消除职业病及职业危害，做好女工和未成年工的特殊保护，保障劳动者的身心健康。

5）推广和应用现代化安全管理技术与方法，提高安全生产管理水平，降低事故发生率，不断深化企业安全管理。

第二节 机械制造企业安全生产基本要求

机械制造企业离不开机械设备，机械设备是人类进行生产的重要工具。随着科技的发展，机械设备的功能不断增加，数量不断增多，使用范围也不断扩大。然而，机械设备在给生产带来高效、快捷、便利的同时，也带来了危险与有害因素，如果安全管理不够完善，就会对操作人员造成伤害。

一、对机械设备的基本安全要求

机械设备安全是指机械设备在按照使用说明书规定的预定使用条件下，执行其功能和在对其运输、包装、调试、运行、维修、拆卸和处理时，对操作者不发生身体损伤或危害其健康的能力。

机械安全是由组成机械的各部分及整机的安全状态、机械设备操作人员的安全行为及机械和人的和谐关系来保证的。解决机械安全问题要用安全系统的观点和方法，从人的安全需要出发，保证在机械设备整个寿命周期内，人的身心能够免受外界危险因素的伤害。机械设备安全应考虑其寿命周期的各个阶段，还应考虑机械的各种状态。

1. 机械设备安全基本原则

（1）机械设备及其零部件，必须有足够的强度、刚度和稳定性，在按规定条件制造、安装、运输、储存和使用时，不得对人员造成危害。

（2）机械设备的设计，必须履行安全人机工程的原则，以便最大限度地减轻操作人员的体力和脑力消耗，以及精神紧张状况。

（3）机械设备的安全，应通过以下途径予以保证：

1）选择最佳设计方案，并严格按照标准制造、检验。

2）合理地采用机械化、自动化和计算机技术。

3）采用有效的防护措施。

4）安装、运输、储存、使用和维修的技术文件，应载明安全要求。

5）在使用过程中，机械设备不得排放超过标准规定的有害物质。

（4）机械设备的设计，应进行安全性评价。当安全技术措施与经济利益发生矛盾时，则应优先考虑安全技术上的要求，并按直接安全技术措施、间接安全技术措施、指示性安全技术措施的等级顺序选择安全技术措施。其中：

1）直接安全技术措施。机械设备本身应具有本质安全性能，保证不会出现任何危险。

2）间接安全技术措施。当直接安全技术措施不能或者不完全能实现时，必须在机械设备总体设计阶段，设计出一种或多种可靠的安全防护装置。安全防护装置的设计、制造任务不应留给用户去承担。

（5）机械设备在整个使用期限内均应符合安全卫生要求。

2. 机械安全设计基本要求

决定机械安全性能的关键是机械安全设计，即在机械设备的设计阶段，从零部件材料到零部件的形状和相对位置，从限制操纵力、运动件的质量和速度到减少噪声和振动，采用本质安全技术与动力源，应用零部件之间的强制机械作用原理，结合安全人机工程学原则等多项措施，通过选用适当的结构设计，尽可能地避免或减小危险；也可以通过提高其可靠性、操作机械化或自动化，以及实行在危险区之外的调整、维修等措施，以避免或减小危险。

所谓“本质安全”是指机械设备本身固有的、内在的，能够从根本上防止发生事故的功能，包括失误—安全功能和失效—安全功能两个方面，即当人操作失误或机械设备发生故障时，也不会发生事故或伤害。所谓“本质安全技术”是指利用该技术进行机械设备的设计和制造，不需要采用其他安全防护措施，就可以在预定条件下执行机械设备的预定功能时达到本质安全的要求。

二、对机械设备安全防护措施的要求

1. 机械设备安全防护措施的重要性

机械设备在规定的使用条件下执行其功能的过程中，以及在运输、安装、调整、维修、拆卸和处理时，无论处于哪个阶段，处于哪种状态，都存在着危险与有害因素，有可能对操作人员造成伤害，但是主要还是在使用阶段。在机械设备正常工作状态完成预定功能时，存在着不可避免的运动要素，并可能产生危害后果，例如零部件的相对运动、刀具的旋转、机械运转的噪声和振动等，使机械设备在正常工作状态下存在碰撞、切割、作业环境恶化等，对操作人员造成意外伤害。

机械设备的安全防护，是通过采用安全装置、防护装置或其他手段，对一些机械危险进行预防的安全技术措施，其目的是防止机械在运行时产生的各种对人员的接触伤害。安全防护的重点是机械设备的传动部分、操作区、高空作业区、移动机械的移动区域及某些机械设备由于特殊危险形式需要采取的特殊防护等。无论采取何种措施进行防护，都应对所需防护的机械设备进行风险评价以避免带来新的风险。

安全防护常常采用防护装置、安全装置及其他安全措施。防护装置是指通过物体障碍方式将人与危险部位隔离的装置，根据其结构，防护装置可以是壳、罩、屏、门、封闭式防护装置等；安全装置是指用于消除或减小机械伤害风险的单一装置或与防护装置联用的装置。

2. 防护装置安全技术要求

防护装置在人与危险之间构成安全保护屏障，在减轻操作者精神压力的同时，也使操作者形成心理依赖。一旦安全防护装置失效，会增加损伤或危害的风险。因此，安全防护装置必须满足与其保护功能相适应的安全技术要求；同时，所采取的安全措施不得影响机械设备的正常运行，而且使用方便，否则就可能出现为了追求达到设备的最大效用而导致避开安全措施的行为。

（1）固定防护装置和活动防护装置

防护装置按使用方式分为固定式和活动式两种。其安全技术要求如下：

1）对固定防护装置的要求。固定防护装置应该用永久固定方式（如焊接等）或借助紧固件（螺钉、螺栓、螺母等）固定方式，将其固定在所需的地方，若不用工具就不能使其移动或打开。

2）对活动防护装置的要求。活动防护装置或防护装置的活动体打开时，尽可能与防护的机械保持相对固定（可通过铰链或导轨连接），防止挪开的防护装置或活动体丢失或难以复原；活动防护装置打开时或出现丧失安全功能故障时，设备的活动部件应不能运转或运转中的部件应停止运动。

（2）机械设备防护罩安全要求

1）防护罩结构和布局应设置合理，使人体不能直接进入危险区域（即人体进入后，可能引起致伤危险的空间区域）。

2）防护罩应有足够强度、刚度，一般应采用金属材料制造。

3）防护罩应尽量采用封闭结构，当现场需要采用网状结构时，其安全距离（即防护罩外缘与危险区域之间的距离）和网眼的开口宽度应符合有关标准规定的要求。

4）一般情况下，应采用固定式防护罩，经常进行调节和维护的运动部件，应优先采用联锁式防护罩，条件不允许时，可采用开启式或可调式防护罩。

5）防护罩表面应光滑，无毛刺和尖锐棱角，不应成为新的危险源。

6）防护罩不应影响视线和正常操作，应便于设备的检查和维修。

7）当防护罩需要涂漆时，应按照有关标准执行。

3. 常见安全装置的技术要求

安全装置通过自身的结构功能限制或防止机械设备的某种危险或限制运动速度、

压力等危险因素。安全装置必须与控制系统一起操作并与其相联系，使其不会轻易损坏。

常见安全装置的技术要求如下：

（1）联锁装置

能够防止设备零部件在特定条件下（一般只要防护装置不关闭）运转，保证防护装置关闭前，被其“抑制”的危险机器功能不能执行；或者在危险机器功能执行时，如果防护装置被打开，就给出停机指令。

（2）控制装置

能与启动操纵器一起使用，并且只有在连续动作时才能使机械设备工作。手动控制器应根据有关人类工效学原则进行设计和配置，一般配置于危险区外，并尽可能配置在操作它们时可以看见被控制的部分的地方。

（3）止动操作装置

其作用是只有当手动操纵器动作时，机器才能启动并保持连续运转；放开时，该手动操纵器能自动回复到停止位置。

（4）双手操纵装置

至少需要两个手动操纵器同时动作才能启动并保持机械设备或其元件运转。在选用这种安全装置时应注意，它只能对人操作操纵装置起防护作用，对危险区附近的其他危险不能防护。

（5）自动停机装置

当人或其身体的某一部分超越安全限度时，使机械设备或其零部件停止运转（或保证别的安全状态）。自动停机装置有机械驱动的和非机械驱动的两种。

（6）机械抑制装置

一种机械障碍（如楔、支柱、撑杆、止转棒等）装置，可通过自身的强度支撑在机构中，以防止某种危险运动的发生。

（7）有限运动控制装置

有限运动控制装置又称行程限制装置，控制机器零部件在规定的行程内动作。在这种控制装置有下一个分离动作前，机器零部件不能再进一步运动，以使风险尽可能减小至最小。

4. 事故及职业危害预防要求

为了有效地预防事故与职业危害，机械设备在设计、制造和使用中，必须采取积极可靠的技术措施，达到预防事故及职业危害的安全要求。

预防事故与职业危害的安全技术措施要求如下：

（1）可动零部件伤害

1）人员易触及的可动零部件，应尽可能封闭，以避免在运转时与其接触。

2）机械设备运行时，操作者需要接近的可动零部件，必须配置符合规定要求的安全防护装置。

3）为防止运行中的机械设备或零部件超过极限位置，应配置可靠的限位装置。

4）若可动零部件（含其载荷）所具有的动能或势能可引起危险时，必须配置限速、防坠落或防逆转装置。

5）以人员操作位置所在平面为基准，凡高度在 2 m 之内的所有传送带、转轴、传动链、联轴节、带轮、齿轮、飞轮、链轮、电锯等危险零部件及危险部位，都必须配置符合规定要求的防护装置。

（2）飞出物伤害

高速旋转的零部件，必须配置具有足够强度、刚度与合适形状、尺寸的防护罩。必要时，应规定此类零部件检查和更换期限。机械设备运行过程中（或突然停电时），若存在工具、工件、连接件（含紧固件）或切屑等飞甩危险，应在设计中采取防松脱措施，配置防护罩或防护网等安全防护装置。

（3）过冷和过热

人员可触及的机械设备的过冷或过热部件，必须配置固定式防接触屏蔽。在不影响操作和设备功能的情况下，加工灼热件的机械设备，也必须配置固定式防接触屏蔽。

（4）防火与防爆

生产、使用、储存或运输中存在可燃气体、蒸气、粉尘或其他易燃易爆物质的机械设备，应根据不同情况采取相应的预防措施：密闭并严禁跑、冒、滴、漏；配置监测报警、防爆泄压装置及消防设施；采取措施消除各种点火源（如避免摩擦撞击、电火花、明火等）。爆炸危险场所的电气安全设计应符合有关规定要求。

（5）防滑与防高处坠落

1）设计工作位置，必须充分考虑人员脚踏和站立的安全性。

2）若操作人员经常变换工作位置，必须在机械设备上配置安全走板。

3）若操作人员的工作位置在坠落基准面 2 m 以上时，必须在机械设备上配置符合标准规定要求的供站立的平台和防坠落的栏杆、安全网及防护板等。

4）走板、梯子、平台均应具有良好的防滑性能。

5）对于有可能产生泄漏的机械设备，应有适宜的收集或排放装置，必要时，应设有特殊地板。

（6）液压与气压

使用液压或气压的机械设备，应能避免排出带压液体或压缩空气造成的危险。配备安全、可靠的隔离能源装置。

（7）控制和调节装置

1）控制装置，必须保证当能源发生异常（偶然或人为地切断或变化）时，也不会造成危险。必要时，控制装置应能自动切换到备用能源和备用设备系统。

2）自动或半自动的开关和控制程序，必须按照功能顺序保证排除危险的交叉和重叠，并应有必要的保护装置。

3）对复杂的机械设备和重要的安全系统，应配置自动监控装置。

4）机械设备的控制装置，应安装在使操作者能看到整个设备动作的位置上，对于某些开车时在控制台无法看到全貌的机械设备，应配置开车预警信号装置。

5）控制线路，应保证即使线路发生故障或损坏时也不致造成危害。

6）机械设备配置的作为安全技术措施的离合器、制动装置或联锁装置，必须起强制性作用。

7）调节部分，应采用自动联锁装置，以防止误操作与自动调节、自动操纵等的误动、误断。

（8）紧急事故开关

1）存在下列情况的机械设备，必须配置紧急事故开关：

①发生事故时，不能迅速使用停车开关终止危险的运行。

②不能通过一个总开关，迅速中断若干个可能造成危险的运动单元。

③由于切断某个单元可能出现其他危险。

④在控制台无法看到所控制的全部。

2）紧急事故开关必须有足够的数量，其形式有别于一般开关，颜色为红色。

3）紧急事故开关，应在所有控制点和给料点都能迅速而无危险地触及。

4）机械设备由紧急事故开关停车后，其动能或势能可能引起危险时，必须配置与之联动的减缓运行和防逆转装置。必要时，必须迅速制动。

5）机械设备由紧急事故开关停车后，只有当事故排除后，方可再运行。

（9）预防意外启动

1）操作者进行调整、检查、维修作业，当人员需要进入或人体局部（手或臂）需要伸进机械设备的危险区域时，必须防止意外启动。为此，应采取下列措施：

①在对危险区域进行机械保护的同时，还应强制切断机械设备的控制和能源。

②应设计能多重锁闭的总开关。

③控制或联锁元件应直接位于危险区域，并只能由此处开车或停车。

④使用可拔出的开关钥匙。

⑤机械设备上具有多种操纵和运转方式的选择器，应可锁闭在按照预定的操作方式所选择的位置上，选择器的每个位置，仅能与一个操作方式相对应。

2）机械设备因意外启动可能危及人身安全时，必须配置起强制作用的安全防护装置（必要时，需要配置两种或更多种互为联锁的安全装置），以防止意外启动。

3）当能源偶然切断后又重新接通时，机械设备必须能够避免危险运转。

（10）噪声和振动

各类机械设备，都必须在产品标准中规定噪声（必要时加振动）的允许指标，并在设计中采取有效的防治措施，使产品实际产生的噪声和振动数值符合标准规定的要求。

（11）防尘、防毒和防放（辐）射

1）凡工艺过程中产生粉尘、有害气体或有害蒸气的机械设备，应尽可能采用自动加料、自动卸料装置，并必须配置吸入、净化及排放装置，以保证工作场所和排放的有害物质浓度符合有关职业卫生标准规定的要求。

2）凡可能产生放（辐）射的机械设备，必须采取有效的屏蔽、吸收措施，并应尽可能使用远距离操作或自动化作业，以保证工作场所放（辐）射强度符合有关职业卫生标准规定的要求。

3）设计上述各类设备时，应符合有关规程、标准规定要求。

4）必要时，上述工作场所应有监测、报警和联锁装置。

5. 其他安全要求

（1）标志

1）每台机械设备都必须有标牌。注明制造厂、制造日期、产品型号、出厂号、安全使用的主要参数等内容。

2）设计机械设备时，应使用安全色。机械设备易发生危险的部位，必须有安全标志。安全色和安全标志必须符合有关标准规定要求。

3）标牌、安全色、安全标志，应保持颜色鲜明、清晰、持久。

（2）说明

机械设备必须使用说明书等设计文件。说明书内容包括安装、搬运、储存、使用、维修和安全卫生等有关规定。

三、对机械加工作业场所的安全要求

1. 对机械加工车间安全要求

机械加工车间（冷加工机械）是作业人员操作机床设备的场所，安全要求主要有：

（1）机械设备之间的间距小型设备不小于 0.7 m；中型设备不小于 1 m；大型设备不小于 2 m。操作人员和设备旋转应是背对背或面对背交错摆放。主要通道应有白线标志或警告指示标志。

（2）工件、毛坯、工具应存放整齐、平稳可靠、分类堆放，做到定置管理。堆放高度不超过 1.2 m。

（3）车间地面应平整、整洁；作业场所工业垃圾、废油、废水及废物应及时清理干净，车间安全通道应畅通。

（4）生产场地要有良好的采光。采光分为自然采光和人工采光，当白天自然采光达不到照度时，应采用人工局部照明。一般作业照度为 150 lx 左右，精密度作业则应为 300 lx 左右。

（5）生产场地不宜长期存放汽油、煤油等易燃易爆物品。应配置必要的消防用具。作业现场提倡禁烟或指定地点（吸烟室）吸烟。

（6）正确穿戴防护用品进入操作岗位，夏季不允许赤膊、穿背心、短裤、裙子、高跟鞋、凉鞋等。

2. 对金属热加工车间安全要求

金属热加工车间的生产特点是生产工序多，起重运输量大，在生产过程中伴随着高温，散发出各种有毒有害气体和粉尘、烟雾及噪声，其作业环境恶劣，体力劳动繁重，因此容易发生伤亡事故。所以，金属热加工车间必须采取一些有效的安全措施。安全要求主要有：

（1）精选炉料，防止混入爆炸物，投入的物料必须充分干燥，添加的合金要进行预热。

（2）金属熔液出炉时，应采用电动、气动或液压式堵眼机构，以及自动回转式前炉。所使用的工具及钢水包必须充分预热。

（3）地坑要采取严格措施，严防地下水及地上水渗入。车间地面应干燥，不得积水。

（4）熔融金属的容器，必须符合制造质量标准；浇包内金属液不能过满。

（5）锻锤应采用操作机械或机械手操纵，防止热锻件或氧化皮等飞溅伤人；操作人员与气锤司机座前应设置隔离防护罩，所用工具如錾刀、样方等必须充分预热。

（6）工具与工件在放进热处理盐溶炉前，必须预热，淬火油池和水池周围应设置栏杆或防护罩。

（7）车间应有安全通道，地面要平坦而不滑，并保证畅通。

（8）车间应有足够的采光照明，厂房设计要符合采暖通风和安全的要求。

（9）在不影响生产与运输的前提下，各工序各岗位尽可能做到相互隔离。

（10）金属热加工车间的作业人员必须配备必要的防护用品，如工作服、安全帽、防护鞋等。

3. 对金属切削加工环境的安全要求

机械制造与加工生产企业，在安全生产管理工作上应重视基础安全，即作业场所、作业环境、机械设备的安全，例如机床布置需要科学合理，生产车间要有良好的照明条件。

金属切削加工环境的要求主要有：

（1）采光

室内照明应满足《建筑照明设计标准》（GB 50034—2013）的要求。

（2）平面布置

机床布置合理，各机床间的距离，除应考虑放置毛坯、工件和有关工位器具及维修需要等外，还必须保证操作人员有足够的操作活动空间。

（3）通道

宽度符合有关规定要求；各种标记清晰、醒目；路面平整，无台阶、坑、沟及障碍物等。

（4）物料堆放

应划分毛坯区、成品及半成品区、工位器具区、废物垃圾区等；坯料、产品应限量存放；工料、坯料、物料、产成品实行定置管理，堆放不得超高。

（5）通风及地面

加工车间必须通风良好，地面应平整、防滑、清洁。

4. 对金属切削机床外形和布局的安全要求

（1）在外形轮廓上，应尽量设计成直线或光滑的曲面。在0～0.5 m和1.4～1.7 m高度范围内，避免有凸出的零部件，否则易绊倒或撞伤操作者。

（2）在布局上，应避免上重下轻，便于操作者装卸工件、观察加工过程、排屑及使用冷却润滑液等。机床立面和平面上，操作件应布置在方便操作的位置上。

（3）操纵件的运动方向应符合规定

1）操纵件与被操纵的机床部件运动方向一致。

2）操纵件顺时针回转，被操纵部件远离，反之靠近。

3）操纵件顺时针回转，被操纵部件向右或向上移动，反之向左或向下移动。

4）操纵件顺时针回转，刀具与工件靠近，反之远离。

（4）操纵手柄、手轮、按钮的结构、位置应符合表 1—2 的规定。

表 1—2　　手柄、手轮、按钮的规定

名称	结构要求	位置要求
一般按钮	红色为停止；无联锁时，每种动作只能按一只按钮	可采用集中式按钮盒。按钮之间距离≥20 mm，按钮排列位置应按下列规定：水平排列从左到右依次为后退、停止、前进；垂直排列从上到下依次为前进、停止、后退
总停用按钮	按钮为蘑菇形，用红色按钮，大头应高出机床表面	设置在最方便的操纵位置上或在几个经常工作的地方同时设置
手柄	重要的手柄应有可靠的定位及锁紧装置，同轴手柄应有明显的长短差别	不同轴手柄的距离应≥40 mm
手轮	机动时能与转轴脱开	
脚踏操作件	有防护罩或藏入床身凹入部分内	

5. 对金属切削机床安全防护装置的要求

防护装置是用于隔离人体与危险部位和运动物体的，它是机床结构的组成部分，在机械传动部位，均应安装可靠的防护装置。主要防护装置有：

（1）防护罩

其作用是将机床的旋转部位与人体隔开，防止人体某部位受伤。

（2）防护挡板

其作用是隔离磨屑、车屑、刨屑、铣屑等各种切屑和切削液的飞溅。

（3）防护栏杆

防护栏杆是指对某些不能在地面操作的机床设备，在其危险区域、高处、走台处安设栏杆；容易伤人的大型机床运动部位，如龙门刨床床身两端也应加设栏杆，以防撞人。在危险性很高的部位，防护装置应设计成顺序联锁结构。当取下或打开防护装置时，机床的动力源就被切断。

防护装置可以是固定式的（如防护栏杆）或平时固定，仅在机修、加油润滑或调整时才取下的（如防护罩）；也可以是活动式的（如防护挡板）。在需要时还可以用一些大尺寸的轻便挡板（如金属网）将不安全场地围起来。

四、对金属切削机床安全技术措施的要求

金属切削加工过程中，即人员操作金属切削机床作业的过程中，存在着对人体造成伤害的各种危险因素，包括各种机床的运动部分、运动着的工件、被加工材料的切屑、刀具的碎片、被加工件和刀具表面的高温、可能通过人体发生短路的高压电等。企业在安全生产管理中，要采取积极的事故防范措施，制定完善的设备安全管理制度和安全操作规程，并严格执行，从而预防各类事故的发生。

1. 车床安全技术措施

车床是金属切削加工中应用最广泛的一类机床，在一般机加工车间，车床约占机床

总数的 50%。车床是以主轴带动工件旋转作为主运动，刀架带动刀具移动作为进给运动来完成工件与刀具之间的相对运动的机床。根据车床主轴回转中心线的状态不同，车床分为卧式车床与立式车床两大类。

（1）车削加工不安全因素

车削加工最不安全的因素是切屑的飞溅、车床的附件及工件造成的伤害。例如工件、手用工具及夹具、量具放置不当（如卡盘扳手插在卡盘孔内），易造成扳手飞落、工件弹落等伤人事故；开始工作前，工件及装夹附件没有夹紧，则易造成工件飞出伤人事故；车床周围布局不合理、卫生条件不好、切屑堆放不当等，也易造成事故；车床保险装置失灵、缺乏定期检修维护等，也会造成由于机床事故而引发伤害。此外，不安全行为引起的危险，由于操作人员违反安全操作规程，如未戴防护帽而使长发卷入丝杠，未穿工作服使领带或过于宽松的衣袖卷入机械转动部位，戴手套作业被旋转部件或切屑与手绕在一起卷入机器危险部位，车床运转过程中测量工件、用砂布打磨工件毛刺或用手清除切屑等，都易造成手与运动部件相撞。

（2）车削加工防护措施

为保证车削加工中的安全，可采取以下防护措施：

1）为防止崩碎切屑对操作者造成伤害，应在车床上安装活动式透明防护挡板；另外，借助气流或乳化液对切屑进行冲洗，也可改变切屑的射出方向。

2）为防止车削加工时暴露在外的旋转部分，如装夹工件的拨盘、卡盘、鸡心夹等附件旋转时，其突出部分会钩住操作者衣服或将手卷入转动部分造成伤害事故，应使用防护罩式安全装置将危险部位罩住。例如采用安全拨盘等。

3）车床运转中用手清除切屑、测量工件或用砂布打磨工件毛刺，极易造成手与运动部件相撞；工件及装夹附件没有夹紧，就开机工作，易使工件等飞出伤人；机床局部照明不足或灯光刺眼，不利操作者观测而产生误操作，导致伤害事故；车床技术状态不好、缺乏定期检修、保险装置失灵等，将会造成因机床事故而引起的伤害事故。对以上不安全因素，均应采取相应的安全防护措施。

2. 钻床安全技术措施

钻床是孔加工的主要机床，主要用于钻孔、扩孔、铰孔及攻螺纹。在车床上钻孔时，工件旋转，刀具做进给运动；而在钻床上加工时，工件不动，刀具做旋转运动，同时沿轴向移动做进给运动。钻床主要类型有台式钻床、立式钻床、摇臂钻床、深孔钻床等。

（1）钻削加工不安全因素

在钻床上加工工件时，主要危险来自旋转的主轴、钻头、钻夹，以及随钻头一起旋转的长螺旋形切屑。旋转的钻头、钻夹及切屑易卷住操作者的衣服、手套和头发；工件装夹不牢，在切削力作用下，工件松动歪斜，甚至随钻头一起旋转而伤人；切削中用手清除切屑，以及用手触摸钻头、主轴等而造成伤害事故；卸下钻头时，用力过猛过大，钻头落下砸伤脚；机床技术状态不佳、照明不足、制动失灵等都是造成伤害事故的原因。

（2）钻削加工防护措施

为保证钻削加工中的安全，可采取以下防护措施：

1）转动的主轴、钻头四周设置圆形可伸缩式防护网。

2）各运动部件应设置性能可靠的锁紧装置，台钻的中间工作台、立钻的回转工作台、摇臂钻的摇臂及主轴箱等，钻孔前都应当锁紧。

3）使用摇臂钻床时，在横臂回转范围内不准站人，不准堆放障碍物；钻孔前横臂必须紧固。

4）钻深孔时要经常抬起钻头排屑，以防止钻头被切屑挤死而折断；工作结束时，应将横臂降到最低位置，主轴箱靠近立柱，以防伤人。

3. 磨床安全技术措施

磨床是以磨料磨具（如砂轮、油石、研磨料）为工具对工件进行精密切削加工的机床。磨削加工的应用范围很广，它能完成外圆、内孔、平面及齿轮、螺纹等成形表面的精加工，磨床可分为万能外圆磨床、普通外圆磨床、内圆磨床、平面磨床、工具磨床及专用磨床等。

（1）磨削加工不安全因素

在磨削加工时，旋转砂轮的破碎及磁力吸盘上工件的窜动、飞出是造成伤害事故的主要原因。由于砂轮自身缺陷、型号选用不当、砂轮平衡不好、安装不当、磨削用量选择及操作不当等原因均可发生砂轮破碎而使人致伤；当砂轮运转，调整机床、紧固工件或测量工件时，可能与高速旋转的砂轮或磨床的其他运动部件相接触，造成伤害事故；工件夹固不牢或电磁盘失灵等原因造成工件飞出伤人。

（2）磨削加工安全防护措施

为保证磨削加工中的安全，可采取以下防护措施：

1）砂轮破碎导致碎片高速飞出伤人，后果严重，构成磨削事故的主要危险源，故应设置具有足够张度、开口角度合理（最大不超过150°）的砂轮防护罩，罩内最好敷设缓冲材料，以减小碎块二次弹射伤人。

2）在磁力吸盘上装键、薄臂环、垫圈等小尺寸的工件时，四周应加长条形挡铁围栏，以防因磁力小，工件在磨削力作用下叠加挤碎砂轮或工件飞出伤人。

3）磨削加工时，由于砂轮不断磨损和修整，会产生大量粉尘，且粒径在5 μm以下的尘粒达80%～90%，所以应设吸尘装置，以减小粉尘的污染和对操作人员的危害。

4）磨削加工会产生较大的噪声，特别是磨削金属薄板时，噪声可达100 dB（A）。可通过选用低噪声的油泵和降低油泵电机的转速，使用低噪声的溢流阀及浸油型电磁阀等措施降低噪声。

4. 铣床安全技术措施

铣床是以做旋转运动的多刃刀对做直线运动的金属工件进行铣削加工的机床。通常铣削的主运动是铣刀的旋转运动。铣床可用来加工水平面、阶梯面、沟槽及各种成形面，其生产率比刨床高。铣床的主要类型有卧式铣床、立式铣床、龙门铣床等。

（1）铣削加工不安全因素

高速旋转的铣刀和铣削中产生的振动及飞屑是主要的不安全因素。铣床运转时，用手清除切屑、调整冷却液、测量工件等，均可能使手触到旋转的刀具。操作人员操作时没有带护目镜，被飞溅切屑伤眼，或手套、衣服袖口被旋转的刀具卷进去；工件夹紧不牢，铣削中松动，用手去调整或紧固工件，工件在铣削中飞出；在快速自动进给时，手轮离合器没有打开，造成手轮飞转打人。

（2）铣削加工安全防护措施

为保证铣削加工中的安全，可采取以下防护措施：

1）为防止铣刀伤手事故发生，可在旋转的铣刀上安装防护罩。防护罩可采用活动式的，当铣刀工作时，防护罩在弹簧的作用下向上升起，当结束铣削时，防护罩下降，遮住铣刀。这样就可以在不停车的情况下安全地装卸零件和测量工件。

2）由于铣削为多刃切削，所以将引起铣床的振动，产生噪声。另外，铣削时刀刃切削力变化强烈，致使主轴和刀杆产生扭转振动，造成主轴箱中齿轮受到反复变化冲击载荷作用，产生振动和噪声。当振动传到铣刀刀刃时，将会发生崩刃现象。为减小铣床的振动，多数铣床的主轴都装有飞轮。对卧式铣床，可在铣床悬梁上采用防振装置。在悬梁的空腔内，充满和黏稠油混合在一起的大小不同的钢球。当铣削引起振动时，黏稠油快速流过刚体之间的缝隙，便产生了与振动方向相反的黏滞阻力，因而起到很好的吸振作用。

3）高速铣削时，在切屑飞出的方向必须安装合适的防护网或防护板，防止飞屑烫人事故。另外，操作者作业时要戴防护眼镜，铣削铸铁零件时要戴口罩。

5. 刨床安全技术措施

刨床就是在刀具与金属工件的相对直线往复运动中，实现刨削加工的机床，用于加工各种平面和各种沟槽。主要类型有牛头刨床、龙门刨床等。

（1）刨削加工不安全因素

刨削加工时，刨床上直线往复运动部件（如牛头刨床滑枕、龙门刨床工作台）发生飞车；工件未固定牢靠而移动，甚至滑出；飞出的切屑等是主要的不安全因素。另外，在刨床运转中，装拆工件、调整刀具、测量和检查工件，或操作时站在牛头刨床的正前方等，均容易被刀具、滑枕撞击。

（2）刨削加工安全防护措施

为保证刨削加工中的安全，可采取以下防护措施：

1）为防止高速切削时，刨床工作台飞出造成伤害，应设置限位开关、液压缓冲器或刀具切削缓冲器。

2）横梁、工作台位置要调整好，以防开车后，工件与滑轨或横梁相撞。

3）工件、刀具和夹具装夹要牢靠，以防切削中产生工件“移动”，甚至滑出，以及刀具损坏或折断，造成设备或人身事故。

4）机床运转中，不允许装卸工件、调整刀具、测量及检查工件，以防止被刀具、滑枕撞击。

5）牛头刨床工作台或龙门刨床刀架座快速移动时，应将手柄取下或脱开离合器，以免手柄快速转动或飞出伤人。

6）在龙门刨床上设置固定式或可调式防护栏杆，以防止工作台撞击操作者或将操作者压向墙壁或其他固定物。

7）装卸大型工件时，应尽量使用起重设备，工件吊起后，不要站在工件下面，以防意外事故的发生。

第二章　机械制造企业安全生产相关法律法规

机械制造企业在生产过程中，由于大量机械设备的使用和人员的高度密集，不可避免地会发生各种各样的事故，如绞碾事故、冲压事故、物体打击事故、人员触电事故、人员中毒事故及火灾爆炸事故等。因此，机械制造企业要针对常见多发事故特点，在安全管理过程中，以法律法规为基准，积极贯彻落实《安全生产法》《职业病防治法》，坚持“安全第一、预防为主、综合治理”的方针，全面加强企业安全管理，落实安全生产责任，完善安全生产制度，积极防范各类事故，切实保障安全生产。

第一节　机械制造企业安全生产相关法律法规

从生产工艺流程和机械产品的属性分析，机械制造企业是典型的离散型企业，整个工艺流程由多个独立的工艺或工序组成，采用的设备设施繁杂，涉及的安全技术领域较多，并且高中低档技术并存，生产批量不一，多种要素密集。因此，机械制造企业需要加强安全管理，严格遵守和执行安全生产法律法规，始终把安全生产摆在重要位置，把安全作为发展的前提和基础，使企业生产经营活动建立在安全基础之上。

一、《安全生产法》（修订版）相关要点

《中华人民共和国安全生产法》（以下简称《安全生产法》）于2002年6月29日由全国人民代表大会常务委员会第二十八次会议通过，自2002年11月1日起施行。2014年8月31日，全国人民代表大会常务委员会第十次会议审议通过《关于修改〈中华人民共和国安全生产法〉的决定》，自2014年12月1日起施行。

1. 制定《安全生产法》的目的

新修订的《安全生产法》分为七章一百一十四条，各章内容为：第一章总则，第二章生产经营单位的安全生产保障，第三章从业人员的安全生产权利义务，第四章安全生产的监督管理，第五章生产安全事故的应急救援与调查处理，第六章法律责任，第七章附则。制定本法的目的，是为了加强安全生产工作，防止和减少生产安全事故，保障人民群众生命和财产安全，促进经济社会持续健康发展。

修改后的《安全生产法》，从加强预防、强化安全生产主体责任、加强隐患排查、完善监管、加大违法惩处力度等方面做了修改，涉及修改的条款达七十多条，旨在为我国经济社会健康发展营造安全的生产环境提供有力的法制保障。

2. 总则中的有关规定

在《安全生产法》第一章总则中，对一些重大事项和原则问题做出了明确的规定。

有关规定有：

◆在中华人民共和国领域内从事生产经营活动的单位（以下统称生产经营单位）的安全生产，适用本法；有关法律、行政法规对消防安全和道路交通安全、铁路交通安全、水上交通安全、民用航空安全以及核与辐射安全、特种设备安全另有规定的，适用其规定。

◆安全生产工作应当以人为本，坚持安全发展，坚持安全第一、预防为主、综合治理的方针，强化和落实生产经营单位的主体责任，建立生产经营单位负责、职工参与、政府监管、行业自律和社会监督的机制。

◆生产经营单位必须遵守本法和其他有关安全生产的法律、法规，加强安全生产管理，建立、健全安全生产责任制和安全生产规章制度，改善安全生产条件，推进安全生产标准化建设，提高安全生产水平，确保安全生产。

◆生产经营单位的主要负责人对本单位的安全生产工作全面负责。

◆生产经营单位的从业人员有依法获得安全生产保障的权利，并应当依法履行安全生产方面的义务。

◆工会依法对安全生产工作进行监督。生产经营单位的工会依法组织职工参加本单位安全生产工作的民主管理和民主监督，维护职工在安全生产方面的合法权益。生产经营单位制定或者修改有关安全生产的规章制度，应当听取工会的意见。

◆国务院安全生产监督管理部门依照本法，对全国安全生产工作实施综合监督管理；县级以上地方各级人民政府安全生产监督管理部门依照本法，对本行政区域内安全生产工作实施综合监督管理。

◆国家实行生产安全事故责任追究制度，依照本法和有关法律、法规的规定，追究生产安全事故责任人员的法律责任。

◆国家对在改善安全生产条件、防止生产安全事故、参加抢险救护等方面取得显著成绩的单位和个人，给予奖励。

3. 生产经营单位安全生产保障的有关规定

在第二章生产经营单位的安全生产保障中，对相关事项做了规定。

◆生产经营单位应当具备本法和有关法律、行政法规和国家标准或者行业标准规定的安全生产条件；不具备安全生产条件的，不得从事生产经营活动。

◆生产经营单位的主要负责人对本单位安全生产工作负有下列职责：

（1）建立、健全本单位安全生产责任制。

（2）组织制定本单位安全生产规章制度和操作规程。

（3）组织制定并实施本单位安全生产教育和培训计划。

（4）保证本单位安全生产投入的有效实施。

（5）督促、检查本单位的安全生产工作，及时消除生产安全事故隐患。

（6）组织制定并实施本单位的生产安全事故应急救援预案。

（7）及时、如实报告生产安全事故。

◆生产经营单位的安全生产责任制应当明确各岗位的责任人员、责任范围和考核标准等内容。

生产经营单位应当建立相应的机制，加强对安全生产责任制落实情况的监督考核，保证安全生产责任制的落实。

◆生产经营单位应当具备的安全生产条件所必需的资金投入，由生产经营单位的决策机构、主要负责人或者个人经营的投资人予以保证，并对由于安全生产所必需的资金投入不足导致的后果承担责任。

◆矿山、金属冶炼、建筑施工、道路运输单位和危险物品的生产、经营、储存单位，应当设置安全生产管理机构或者配备专职安全生产管理人员。

前款规定以外的其他生产经营单位，从业人员超过一百人的，应当设置安全生产管理机构或者配备专职安全生产管理人员；从业人员在一百人以下的，应当配备专职或者兼职的安全生产管理人员。

◆生产经营单位的安全生产管理机构以及安全生产管理人员履行下列职责：

(1) 组织或者参与拟订本单位安全生产规章制度、操作规程和生产安全事故应急救援预案。

(2) 组织或者参与本单位安全生产教育和培训，如实记录安全生产教育和培训情况。

(3) 督促落实本单位重大危险源的安全管理措施。

(4) 组织或者参与本单位应急救援演练。

(5) 检查本单位的安全生产状况，及时排查生产安全事故隐患，提出改进安全生产管理的建议。

(6) 制止和纠正违章指挥、强令冒险作业、违反操作规程的行为。

(7) 督促落实本单位安全生产整改措施。

◆生产经营单位的安全生产管理机构以及安全生产管理人员应当恪尽职守，依法履行职责。

生产经营单位作出涉及安全生产的经营决策，应当听取安全生产管理机构以及安全生产管理人员的意见。

生产经营单位不得因安全生产管理人员依法履行职责而降低其工资、福利等待遇或者解除与其订立的劳动合同。

◆生产经营单位的主要负责人和安全生产管理人员必须具备与本单位所从事的生产经营活动相应的安全生产知识和管理能力。

◆生产经营单位应当对从业人员进行安全生产教育和培训，保证从业人员具备必要的安全生产知识，熟悉有关的安全生产规章制度和安全操作规程，掌握本岗位的安全操作技能，了解事故应急处理措施，知悉自身在安全生产方面的权利和义务。未经安全生产教育和培训合格的从业人员，不得上岗作业。

生产经营单位使用被派遣劳动者的，应当将被派遣劳动者纳入本单位从业人员统一管理，对被派遣劳动者进行岗位安全操作规程和安全操作技能的教育和培训。劳务派遣单位应当对被派遣劳动者进行必要的安全生产教育和培训。

生产经营单位接收中等职业学校、高等学校学生实习的，应当对实习学生进行相应的安全生产教育和培训，提供必要的劳动防护用品。学校应当协助生产经营单位对实习学生进行安全生产教育和培训。

生产经营单位应当建立安全生产教育和培训档案，如实记录安全生产教育和培训的时间、内容、参加人员以及考核结果等情况。

◆生产经营单位采用新工艺、新技术、新材料或者使用新设备，必须了解、掌握其安全技术特性，采取有效的安全防护措施，并对从业人员进行专门的安全生产教育和培训。

◆生产经营单位的特种作业人员必须按照国家有关规定经专门的安全作业培训，取得相应资格，方可上岗作业。

◆生产经营单位新建、改建、扩建工程项目（以下统称建设项目）的安全设施，必须与主体工程同时设计、同时施工、同时投入生产和使用。安全设施投资应当纳入建设项目概算。

◆生产经营单位应当在有较大危险因素的生产经营场所和有关设施、设备上，设置明显的安全警示标志。

◆生产经营单位必须对安全设备进行经常性维护、保养，并定期检测，保证正常运转。维护、保养、检测应当做好记录，并由有关人员签字。

◆生产经营单位对重大危险源应当登记建档，进行定期检测、评估、监控，并制定应急预案，告知从业人员和相关人员在紧急情况下应当采取的应急措施。

◆生产经营单位应当建立健全生产安全事故隐患排查治理制度，采取技术、管理措施，及时发现并消除事故隐患。事故隐患排查治理情况应当如实记录，并向从业人员通报。

◆生产、经营、储存、使用危险物品的车间、商店、仓库不得与员工宿舍在同一座建筑物内，并应当与员工宿舍保持安全距离。

生产经营场所和员工宿舍应当设有符合紧急疏散要求、标志明显、保持畅通的出口。禁止锁闭、封堵生产经营场所或者员工宿舍的出口。

◆生产经营单位应当教育和督促从业人员严格执行本单位的安全生产规章制度和安全操作规程；并向从业人员如实告知作业场所和工作岗位存在的危险因素、防范措施以及事故应急措施。

◆生产经营单位必须为从业人员提供符合国家标准或者行业标准的劳动防护用品，并监督、教育从业人员按照使用规则佩戴、使用。

◆生产经营单位的安全生产管理人员应当根据本单位的生产经营特点，对安全生产状况进行经常性检查；对检查中发现的安全问题，应当立即处理；不能处理的，应当及时报告本单位有关负责人，有关负责人应当及时处理。检查及处理情况应当如实记录在案。

◆生产经营单位应当安排用于配备劳动防护用品、进行安全生产培训的经费。

◆两个以上生产经营单位在同一作业区域内进行生产经营活动，可能危及对方生产安全的，应当签订安全生产管理协议，明确各自的安全生产管理职责和应当采取的安全措施，并指定专职安全生产管理人员进行安全检查与协调。

◆生产经营单位不得将生产经营项目、场所、设备发包或者出租给不具备安全生产条件或者相应资质的单位或者个人。

◆生产经营单位发生生产安全事故时，单位的主要负责人应当立即组织抢救，并不得在事故调查处理期间擅离职守。

◆生产经营单位必须依法参加工伤保险，为从业人员缴纳保险费。

国家鼓励生产经营单位投保安全生产责任保险。

4. 从业人员安全生产权利义务的有关规定

在第三章从业人员的安全生产权利义务中，对相关事项做了规定。

◆生产经营单位与从业人员订立的劳动合同，应当载明有关保障从业人员劳动安全、防止职业危害的事项，以及依法为从业人员办理工伤保险的事项。

生产经营单位不得以任何形式与从业人员订立协议，免除或者减轻其对从业人员因生产安全事故伤亡依法应承担的责任。

◆生产经营单位的从业人员有权了解其作业场所和工作岗位存在的危险因素、防范措施及事故应急措施，有权对本单位的安全生产工作提出建议。

◆从业人员有权对本单位安全生产工作中存在的问题提出批评、检举、控告；有权拒绝违章指挥和强令冒险作业。

生产经营单位不得因从业人员对本单位安全生产工作提出批评、检举、控告或者拒绝违章指挥、强令冒险作业而降低其工资、福利等待遇或者解除与其订立的劳动合同。

◆从业人员发现直接危及人身安全的紧急情况时，有权停止作业或者在采取可能的应急措施后撤离作业场所。

生产经营单位不得因从业人员在前款紧急情况下停止作业或者采取紧急撤离措施而降低其工资、福利等待遇或者解除与其订立的劳动合同。

◆因生产安全事故受到损害的从业人员，除依法享有工伤社会保险外，依照有关民事法律尚有获得赔偿的权利的，有权向本单位提出赔偿要求。

◆从业人员在作业过程中，应当严格遵守本单位的安全生产规章制度和操作规程，服从管理，正确佩戴和使用劳动防护用品。

◆从业人员应当接受安全生产教育和培训，掌握本职工作所需的安全生产知识，提高安全生产技能，增强事故预防和应急处理能力。

◆从业人员发现事故隐患或者其他不安全因素，应当立即向现场安全生产管理人员或者本单位负责人报告；接到报告的人员应当及时予以处理。

◆工会有权对建设项目的安全设施与主体工程同时设计、同时施工、同时投入生产和使用进行监督，提出意见。

工会对生产经营单位违反安全生产法律、法规，侵犯从业人员合法权益的行为，有权要求纠正；发现生产经营单位违章指挥、强令冒险作业或者发现事故隐患时，有权提出解决的建议，生产经营单位应当及时研究答复；发现危及从业人员生命安全的情况时，有权向生产经营单位建议组织从业人员撤离危险场所，生产经营单位必须立即作出处理。

工会有权依法参加事故调查，向有关部门提出处理意见，并要求追究有关人员的责任。

◆生产经营单位使用被派遣劳动者的，被派遣劳动者享有本法规定的从业人员的权利，并应当履行本法规定的从业人员的义务。

5. 生产安全事故应急救援与调查处理的有关规定

在第五章生产安全事故的应急救援与调查处理中，对相关事项做了明确规定。

◆生产经营单位应当制定本单位生产安全事故应急救援预案，与所在地县级以上地方人民政府组织制定的生产安全事故应急救援预案相衔接，并定期组织演练。

◆危险物品的生产、经营、储存单位以及矿山、金属冶炼、城市轨道交通运营、建筑施工单位应当建立应急救援组织；生产经营规模较小的，可以不建立应急救援组织，但应当指定兼职的应急救援人员。

危险物品的生产、经营、储存、运输单位以及矿山、金属冶炼、城市轨道交通运营、建筑施工单位应当配备必要的应急救援器材、设备和物资，并进行经常性维护、保养，保证正常运转。

◆生产经营单位发生生产安全事故后，事故现场有关人员应当立即报告本单位负责人。

单位负责人接到事故报告后，应当迅速采取有效措施，组织抢救，防止事故扩大，减少人员伤亡和财产损失，并按照国家有关规定立即如实报告当地负有安全生产监督管理职责的部门，不得隐瞒不报、谎报或者迟报，不得故意破坏事故现场、毁灭有关证据。

◆任何单位和个人都应当支持、配合事故抢救，并提供一切便利条件。

◆任何单位和个人不得阻挠和干涉对事故的依法调查处理。

6. 有关法律责任的规定

在第六章法律责任中，对法律责任相关事项做了明确规定。

◆生产经营单位有下列行为之一的，责令限期改正，可以处五万元以下的罚款；逾期未改正的，责令停产停业整顿，并处五万元以上十万元以下的罚款，对其直接负责的主管人员和其他直接责任人员处一万元以上二万元以下的罚款：

（1）未按照规定设置安全生产管理机构或者配备安全生产管理人员的。

（2）危险物品的生产、经营、储存单位以及矿山、金属冶炼、建筑施工、道路运输单位的主要负责人和安全生产管理人员未按照规定经考核合格的。

（3）未按照规定对从业人员、被派遣劳动者、实习学生进行安全生产教育和培训，或者未按照规定如实告知有关的安全生产事项的。

（4）未如实记录安全生产教育和培训情况的。

（5）未将事故隐患排查治理情况如实记录或者未向从业人员通报的。

（6）未按照规定制定生产安全事故应急救援预案或者未定期组织演练的。

（7）特种作业人员未按照规定经专门的安全作业培训并取得相应资格，上岗作业的。

◆生产经营单位有下列行为之一的，责令限期改正，可以处五万元以下的罚款；逾期未改正的，处五万元以上二十万元以下的罚款，对其直接负责的主管人员和其他直接责任人员处一万元以上二万元以下的罚款；情节严重的，责令停产停业整顿；构成犯罪的，依照刑法有关规定追究刑事责任：

（1）未在有较大危险因素的生产经营场所和有关设施、设备上设置明显的安全警示标志的。

（2）安全设备的安装、使用、检测、改造和报废不符合国家标准或者行业标准的。

（3）未对安全设备进行经常性维护、保养和定期检测的。

（4）未为从业人员提供符合国家标准或者行业标准的劳动防护用品的。

（5）危险物品的容器、运输工具，以及涉及人身安全、危险性较大的海洋石油开采特种设备和矿山井下特种设备未经具有专业资质的机构检测、检验合格，取得安全使用证或者安全标志，投入使用的。

（6）使用应当淘汰的危及生产安全的工艺、设备的。

◆生产经营单位的从业人员不服从管理，违反安全生产规章制度或者操作规程的，由生产经营单位给予批评教育，依照有关规章制度给予处分；构成犯罪的，依照刑法有关规定追究刑事责任。

二、《职业病防治法》（修订版）相关要点

2011 年 12 月 31 日，第十一届全国人民代表大会常务委员会第二十四次会议通过《关于修改〈中华人民共和国职业病防治法〉的决定》，自公布之日起施行。

新修订的《中华人民共和国职业病防治法》（以下简称《职业病防治法》）分为七章九十条，各章内容为：第一章总则，第二章前期预防，第三章劳动过程中的防护与管理，第四章职业病诊断与职业病病人保障，第五章监督检查，第六章法律责任，第七章附则。《职业病防治法》适用于中华人民共和国领域内的职业病防治活动。制定《职业病防治法》的目的，是根据宪法，为了预防、控制和消除职业病危害，防治职业病，保护劳动者健康及其相关权益，促进经济社会发展。

1. 总则中的有关规定

在第一章总则中，对一些重要的原则性问题做了明确规定。

◆本法所称职业病，是指企业、事业单位和个体经济组织等用人单位的劳动者在职业活动中，因接触粉尘、放射性物质和其他有毒、有害因素而引起的疾病。

◆职业病防治工作坚持预防为主、防治结合的方针，建立用人单位负责、行政机关监管、行业自律、职工参与和社会监督的机制，实行分类管理、综合治理。

◆劳动者依法享有职业卫生保护的权利。

用人单位应当为劳动者创造符合国家职业卫生标准和卫生要求的工作环境和条件，并采取措施保障劳动者获得职业卫生保护。

工会组织依法对职业病防治工作进行监督，维护劳动者的合法权益。用人单位制定或者修改有关职业病防治的规章制度，应当听取工会组织的意见。

◆用人单位应当建立、健全职业病防治责任制，加强对职业病防治的管理，提高职业病防治水平，对本单位产生的职业病危害承担责任。

◆用人单位的主要负责人对本单位的职业病防治工作全面负责。

◆用人单位必须依法参加工伤保险。

◆任何单位和个人有权对违反本法的行为进行检举和控告。有关部门收到相关的检举和控告后，应当及时处理。

对防治职业病成绩显著的单位和个人，给予奖励。

2. 前期预防的有关规定

在第二章前期预防中，对相关事项做了规定。

◆用人单位应当依照法律、法规要求，严格遵守国家职业卫生标准，落实职业病预防措施，从源头上控制和消除职业病危害。

◆产生职业病危害的用人单位的设立除应当符合法律、行政法规规定的设立条件外，其工作场所还应当符合下列职业卫生要求：

（1）职业病危害因素的强度或者浓度符合国家职业卫生标准。

（2）有与职业病危害防护相适应的设施。

（3）生产布局合理，符合有害与无害作业分开的原则。

（4）有配套的更衣间、洗浴间、孕妇休息间等卫生设施。

（5）设备、工具、用具等设施符合保护劳动者生理、心理健康的要求。

（6）法律、行政法规和国务院卫生行政部门、安全生产监督管理部门关于保护劳动者健康的其他要求。

◆国家建立职业病危害项目申报制度。

用人单位工作场所存在职业病目录所列职业病的危害因素的，应当及时、如实向所在地安全生产监督管理部门申报危害项目，接受监督。

◆国家对从事放射性、高毒、高危粉尘等作业实行特殊管理。具体管理办法由国务院制定。

3. 劳动过程中防护与管理的有关规定

在第三章劳动过程中的防护与管理中，对相关事项做了规定。

◆用人单位应当采取下列职业病防治管理措施：

（1）设置或者指定职业卫生管理机构或者组织，配备专职或者兼职的职业卫生管理人员，负责本单位的职业病防治工作。

（2）制定职业病防治计划和实施方案。

（3）建立、健全职业卫生管理制度和操作规程。

（4）建立、健全职业卫生档案和劳动者健康监护档案。

（5）建立、健全工作场所职业病危害因素监测及评价制度。

（6）建立、健全职业病危害事故应急救援预案。

◆用人单位应当保障职业病防治所需的资金投入，不得挤占、挪用，并对因资金投入不足导致的后果承担责任。

◆用人单位必须采用有效的职业病防护设施，并为劳动者提供个人使用的职业病防护用品。

用人单位为劳动者个人提供的职业病防护用品必须符合防治职业病的要求；不符合要求的，不得使用。

◆用人单位应当优先采用有利于防治职业病和保护劳动者健康的新技术、新工艺、新设备、新材料，逐步替代职业病危害严重的技术、工艺、设备、材料。

◆产生职业病危害的用人单位，应当在醒目位置设置公告栏，公布有关职业病防治的规章制度、操作规程、职业病危害事故应急救援措施和工作场所职业病危害因素检测结果。

对产生严重职业病危害的作业岗位，应当在其醒目位置，设置警示标识和中文警示说明。警示说明应当载明产生职业病危害的种类、后果、预防以及应急救治措施等内容。

◆对可能发生急性职业损伤的有毒、有害工作场所，用人单位应当设置报警装置，配置现场急救用品、冲洗设备、应急撤离通道和必要的泄险区。

对放射工作场所和放射性同位素的运输、贮存，用人单位必须配置防护设备和报警装置，保证接触放射线的工作人员佩戴个人剂量计。

对职业病防护设备、应急救援设施和个人使用的职业病防护用品，用人单位应当进行经常性的维护、检修，定期检测其性能和效果，确保其处于正常状态，不得擅自拆除或者停止使用。

◆用人单位应当实施由专人负责的职业病危害因素日常监测，并确保监测系统处于正常运行状态。

用人单位应当按照国务院安全生产监督管理部门的规定，定期对工作场所进行职业病危害因素检测、评价。检测、评价结果存入用人单位职业卫生档案，定期向所在地安全生产监督管理部门报告并向劳动者公布。

发现工作场所职业病危害因素不符合国家职业卫生标准和卫生要求时，用人单位应当立即采取相应治理措施，仍然达不到国家职业卫生标准和卫生要求的，必须停止存在职业病危害因素的作业；职业病危害因素经治理后，符合国家职业卫生标准和卫生要求的，方可重新作业。

◆向用人单位提供可能产生职业病危害的设备的，应当提供中文说明书，并在设备的醒目位置设置警示标识和中文警示说明。警示说明应当载明设备性能、可能产生的职业病危害、安全操作和维护注意事项、职业病防护以及应急救治措施等内容。

◆向用人单位提供可能产生职业病危害的化学品、放射性同位素和含有放射性物质的材料的，应当提供中文说明书。说明书应当载明产品特性、主要成分、存在的有害因素、可能产生的危害后果、安全使用注意事项、职业病防护以及应急救治措施等内容。产品包装应当有醒目的警示标识和中文警示说明。贮存上述材料的场所应当在规定的部位设置危险物品标识或者放射性警示标识。

◆任何单位和个人不得生产、经营、进口和使用国家明令禁止使用的可能产生职业病危害的设备或者材料。

◆任何单位和个人不得将产生职业病危害的作业转移给不具备职业病防护条件的单位和个人。不具备职业病防护条件的单位和个人不得接受产生职业病危害的作业。

◆用人单位对采用的技术、工艺、设备、材料，应当知悉其产生的职业病危害，对有职业病危害的技术、工艺、设备、材料隐瞒其危害而采用的，对所造成的职业病危害后果承担责任。

◆用人单位与劳动者订立劳动合同（含聘用合同，下同）时，应当将工作过程中可能产生的职业病危害及其后果、职业病防护措施和待遇等如实告知劳动者，并在劳动合同中写明，不得隐瞒或者欺骗。

劳动者在已订立劳动合同期间因工作岗位或者工作内容变更，从事与所订立劳动合同中未告知的存在职业病危害的作业时，用人单位应当依照前款规定，向劳动者履行如实告知的义务，并协商变更原劳动合同相关条款。

用人单位违反前两款规定的，劳动者有权拒绝从事存在职业病危害的作业，用人单位不得因此解除与劳动者所订立的劳动合同。

◆用人单位的主要负责人和职业卫生管理人员应当接受职业卫生培训，遵守职业病防治法律、法规，依法组织本单位的职业病防治工作。

用人单位应当对劳动者进行上岗前的职业卫生培训和在岗期间的定期职业卫生培训，普及职业卫生知识，督促劳动者遵守职业病防治法律、法规、规章和操作规程，指导劳动者正确使用职业病防护设备和个人使用的职业病防护用品。

劳动者应当学习和掌握相关的职业卫生知识，增强职业病防范意识，遵守职业病防治法律、法规、规章和操作规程，正确使用、维护职业病防护设备和个人使用的职业病防护用品，发现职业病危害事故隐患应当及时报告。

劳动者不履行前款规定义务的，用人单位应当对其进行教育。

◆对从事接触职业病危害的作业的劳动者，用人单位应当按照国务院安全生产监督管理部门、卫生行政部门的规定组织上岗前、在岗期间和离岗时的职业健康检查，并将检查结果书面告知劳动者。职业健康检查费用由用人单位承担。

用人单位不得安排未经上岗前职业健康检查的劳动者从事接触职业病危害的作业；不得安排有职业禁忌的劳动者从事其所禁忌的作业；对在职业健康检查中发现有与所从事的职业相关的健康损害的劳动者，应当调离原工作岗位，并妥善安置；对未进行离岗前职业健康检查的劳动者不得解除或者终止与其订立的劳动合同。

职业健康检查应当由省级以上人民政府卫生行政部门批准的医疗卫生机构承担。

◆用人单位应当为劳动者建立职业健康监护档案，并按照规定的期限妥善保存。

职业健康监护档案应当包括劳动者的职业史、职业病危害接触史、职业健康检查结果和职业病诊疗等有关个人健康资料。

劳动者离开用人单位时，有权索取本人职业健康监护档案复印件，用人单位应当如实、无偿提供，并在所提供的复印件上签章。

◆发生或者可能发生急性职业病危害事故时，用人单位应当立即采取应急救援和控制措施，并及时报告所在地安全生产监督管理部门和有关部门。安全生产监督管理部门接到报告后，应当及时会同有关部门组织调查处理；必要时，可以采取临时控制措施。卫生行政部门应当组织做好医疗救治工作。

对遭受或者可能遭受急性职业病危害的劳动者，用人单位应当及时组织救治、进行健康检查和医学观察，所需费用由用人单位承担。

◆用人单位不得安排未成年工从事接触职业病危害的作业；不得安排孕期、哺乳期的女职工从事对本人和胎儿、婴儿有危害的作业。

◆劳动者享有下列职业卫生保护权利：

（1）获得职业卫生教育、培训。

（2）获得职业健康检查、职业病诊疗、康复等职业病防治服务。

（3）了解工作场所产生或者可能产生的职业病危害因素、危害后果和应当采取的职业病防护措施。

（4）要求用人单位提供符合防治职业病要求的职业病防护设施和个人使用的职业病防护用品，改善工作条件。

（5）对违反职业病防治法律、法规以及危及生命健康的行为提出批评、检举和控告。

（6）拒绝违章指挥和强令进行没有职业病防护措施的作业。

（7）参与用人单位职业卫生工作的民主管理，对职业病防治工作提出意见和建议。

用人单位应当保障劳动者行使前款所列权利。因劳动者依法行使正当权利而降低其工资、福利等待遇或者解除、终止与其订立的劳动合同的，其行为无效。

◆工会组织应当督促并协助用人单位开展职业卫生宣传教育和培训，有权对用人单位的职业病防治工作提出意见和建议，依法代表劳动者与用人单位签订劳动安全卫生专项集体合同，与用人单位就劳动者反映的有关职业病防治的问题进行协调并督促解决。

工会组织对用人单位违反职业病防治法律、法规，侵犯劳动者合法权益的行为，有权要求纠正；产生严重职业病危害时，有权要求采取防护措施，或者向政府有关部门建议采取强制性措施；发生职业病危害事故时，有权参与事故调查处理；发现危及劳动者生命健康的情形时，有权向用人单位建议组织劳动者撤离危险现场，用人单位应当立即作出处理。

◆用人单位按照职业病防治要求，用于预防和治理职业病危害、工作场所卫生检测、健康监护和职业卫生培训等费用，按照国家有关规定，在生产成本中据实列支。

◆职业卫生监督管理部门应当按照职责分工，加强对用人单位落实职业病防护管理措施情况的监督检查，依法行使职权，承担责任。

4. 职业病诊断与职业病病人保障的有关规定

在第四章职业病诊断与职业病病人保障中，对相关事项做了规定。

◆劳动者可以在用人单位所在地、本人户籍所在地或者经常居住地依法承担职业病诊断的医疗卫生机构进行职业病诊断。

◆职业病诊断，应当综合分析下列因素：

（1）病人的职业史。

（2）职业病危害接触史和工作场所职业病危害因素情况。

（3）临床表现以及辅助检查结果等。

没有证据否定职业病危害因素与病人临床表现之间的必然联系的，应当诊断为职业病。

承担职业病诊断的医疗卫生机构在进行职业病诊断时，应当组织三名以上取得职业病诊断资格的执业医师集体诊断。

职业病诊断证明书应当由参与诊断的医师共同签署，并经承担职业病诊断的医疗卫生机构审核盖章。

◆用人单位应当如实提供职业病诊断、鉴定所需的劳动者职业史和职业病危害接触史、工作场所职业病危害因素检测结果等资料；安全生产监督管理部门应当监督检查和督促用人单位提供上述资料；劳动者和有关机构也应当提供与职业病诊断、鉴定有关的资料。

职业病诊断、鉴定机构需要了解工作场所职业病危害因素情况时，可以对工作场所进行现场调查，也可以向安全生产监督管理部门提出，安全生产监督管理部门应当在十日内组织现场调查。用人单位不得拒绝、阻挠。

◆职业病诊断、鉴定过程中，用人单位不提供工作场所职业病危害因素检测结果等资料的，诊断、鉴定机构应当结合劳动者的临床表现、辅助检查结果和劳动者的职业史、职业病危害接触史，并参考劳动者的自述、安全生产监督管理部门提供的日常监督检查信息等，作出职业病诊断、鉴定结论。

劳动者对用人单位提供的工作场所职业病危害因素检测结果等资料有异议，或者因劳动者的用人单位解散、破产，无用人单位提供上述资料的，诊断、鉴定机构应当提请安全生产监督管理部门进行调查，安全生产监督管理部门应当自接到申请之日起三十日内对存在异议的资料或者工作场所职业病危害因素情况作出判定；有关部门应当配合。

◆职业病诊断、鉴定过程中，在确认劳动者职业史、职业病危害接触史时，当事人对劳动关系、工种、工作岗位或者在岗时间有争议的，可以向当地的劳动人事争议仲裁委员会申请仲裁；接到申请的劳动人事争议仲裁委员会应当受理，并在三十日内作出裁决。

劳动者对仲裁裁决不服的，可以依法向人民法院提起诉讼。

用人单位对仲裁裁决不服的，可以在职业病诊断、鉴定程序结束之日起十五日内依法向人民法院提起诉讼；诉讼期间，劳动者的治疗费用按照职业病待遇规定的途径支付。

◆当事人对职业病诊断有异议的，可以向作出诊断的医疗卫生机构所在地地方人民政府卫生行政部门申请鉴定。

职业病诊断争议由设区的市级以上地方人民政府卫生行政部门根据当事人的申请，组织职业病诊断鉴定委员会进行鉴定。

当事人对设区的市级职业病诊断鉴定委员会的鉴定结论不服的，可以向省、自治区、直辖市人民政府卫生行政部门申请再鉴定。

◆职业病诊断鉴定委员会由相关专业的专家组成。

◆职业病诊断鉴定委员会组成人员应当遵守职业道德，客观、公正地进行诊断鉴定，并承担相应的责任。职业病诊断鉴定委员会组成人员不得私下接触当事人，不得收受当事人的财物或者其他好处，与当事人有利害关系的，应当回避。

人民法院受理有关案件需要进行职业病鉴定时，应当从省、自治区、直辖市人民政府卫生行政部门依法设立的相关的专家库中选取参加鉴定的专家。

◆医疗卫生机构发现疑似职业病病人时，应当告知劳动者本人并及时通知用人单位。

用人单位应当及时安排对疑似职业病病人进行诊断；在疑似职业病病人诊断或者医学观察期间，不得解除或者终止与其订立的劳动合同。

疑似职业病病人在诊断、医学观察期间的费用，由用人单位承担。

◆用人单位应当保障职业病病人依法享受国家规定的职业病待遇。

用人单位应当按照国家有关规定，安排职业病病人进行治疗、康复和定期检查。

用人单位对不适宜继续从事原工作的职业病病人，应当调离原岗位，并妥善安置。

用人单位对从事接触职业病危害的作业的劳动者，应当给予适当岗位津贴。

◆职业病病人的诊疗、康复费用，伤残以及丧失劳动能力的职业病病人的社会保障，按照国家有关工伤保险的规定执行。

◆职业病病人除依法享有工伤保险外，依照有关民事法律，尚有获得赔偿的权利的，有权向用人单位提出赔偿要求。

◆劳动者被诊断患有职业病，但用人单位没有依法参加工伤保险的，其医疗和生活保障由该用人单位承担。

◆职业病病人变动工作单位，其依法享有的待遇不变。

用人单位在发生分立、合并、解散、破产等情形时，应当对从事接触职业病危害的作业的劳动者进行健康检查，并按照国家有关规定妥善安置职业病病人。

◆用人单位已经不存在或者无法确认劳动关系的职业病病人，可以向地方人民政府民政部门申请医疗救助和生活等方面的救助。

5. 法律责任的有关规定

在第六章法律责任中，对相关事项做了规定。

◆违反本法规定，有下列行为之一的，由安全生产监督管理部门给予警告，责令限期改正；逾期不改正的，处十万元以下的罚款：

(1) 工作场所职业病危害因素检测、评价结果没有存档、上报、公布的。

(2) 未采取本法规定的职业病防治管理措施的。

(3) 未按照规定公布有关职业病防治的规章制度、操作规程、职业病危害事故应急救援措施的。

(4) 未按照规定组织劳动者进行职业卫生培训，或者未对劳动者个人职业病防护采取指导、督促措施的。

(5) 国内首次使用或者首次进口与职业病危害有关的化学材料，未按照规定报送毒性鉴定资料以及经有关部门登记注册或者批准进口的文件的。

◆用人单位违反本法规定，有下列行为之一的，由安全生产监督管理部门责令限期改正，给予警告，可以并处五万元以上十万元以下的罚款：

(1) 未按照规定及时、如实向安全生产监督管理部门申报产生职业病危害的项目的。

(2) 未实施由专人负责的职业病危害因素日常监测，或者监测系统不能正常监测的。

(3) 订立或者变更劳动合同时，未告知劳动者职业病危害真实情况的。

(4) 未按照规定组织职业健康检查、建立职业健康监护档案或者未将检查结果书面告知劳动者的。

（5）未依照本法规定在劳动者离开用人单位时提供职业健康监护档案复印件的。

◆用人单位违反本法规定，有下列行为之一的，由安全生产监督管理部门给予警告，责令限期改正，逾期不改正的，处五万元以上二十万元以下的罚款；情节严重的，责令停止产生职业病危害的作业，或者提请有关人民政府按照国务院规定的权限责令关闭：

（1）工作场所职业病危害因素的强度或者浓度超过国家职业卫生标准的。

（2）未提供职业病防护设施和个人使用的职业病防护用品，或者提供的职业病防护设施和个人使用的职业病防护用品不符合国家职业卫生标准和卫生要求的。

（3）对职业病防护设备、应急救援设施和个人使用的职业病防护用品未按照规定进行维护、检修、检测，或者不能保持正常运行、使用状态的。

（4）未按照规定对工作场所职业病危害因素进行检测、评价的。

（5）工作场所职业病危害因素经治理仍然达不到国家职业卫生标准和卫生要求时，未停止存在职业病危害因素的作业的。

（6）未按照规定安排职业病病人、疑似职业病病人进行诊治的。

（7）发生或者可能发生急性职业病危害事故时，未立即采取应急救援和控制措施或者未按照规定及时报告的。

（8）未按照规定在产生严重职业病危害的作业岗位醒目位置设置警示标识和中文警示说明的。

（9）拒绝职业卫生监督管理部门监督检查的。

（10）隐瞒、伪造、篡改、毁损职业健康监护档案、工作场所职业病危害因素检测评价结果等相关资料，或者拒不提供职业病诊断、鉴定所需资料的。

（11）未按照规定承担职业病诊断、鉴定费用和职业病病人的医疗、生活保障费用的。

◆违反本法规定，构成犯罪的，依法追究刑事责任。

三、《特种设备安全法》相关要点

2013 年 6 月 29 日，第十二届全国人民代表大会常务委员会第三次会议通过《中华人民共和国特种设备安全法》（中华人民共和国主席令第四号）（以下简称《特种设备安全法》），自 2014 年 1 月 1 日起施行。

《特种设备安全法》分为七章一百零一条，各章内容为：第一章总则，第二章生产、经营、使用，第三章检验、检测，第四章监督管理，第五章事故应急救援与调查处理，第六章法律责任，第七章附则。制定本法的目的，是为了加强特种设备安全工作，预防特种设备事故，保障人身和财产安全，促进经济社会发展。

1. 总则中的有关规定

在第一章总则中，对相关事项做了规定。

◆特种设备的生产（包括设计、制造、安装、改造、修理）、经营、使用、检验、检测和特种设备安全的监督管理，适用本法。

本法所称特种设备，是指对人身和财产安全有较大危险性的锅炉、压力容器（含气瓶）、压力管道、电梯、起重机械、客运索道、大型游乐设施、场（厂）内专用机动车辆，以及法律、行政法规规定适用本法的其他特种设备。

◆特种设备安全工作应当坚持安全第一、预防为主、节能环保、综合治理的原则。

◆国家对特种设备的生产、经营、使用，实施分类的、全过程的安全监督管理。

◆国务院负责特种设备安全监督管理的部门对全国特种设备安全实施监督管理。县级以上地方各级人民政府负责特种设备安全监督管理的部门对本行政区域内特种设备安全实施监督管理。

◆特种设备生产、经营、使用单位应当遵守本法和其他有关法律、法规，建立、健全特种设备安全和节能责任制度，加强特种设备安全和节能管理，确保特种设备生产、经营、使用安全，符合节能要求。

◆特种设备生产、经营、使用、检验、检测应当遵守有关特种设备安全技术规范及相关标准。

◆任何单位和个人有权向负责特种设备安全监督管理的部门和有关部门举报涉及特种设备安全的违法行为，接到举报的部门应当及时处理。

2. 有关特种设备生产、经营、使用的规定

在第二章生产、经营、使用中，对相关事项做了规定。

◆特种设备生产、经营、使用单位及其主要负责人对其生产、经营、使用的特种设备安全负责。

特种设备生产、经营、使用单位应当按照国家有关规定配备特种设备安全管理人员、检测人员和作业人员，并对其进行必要的安全教育和技能培训。

◆特种设备安全管理人员、检测人员和作业人员应当按照国家有关规定取得相应资格，方可从事相关工作。特种设备安全管理人员、检测人员和作业人员应当严格执行安全技术规范和管理制度，保证特种设备安全。

◆特种设备生产、经营、使用单位对其生产、经营、使用的特种设备应当进行自行检测和维护保养，对国家规定实行检验的特种设备应当及时申报并接受检验。

◆国家鼓励投保特种设备安全责任保险。

◆国家按照分类监督管理的原则对特种设备生产实行许可制度。特种设备生产单位应当具备下列条件，并经负责特种设备安全监督管理的部门许可，方可从事生产活动：

（1）有与生产相适应的专业技术人员。

（2）有与生产相适应的设备、设施和工作场所。

（3）有健全的质量保证、安全管理和岗位责任等制度。

◆特种设备生产单位应当保证特种设备生产符合安全技术规范及相关标准的要求，对其生产的特种设备的安全性能负责。不得生产不符合安全性能要求和能效指标以及国家明令淘汰的特种设备。

◆锅炉、气瓶、氧舱、客运索道、大型游乐设施的设计文件，应当经负责特种设备安全监督管理的部门核准的检验机构鉴定，方可用于制造。

◆特种设备出厂时，应当随附安全技术规范要求的设计文件、产品质量合格证明、安装及使用维护保养说明、监督检验证明等相关技术资料和文件，并在特种设备显著位置设置产品铭牌、安全警示标志及其说明。

◆电梯的安装、改造、修理，必须由电梯制造单位或者其委托的依照本法取得相应许可的单位进行。电梯制造单位委托其他单位进行电梯安装、改造、修理的，应当对其安装、改造、修理进行安全指导和监控，并按照安全技术规范的要求进行校验和调试。电梯制造单位对电梯安全性能负责。

◆特种设备安装、改造、修理的施工单位应当在施工前将拟进行的特种设备安装、改造、修理情况书面告知直辖市或者设区的市级人民政府负责特种设备安全监督管理的部门。

◆特种设备安装、改造、修理竣工后，安装、改造、修理的施工单位应当在验收后三十日内将相关技术资料和文件移交特种设备使用单位。特种设备使用单位应当将其存入该特种设备的安全技术档案。

◆锅炉、压力容器、压力管道元件等特种设备的制造过程和锅炉、压力容器、压力管道、电梯、起重机械、客运索道、大型游乐设施的安装、改造、重大修理过程，应当经特种设备检验机构按照安全技术规范的要求进行监督检验；未经监督检验或者监督检验不合格的，不得出厂或者交付使用。

◆特种设备销售单位销售的特种设备，应当符合安全技术规范及相关标准的要求，其设计文件、产品质量合格证明、安装及使用维护保养说明、监督检验证明等相关技术资料和文件应当齐全。

特种设备销售单位应当建立特种设备检查验收和销售记录制度。

禁止销售未取得许可生产的特种设备，未经检验和检验不合格的特种设备，或者国家明令淘汰和已经报废的特种设备。

◆特种设备出租单位不得出租未取得许可生产的特种设备或者国家明令淘汰和已经报废的特种设备，以及未按照安全技术规范的要求进行维护保养和未经检验或者检验不合格的特种设备。

◆特种设备在出租期间的使用管理和维护保养义务由特种设备出租单位承担，法律另有规定或者当事人另有约定的除外。

◆进口的特种设备应当符合我国安全技术规范的要求，并经检验合格；需要取得我国特种设备生产许可的，应当取得许可。

进口特种设备随附的技术资料和文件应当符合本法相关规定，其安装及使用维护保养说明、产品铭牌、安全警示标志及其说明应当采用中文。

◆特种设备使用单位应当使用取得许可生产并经检验合格的特种设备。

禁止使用国家明令淘汰和已经报废的特种设备。

◆特种设备使用单位应当在特种设备投入使用前或者投入使用后三十日内，向负责特种设备安全监督管理的部门办理使用登记，取得使用登记证书。登记标志应当置于该特种设备的显著位置。

◆特种设备使用单位应当建立岗位责任、隐患治理、应急救援等安全管理制度，制定操作规程，保证特种设备安全运行。

◆特种设备使用单位应当建立特种设备安全技术档案。安全技术档案应当包括以下内容：

(1) 特种设备的设计文件、产品质量合格证明、安装及使用维护保养说明、监督检验证明等相关技术资料和文件。

(2) 特种设备的定期检验和定期自行检查记录。

(3) 特种设备的日常使用状况记录。

(4) 特种设备及其附属仪器仪表的维护保养记录。

(5) 特种设备的运行故障和事故记录。

◆电梯、客运索道、大型游乐设施等为公众提供服务的特种设备的运营使用单位，应当对特种设备的使用安全负责，设置特种设备安全管理机构或者配备专职的特种设备安全管理人员；其他特种设备使用单位，应当根据情况设置特种设备安全管理机构或者配备专职、兼职的特种设备安全管理人员。

◆特种设备的使用应当具有规定的安全距离、安全防护措施。与特种设备安全相关的建筑物、附属设施，应当符合有关法律、行政法规的规定。

◆特种设备属于共有的，共有人可以委托物业服务单位或者其他管理人管理特种设备，受托人履行本法规定的特种设备使用单位的义务，承担相应责任。共有人未委托的，由共有人或者实际管理人履行管理义务，承担相应责任。

◆特种设备使用单位应当对其使用的特种设备进行经常性维护保养和定期自行检查，并作出记录。

特种设备使用单位应当对其使用的特种设备的安全附件、安全保护装置进行定期校验、检修，并作出记录。

◆特种设备使用单位应当按照安全技术规范的要求，在检验合格有效期届满前一个月向特种设备检验机构提出定期检验要求。

特种设备检验机构接到定期检验要求后，应当按照安全技术规范的要求及时进行安全性能检验。特种设备使用单位应当将定期检验标志置于该特种设备的显著位置。

未经定期检验或者检验不合格的特种设备，不得继续使用。

◆特种设备安全管理人员应当对特种设备使用状况进行经常性检查，发现问题应当立即处理；情况紧急时，可以决定停止使用特种设备并及时报告本单位有关负责人。

特种设备作业人员在作业过程中发现事故隐患或者其他不安全因素，应当立即向特种设备安全管理人员和单位有关负责人报告；特种设备运行不正常时，特种设备作业人员应当按照操作规程采取有效措施保证安全。

◆特种设备出现故障或者发生异常情况，特种设备使用单位应当对其进行全面检查，消除事故隐患，方可继续使用。

◆锅炉使用单位应当按照安全技术规范的要求进行锅炉水（介）质处理，并接受特种设备检验机构的定期检验。

◆电梯的维护保养应当由电梯制造单位或者依照本法取得许可的安装、改造、修理单位进行。

电梯的维护保养单位应当在维护保养中严格执行安全技术规范的要求，保证其维护保养的电梯的安全性能，并负责落实现场安全防护措施，保证施工安全。

电梯的维护保养单位应当对其维护保养的电梯的安全性能负责；接到故障通知后，应当立即赶赴现场，并采取必要的应急救援措施。

◆电梯投入使用后，电梯制造单位应当对其制造的电梯的安全运行情况进行跟踪调查和了解，对电梯的维护保养单位或者使用单位在维护保养和安全运行方面存在的问题，提出改进建议，并提供必要的技术帮助；发现电梯存在严重事故隐患时，应当及时告知电梯使用单位，并向负责特种设备安全监督管理的部门报告。电梯制造单位对调查和了解的情况，应当作出记录。

◆特种设备进行改造、修理，按照规定需要变更使用登记的，应当办理变更登记，方可继续使用。

◆特种设备存在严重事故隐患，无改造、修理价值，或者达到安全技术规范规定的其他报废条件的，特种设备使用单位应当依法履行报废义务，采取必要措施消除该特种设备的使用功能，并向原登记的负责特种设备安全监督管理的部门办理使用登记证书注销手续。

◆移动式压力容器、气瓶充装单位，应当具备下列条件，并经负责特种设备安全监督管理的部门许可，方可从事充装活动：

（1）有与充装和管理相适应的管理人员和技术人员。

（2）有与充装和管理相适应的充装设备、检测手段、场地厂房、器具、安全设施。

（3）有健全的充装管理制度、责任制度、处理措施。

充装单位应当建立充装前后的检查、记录制度，禁止对不符合安全技术规范要求的移动式压力容器和气瓶进行充装。

气瓶充装单位应当向气体使用者提供符合安全技术规范要求的气瓶，对气体使用者进行气瓶安全使用指导，并按照安全技术规范的要求办理气瓶使用登记，及时申报定期检验。

3. 有关特种设备检验、检测的规定

在第三章检验、检测中，对相关事项做了规定。

◆从事本法规定的监督检验、定期检验的特种设备检验机构，以及为特种设备生产、经营、使用提供检测服务的特种设备检测机构，应当具备下列条件，并经负责特种设备安全监督管理的部门核准，方可从事检验、检测工作：

（1）有与检验、检测工作相适应的检验、检测人员。

（2）有与检验、检测工作相适应的检验、检测仪器和设备。

（3）有健全的检验、检测管理制度和责任制度。

◆特种设备检验、检测机构的检验、检测人员应当经考核，取得检验、检测人员资格，方可从事检验、检测工作。

特种设备检验、检测机构的检验、检测人员不得同时在两个以上检验、检测机构中执业；变更执业机构的，应当依法办理变更手续。

◆特种设备检验、检测工作应当遵守法律、行政法规的规定，并按照安全技术规范的要求进行。

特种设备检验、检测机构及其检验、检测人员应当依法为特种设备生产、经营、使用单位提供安全、可靠、便捷、诚信的检验、检测服务。

◆特种设备生产、经营、使用单位应当按照安全技术规范的要求向特种设备检验、检测机构及其检验、检测人员提供特种设备相关资料和必要的检验、检测条件，并对资料的真实性负责。

◆特种设备检验、检测机构及其检验、检测人员对检验、检测过程中知悉的商业秘密，负有保密义务。

◆特种设备检验机构及其检验人员利用检验工作故意刁难特种设备生产、经营、使用单位的，特种设备生产、经营、使用单位有权向负责特种设备安全监督管理的部门投诉，接到投诉的部门应当及时进行调查处理。

4. 有关监督管理的规定

在第四章监督管理中，对相关事项做了规定。

◆负责特种设备安全监督管理的部门依照本法规定，对特种设备生产、经营、使用单位和检验、检测机构实施监督检查。

负责特种设备安全监督管理的部门应当对学校、幼儿园以及医院、车站、客运码头、商场、体育场馆、展览馆、公园等公众聚集场所的特种设备，实施重点安全监督检查。

◆负责特种设备安全监督管理的部门实施本法规定的许可工作，应当依照本法和其他有关法律、行政法规规定的条件和程序以及安全技术规范的要求进行审查；不符合规定的，不得许可。

◆负责特种设备安全监督管理的部门在依法履行监督检查职责时，可以行使下列职权：

（1）进入现场进行检查，向特种设备生产、经营、使用单位和检验、检测机构的主要负责人和其他有关人员调查、了解有关情况。

（2）根据举报或者取得的涉嫌违法证据，查阅、复制特种设备生产、经营、使用单位和检验、检测机构的有关合同、发票、账簿以及其他有关资料。

（3）对有证据表明不符合安全技术规范要求或者存在严重事故隐患的特种设备实施查封、扣押。

（4）对流入市场的达到报废条件或者已经报废的特种设备实施查封、扣押。

（5）对违反本法规定的行为作出行政处罚决定。

◆负责特种设备安全监督管理的部门在依法履行职责过程中，发现违反本法规定和安全技术规范要求的行为或者特种设备存在事故隐患时，应当以书面形式发出特种设备安全监察指令，责令有关单位及时采取措施予以改正或者消除事故隐患。紧急情况下要求有关单位采取紧急处置措施的，应当随后补发特种设备安全监察指令。

◆负责特种设备安全监督管理的部门在依法履行职责过程中，发现重大违法行为或者特种设备存在严重事故隐患时，应当责令有关单位立即停止违法行为、采取措施消除事故隐患，并及时向上级负责特种设备安全监督管理的部门报告。接到报告的负责特种设备安全监督管理的部门应当采取必要措施，及时予以处理。

对违法行为、严重事故隐患的处理需要当地人民政府和有关部门的支持、配合时，负责特种设备安全监督管理的部门应当报告当地人民政府，并通知其他有关部门。当地人民政府和其他有关部门应当采取必要措施，及时予以处理。

5. 有关事故应急救援与调查处理的规定

在第五章事故应急救援与调查处理中，对相关事项做了规定。

◆特种设备使用单位应当制定特种设备事故应急专项预案，并定期进行应急演练。

◆特种设备发生事故后，事故发生单位应当按照应急预案采取措施，组织抢救，防止事故扩大，减少人员伤亡和财产损失，保护事故现场和有关证据，并及时向事故发生地县级以上人民政府负责特种设备安全监督管理的部门和有关部门报告。

与事故相关的单位和人员不得迟报、谎报或者瞒报事故情况，不得隐匿、毁灭有关证据或者故意破坏事故现场。

◆事故发生地人民政府接到事故报告，应当依法启动应急预案，采取应急处置措施，组织应急救援。

◆特种设备发生特别重大事故，由国务院或者国务院授权有关部门组织事故调查组进行调查。

发生重大事故，由国务院负责特种设备安全监督管理的部门会同有关部门组织事故调查组进行调查。

发生较大事故，由省、自治区、直辖市人民政府负责特种设备安全监督管理的部门会同有关部门组织事故调查组进行调查。

发生一般事故，由设区的市级人民政府负责特种设备安全监督管理的部门会同有关部门组织事故调查组进行调查。

事故调查组应当依法、独立、公正开展调查，提出事故调查报告。

◆组织事故调查的部门应当将事故调查报告报本级人民政府，并报上一级人民政府负责特种设备安全监督管理的部门备案。有关部门和单位应当依照法律、行政法规的规定，追究事故责任单位和人员的责任。

事故责任单位应当依法落实整改措施，预防同类事故发生。事故造成损害的，事故责任单位应当依法承担赔偿责任。

6. 有关法律责任的规定

在第六章法律责任中，对相关事项做了规定。

◆违反本法规定，未经许可从事特种设备生产活动的，责令停止生产，没收违法制造的特种设备，处十万元以上五十万元以下罚款；有违法所得的，没收违法所得；已经实施安装、改造、修理的，责令恢复原状或者责令限期由取得许可的单位重新安装、改造、修理。

◆违反本法规定，特种设备的设计文件未经鉴定，擅自用于制造的，责令改正，没收违法制造的特种设备，处五万元以上五十万元以下罚款。

◆违反本法规定，未进行型式试验的，责令限期改正；逾期未改正的，处三万元以上三十万元以下罚款。

◆违反本法规定，特种设备出厂时，未按照安全技术规范的要求随附相关技术资料和文件的，责令限期改正；逾期未改正的，责令停止制造、销售，处二万元以上二十万元以下罚款；有违法所得的，没收违法所得。

◆违反本法规定，特种设备安装、改造、修理的施工单位在施工前未书面告知负责特种设备安全监督管理的部门即行施工的，或者在验收后三十日内未将相关技术资料和文件移交特种设备使用单位的，责令限期改正；逾期未改正的，处一万元以上十万元以下罚款。

◆违反本法规定，特种设备的制造、安装、改造、重大修理以及锅炉清洗过程，未经监督检验的，责令限期改正；逾期未改正的，处五万元以上二十万元以下罚款；有违法所得的，没收违法所得；情节严重的，吊销生产许可证。

◆违反本法规定，电梯制造单位有下列情形之一的，责令限期改正；逾期未改正的，处一万元以上十万元以下罚款：

（1）未按照安全技术规范的要求对电梯进行校验、调试的。

（2）对电梯的安全运行情况进行跟踪调查和了解时，发现存在严重事故隐患，未及时告知电梯使用单位并向负责特种设备安全监督管理的部门报告的。

◆违反本法规定，特种设备生产单位有下列行为之一的，责令限期改正；逾期未改正的，责令停止生产，处五万元以上五十万元以下罚款；情节严重的，吊销生产许可证：

（1）不再具备生产条件、生产许可证已经过期或者超出许可范围生产的。

（2）明知特种设备存在同一性缺陷，未立即停止生产并召回的。

违反本法规定，特种设备生产单位生产、销售、交付国家明令淘汰的特种设备的，责令停止生产、销售，没收违法生产、销售、交付的特种设备，处三万元以上三十万元以下罚款；有违法所得的，没收违法所得。

特种设备生产单位涂改、倒卖、出租、出借生产许可证的，责令停止生产，处五万元以上五十万元以下罚款；情节严重的，吊销生产许可证。

◆违反本法规定，特种设备经营单位有下列行为之一的，责令停止经营，没收违法经营的特种设备，处三万元以上三十万元以下罚款；有违法所得的，没收违法所得：

（1）销售、出租未取得许可生产，未经检验或者检验不合格的特种设备的。

（2）销售、出租国家明令淘汰、已经报废的特种设备，或者未按照安全技术规范的要求进行维护保养的特种设备的。

违反本法规定，特种设备销售单位未建立检查验收和销售记录制度，或者进口特种设备未履行提前告知义务的，责令改正，处一万元以上十万元以下罚款。

特种设备生产单位销售、交付未经检验或者检验不合格的特种设备的，依照本条第一款规定处罚；情节严重的，吊销生产许可证。

◆违反本法规定，特种设备使用单位有下列行为之一的，责令限期改正；逾期未改正的，责令停止使用有关特种设备，处一万元以上十万元以下罚款：

（1）使用特种设备未按照规定办理使用登记的。

（2）未建立特种设备安全技术档案或者安全技术档案不符合规定要求，或者未依法设置使用登记标志、定期检验标志的。

(3) 未对其使用的特种设备进行经常性维护保养和定期自行检查，或者未对其使用的特种设备的安全附件、安全保护装置进行定期校验、检修，并作出记录的。

(4) 未按照安全技术规范的要求及时申报并接受检验的。

(5) 未按照安全技术规范的要求进行锅炉水（介）质处理的。

(6) 未制定特种设备事故应急专项预案的。

◆违反本法规定，特种设备使用单位有下列行为之一的，责令停止使用有关特种设备，处三万元以上三十万元以下罚款：

(1) 使用未取得许可生产，未经检验或者检验不合格的特种设备，或者国家明令淘汰、已经报废的特种设备的。

(2) 特种设备出现故障或者发生异常情况，未对其进行全面检查、消除事故隐患，继续使用的。

(3) 特种设备存在严重事故隐患，无改造、修理价值，或者达到安全技术规范规定的其他报废条件，未依法履行报废义务，并办理使用登记证书注销手续的。

◆违反本法规定，移动式压力容器、气瓶充装单位有下列行为之一的，责令改正，处二万元以上二十万元以下罚款；情节严重的，吊销充装许可证：

(1) 未按照规定实施充装前后的检查、记录制度的。

(2) 对不符合安全技术规范要求的移动式压力容器和气瓶进行充装的。

违反本法规定，未经许可，擅自从事移动式压力容器或者气瓶充装活动的，予以取缔，没收违法充装的气瓶，处十万元以上五十万元以下罚款；有违法所得的，没收违法所得。

◆违反本法规定，特种设备生产、经营、使用单位有下列情形之一的，责令限期改正；逾期未改正的，责令停止使用有关特种设备或者停产停业整顿，处一万元以上五万元以下罚款：

(1) 未配备具有相应资格的特种设备安全管理人员、检测人员和作业人员的。

(2) 使用未取得相应资格的人员从事特种设备安全管理、检测和作业的。

(3) 未对特种设备安全管理人员、检测人员和作业人员进行安全教育和技能培训的。

◆违反本法规定，电梯、客运索道、大型游乐设施的运营使用单位有下列情形之一的，责令限期改正；逾期未改正的，责令停止使用有关特种设备或者停产停业整顿，处二万元以上十万元以下罚款：

(1) 未设置特种设备安全管理机构或者配备专职的特种设备安全管理人员的。

(2) 客运索道、大型游乐设施每日投入使用前，未进行试运行和例行安全检查，未对安全附件和安全保护装置进行检查确认的。

(3) 未将电梯、客运索道、大型游乐设施的安全使用说明、安全注意事项和警示标志置于易于为乘客注意的显著位置的。

◆违反本法规定，未经许可，擅自从事电梯维护保养的，责令停止违法行为，处一万元以上十万元以下罚款；有违法所得的，没收违法所得。

电梯的维护保养单位未按照本法规定以及安全技术规范的要求，进行电梯维护保养的，依照前款规定处罚。

◆发生特种设备事故，有下列情形之一的，对单位处五万元以上二十万元以下罚款；对主要负责人处一万元以上五万元以下罚款；主要负责人属于国家工作人员的，并依法给予处分：

（1）发生特种设备事故时，不立即组织抢救或者在事故调查处理期间擅离职守或者逃匿的。

（2）对特种设备事故迟报、谎报或者瞒报的。

◆发生事故，对负有责任的单位除要求其依法承担相应的赔偿等责任外，依照下列规定处以罚款：

（1）发生一般事故，处十万元以上二十万元以下罚款。

（2）发生较大事故，处二十万元以上五十万元以下罚款。

（3）发生重大事故，处五十万元以上二百万元以下罚款。

◆对事故发生负有责任的单位的主要负责人未依法履行职责或者负有领导责任的，依照下列规定处以罚款；属于国家工作人员的，并依法给予处分：

（1）发生一般事故，处上一年年收入百分之三十的罚款。

（2）发生较大事故，处上一年年收入百分之四十的罚款。

（3）发生重大事故，处上一年年收入百分之六十的罚款。

◆违反本法规定，特种设备安全管理人员、检测人员和作业人员不履行岗位职责，违反操作规程和有关安全规章制度，造成事故的，吊销相关人员的资格。

◆违反本法规定，特种设备生产、经营、使用单位或者检验、检测机构拒不接受负责特种设备安全监督管理的部门依法实施的监督检查的，责令限期改正；逾期未改正的，责令停产停业整顿，处二万元以上二十万元以下罚款。

特种设备生产、经营、使用单位擅自动用、调换、转移、损毁被查封、扣押的特种设备或者其主要部件的，责令改正，处五万元以上二十万元以下罚款；情节严重的，吊销生产许可证，注销特种设备使用登记证书。

◆违反本法规定，造成人身、财产损害的，依法承担民事责任。

违反本法规定，应当承担民事赔偿责任和缴纳罚款、罚金，其财产不足以同时支付时，先承担民事赔偿责任。

◆违反本法规定，构成违反治安管理行为的，依法给予治安管理处罚；构成犯罪的，依法追究刑事责任。

第二节　机械制造企业安全生产重要规定

机械制造业为整个国民经济提供技术装备，其发展水平是国家工业化程度的主要标志之一，同时也是我国的重要生产行业。近年来，国家安全生产监督管理总局为了保证机械制造业以及其他行业的安全生产，先后发布一系列安全生产相关规章。在此介绍与机械制造业关系较大、内容较新的规章，主要有《生产经营单位安全培训规定》《安全生产培训管理办法》《特种作业人员安全技术培训考核管理规定》《特种设备作业人员监督管理办法》等，以及新近发布的《工贸企业有限空间作业安全管理与监督暂行规定》《有限空间安全作业五条规定》《企业安全生产风险公告六条规定》《严防企业粉尘爆炸五条规定》。

一、《生产经营单位安全培训规定》相关要点

2006 年 1 月 17 日，国家安全生产监督管理总局公布《生产经营单位安全培训规定》（国家安全生产监督管理总局令第 3 号），自 2006 年 3 月 1 日起施行。

《生产经营单位安全培训规定》分为七章三十五条，各章内容为：第一章总则，第二章主要负责人、安全生产管理人员的安全培训，第三章其他从业人员的安全培训，第四章安全培训的组织实施，第五章监督管理，第六章罚则，第七章附则。制定本规定的目的，是根据《安全生产法》和有关法律、行政法规，为加强和规范生产经营单位安全培训工作，提高从业人员安全素质，防范伤亡事故，减轻职业危害。

1. 总则中的有关规定

在第一章总则中，对相关事项做了规定。

◆工矿商贸生产经营单位（以下简称生产经营单位）从业人员的安全培训，适用本规定。

◆生产经营单位负责本单位从业人员安全培训工作。

生产经营单位应当按照安全生产法和有关法律、行政法规和本规定，建立健全安全培训工作制度。

◆生产经营单位应当进行安全培训的从业人员包括主要负责人、安全生产管理人员、特种作业人员和其他从业人员。

生产经营单位从业人员应当接受安全培训，熟悉有关安全生产规章制度和安全操作规程，具备必要的安全生产知识，掌握本岗位的安全操作技能，增强预防事故、控制职业危害和应急处理的能力。

未经安全生产培训合格的从业人员，不得上岗作业。

◆国家安全生产监督管理总局指导全国安全培训工作，依法对全国的安全培训工作实施监督管理。

2. 有关主要负责人、安全生产管理人员安全培训的规定

在第二章主要负责人、安全生产管理人员的安全培训中，对相关事项做了规定。

◆生产经营单位主要负责人和安全生产管理人员应当接受安全培训，具备与所从事的生产经营活动相适应的安全生产知识和管理能力。

◆生产经营单位主要负责人安全培训应当包括下列内容：

（1）国家安全生产方针、政策和有关安全生产的法律、法规、规章及标准。

（2）安全生产管理基本知识、安全生产技术、安全生产专业知识。

（3）重大危险源管理、重大事故防范、应急管理和救援组织以及事故调查处理的有关规定。

（4）职业危害及其预防措施。

（5）国内外先进的安全生产管理经验。

（6）典型事故和应急救援案例分析。

（7）其他需要培训的内容。

◆生产经营单位安全生产管理人员安全培训应当包括下列内容：

（1）国家安全生产方针、政策和有关安全生产的法律、法规、规章及标准。

（2）安全生产管理、安全生产技术、职业卫生等知识。

（3）伤亡事故统计、报告及职业危害的调查处理方法。

（4）应急管理、应急预案编制以及应急处置的内容和要求。

（5）国内外先进的安全生产管理经验。

（6）典型事故和应急救援案例分析。

（7）其他需要培训的内容。

◆生产经营单位主要负责人和安全生产管理人员初次安全培训时间不得少于 32 学时。每年再培训时间不得少于 12 学时。

◆生产经营单位主要负责人和安全生产管理人员的安全培训必须依照安全生产监管监察部门制定的安全培训大纲实施。

◆煤矿、非煤矿山、危险化学品、烟花爆竹等生产经营单位主要负责人和安全生产管理人员，经安全资格培训考核合格，由安全生产监管监察部门发给安全资格证书。

其他生产经营单位主要负责人和安全生产管理人员经安全生产监管监察部门认定的具备相应资质的培训机构培训合格后，由培训机构发给相应的培训合格证书。

3. 有关其他从业人员安全培训的规定

在第三章其他从业人员的安全培训中，对相关事项做了规定。

◆加工、制造业等生产单位的其他从业人员，在上岗前必须经过厂（矿）、车间（工段、区、队）、班组三级安全培训教育。

生产经营单位可以根据工作性质对其他从业人员进行安全培训，保证其具备本岗位安全操作、应急处置等知识和技能。

◆生产经营单位新上岗的从业人员，岗前培训时间不得少于 24 学时。

◆厂（矿）级岗前安全培训内容应当包括：

（1）本单位安全生产情况及安全生产基本知识。

（2）本单位安全生产规章制度和劳动纪律。

（3）从业人员安全生产权利和义务。

（4）有关事故案例等。

◆车间（工段、区、队）级岗前安全培训内容应当包括：

（1）工作环境及危险因素。

（2）所从事工种可能遭受的职业伤害和伤亡事故。

（3）所从事工种的安全职责、操作技能及强制性标准。

（4）自救互救、急救方法、疏散和现场紧急情况的处理。

（5）安全设备设施、个人防护用品的使用和维护。

（6）本车间（工段、区、队）安全生产状况及规章制度。

（7）预防事故和职业危害的措施及应注意的安全事项。

（8）有关事故案例。

（9）其他需要培训的内容。

◆班组级岗前安全培训内容应当包括：

（1）岗位安全操作规程。

（2）岗位之间工作衔接配合的安全与职业卫生事项。

（3）有关事故案例。

（4）其他需要培训的内容。

◆从业人员在本生产经营单位内调整工作岗位或离岗一年以上重新上岗时，应当重新接受车间（工段、区、队）和班组级的安全培训。

生产经营单位实施新工艺、新技术或者使用新设备、新材料时，应当对有关从业人员重新进行有针对性的安全培训。

◆生产经营单位的特种作业人员，必须按照国家有关法律、法规的规定接受专门的安全培训，经考核合格，取得特种作业操作资格证书后，方可上岗作业。

特种作业人员的范围和培训考核管理办法，另行规定。

4. 安全培训组织实施的有关规定

在第四章安全培训的组织实施中，对相关事项做了规定。

◆生产经营单位除主要负责人、安全生产管理人员、特种作业人员以外的从业人员的安全培训工作，由生产经营单位组织实施。

◆具备安全培训条件的生产经营单位，应当以自主培训为主；可以委托具有相应资质的安全培训机构，对从业人员进行安全培训。

不具备安全培训条件的生产经营单位，应当委托具有相应资质的安全培训机构，对从业人员进行安全培训。

◆生产经营单位应当将安全培训工作纳入本单位年度工作计划。保证本单位安全培训工作所需资金。

◆生产经营单位应建立健全从业人员安全培训档案，详细、准确记录培训考核情况。

◆生产经营单位安排从业人员进行安全培训期间，应当支付工资和必要的费用。

5. 监督管理的有关规定

在第五章监督管理中，对相关事项做了规定。

◆安全生产监管监察部门依法对生产经营单位安全培训情况进行监督检查，督促生产经营单位按照国家有关法律法规和本规定开展安全培训工作。

◆各级安全生产监管监察部门对生产经营单位安全培训及其持证上岗的情况进行监督检查，主要包括以下内容：

（1）安全培训制度、计划的制订及其实施的情况。

（2）煤矿、非煤矿山、危险化学品、烟花爆竹等生产经营单位主要负责人和安全生产管理人员安全资格证持证上岗的情况；其他生产经营单位主要负责人和安全生产管理人员培训的情况。

（3）特种作业人员操作资格证持证上岗的情况。

（4）建立安全培训档案的情况。

（5）其他需要检查的内容。

6. 有关罚则的规定

在第六章罚则中，对相关事项做了规定。

◆生产经营单位有下列行为之一的，由安全生产监管监察部门责令其限期改正，并处 2 万元以下的罚款：

（1）未将安全培训工作纳入本单位工作计划并保证安全培训工作所需资金的。

（2）未建立健全从业人员安全培训档案的。

（3）从业人员进行安全培训期间未支付工资并承担安全培训费用的。

◆生产经营单位有下列行为之一的，由安全生产监管监察部门给予警告，吊销安全资格证书，并处 3 万元以下的罚款：

（1）编造安全培训记录、档案的。

（2）骗取安全资格证书的。

二、《安全生产培训管理办法》相关要点

2012 年 1 月 19 日，国家安全生产监督管理总局公布新修订的《安全生产培训管理办法》（国家安全生产监督管理总局令第 44 号），自 2012 年 3 月 1 日起施行。原国家安全生产监督管理局（国家煤矿安全监察局）2004 年 12 月 28 日公布的《安全生产培训管理办法》同时废止。

《安全生产培训管理办法》分为七章三十八条，各章内容为：第一章总则，第二章安全培训，第三章安全培训的考核，第四章安全培训的发证，第五章监督管理，第六章法律责任，第七章附则。制定本办法的目的是，为了加强安全生产培训管理，规范安全生产培训秩序，保证安全生产培训质量，促进安全生产培训工作健康发展。

1. 总则中的有关规定

在第一章总则中，对相关事项做了规定。

◆安全培训机构、生产经营单位从事安全生产培训（以下简称安全培训）活动以及安全生产监督管理部门、煤矿安全监察机构、地方人民政府负责煤矿安全培训的部门对安全培训工作实施监督管理，适用本办法。

◆本办法所称安全培训是指以提高安全监管监察人员、生产经营单位从业人员和从事安全生产工作的相关人员的安全素质为目的的教育培训活动。

◆安全培训工作实行统一规划、归口管理、分级实施、分类指导、教考分离的原则。

◆安全培训的机构应当具备从事安全培训工作所需要的条件。从事危险物品的生产、经营、储存单位和矿山企业主要负责人、安全生产管理人员、特种作业人员以及注册安全工程师等相关人员培训的安全培训机构，应当将教师、教学和实习实训设施等情况书面报告所在地安全生产监督管理部门、煤矿安全培训监管机构。

国家鼓励安全生产相关社会组织对安全培训机构实行自律管理。

2. 安全培训的有关规定

在第二章安全培训中，对相关事项做了规定。

◆安全培训应当按照规定的安全培训大纲进行。

安全监管监察人员，危险物品的生产、经营、储存单位与非煤矿山企业的主要负责人、安全生产管理人员和特种作业人员及从事安全生产工作的相关人员的安全培训大纲，由国家安全监管总局组织制定。

◆国家安全监管总局、省级安全生产监督管理部门定期组织优秀安全培训教材的评选。

安全培训机构应当优先使用优秀安全培训教材。

◆对从业人员的安全培训，具备安全培训条件的生产经营单位应当以自主培训为主，也可以委托具备安全培训条件的机构进行安全培训。

不具备安全培训条件的生产经营单位，应当委托具有安全培训条件的机构对从业人员进行安全培训。

◆生产经营单位应当建立安全培训管理制度，保障从业人员安全培训所需经费，对从业人员进行与其所从事岗位相应的安全教育培训；从业人员调整工作岗位或者采用新工艺、新技术、新设备、新材料的，应当对其进行专门的安全教育和培训。未经安全教育和培训合格的从业人员，不得上岗作业。

从业人员安全培训情况，生产经营单位应当建档备查。

◆生产经营单位从业人员的培训内容和培训时间，应当符合《生产经营单位安全培训规定》和有关标准的规定。

◆中央企业的分公司、子公司及其所属单位和其他生产经营单位，发生造成人员死亡的生产安全事故的，其主要负责人和安全生产管理人员应当重新参加安全培训。

特种作业人员对造成人员死亡的生产安全事故负有直接责任的，应当按照《特种作业人员安全技术培训考核管理规定》重新参加安全培训。

◆国家鼓励生产经营单位实行师傅带徒弟制度。

◆国家鼓励生产经营单位招录职业院校毕业生。

职业院校毕业生从事与所学专业相关的作业，可以免予参加初次培训，实际操作培训除外。

◆国家鼓励安全培训机构和生产经营单位利用现代信息技术开展安全培训，包括远程培训。

3. 安全培训考核的有关规定

在第三章安全培训的考核中，对相关事项做了规定。

◆安全监管监察人员、从事安全生产工作的相关人员、依照有关法律法规应当取得安全资格证的生产经营单位主要负责人和安全生产管理人员、特种作业人员的安全培训的考核，应当坚持教考分离、统一标准、统一题库、分级负责的原则，分步推行有远程视频监视的计算机考试。

◆安全监管监察人员，危险物品的生产、经营、储存单位及非煤矿山企业主要负责人、安全生产管理人员和特种作业人员，以及从事安全生产工作的相关人员的考核标准，由国家安全监管总局统一制定。

除危险物品的生产、经营、储存单位和矿山企业以外其他生产经营单位主要负责人、安全生产管理人员及其他从业人员的考核标准，由省级安全生产监督管理部门制定。

◆国家安全监管总局负责省级以上安全生产监督管理部门的安全生产监管人员、各级煤矿安全监察机构的煤矿安全监察人员的考核；负责中央企业的总公司、总厂或者集团公司的主要负责人和安全生产管理人员的考核。

省级安全生产监督管理部门负责市级、县级安全生产监督管理部门的安全生产监管人员的考核；负责省属生产经营单位和中央企业分公司、子公司及其所属单位的主要负责人和安全生产管理人员的考核；负责特种作业人员的考核。

市级安全生产监督管理部门负责本行政区域内除中央企业、省属生产经营单位以外的其他生产经营单位的主要负责人和安全生产管理人员的考核。

除主要负责人、安全生产管理人员、特种作业人员以外的生产经营单位的其他从业人员的考核，由生产经营单位按照省级安全生产监督管理部门公布的考核标准，自行组织考核。

4. 安全培训发证的有关规定

在第四章安全培训的发证中，对相关事项做了规定。

◆接受安全培训人员经考核合格的，由考核部门在考核结束后 10 个工作日内颁发相应的证书。

◆安全生产监管人员经考核合格后，颁发安全生产监管执法证；煤矿安全监察人员经考核合格后，颁发煤矿安全监察执法证；危险物品的生产、经营、储存单位和矿山企业主要负责人、安全生产管理人员经考核合格后，颁发安全资格证；特种作业人员经考核合格后，颁发《中华人民共和国特种作业操作证》（以下简称特种作业操作证）；危险化学品登记机构的登记人员经考核合格后，颁发上岗证；其他人员经培训合格后，颁发培训合格证。

◆安全生产监管执法证、煤矿安全监察执法证、安全资格证、特种作业操作证和上岗证的式样，由国家安全监管总局统一规定。培训合格证的式样，由负责培训考核的部门规定。

5. 监督管理的有关规定

在第五章监督管理中，对相关事项做了规定。

◆安全生产监督管理部门、煤矿安全培训监管机构应当依照法律、法规和本办法的规定，加强对安全培训工作的监督管理，对生产经营单位、安全培训机构违反有关法律、法规和本办法的行为，依法作出处理。

省级安全生产监督管理部门、省级煤矿安全培训监管机构应当定期统计分析本行政区域内安全培训、考核、发证情况，并报国家安全监管总局。

◆安全生产监督管理部门和煤矿安全培训监管机构应当对安全培训机构开展安全培训活动的情况进行监督检查，检查内容包括：

（1）具备从事安全培训工作所需要的条件的情况。

（2）建立培训管理制度和教师配备的情况。

（3）执行培训大纲、建立培训档案和培训保障的情况。

（4）培训收费的情况。

（5）法律法规规定的其他内容。

◆安全生产监督管理部门、煤矿安全培训监管机构应当对生产经营单位的安全培训情况进行监督检查，检查内容包括：

（1）安全培训制度、年度培训计划、安全培训管理档案的制定和实施的情况。

（2）安全培训经费投入和使用的情况。

（3）主要负责人、安全生产管理人员和特种作业人员安全培训和持证上岗的情况。

（4）应用新工艺、新技术、新材料、新设备以及转岗前对从业人员安全培训的情况。

（5）其他从业人员安全培训的情况。

（6）法律法规规定的其他内容。

6. 法律责任的有关规定

在第六章法律责任中，对相关事项做了规定。

◆安全培训机构有下列情形之一的，责令限期改正，处 1 万元以下的罚款；逾期未改正的，给予警告，处 1 万元以上 3 万元以下的罚款：

（1）不具备安全培训条件的。

（2）未按照统一的培训大纲组织教学培训的。

（3）未建立培训档案或者培训档案管理不规范的。

安全培训机构采取不正当竞争手段，故意贬低、诋毁其他安全培训机构的，依照前款规定处罚。

◆生产经营单位主要负责人、安全生产管理人员、特种作业人员以欺骗、贿赂等不正当手段取得安全资格证或者特种作业操作证的，除撤销其相关资格证外，处 3 千元以下的罚款，并自撤销其相关资格证之日起 3 年内不得再次申请该资格证。

◆生产经营单位有下列情形之一的，责令改正，处 3 万元以下的罚款：

（1）从业人员安全培训的时间少于《生产经营单位安全培训规定》或者有关标准规定的。

（2）矿山新招的井下作业人员和危险物品生产经营单位新招的危险工艺操作岗位人员，未经实习期满独立上岗作业的。

（3）相关人员未按照本办法相关规定重新参加安全培训的。

◆生产经营单位存在违反有关法律、法规中安全生产教育培训的其他行为的，依照相关法律、法规的规定予以处罚。

三、《特种作业人员安全技术培训考核管理规定》相关要点

2010 年 5 月 24 日，国家安全生产监督管理总局公布《特种作业人员安全技术培训考核管理规定》（国家安全生产监督管理总局令第 30 号），自 2010 年 7 月 1 日起施行。1999 年 7 月 12 日原国家经济贸易委员会发布的《特种作业人员安全技术培训考核管理

办法》同时废止。

《特种作业人员安全技术培训考核管理规定》分为七章四十六条，各章内容为：第一章总则，第二章培训，第三章考核发证，第四章复审，第五章监督管理，第六章罚则，第七章附则。制定本规定的目的，是根据《安全生产法》《中华人民共和国行政许可法》（以下简称《行政许可法》）等有关法律、行政法规，为了规范特种作业人员的安全技术培训考核工作，提高特种作业人员的安全技术水平，防止和减少伤亡事故。

1. 总则中的有关规定

在第一章总则中，对相关事项做了规定。

◆本规定所称特种作业，是指容易发生事故，对操作者本人、他人的安全健康及设备、设施的安全可能造成重大危害的作业。特种作业的范围由特种作业目录规定。

本规定所称特种作业人员，是指直接从事特种作业的从业人员。

◆特种作业人员应当符合下列条件：

（1）年满 18 周岁，且不超过国家法定退休年龄。

（2）经社区或者县级以上医疗机构体检健康合格，并无妨碍从事相应特种作业的器质性心脏病、癫痫病、美尼尔氏症、眩晕症、癔病、震颤麻痹症、精神病、痴呆症以及其他疾病和生理缺陷。

（3）具有初中及以上文化程度。

（4）具备必要的安全技术知识与技能。

（5）相应特种作业规定的其他条件。

危险化学品特种作业人员除符合前款第（1）项、第（2）项、第（4）项和第（5）项规定的条件外，应当具备高中或者相当于高中及以上文化程度。

◆特种作业人员必须经专门的安全技术培训并考核合格，取得《中华人民共和国特种作业操作证》（以下简称特种作业操作证）后，方可上岗作业。

◆特种作业人员的安全技术培训、考核、发证、复审工作实行统一监管、分级实施、教考分离的原则。

◆国家安全生产监督管理总局（以下简称安全监管总局）指导、监督全国特种作业人员的安全技术培训、考核、发证、复审工作；省、自治区、直辖市人民政府安全生产监督管理部门负责本行政区域特种作业人员的安全技术培训、考核、发证、复审工作。

2. 有关培训的规定

在第二章培训中，对相关事项做了规定。

◆特种作业人员应当接受与其所从事的特种作业相应的安全技术理论培训和实际操作培训。

已经取得职业高中、技工学校及中专以上学历的毕业生从事与其所学专业相应的特种作业，持学历证明经考核发证机关同意，可以免予相关专业的培训。

跨省、自治区、直辖市从业的特种作业人员，可以在户籍所在地或者从业所在地参加培训。

◆从事特种作业人员安全技术培训的机构（以下统称培训机构），必须按照有关规定取得安全生产培训资质证书后，方可从事特种作业人员的安全技术培训。

3. 有关考核发证的规定

第三章考核发证中，对相关事项做了规定。

◆参加特种作业操作资格考试的人员，应当填写考试申请表，由申请人或者申请人的用人单位持学历证明或者培训机构出具的培训证明向申请人户籍所在地或者从业所在地的考核发证机关或其委托的单位提出申请。

考核发证机关或其委托的单位收到申请后，应当在60日内组织考试。

特种作业操作资格考试包括安全技术理论考试和实际操作考试两部分。考试不及格的，允许补考1次。经补考仍不及格的，重新参加相应的安全技术培训。

◆考核发证机关委托承担特种作业操作资格考试的单位应当具备相应的场所、设施、设备等条件，建立相应的管理制度，并公布收费标准等信息。

◆考核发证机关或其委托承担特种作业操作资格考试的单位，应当在考试结束后10个工作日内公布考试成绩。

◆符合本规定要求并经考试合格的特种作业人员，应当向其户籍所在地或者从业所在地的考核发证机关申请办理特种作业操作证，并提交身份证复印件、学历证书复印件、体检证明、考试合格证明等材料。

◆收到申请的考核发证机关应当在5个工作日内完成对特种作业人员所提交申请材料的审查，作出受理或者不予受理的决定。能够当场作出受理决定的，应当当场作出受理决定；申请材料不齐全或者不符合要求的，应当当场或者在5个工作日内一次告知申请人需要补正的全部内容，逾期不告知的，视为自收到申请材料之日起即已被受理。

◆对已经受理的申请，考核发证机关应当在20个工作日内完成审核工作。符合条件的，颁发特种作业操作证；不符合条件的，应当说明理由。

◆特种作业操作证有效期为6年，在全国范围内有效。

特种作业操作证由安全监管总局统一式样、标准及编号。

◆特种作业操作证遗失的，应当向原考核发证机关提出书面申请，经原考核发证机关审查同意后，予以补发。

4. 有关复审的规定

在第四章复审中，对相关事项做了规定。

◆特种作业操作证每3年复审1次。

特种作业人员在特种作业操作证有效期内，连续从事本工种10年以上，严格遵守有关安全生产法律法规的，经原考核发证机关或者从业所在地考核发证机关同意，特种作业操作证的复审时间可以延长至每6年1次。

◆特种作业操作证需要复审的，应当在期满前60日内，由申请人或者申请人的用人单位向原考核发证机关或者从业所在地考核发证机关提出申请，并提交下列材料：

（1）社区或者县级以上医疗机构出具的健康证明。

（2）从事特种作业的情况。

（3）安全培训考试合格记录。

特种作业操作证有效期届满需要延期换证的，应当按照前款的规定申请延期复审。

◆特种作业操作证申请复审或者延期复审前，特种作业人员应当参加必要的安全培训并考试合格。

安全培训时间不少于 8 个学时，主要培训法律、法规、标准、事故案例和有关新工艺、新技术、新装备等知识。

◆申请复审的，考核发证机关应当在收到申请之日起 20 个工作日内完成复审工作。复审合格的，由考核发证机关签章、登记，予以确认；不合格的，说明理由。

申请延期复审的，经复审合格后，由考核发证机关重新颁发特种作业操作证。

◆特种作业人员有下列情形之一的，复审或者延期复审不予通过：

(1) 健康体检不合格的。

(2) 违章操作造成严重后果或者有 2 次以上违章行为，并经查证确实的。

(3) 有安全生产违法行为，并给予行政处罚的。

(4) 拒绝、阻碍安全生产监管监察部门监督检查的。

(5) 未按规定参加安全培训，或者考试不合格的。

(6) 具有本规定其他规定情形的。

5. 罚则中的有关规定

在第六章罚则中，对相关事项做了规定。

◆生产经营单位未建立健全特种作业人员档案的，给予警告，并处 1 万元以下的罚款。

◆生产经营单位使用未取得特种作业操作证的特种作业人员上岗作业的，责令限期改正；逾期未改正的，责令停产停业整顿，可以并处 2 万元以下的罚款。

◆生产经营单位非法印制、伪造、倒卖特种作业操作证，或者使用非法印制、伪造、倒卖的特种作业操作证的，给予警告，并处 1 万元以上 3 万元以下的罚款；构成犯罪的，依法追究刑事责任。

◆特种作业人员伪造、涂改特种作业操作证或者使用伪造的特种作业操作证的，给予警告，并处 1 000 元以上 5 000 元以下的罚款。

特种作业人员转借、转让、冒用特种作业操作证的，给予警告，并处 2 000 元以上 10 000 元以下的罚款。

附件：特种作业目录（与机械制造企业相关部分）

1. 电工作业

电工作业是指对电气设备进行运行、维护、安装、检修、改造、施工、调试等作业(不含电力系统进网作业)。

(1) 高压电工作业

高压电工作业是指对 1 千伏（kV）及以上的高压电气设备进行运行、维护、安装、检修、改造、施工、调试、试验及绝缘工、器具进行试验的作业。

(2) 低压电工作业

低压电工作业是指对 1 千伏（kV）以下的低压电器设备进行安装、调试、运行操作、维护、检修、改造施工和试验的作业。

(3) 防爆电气作业

防爆电气作业是指对各种防爆电气设备进行安装、检修、维护的作业。

2. 焊接与热切割作业

焊接与热切割作业是指运用焊接或者热切割方法对材料进行加工的作业（不含《特种设备安全监察条例》规定的有关作业）。

（1）熔化焊接与热切割作业

熔化焊接与热切割作业是指使用局部加热的方法将连接处的金属或其他材料加热至熔化状态而完成焊接与切割的作业，包括气焊与气割、焊条电弧焊与碳弧气刨、埋弧焊、气体保护焊、等离子弧焊、电渣焊、电子束焊、激光焊、氧熔剂切割、激光切割、等离子切割等作业。

（2）压力焊作业

压力焊作业是指利用焊接时施加一定压力而完成的焊接作业，包括电阻焊、气压焊、爆炸焊、摩擦焊、冷压焊、超声波焊、锻焊等作业。

（3）钎焊作业

钎焊作业是指使用比母材熔点低的材料作钎料，将焊件和钎料加热到高于钎料熔点，但低于母材熔点的温度，利用液态钎料润湿母材，填充接头间隙并与母材相互扩散而实现连接焊件的作业，包括火焰钎焊作业、电阻钎焊作业、感应钎焊作业、浸渍钎焊作业、炉中钎焊作业，不包括烙铁钎焊作业。

3. 高处作业

高处作业是指专门或经常在坠落高度基准面 2 m 及以上有可能坠落的高处进行的作业。

（1）登高架设作业

登高架设作业是指在高处从事脚手架、跨越架架设或拆除的作业。

（2）高处安装、维护、拆除作业

高处安装、维护、拆除作业是指在高处从事安装、维护、拆除的作业，包括利用专用设备进行建筑物内外装饰、清洁、装修，电力、电信等线路架设，高处管道架设，小型空调高处安装、维修，各种设备设施与户外广告设施的安装、检修、维护以及在高处从事建筑物、设备设施拆除作业。

4. 制冷与空调作业

制冷与空调作业是指对大中型制冷与空调设备运行操作、安装与修理的作业。

（1）制冷与空调设备运行操作作业

制冷与空调设备运行操作作业是指对各类生产经营企业和事业等单位的大中型制冷与空调设备运行操作的作业，包括机械类（冷加工、冷处理、工艺性空调）生产企业和运输类（冷藏运输）经营企业的大中型制冷与空调设备运行操作作业。

（2）制冷与空调设备安装修理作业

制冷与空调设备安装修理作业是指制冷与空调设备整机、部件及相关系统进行安装、调试与维修的作业。

四、《特种设备作业人员监督管理办法》相关要点

2011 年 5 月 3 日，国家质量监督检验检疫总局公布《关于修改〈特种设备作业人员

监督管理办法〉的决定》（国家质量监督检验检疫总局令第140号），自2011年7月1日起施行。

新修改的《特种设备作业人员监督管理办法》分为五章二十七条，各章内容为：第一章总则，第二章考试和审核发证程序，第三章证书使用及监督管理，第四章罚则，第五章附则。制定本办法的目的，是为了加强特种设备作业人员监督管理工作，规范作业人员考核发证程序，保障特种设备安全运行。

1. 总则中的有关规定

在第一章总则中，对相关事项做了规定。

◆锅炉、压力容器（含气瓶）、压力管道、电梯、起重机械、客运索道、大型游乐设施、场（厂）内专用机动车辆等特种设备的作业人员及其相关管理人员统称特种设备作业人员。特种设备作业人员作业种类与项目目录由国家质量监督检验检疫总局统一发布。

从事特种设备作业的人员应当按照本办法的规定，经考核合格取得《特种设备作业人员证》，方可从事相应的作业或者管理工作。

◆国家质量监督检验检疫总局（以下简称国家质检总局）负责全国特种设备作业人员的监督管理，县以上质量技术监督部门负责本辖区内的特种设备作业人员的监督管理。

◆申请《特种设备作业人员证》的人员，应当首先向省级质量技术监督部门指定的特种设备作业人员考试机构（以下简称考试机构）报名参加考试。

对特种设备作业人员数量较少不需要在各省、自治区、直辖市设立考试机构的，由国家质检总局指定考试机构。

◆特种设备生产、使用单位（以下统称用人单位）应当聘（雇）用取得《特种设备作业人员证》的人员从事相关管理和作业工作，并对作业人员进行严格管理。

特种设备作业人员应当持证上岗，按章操作，发现隐患及时处置或者报告。

2. 考试和审核发证程序的有关规定

在第二章考试和审核发证程序中，对相关事项做了规定。

◆特种设备作业人员考核发证工作由县以上质量技术监督部门分级负责。省级质量技术监督部门决定具体的发证分级范围，负责对考核发证工作的日常监督管理。

申请人经指定的考试机构考试合格的，持考试合格凭证向考试场所所在地的发证部门申请办理《特种设备作业人员证》。

◆特种设备作业人员考试和审核发证程序包括：考试报名、考试、领证申请、受理、审核、发证。

◆发证部门和考试机构应当在办公处所公布本办法、考试和审核发证程序、考试作业人员种类、报考具体条件、收费依据和标准、考试机构名称及地点、考试计划等事项。其中，考试报名时间、考试科目、考试地点、考试时间等具体考试计划事项，应当在举行考试之日2个月前公布。有条件的应当在有关网站、新闻媒体上公布。

◆申请《特种设备作业人员证》的人员应当符合下列条件：

(1) 年龄在18周岁以上。

(2) 身体健康并满足申请从事的作业种类对身体的特殊要求。

(3) 有与申请作业种类相适应的文化程度。

(4) 具有相应的安全技术知识与技能。

(5) 符合安全技术规范规定的其他要求。

作业人员的具体条件应当按照相关安全技术规范的规定执行。

◆用人单位应当对作业人员进行安全教育和培训，保证特种设备作业人员具备必要的特种设备安全作业知识、作业技能和及时进行知识更新。作业人员未能参加用人单位培训的，可以选择专业培训机构进行培训。

作业人员培训的内容按照国家质检总局制定的相关作业人员培训考核大纲等安全技术规范执行。

◆符合条件的申请人员应当向考试机构提交有关证明材料，报名参加考试。

◆考试机构应当制订和认真落实特种设备作业人员的考试组织工作的各项规章制度，严格按照公开、公正、公平的原则，组织实施特种设备作业人员的考试，确保考试工作质量。

◆考试结束后，考试机构应当在20个工作日内将考试结果告知申请人，并公布考试成绩。

◆考试合格的人员，凭考试结果通知单和其他相关证明材料，向发证部门申请办理《特种设备作业人员证》。

◆发证部门应当在5个工作日内对报送材料进行审查，或者告知申请人补正申请材料，并作出是否受理的决定。能够当场审查的，应当当场办理。

◆对同意受理的申请，发证部门应当在20个工作日内完成审核批准手续。准予发证的，在10个工作日内向申请人颁发《特种设备作业人员证》；不予发证的，应当书面说明理由。

3. 证书使用及监督管理的有关规定

在第三章证书使用及监督管理中，对相关事项做了规定。

◆持有《特种设备作业人员证》的人员，必须经用人单位的法定代表人（负责人）或者其授权人雇（聘）用后，方可在许可的项目范围内作业。

◆用人单位应当加强对特种设备作业现场和作业人员的管理，履行下列义务：

(1) 制定特种设备操作规程和有关安全管理制度。

(2) 聘用持证作业人员，并建立特种设备作业人员管理档案。

(3) 对作业人员进行安全教育和培训。

(4) 确保持证上岗和按章操作。

(5) 提供必要的安全作业条件。

(6) 其他规定的义务。

用人单位可以指定一名本单位管理人员作为特种设备安全管理负责人，具体负责前款规定的相关工作。

◆特种设备作业人员应当遵守以下规定：

(1) 作业时随身携带证件，并自觉接受用人单位的安全管理和质量技术监督部门的监督检查。

（2）积极参加特种设备安全教育和安全技术培训。

（3）严格执行特种设备操作规程和有关安全规章制度。

（4）拒绝违章指挥。

（5）发现事故隐患或者不安全因素应当立即向现场管理人员和单位有关负责人报告。

（6）其他有关规定。

◆《特种设备作业人员证》每4年复审一次。持证人员应当在复审期届满3个月前，向发证部门提出复审申请。对持证人员在4年内符合有关安全技术规范规定的不间断作业要求和安全、节能教育培训要求，且无违章操作或者管理等不良记录、未造成事故的，发证部门应当按照有关安全技术规范的规定准予复审合格，并在证书正本上加盖发证部门复审合格章。

复审不合格、逾期未复审的，其《特种设备作业人员证》予以注销。

◆有下列情形之一的，应当撤销《特种设备作业人员证》：

（1）持证作业人员以考试作弊或者以其他欺骗方式取得《特种设备作业人员证》的。

（2）持证作业人员违反特种设备的操作规程和有关的安全规章制度操作，情节严重的。

（3）持证作业人员在作业过程中发现事故隐患或者其他不安全因素未立即报告，情节严重的。

（4）考试机构或者发证部门工作人员滥用职权、玩忽职守、违反法定程序或者超越发证范围考核发证的。

（5）依法可以撤销的其他情形。

持证作业人员以考试作弊或者以其他欺骗方式取得《特种设备作业人员证》的，持证人3年内不得再次申请《特种设备作业人员证》。

◆《特种设备作业人员证》遗失或者损毁的，持证人应当及时报告发证部门，并在当地媒体予以公告。查证属实的，由发证部门补办证书。

◆任何单位和个人不得非法印制、伪造、涂改、倒卖、出租或者出借《特种设备作业人员证》。

◆各级质量技术监督部门应当对特种设备作业活动进行监督检查，查处违法作业行为。

4. 罚则与附则的有关规定

在第四章罚则和第五章附则中，对相关事项做了规定。

◆申请人隐瞒有关情况或者提供虚假材料申请《特种设备作业人员证》的，不予受理或者不予批准发证，并在1年内不得再次申请《特种设备作业人员证》。

◆有下列情形之一的，责令用人单位改正，并处1 000元以上3万元以下罚款：

（1）违章指挥特种设备作业的。

（2）作业人员违反特种设备的操作规程和有关的安全规章制度操作，或者在作业过程中发现事故隐患或者其他不安全因素未立即向现场管理人员和单位有关负责人报告，用人单位未给予批评教育或者处分的。

◆非法印制、伪造、涂改、倒卖、出租、出借《特种设备作业人员证》，或者使用非法印制、伪造、涂改、倒卖、出租、出借《特种设备作业人员证》的，处 1 000 元以下罚款；构成犯罪的，依法追究刑事责任。

◆特种设备作业人员未取得《特种设备作业人员证》上岗作业，或者用人单位未对特种设备作业人员进行安全教育和培训的，按照《特种设备安全监察条例》的有关规定对用人单位予以处罚。

◆《特种设备作业人员证》的格式、印制等事项由国家质检总局统一规定。

◆本办法不适用于从事房屋建筑工地和市政工程工地起重机械、场（厂）内专用机动车辆作业及其相关管理的人员。

◆本办法自 2011 年 7 月 1 日起施行。原有规定与本办法要求不一致的，以本办法为准。

五、《工贸企业有限空间作业安全管理与监督暂行规定》相关要点

2013 年 5 月 20 日，国家安全生产监督管理总局公布《工贸企业有限空间作业安全管理与监督暂行规定》（国家安全生产监督管理总局令第 59 号），自 2013 年 7 月 1 日起施行。

《工贸企业有限空间作业安全管理与监督暂行规定》分为五章三十条，各章内容为：第一章总则，第二章有限空间作业的安全保障，第三章有限空间作业的安全监督管理，第四章法律责任，第五章附则。制定本规定的目的，是为了加强对冶金、有色、建材、机械、轻工、纺织、烟草、商贸企业（以下统称工贸企业）有限空间作业的安全管理与监督，预防和减少生产安全事故，保障作业人员的安全与健康。

1. 总则中的有关规定

在第一章总则中，对相关事项做了规定。

◆工贸企业有限空间作业的安全管理与监督，适用本规定。

本规定所称有限空间，是指封闭或者部分封闭，与外界相对隔离，出入口较为狭窄，作业人员不能长时间在内工作，自然通风不良，易造成有毒有害、易燃易爆物质积聚或者氧含量不足的空间。工贸企业有限空间的目录由国家安全生产监督管理总局确定、调整并公布。

◆工贸企业是本企业有限空间作业安全的责任主体，其主要负责人对本企业有限空间作业安全全面负责，相关负责人在各自职责范围内对本企业有限空间作业安全负责。

◆国家安全生产监督管理总局对全国工贸企业有限空间作业安全实施监督管理。

县级以上地方各级安全生产监督管理部门按照属地监管、分级负责的原则，对本行政区域内工贸企业有限空间作业安全实施监督管理。省、自治区、直辖市人民政府对工贸企业有限空间作业的安全生产监督管理职责另有规定的，依照其规定。

2. 有限空间作业安全保障的有关规定

在第二章有限空间作业的安全保障中，对相关事项做了规定。

◆存在有限空间作业的工贸企业应当建立下列安全生产制度和规程：

（1）有限空间作业安全责任制度。

（2）有限空间作业审批制度。

（3）有限空间作业现场安全管理制度。

（4）有限空间作业现场负责人、监护人员、作业人员、应急救援人员安全培训教育制度。

（5）有限空间作业应急管理制度。

（6）有限空间作业安全操作规程。

◆工贸企业应当对从事有限空间作业的现场负责人、监护人员、作业人员、应急救援人员进行专项安全培训。专项安全培训应当包括下列内容：

（1）有限空间作业的危险有害因素和安全防范措施。

（2）有限空间作业的安全操作规程。

（3）检测仪器、劳动防护用品的正确使用。

（4）紧急情况下的应急处置措施。

安全培训应当有专门记录，并由参加培训的人员签字确认。

◆工贸企业应当对本企业的有限空间进行辨识，确定有限空间的数量、位置以及危险有害因素等基本情况，建立有限空间管理台账，并及时更新。

◆工贸企业实施有限空间作业前，应当对作业环境进行评估，分析存在的危险有害因素，提出消除、控制危害的措施，制定有限空间作业方案，并经本企业负责人批准。

◆工贸企业应当按照有限空间作业方案，明确作业现场负责人、监护人员、作业人员及其安全职责。

◆工贸企业实施有限空间作业前，应当将有限空间作业方案和作业现场可能存在的危险有害因素、防控措施告知作业人员。现场负责人应当监督作业人员按照方案进行作业准备。

◆工贸企业应当采取可靠的隔断（隔离）措施，将可能危及作业安全的设施设备、存在有毒有害物质的空间与作业地点隔开。

◆有限空间作业应当严格遵守“先通风、再检测、后作业”的原则。检测指标包括氧浓度、易燃易爆物质（可燃性气体、爆炸性粉尘）浓度、有毒有害气体浓度。检测应当符合相关国家标准或者行业标准的规定。

未经通风和检测合格，任何人员不得进入有限空间作业。检测的时间不得早于作业开始前 30 min。

◆检测人员进行检测时，应当记录检测的时间、地点、气体种类、浓度等信息。检测记录经检测人员签字后存档。

检测人员应当采取相应的安全防护措施，防止中毒窒息等事故发生。

◆有限空间内盛装或者残留的物料对作业存在危害时，作业人员应当在作业前对物料进行清洗、清空或者置换。经检测，有限空间的危险有害因素符合《工作场所有害因素职业接触限值第一部分化学有害因素》（GBZ 2.1）的要求后，方可进入有限空间作业。

◆在有限空间作业过程中，工贸企业应当采取通风措施，保持空气流通，禁止采用纯氧通风换气。

发现通风设备停止运转、有限空间内氧含量浓度低于或者有毒有害气体浓度高于国家标准或者行业标准规定的限值时，工贸企业必须立即停止有限空间作业，清点作业人员，撤离作业现场。

◆在有限空间作业过程中，工贸企业应当对作业场所中的危险有害因素进行定时检测或者连续监测。

作业中断超过 30 min，作业人员再次进入有限空间作业前，应当重新通风、检测合格后方可进入。

◆有限空间作业场所的照明灯具电压应当符合《特低电压限值》(GB/T 3805) 等国家标准或者行业标准的规定；作业场所存在可燃性气体、粉尘的，其电气设施设备及照明灯具的防爆安全要求应当符合《爆炸性环境第一部分：设备通用要求》(GB 3836.1) 等国家标准或者行业标准的规定。

◆工贸企业应当根据有限空间存在危险有害因素的种类和危害程度，为作业人员提供符合国家标准或者行业标准规定的劳动防护用品，并教育监督作业人员正确佩戴与使用。

◆工贸企业有限空间作业还应当符合下列要求：

(1) 保持有限空间出入口畅通。

(2) 设置明显的安全警示标志和警示说明。

(3) 作业前清点作业人员和工器具。

(4) 作业人员与外部有可靠的通信联络。

(5) 监护人员不得离开作业现场，并与作业人员保持联系。

(6) 存在交叉作业时，采取避免互相伤害的措施。

◆有限空间作业结束后，作业现场负责人、监护人员应当对作业现场进行清理，撤离作业人员。

◆工贸企业应当根据本企业有限空间作业的特点，制定应急预案，并配备相关的呼吸器、防毒面罩、通信设备、安全绳索等应急装备和器材。有限空间作业的现场负责人、监护人员、作业人员和应急救援人员应当掌握相关应急预案内容，定期进行演练，提高应急处置能力。

◆工贸企业将有限空间作业发包给其他单位实施的，应当发包给具备国家规定资质或者安全生产条件的承包方，并与承包方签订专门的安全生产管理协议或者在承包合同中明确各自的安全生产职责。存在多个承包方时，工贸企业应当对承包方的安全生产工作进行统一协调、管理。

工贸企业对其发包的有限空间作业安全承担主体责任。承包方对其承包的有限空间作业安全承担直接责任。

◆有限空间作业中发生事故后，现场有关人员应当立即报警，禁止盲目施救。应急救援人员实施救援时，应当做好自身防护，佩戴必要的呼吸器具、救援器材。

3. 有限空间作业安全监督管理的有关规定

在第三章有限空间作业的安全监督管理中，对相关事项做了规定。

◆安全生产监督管理部门应当加强对工贸企业有限空间作业的监督检查，将检查纳入年度执法工作计划。对发现的事故隐患和违法行为，依法作出处理。

◆安全生产监督管理部门对工贸企业有限空间作业实施监督检查时，应当重点抽查有限空间作业安全管理制度、有限空间管理台账、检测记录、劳动防护用品配备、应急救援演练、专项安全培训等情况。

◆安全生产监督管理部门应当加强对行政执法人员的有限空间作业安全知识培训，并为检查有限空间作业安全的行政执法人员配备必需的劳动防护用品、检测仪器。

◆安全生产监督管理部门及其行政执法人员发现有限空间作业存在重大事故隐患的，应当责令立即或者限期整改；重大事故隐患排除前或者排除过程中无法保证安全的，应当责令暂时停止作业，撤出作业人员；重大事故隐患排除后，经审查同意，方可恢复作业。

4. 有关法律责任的规定

在第四章法律责任中，对相关事项做了规定。

◆工贸企业有下列行为之一的，由县级以上安全生产监督管理部门责令限期改正；逾期未改正的，责令停产停业整顿，可以并处5万元以下的罚款：

(1) 未在有限空间作业场所设置明显的安全警示标志的。

(2) 未按照本规定为作业人员提供符合国家标准或者行业标准的劳动防护用品的。

◆工贸企业有下列情形之一的，由县级以上安全生产监督管理部门给予警告，可以并处2万元以下的罚款：

(1) 未按照本规定对有限空间作业进行辨识、提出防范措施、建立有限空间管理台账的。

(2) 未按照本规定对有限空间的现场负责人、监护人员、作业人员和应急救援人员进行专项安全培训的。

(3) 未按照本规定对有限空间作业制定作业方案或者方案未经审批擅自作业的。

(4) 有限空间作业未按照本规定进行危险有害因素检测或者监测，并实行专人监护作业的。

(5) 未教育和监督作业人员按照本规定正确佩戴与使用劳动防护用品的。

(6) 未按照本规定对有限空间作业制定应急预案，配备必要的应急装备和器材，并定期进行演练的。

六、《有限空间安全作业五条规定》

2014年9月29日，国家安全生产监督管理总局公布《有限空间安全作业五条规定》(国家安全生产监督管理总局令第69号)，自公布之日起施行。

《有限空间安全作业五条规定》具体内容如下：

(1) 必须严格实行作业审批制度，严禁擅自进入有限空间作业。

(2) 必须做到“先通风、再检测、后作业”，严禁通风、检测不合格作业。

(3) 必须配备个人防中毒窒息等防护装备，设置安全警示标识，严禁无防护监护措施作业。

（4）必须对作业人员进行安全培训，严禁教育培训不合格上岗作业。

（5）必须制定应急措施，现场配备应急装备，严禁盲目施救。

七、《企业安全生产风险公告六条规定》与解读

2014年12月10日，国家安全生产监督管理总局公布《企业安全生产风险公告六条规定》（国家安全生产监督管理总局令第70号），自公布之日起施行。

1.《企业安全生产风险公告六条规定》

《企业安全生产风险公告六条规定》具体内容如下：

（1）必须在企业醒目位置设置公告栏，在存在安全生产风险的岗位设置告知卡，分别标明本企业、本岗位主要危险危害因素、后果、事故预防及应急措施、报告电话等内容。

（2）必须在重大危险源、存在严重职业病危害的场所设置明显标志，标明风险内容、危险程度、安全距离、防控办法、应急措施等内容。

（3）必须在有重大事故隐患和较大危险的场所和设施设备上设置明显标志，标明治理责任、期限及应急措施。

（4）必须在工作岗位标明安全操作要点。

（5）必须及时向员工公开安全生产行政处罚决定、执行情况和整改结果。

（6）必须及时更新安全生产风险公告内容，建立档案。

2. 制定颁布企业安全生产风险公告的必要性

近年来，党中央国务院对信息公开的要求越来越严，在政务信息公开方面要求“全面推进政务公开，坚持以公开为常态、不公开为例外”。而新修订的《安全生产法》对企业安全生产风险信息公开做出了一系列要求。《企业信息公示暂行条例》2014年10月1日正式实施后，国家安全生产监督管理总局局长杨栋梁对于企业安全生产风险信息公开做出了明确指示。

企业是安全生产的主体。近年来发生的一系列事故，尤其是江苏昆山“8·2”特别重大爆炸事故充分说明，广大群众尤其是企业从业人员对于企业安全生产风险的了解与否与了解程度，直接关系到企业从业人员的生命财产安全。

可以说，企业安全生产风险信息公开，是落实《安全生产法》、实行依法治安的要求，是强化群众参与、完善安全生产监督机制的要求，也是事故隐患排查治理、落实预防为主的要求。无论是从法律法规上还是从工作实践中看，强化企业安全生产风险信息公开，势在必行。

3.《企业安全生产风险公告六条规定》的主要内容和法律依据

《企业安全生产风险公告六条规定》共六条。

（1）关于设置公告栏和告知卡的要求

通过设置公告栏，重点约束企业公告企业主要危险危害因素、后果等，让进出企业的人员包括企业员工，对企业危险危害因素一目了然。通过设置告知卡，让相关岗位上具体操作人员对自己岗位安全状况了如指掌。

这一条在《安全生产法》等法规中都有明确规定。《安全生产法》第四十一条规定：

“生产经营单位应当教育和督促从业人员严格执行本单位的安全生产规章制度和安全操作规程；并向从业人员如实告知作业场所和工作岗位存在的危险因素、防范措施以及事故应急措施。”第五十条规定：“生产经营单位的从业人员有权了解其作业场所和工作岗位存在的危险因素、防范措施及事故应急措施，有权对本单位的安全生产工作提出建议。”

《职业病防治法》第二十五条规定：“产生职业病危害的用人单位，应当在醒目位置设置公告栏，公布有关职业病防治的规章制度、操作规程、职业病危害事故应急救援措施和工作场所职业病危害因素检测结果。”

(2) 关于第二条规定和第三条规定

第二条规定，必须在重大危险源、存在严重职业病危害的场所设置明显标志。第三条规定，必须在有重大事故隐患和较大危险的场所和设施设备上设置明显标志。

在综合考量相关法规的基础上，将风险归纳为重大危险源、存在严重职业病危害的场所，有重大事故隐患和较大危险的场所和设施设备。不仅考虑到了企业自身安全，也考虑到了企业周边的安全。

《安全生产法》第三十二条规定：“生产经营单位应当在有较大危险因素的生产经营场所和有关设施、设备上，设置明显的安全警示标志。”第三十七条规定：“生产经营单位对重大危险源应当登记建档，进行定期检测、评估、监控，并制定应急预案，告知从业人员和相关人员在紧急情况下应当采取的应急措施。”

《职业病防治法》第二十五条规定：“对产生严重职业病危害的作业岗位，应当在其醒目位置，设置警示标识和中文警示说明。警示说明应当载明产生职业病危害的种类、后果、预防以及应急救治措施等内容。”

(3) 关于在工作岗位标明安全操作要点的要求

规定要求企业必须在工作岗位标明安全操作要点，是吸取了基层工作中行之有效的经验，将其上升到部门规章层面。

(4) 关于安全生产行政处罚信息的公开

监管部门对企业安全生产行政处罚决定以及企业的执行情况、整改结果，从某种层面上体现了企业安全生产方面存在的问题，反映了企业的安全生产状况。《企业信息公示暂行条例》明确要求企业公示受到行政处罚的信息。

(5) 关于更新公告内容、建立档案

新制定的《企业信息公示暂行条例》规定：“企业信息公示应当真实、及时”“政府部门和企业分别对其公示信息的真实性、及时性负责”。《职业病防治法》规定用人单位应当采取下列职业病防治管理措施，“建立、健全职业卫生档案和劳动者健康监护档案”。《安全生产事故隐患排查治理暂行规定》规定生产经营单位“对排查出的事故隐患，应当按照事故隐患的等级进行登记，建立事故隐患信息档案，并按照职责分工实施监控治理”。

八、《严防企业粉尘爆炸五条规定》与条文释义

2014 年 8 月 15 日，国家安全生产监督管理总局公布《严防企业粉尘爆炸五条规定》

（国家安全生产监督管理总局令第 68 号），自公布之日起施行。

1.《严防企业粉尘爆炸五条规定》具体内容

（1）必须确保作业场所符合标准规范要求，严禁设置在违规多层房、安全间距不达标厂房和居民区内。

（2）必须按标准规范设计、安装、使用和维护通风除尘系统，每班按规定检测和规范清理粉尘，在除尘系统停运期间和粉尘超标时严禁作业，并停产撤人。

（3）必须按规范使用防爆电气设备，落实防雷、防静电等措施，保证设备设施接地，严禁作业场所存在各类明火和违规使用作业工具。

（4）必须配备铝镁等金属粉尘生产、收集、贮存的防水防潮设施，严禁粉尘遇湿自燃。

（5）必须严格执行安全操作规程和劳动防护制度，严禁员工培训不合格和不按规定佩戴使用防尘、防静电等劳保用品上岗。

2.《严防企业粉尘爆炸五条规定》条文释义

《严防企业粉尘爆炸五条规定》（国家安全监管总局令第 68 号）适用于工贸行业中涉及煤粉、铝粉、镁粉、锌粉、钛粉、锆粉、面粉、淀粉、糖粉、奶粉、血粉、鱼骨粉、纺织纤维粉、木粉、纸粉、橡胶塑料粉、烟草等企业的爆炸性粉尘作业场所。其中，第一条是针对厂房的规定，第二条是针对防尘的规定，第三条是针对防火的规定，第四条是针对防水的规定，第五条是针对制度的规定。

第一条　必须确保作业场所符合标准规范要求，严禁设置在违规多层房、安全间距不达标厂房和居民区内。

条文释义：

（1）粉尘爆炸危险作业场所的厂房，必须满足《建筑设计防火规范》（GB 50016—2006）和《粉尘防爆安全规程》（GB 15577—2007）的要求。厂房宜采用单层设计，屋顶采用轻型结构。如厂房为多层设计，则应为框架结构，并保证四周墙体设有足够面积泄爆口，保证楼层之间隔板的强度能承受爆炸的冲击，保证一层以上楼层具有独立的安全出口。

（2）粉尘爆炸危险作业场所的厂房应与其他厂房或建（构）筑物分离，其防火安全间距应符合 GB 50016—2006 的相关规定。

（3）由于粉尘爆炸威力巨大，危害波及范围广，因此，粉尘爆炸危险作业场所严禁设置在居民区内。

第二条　必须按标准规范设计、安装、使用和维护通风除尘系统，每班按规定检测和规范清理粉尘，在除尘系统停运期间和粉尘超标时严禁作业，并停产撤人。

条文释义：

（1）通风除尘系统可有效降低作业场所粉尘浓度、减少作业现场粉尘沉积。企业必须按照 GB 15577—2007、GB 50016—2006、《粉尘爆炸危险场所用收尘器防爆导则》（GB/T 17919—2008）和《采暖通风与空气调节设计规范》（GB 50019—2003）等规定，对除尘系统进行设计、安装、使用和维护。

（2）粉尘爆炸危险作业场所除尘系统必须根据 GB 15577—2007 规定，按工艺分片

（分区）相对独立设置，所有产尘点均应装设吸尘罩，各除尘系统管网间禁止互通互连，防止联锁爆炸。

（3）为保证除尘器安全可靠运行，企业必须按照 GB/T 17919—2008 规定，对除尘系统的进出风口压差、进出风口和灰斗的温度等指标（参数）进行检测。按照《工作场所空气中粉尘测定第 1 部分：总粉尘浓度》（GBZ/T 192. 1—2007）规定对粉尘浓度进行检测。

（4）发现除尘系统管道和除尘器箱体内有粉尘沉积时，必须查明原因，及时规范清理。清理时应采用负压吸尘方式，避免粉尘飞扬。如必须采用喷吹方式，清灰气源应采用氮气、二氧化碳或其他惰性气体，以防止清灰过程粉尘爆炸。

（5）作业场所沉积的粉尘是引发联锁爆炸、大爆炸的主要因素，企业应按照 GB 15577—2007 规定建立定期清扫粉尘制度，每班对作业现场及时全面规范清理。清扫粉尘时应采用措施防止粉尘二次扬起，最好采取负压方式清扫，严禁使用压缩空气吹扫。

（6）在除尘系统停运期间和作业岗位粉尘堆积严重（堆积厚度最厚处超过 1 mm）时，极易引发粉尘爆炸。因此，必须立即停止作业，将人员撤离作业岗位。

第三条　必须按规范使用防爆电气设备，落实防雷、防静电等措施，保证设备设施接地，严禁作业场所存在各类明火和违规使用作业工具。

条文释义：

（1）粉尘爆炸危险作业场所应严禁各类明火和火花产生，使用防爆电气设备是防止电气火花的可靠措施。必须按《爆炸危险环境电力装置设计规范》（GB 50058—2014）和《危险场所电气防爆安全规范》（AQ 3009—2007）规定安装、使用防爆电气设备。

（2）雷电放电过程中产生的巨大放电电流破坏力极大，也易诱发粉尘爆炸事故。粉尘爆炸危险作业场所的厂房（建构筑物）必须按《建筑物防雷设计规范》（GB 50057—2010）规定设置防雷系统，并可靠接地。

（3）粉料的输送、排出、混合、搅拌、过滤和固体的粉碎、研磨、筛分等，都会产生静电，可能引起粉尘燃烧或爆炸。粉尘爆炸危险作业场所的所有金属设备、装置外壳、金属管道、支架、构件、部件等，应按照 GB 15577—2007 和《防静电事故通用导则》（GB 12158—2006）规定采取防静电接地。所有金属管道连接处（如法兰）应进行跨接。

（4）铁质器件之间碰撞、摩擦会产生火花。在粉尘爆炸危险作业场所，禁止违规使用易发生碰撞火花的铁质作业工具，检修时应使用防爆工具。尤其对于存在铝、镁、钛、锆等金属粉末的场所，应采取有效措施防止其与锈钢摩擦、撞击，产生火花。

第四条　必须配备铝镁等金属粉尘生产、收集、贮存的防水防潮设施，严禁粉尘遇湿自燃。

条文释义：

《危险化学品目录》中记载的遇湿易燃金属粉尘有锂、钠、钾、钙、钡、镁、镁合金、铝、铝镁、锌等。在这些金属粉尘的生产、收集、贮存过程中，必须按照 GB 15577—2007 规定采取防止粉料自燃措施，配备防水防潮设施，防止粉尘遇湿自燃进而引发粉尘爆炸与火灾事故。

第五条　必须严格执行安全操作规程和劳动防护制度，严禁员工培训不合格和不按规定佩戴使用防尘、防静电等劳保用品上岗。

条文释义：

(1) 安全操作规程主要包括通风除尘系统使用维护、粉尘清理作业、打磨抛光作业、检维修作业、动火作业等。

(2) 按照《安全生产法》和 GB 15577—2007 规定，存在粉尘爆炸危险作业场所的企业主要负责人和安全生产管理人员必须具备相应的粉尘防爆安全生产知识和管理能力。企业必须对所有员工进行安全生产和粉尘防爆教育，普及粉尘防爆知识和安全法规，使员工了解本企业粉尘爆炸危险场所的危险程度和防爆措施；对粉尘爆炸危险岗位的员工应进行专门的安全技术和业务培训，并经考试合格，方准上岗。

(3) 现场作业人员长时间吸入粉尘易造成尘肺病或矽肺病。现场作业人员必须按规定佩戴使用防尘劳保用品上岗。为防止人体皮肤与衣服之间、衣服与衣服之间摩擦产生静电，粉尘爆炸危险作业场所员工禁止穿化纤类易产生静电的工装，必须按照 GB 15577—2007 和《个体防护装备选用规范》(GB/T 11651—2008) 规定，穿着防静电工装。

第三章　机械制造企业安全生产规范要求

现代安全管理的特点是以预防事故为中心，从提高设备的可靠性入手，把安全和生产稳定发展统一起来。安全管理规范化、标准化是企业发展的必然需求，也是企业安全管理的需要。通过安全生产规范化建设，可以使大量不安全因素得到整改，强化设备设施的本质安全性，理顺各职能部门之间的内在联系，提高企业安全管理水平。

第一节　机械制造企业安全生产规范相关规定

机械制造属于比较典型的劳动密集型行业，生产车间主要按工艺布局，并以多品种小批量生产为主。机械制造企业在安全管理上，需要根据本行业、本企业的特点，采取规范化的管理模式，提高安全管理水平。在规范化管理上，2010 年 4 月国家安全生产监督管理总局发布实施的《企业安全生产标准化基本规范》（AQ/T 9006—2010）和 2013 年 10 月国家安全生产监督管理总局发布实施的《机械制造企业安全生产标准化规范》（AQ/T 7009—2013），是两个十分重要的标准，在此进行介绍。

一、《企业安全生产标准化基本规范》相关要点

2010 年 4 月 15 日，国家安全生产监督管理总局发布了《企业安全生产标准化基本规范》（AQ/T 9006—2010），自 2010 年 6 月 1 日起施行，这意味着我国广大企业的安全生产标准化工作将得到规范。

本标准适用于工矿企业开展安全生产标准化工作以及对标准化工作的咨询、服务和评审；其他企业和生产经营单位可参照执行。有关行业制定安全生产标准化标准应满足本标准的要求；已经制定行业安全生产标准化标准的，优先适用行业安全生产标准化标准。

本标准对安全生产标准化的定义是：通过建立安全生产责任制，制定安全管理制度和操作规程，排查治理隐患和监控重大危险源，建立预防机制，规范生产行为，使各生产环节符合有关安全生产法律法规和标准规范的要求，人、机、物、环处于良好的生产状态，并持续改进，不断加强企业安全生产规范化建设。

《企业安全生产标准化基本规范》分为范围、规范性引用文件、术语和定义、一般要求、核心要求五个部分。

一般要求与核心要求的具体内容如下：

1.《企业安全生产标准化基本规范》一般要求

（1）原则

企业开展安全生产标准化工作，遵循“安全第一、预防为主、综合治理”的方针，以隐患排查治理为基础，提高安全生产水平，减少事故发生，保障人身安全健康，保证生产经营活动的顺利进行。

（2）建立和保持

企业安全生产标准化工作采用“策划、实施、检查、改进”动态循环的模式，依据本标准的要求，结合自身特点，建立并保持安全生产标准化系统；通过自我检查、自我纠正和自我完善，建立安全绩效持续改进的安全生产长效机制。

（3）评定和监督

企业安全生产标准化工作实行企业自主评定、外部评审的方式。

企业应当根据本标准和有关评分细则，对本企业开展安全生产标准化工作情况进行评定；自主评定后申请外部评审定级。

安全生产标准化评审分为一级、二级、三级，一级为最高。

安全生产监督管理部门对评审定级进行监督管理。

2.《企业安全生产标准化基本规范》核心要求

（1）目标

企业根据自身安全生产实际，制定总体和年度安全生产目标。按照所属基层单位和部门在生产经营中的职能，制定安全生产指标和考核办法。

（2）组织机构和职责

1）组织机构。企业应按规定设置安全生产管理机构，配备安全生产管理人员。

2）职责。企业主要负责人应按照安全生产法律法规赋予的职责，全面负责安全生产工作，并履行安全生产义务。企业应建立安全生产责任制，明确各级单位、部门和人员的安全生产职责。

（3）安全生产投入

企业应建立安全生产投入保障制度，完善和改进安全生产条件，按规定提取安全费用，专项用于安全生产，并建立安全费用台账。

（4）法律法规与安全管理制度

1）法律法规、标准规范。企业应建立识别和获取适用的安全生产法律法规、标准规范的制度，明确主管部门，确定获取的渠道、方式，及时识别和获取适用的安全生产法律法规、标准规范。

企业各职能部门应及时识别和获取本部门适用的安全生产法律法规、标准规范，并跟踪、掌握有关法律法规、标准规范的修订情况，及时提供给企业内负责识别和获取适用的安全生产法律法规的主管部门汇总。

企业应将适用的安全生产法律法规、标准规范及其他要求及时传达给从业人员。

企业应遵守安全生产法律法规、标准规范，并将相关要求及时转化为本单位的规章制度，贯彻到各项工作中。

2）规章制度。企业应建立健全安全生产规章制度，并发放到相关工作岗位，规范从业人员的生产作业行为。

安全生产规章制度至少应包含下列内容：安全生产职责、安全生产投入、文件和档案管理、隐患排查与治理、安全教育培训、特种作业人员管理、设备设施安全管理、建设项目安全设施“三同时”管理、生产设备设施验收管理、生产设备设施报废管理、施工和检维修安全管理、危险物品及重大危险源管理、作业安全管理、相关方及外用工管理，职业健康管理、防护用品管理，应急管理，事故管理等。

3）操作规程。企业应根据生产特点，编制岗位安全操作规程，并发放到相关岗位。

4）评估。企业应每年至少一次对安全生产法律法规、标准规范、规章制度、操作规程的执行情况进行检查评估。

5）修订。企业应根据评估情况、安全检查反馈的问题、生产安全事故案例、绩效评定结果等，对安全生产管理规章制度和操作规程进行修订，确保其有效和适用，保证每个岗位所使用的为最新有效版本。

6）文件和档案管理。企业应严格执行文件和档案管理制度，确保安全规章制度和操作规程编制、使用、评审、修订的效力。

企业应建立主要安全生产过程、事件、活动、检查的安全记录档案，并加强对安全记录的有效管理。

（5）教育培训

1）教育培训管理。企业应确定安全教育培训主管部门，按规定及岗位需要，定期识别安全教育培训需求，制订、实施安全教育培训计划，提供相应的资源保证。

应做好安全教育培训记录，建立安全教育培训档案，实施分级管理，并对培训效果进行评估和改进。

2）安全生产管理人员教育培训。企业的主要负责人和安全生产管理人员，必须具备与本单位所从事的生产经营活动相适应的安全生产知识和管理能力。法律法规要求必须对其安全生产知识和管理能力进行考核的，须经考核合格后方可任职。

3）操作岗位人员教育培训。企业应对操作岗位人员进行安全教育和生产技能培训，使其熟悉有关的安全生产规章制度和安全操作规程，并确认其能力符合岗位要求。未经安全教育培训，或培训考核不合格的从业人员，不得上岗作业。

新入厂（矿）人员在上岗前必须经过厂（矿）、车间（工段、区、队）、班组三级安全教育培训。

在新工艺、新技术、新材料、新设备设施投入使用前，应对有关操作岗位人员进行专门的安全教育和培训。

操作岗位人员转岗、离岗一年以上重新上岗者，应进行车间（工段）、班组安全教育培训，经考核合格后，方可上岗工作。

从事特种作业的人员应取得特种作业操作资格证书，方可上岗作业。

4）其他人员教育培训。企业应对相关方的作业人员进行安全教育培训。作业人员进入作业现场前，应由作业现场所在单位对其进行进入现场前的安全教育培训。

企业应对外来参观、学习等人员进行有关安全规定、可能接触到的危害及应急知识的教育和告知。

5）安全文化建设。企业应通过安全文化建设，促进安全生产工作。

企业应采取多种形式的安全文化活动，引导全体从业人员的安全态度和安全行为，逐步形成为全体员工所认同、共同遵守、带有本单位特点的安全价值观，实现法律和政府监管要求之上的安全自我约束，保障企业安全生产水平持续提高。

(6) 生产设备设施

1) 生产设备设施建设。企业建设项目的所有设备设施应符合有关法律法规、标准规范要求；安全设备设施应与建设项目主体工程同时设计、同时施工、同时投入生产和使用。

企业应按规定对项目建议书、可行性研究、初步设计、总体开工方案、开工前安全条件确认和竣工验收等阶段进行规范管理。

生产设备设施变更应执行变更管理制度，履行变更程序，并对变更的全过程进行隐患控制。

2) 设备设施运行管理。企业应对生产设备设施进行规范化管理，保证其安全运行。

企业应有专人负责管理各种安全设备设施，建立台账，定期检维修。对安全设备设施应制定检维修计划。

设备设施检维修前应制定方案。检维修方案应包含作业行为分析和控制措施。检维修过程中应执行隐患控制措施并进行监督检查。

安全设备设施不得随意拆除、挪用或弃置不用；确因检维修拆除的，应采取临时安全措施，检维修完毕后立即复原。

3) 新设备设施验收及旧设备拆除、报废。设备的设计、制造、安装、使用、检测、维修、改造、拆除和报废，应符合有关法律法规、标准规范的要求。

企业应执行生产设备设施到货验收和报废管理制度，应使用质量合格、设计符合要求的生产设备设施。

拆除的生产设备设施应按规定进行处置。拆除的生产设备设施涉及危险物品的，须制定危险物品处置方案和应急措施，并严格按规定组织实施。

(7) 作业安全

1) 生产现场管理和生产过程控制。企业应加强生产现场安全管理和生产过程的控制。对生产过程及物料、设备设施、器材、通道、作业环境等存在的隐患，应进行分析和控制。对动火作业、受限空间内作业、临时用电作业、高处作业等危险性较高的作业活动实施作业许可管理，严格履行审批手续。作业许可证应包含危害因素分析和安全措施等内容。

企业进行爆破、吊装等危险作业时，应当安排专人进行现场安全管理，确保安全规程的遵守和安全措施的落实。

2) 作业行为管理。企业应加强生产作业行为的安全管理。对作业行为隐患、设备设施使用隐患、工艺技术隐患等进行分析，采取控制措施。

3) 警示标志。企业应根据作业场所的实际情况，按照 GB 2894 及企业内部规定，在有较大危险因素的作业场所和设备设施上，设置明显的安全警示标志，进行危险提示、警示，告知危险的种类、后果及应急措施等。

企业应在设备设施检维修、施工、吊装等作业现场设置警戒区域和警示标志，在检维修现场的坑、井、洼、沟、陡坡等场所设置围栏和警示标志。

4）相关方管理。企业应执行承包商、供应商等相关方管理制度，对其资格预审、选择、服务前准备、作业过程、提供的产品、技术服务、表现评估、续用等进行管理。

企业应建立合格相关方的名录和档案，根据服务作业行为定期识别服务行为风险，并采取行之有效的控制措施。

企业应对进入同一作业区的相关方进行统一安全管理。

不得将项目委托给不具备相应资质或条件的相关方。企业和相关方的项目协议应明确规定双方的安全生产责任和义务。

5）变更。企业应执行变更管理制度，对机构、人员、工艺、技术、设备设施、作业过程及环境等永久性或暂时性的变化进行有计划的控制。

变更的实施应履行审批及验收程序，并对变更过程及变更所产生的隐患进行分析和控制。

（8）隐患排查和治理

1）隐患排查。企业应组织事故隐患排查工作，对隐患进行分析评估，确定隐患等级，登记建档，及时采取有效的治理措施。

法律法规、标准规范发生变更或有新的公布，以及企业操作条件或工艺改变，新建、改建、扩建项目建设，相关方进入、撤出或改变，对事故、事件或其他信息有新的认识，组织机构发生大的调整的，应及时组织隐患排查。

隐患排查前应制定排查方案，明确排查的目的、范围，选择合适的排查方法。排查方案应依据：有关安全生产法律、法规要求；设计规范、管理标准、技术标准；企业的安全生产目标等。

2）排查范围与方法。企业隐患排查的范围应包括所有与生产经营相关的场所、环境、人员、设备设施和活动。

企业应根据安全生产的需要和特点，采用综合检查、专业检查、季节性检查、节假日检查、日常检查等方式进行隐患排查。

3）隐患治理。企业应根据隐患排查的结果，制定隐患治理方案，对隐患及时进行治理。

隐患治理方案应包括目标和任务、方法和措施、经费和物资、机构和人员、时限和要求。重大事故隐患在治理前应采取临时控制措施并制定应急预案。

隐患治理措施包括：工程技术措施、管理措施、教育措施、防护措施和应急措施。

治理完成后，应对治理情况进行验证和效果评估。

4）预测预警。企业应根据生产经营状况及隐患排查治理情况，运用定量的安全生产预测预警技术，建立体现企业安全生产状况及发展趋势的预警指数系统。

（9）重大危险源监控

1）辨识与评估。企业应依据有关标准对本单位的危险设施或场所进行重大危险源辨识与安全评估。

2）登记建档与备案。企业应当对确认的重大危险源及时登记建档，并按规定备案。

3）监控与管理。企业应建立健全重大危险源安全管理制度，制定重大危险源安全管理技术措施。

(10) 职业健康

1) 职业健康管理。企业应按照法律法规、标准规范的要求，为从业人员提供符合职业健康要求的工作环境和条件，配备与职业健康保护相适应的设施、工具。

企业应定期对作业场所职业危害进行检测，在检测点设置标识牌予以告知，并将检测结果存入职业健康档案。

对可能发生急性职业危害的有毒、有害工作场所，应设置报警装置，制定应急预案，配置现场急救用品、设备，设置应急撤离通道和必要的泄险区。

各种防护器具应定点存放在安全、便于取用的地方，并有专人负责保管，定期校验和维护。

企业应对现场急救用品、设备和防护用品进行经常性的检维修，定期检测其性能，确保其处于正常状态。

2) 职业危害告知和警示。企业与从业人员订立劳动合同时，应将工作过程中可能产生的职业危害及其后果和防护措施如实告知从业人员，并在劳动合同中写明。

企业应采用有效的方式对从业人员及相关方进行宣传，使其了解生产过程中的职业危害、预防和应急处理措施，降低或消除危害后果。

对存在严重职业危害的作业岗位，应按照 GBZ 158 要求设置警示标识和警示说明。警示说明应载明职业危害的种类、后果、预防和应急救治措施。

3) 职业危害申报。企业应按规定，及时、如实向当地主管部门申报生产过程存在的职业危害因素，并依法接受其监督。

(11) 应急救援

1) 应急机构和队伍。企业应按规定建立安全生产应急管理机构或指定专人负责安全生产应急管理工作。

企业应建立与本单位安全生产特点相适应的专兼职应急救援队伍，或指定专兼职应急救援人员，并组织训练；无须建立应急救援队伍的，可与附近具备专业资质的应急救援队伍签订服务协议。

2) 应急预案。企业应按规定制定生产安全事故应急预案，并针对重点作业岗位制定应急处置方案或措施，形成安全生产应急预案体系。

应急预案应根据有关规定报当地主管部门备案，并通报有关应急协作单位。

应急预案应定期评审，并根据评审结果或实际情况的变化进行修订和完善。

3) 应急设施、装备、物资。企业应按规定建立应急设施，配备应急装备，储备应急物资，并进行经常性的检查、维护、保养，确保其完好、可靠。

4) 应急演练。企业应组织生产安全事故应急演练，并对演练效果进行评估。根据评估结果，修订、完善应急预案，改进应急管理工作。

5) 事故救援。企业发生事故后，应立即启动相关应急预案，积极开展事故救援。

(12) 事故报告、调查和处理

1) 事故报告。企业发生事故后，应按规定及时向上级单位、政府有关部门报告，并妥善保护事故现场及有关证据。必要时向相关单位和人员通报。

2) 事故调查和处理。企业发生事故后，应按规定成立事故调查组，明确其职责与权限，进行事故调查或配合上级部门的事故调查。

事故调查应查明事故发生的时间、经过、原因、人员伤亡情况及直接经济损失等。

事故调查组应根据有关证据、资料，分析事故的直接、间接原因和事故责任，提出整改措施和处理建议，编制事故调查报告。

（13）绩效评定和持续改进

1）绩效评定。企业应每年至少一次对本单位安全生产标准化的实施情况进行评定，验证各项安全生产制度措施的适宜性、充分性和有效性，检查安全生产工作目标、指标的完成情况。

企业主要负责人应对绩效评定工作全面负责。评定工作应形成正式文件，并将结果向所有部门、所属单位和从业人员通报，作为年度考评的重要依据。

企业发生死亡事故后应重新进行评定。

2）持续改进。企业应根据安全生产标准化的评定结果和安全生产预警指数系统所反映的趋势，对安全生产目标、指标、规章制度、操作规程等进行修改完善，持续改进，不断提高安全绩效。

二、《企业安全生产标准化基本规范》讲解

国家安全生产监督管理总局副局长孙华山，就《企业安全生产标准化基本规范》（以下简称《基本规范》）的发布实施，进行了讲解。

1. 为什么要制定《基本规范》

2004 年，国务院印发了《关于进一步加强安全生产工作决定》（国发［2004］2 号）（以下简称《决定》），要求在全国所有工矿商贸、交通运输、建筑施工等企业普遍开展安全生产标准化活动。为了贯彻落实国务院《决定》，近年来，国家安全生产监督管理总局也下发了相关指导文件，并陆续在煤矿、金属非金属矿山、危险化学品、烟花爆竹、冶金、机械等行业开展了安全生产标准化创建活动，有效地提升了企业的安全生产管理水平。

为进一步落实企业安全生产的主体责任，全面推进企业安全生产标准化工作，深入贯彻落实国家关于安全生产的方针政策和法律法规，有必要制定规范企业安全生产工作的基本规定，使企业的安全生产工作有据可依、有章可循。而且，对各行业已经开展的安全生产标准化工作，在形式要求、基本内容、考评办法等方面也需要作出相对一致的规定，以进一步规范各项工作的开展。同时，为调动企业开展安全生产标准化工作的积极性和主动性，结合企业安全生产工作的共性特点，制定可操作性较强的安全生产工作规范，并以行业标准的形式予以发布，也非常必要。

2.《基本规范》发布实施的重要意义

《基本规范》的重要意义主要体现在以下几个方面。

（1）有利于进一步规范企业的安全生产工作。《基本规范》涉及企业安全生产工作的方方面面，提出的要求明确、具体，较好地解决了企业安全生产工作干什么和怎么干的问题，能够更好地引导企业落实安全生产责任，做好安全生产工作。

（2）有利于进一步维护从业人员的合法权益。安全生产工作的最终目的都是为了保

护人民群众的生命财产安全，《基本规范》的各项规定，尤其是关于教育培训和职业健康的规定，可以更好地保障从业人员安全生产方面的合法权益。

（3）有利于进一步促进安全生产法律法规的贯彻落实。安全生产法律法规对安全生产工作提出了原则要求，设定了各项法律制度。《基本规范》是对这些相关法律制度内容的具体化和系统化，并通过运行使之成为企业的生产行为规范，从而更好地促进安全生产法律法规的贯彻落实。

3.《基本规范》对“安全生产标准化”的定义

“安全生产标准化”是指通过建立安全生产责任制，制定安全管理制度和操作规程，排查治理隐患和监控重大危险源，建立预防机制，规范生产行为，使各生产环节符合有关安全生产法律法规和标准规范的要求，人、机、物、环处于良好的生产状态，并持续改进，不断加强企业安全生产规范化建设。

这一定义涵盖了企业安全生产工作的全局，是企业开展安全生产工作的基本要求和衡量尺度，也是企业加强安全管理的重要方法和手段。而《中华人民共和国标准化法》（以下简称《标准化法》）中所指的“标准化”，主要是通过制定、实施国家和行业等标准，来规范各种生产行为，以获得最佳生产秩序和社会效益的过程，二者有所不同。

4.《基本规范》包括的主要内容

《基本规范》共分为范围、规范性引用文件、术语和定义、一般要求、核心要求五章。在核心要求这一章，对企业安全生产工作的组织机构、安全生产投入、安全管理制度、人员教育培训、设备设施运行管理、作业安全管理、隐患排查和治理、重大危险源监控、职业健康、应急救援、事故的报告和调查处理、绩效评定和持续改进等方面的内容做了具体规定。

5.《基本规范》的特点

《基本规范》的特点主要体现在三个方面。

（1）采用了国际通用的策划（Plan，P）、实施（Do，D）、检查（Check，C）、改进（Act，A）动态循环的PDCA现代安全管理模式。通过企业自我检查、自我纠正、自我完善这一动态循环的管理模式，能够更好地促进企业安全绩效的持续改进和安全生产长效机制的建立。

（2）对各行业、各领域具有广泛适用性。《基本规范》总结归纳了煤矿、危险化学品、金属非金属矿山、烟花爆竹、冶金、机械等已经颁布的行业安全生产标准化标准中的共性内容，提出了企业安全生产管理的共性基本要求，既适应各行业安全生产工作的开展，又避免了自成体系的局面。

（3）体现了企业主体责任与外部监督相结合的思想。《基本规范》要求企业对安全生产标准化工作进行自主评定，自主评定后申请外部评审定级，并由安全生产监督管理部门对评审定级进行监督。

三、《关于进一步加强企业安全生产规范化建设严格落实企业安全生产主体责任的指导意见》相关要点

2010年8月20日，国家安全生产监督管理总局印发《关于进一步加强企业安全生

产规范化建设严格落实企业安全生产主体责任的指导意见》（安监总办［2010］139 号）（以下简称《指导意见》），目的是为了认真贯彻落实《国务院关于进一步加强企业安全生产工作的通知》（国发［2010］23 号）精神，进一步加强企业安全生产规范化建设，严格落实企业安全生产主体责任，提高企业安全生产管理水平，实现全国安全生产状况持续稳定好转。《指导意见》的主要内容有：

1. 总体要求

深入贯彻落实科学发展观，坚持安全发展理念，指导督促企业完善安全生产责任体系，建立健全安全生产管理制度，加大安全基础投入，加强教育培训，推进企业全员、全过程、全方位安全管理，全面实施安全生产标准化，夯实安全生产基层基础工作，提升安全生产管理工作的规范化、科学化水平，有效遏制重特大事故发生，为实现安全生产提供基础保障。

2. 健全和完善责任体系

（1）落实企业法定代表人安全生产第一责任人的责任

法定代表人要依法确保安全投入、管理、装备、培训等措施落实到位，确保企业具备安全生产基本条件。

（2）明确企业各级管理人员的安全生产责任

企业分管安全生产的负责人协助主要负责人履行安全生产管理职责，其他负责人对各自分管业务范围内的安全生产负领导责任。企业安全生产管理机构及其人员对本单位安全生产实施综合管理；企业各级管理人员对分管业务范围的安全生产工作负责。

（3）健全企业安全生产责任体系

责任体系应涵盖本单位各部门、各层级和生产各环节，明确有关协作、合作单位责任，并签订安全责任书。要做好相关单位和各个环节安全管理责任的衔接，相互支持、互为保障，做到责任无盲区、管理无死角。

3. 健全和完善管理体系

（1）加强企业安全生产工作的组织领导

企业及其下属单位应建立安全生产委员会或安全生产领导小组，负责组织、研究、部署本单位安全生产工作，专题研究重大安全生产事项，制订、实施加强和改进本单位安全生产工作的措施。

（2）依法设立安全管理机构并配齐专（兼）职安全生产管理人员

矿山、建筑施工单位和危险物品的生产、经营、储存单位及从业人员超过 300 人的企业，要设置安全生产管理专职机构或者配备专职安全生产管理人员。其他单位有条件的，应设置安全生产管理机构，或者配备专职或兼职的安全生产管理人员，或者委托注册安全工程师等具有相关专业技术资格的人员提供安全生产管理服务。

（3）提高企业安全生产标准化水平

企业要严格执行安全生产法律法规和行业规程标准，按照《企业安全生产标准化基本规范》（AQ/T 9006—2010）的要求，加大安全生产标准化建设投入，积极组织开展岗位达标、专业达标和企业达标的建设活动，并持续巩固达标成果，实现全面达标、本质达标和动态达标。

4. 健全和完善基本制度

（1）安全生产例会制度

建立班组班前会、周安全生产活动日，车间周安全生产调度会，企业月安全生产办公会、季安全生产形势分析会、年度安全生产工作会等例会制度，定期研究、分析、布置安全生产工作。

（2）安全生产例检制度

建立班组班前、班中、班后安全生产检查（即“一班三检”）、重点对象和重点部位安全生产检查（即“点检”）、作业区域安全生产巡查（即“巡检”），车间周安全生产检查、月安全生产大检查，企业月安全生产检查、季安全生产大检查、复工复产前安全生产大检查等例检制度，对各类检查的频次、重点、内容提出要求。

（3）岗位安全生产责任制

以企业负责人为重点，逐级建立企业管理人员、职能部门、车间班组、各工种的岗位安全生产责任制，明确企业各层级、各岗位的安全生产职责，形成涵盖全员、全过程、全方位的责任体系。

（4）领导干部和管理人员现场带班制度

企业主要负责人、领导班子成员和生产经营管理人员要认真执行现场带班的规定，认真制定本企业领导成员带班制度，立足现场安全管理，加强对重点部位、关键环节的检查巡视，及时发现和解决问题，并据实做好交接。

（5）安全技术操作规程

分专业、分工艺制定安全技术操作规程，并当生产条件发生变化时及时重新组织审查或修订。对实施作业许可证管理的动火作业、受限空间作业、爆破作业、临时用电作业、高空作业等危险性作业，要制定专项安全技术措施，并严格审批监督。企业员工应当熟知并严格执行安全技术操作规程。

（6）作业场所职业安全卫生健康管理制度

积极开展职业健康安全管理体系认证。依照国家有关法律法规及规章标准，完善现场职业安全健康设施、设备和手段。为员工配备合格的职业安全卫生健康防护用品，督促员工正确佩戴和使用，并对接触有毒有害物质的作业人员进行定期的健康检查。

（7）隐患排查治理制度

建立安全生产隐患全员排查、登记报告、分级治理、动态分析、整改销号制度。对排查出的隐患实施登记管理，按照分类分级治理原则，逐一落实整改方案、责任人员、整改资金、整改期限和应急预案。建立隐患整改评价制度，定期分析、评估隐患治理情况，不断完善隐患治理工作机制。建立隐患举报奖励制度，鼓励员工发现和举报事故隐患。

（8）安全生产责任考核制度

完善企业绩效工资制度，加大安全生产挂钩比重。建立以岗位安全绩效考核为重点，以落实岗位安全责任为主线，以杜绝岗位安全责任事故为目标的全员安全生产责任考核办法，加大安全生产责任在员工绩效工资、晋级、评先评优等考核中的权重，重大责任事项实行“一票否决”。

（9）高危行业（领域）员工风险抵押金制度

根据各行业（领域）特点，推广企业内部全员安全风险抵押金制度，加大奖惩兑现力度，充分调动全员安全生产的积极性和主动性。

（10）民主管理监督制度

企业安全生产基本条件、安全生产目标、重大隐患治理、安全生产投入、安全生产形势等情况应以适当方式向员工公开，接受员工监督。充分发挥班组安全管理监督作用。

保障工会依法组织员工参加本单位安全生产工作的民主管理和民主监督，维护员工安全生产的合法权益。

（11）安全生产承诺制度

企业就遵守安全生产法律法规、执行安全生产规章制度、保证安全生产投入、持续具备安全生产条件等签订安全生产承诺书，向企业员工及社会作出公开承诺，自觉接受监督。同时，员工就履行岗位安全责任向企业作出承诺。

各类企业均要建立以上基本制度，同时要依照国家有关法律法规及规章标准规定，结合本单位实际，建立健全适合本单位特点的安全生产规章制度。

5. 加大安全投入

（1）及时足额提取并切实管好用好安全费用

煤矿、非煤矿山、建筑施工、危险化学品、烟花爆竹、道路交通运输等高危行业（领域）企业必须落实提取安全费用税前列支政策。其他行业（领域）的企业要根据本地区有关政策规定提足用好安全费用。安全费用必须专项用于安全防护设备设施、应急救援器材装备、安全生产检查评价、事故隐患评估整改和监控、安全技能培训和应急演练等与安全生产直接相关的投入。

（2）确保安全设施投入

严格落实企业建设项目安全设施“三同时”制度，新建、改建、扩建工程项目的安全设施投资应纳入项目建设概算，安全设施与建设项目主体工程同时设计、同时施工、同时投入生产和使用。高危行业（领域）建设项目要依法进行安全评价。

（3）加大安全科技投入

坚持“科技兴安”战略。健全安全管理工作技术保障体系，强化企业技术管理机构的安全职能，按规定配备安全技术人员。切实落实企业负责人安全生产技术管理负责制，针对影响和制约本单位安全生产的技术问题开展科研攻关，鼓励员工进行技术革新，积极推广应用先进适用的新技术、新工艺、新装备和新材料，提高企业本质安全水平。

6. 加强安全教育培训

（1）强化企业人员素质培训

落实校企合作办学、对口单招、订单式培养等政策，大力培养企业专业技术人才。有条件的高危行业企业可通过兴办职业学校培养技术人才。结合本企业安全生产特点，制订员工教育培训计划和实施方案，针对不同岗位人员落实培训时间、培训内容、培训机构、培训费用，提高员工安全生产素质。

（2）加强安全技能培训

企业安全生产管理人员必须按规定接受培训并取得相应资格证书。加强新进人员岗前培训工作，新员工上岗前、转岗员工换岗前要进行岗位操作技能培训，保证其具有本岗位安全操作、应急处置等知识和技能。特种作业人员必须取得特种作业操作资格证书方可上岗。

（3）强化风险防范教育

企业要推进安全生产法律法规的宣传贯彻，做到安全宣传教育日常化。要及时分析和掌握安全生产工作的规律和特点，定期开展安全生产技术方法、事故案例及安全警示教育，普及安全生产基本知识和风险防范知识，提高员工安全风险辨析与防范能力。

（4）深入开展安全文化建设

注重企业安全文化在安全生产工作中的作用，把先进的安全文化融入企业管理思想、管理理念、管理模式和管理方法之中，努力建设安全诚信企业。

7. 加强重大危险源和重大隐患的监控预警

（1）实行重大隐患挂牌督办

企业应当实行重大隐患挂牌督办制度，并及时将重大隐患现状、可能造成的危害、消除隐患的治理方案报告企业所在地相关政府有关部门。对政府有关部门挂牌督办的重大隐患，企业应按要求报告治理进展、治理结果等情况，切实落实企业重大隐患整改责任。

（2）加强重大危险源监控

企业应建立重大危险源辨识登记、安全评估、报告备案、监控整改、应急救援等工作机制和管理办法。设立重大危险源警示标志，并将本单位重大危险源及有关管理措施、应急预案等信息报告有关部门，并向相关单位、人员和周边群众公告。

（3）利用科学的方法加强预警预报

企业应定期进行安全生产风险分析，积极利用先进的技术和方法建立安全生产监测监控系统，进行有效的实时动态预警。遇重大危险源失控或重大安全隐患出现事故苗头时，应当立即预警预报，组织撤离人员、停止运行、加强监控，防止事故发生和事故损失扩大。

8. 加强应急管理，提高事故处置能力

（1）加强应急管理

要针对重大危险源和可能突发的生产安全事故，制定相应的应急组织、应急队伍、应急预案、应急资源、应急培训教育、应急演练、应急救援等方案和应急管理办法，并注重与社会应急组织体系相衔接。加强应急预案演练，及时分析查找应急预案及其执行中存在的问题并有针对性地予以修改完善，防止因撤离不及时或救援不适当造成事故扩大。

（2）提高应急救援保障能力

煤矿、非煤矿山和危险化学品企业，应当依法建立专职或兼职人员组成的应急救援队伍；不具备单独建立专业应急救援队伍的小型企业，除建立兼职应急救援队伍外，还应当与邻近建有专业救援队伍的企业或单位签订救援协议，或者联合建立专业应急救援队伍。根据应急救援需要储备一定数量的应急物资，为应急救援队伍配备必要的应急救援器材、设备和装备。

(3) 做好事故报告和处置工作

事故发生后，要按照规定的报告时限、报告内容、报告方式、报告对象等要求，及时、完整、客观地报告事故，不得瞒报、漏报、谎报、迟报。发生事故的企业主要负责人必须坚守岗位，立即启动事故应急救援预案，采取措施组织抢救，防止事故扩大，减少人员伤亡和财产损失。

(4) 严肃事故调查处理

企业要认真组织或配合事故调查，妥善处理事故善后工作。对于事故调查报告提出的防范措施和整改意见，要认真吸取教训，按要求及时整改，并把落实情况及时报告有关部门。

四、《机械制造企业安全生产标准化规范》相关要点

2013 年 6 月 8 日，国家安全生产监督管理总局发布《机械制造企业安全生产标准化规范》(AQ/T 7009—2013)，自 2013 年 10 月 1 日起实施。

《机械制造企业安全生产标准化规范》分为：前言、范围、规范性引用文件、术语和定义、安全生产标准化基本要求五个部分，本标准规定了机械制造企业安全生产标准化的基本要求，适用于机械制造企业开展安全生产标准化建设工作，以及对安全生产标准化工作的咨询、服务和评审。

1. 有关术语与定义

在术语与定义中，对下列术语和定义进行了明确。

(1) 机械制造企业是指依法设立，生产、经营、修理设备设施和零部件的企业。主要包括：金属制品业；通用设备制造业；专用设备制造业；汽车制造业；铁路、船舶、航空航天和其他运输设备制造业；电气机械和器材制造业；计算机、通信和其他电子设备制造业；仪器仪表制造业；金属制品、机械和设备修理业等 9 大类、69 个中类、233 个小类的企业。

(2) 安全生产标准化是指通过建立安全生产责任制，制定安全管理制度和操作规程，排查治理隐患和监控重大危险源，建立预防机制，规范生产行为，使各生产环节符合有关安全生产法律法规和标准规范的要求，人、机、物、环处于良好的生产状态，并持续改进，不断加强企业安全生产规范化建设。

(3) 安全承诺是指由企业公开做出的、代表了全体员工在关注安全和追求安全绩效方面所具有的稳定意愿及实践行动的明确表示。

(4) 职业性危害因素是指在职业活动中产生的可直接危害劳动者身体健康的因素，按其性质分为物理性危害因素、化学性危害因素和生物性危害因素。

(5) 相关方是指与企业的安全绩效相关联或受其影响的团体或个人。

(6) 资源是指实施安全生产标准化所需的人员、资金、设施、材料、技术和方法等。

(7) 卫生防护距离是指产生有害因素的部门（车间或工段）的边界至居住区边界的

最小距离。

（8）定置管理是指对生产现场中的人、物、场所三者之间的关系进行科学的分析研究，使之达到最佳结合状态的一门科学管理方法。

（9）安全绩效是指根据安全生产目标，在安全生产工作方面取得的可测量结果。

2. 基础管理的基本要求

（1）目标管理

1）企业应依据法律、法规和其他要求，结合企业发展的实际，制订明确的、公开的、文件化的安全承诺，其内容应包括：防止人身伤害与职业病、持续改进职业安全健康管理与绩效的承诺；遵守与其职业安全健康危险源有关的适用法律、法规要求及应遵守其他要求的承诺。并确保安全承诺：由企业主要负责人签发，并提供必需的资源；传达到所有从业人员，并得到有效的贯彻和实施；与企业安全发展规划和年度目标相一致；定期进行评审。

2）企业应根据安全承诺，制订职业安全健康的中长期发展规划。

3）企业应针对其内部各有关职能和层次，建立文件化的年度安全生产目标，目标应可测量、可操作，并应考虑：与安全承诺、职业安全健康的中长期发展规划一致；危险源和风险；财务、运行和经营要求，以及相关方（含从业人员）的意见；可选择的技术方案。安全生产目标应逐级分解，落实到企业内基层生产经营单位。

4）企业应依据安全生产目标，制定可行的安全技术措施计划确保目标的完成，并定期对目标和安全技术措施计划的实施情况进行检查、考核或修订。企业应确保实现安全技术措施计划和具备安全生产条件的资金投入，并列入企业资金使用计划。

5）企业应建立目标，采取多种形式逐步形成全体从业人员所认同、共同遵守、带有本单位特点的企业安全文化。

（2）危险源管理

1）企业应具有形成文件的危险源辨识、风险评价及其控制的方法或企业标准，以实现有效的持续改进。

2）企业应组织不同层面的从业人员参与辨识各类危险源。危险源的辨识范围，应包括企业所有的生产经营活动、基础设备设施和材料，过程、装置、运行程序和工作组织的设计，以及所有行政管辖区域。

3）企业应对辨识的危险源进行系统地风险评价，依据风险评价结果，对危险源及其风险进行分级管理。提供风险的确认、风险分级和确定的控制措施应形成文件。凡依据《危险化学品重大危险源辨识》（GB 18218—2009）和相关法规确定的重大危险源，应按照国家法定程序进行评估和申报。

4）企业应根据危险源辨识与风险评价结果，制定相应的控制措施。危险源控制措施的确定，应遵循下列原则：消除；替代；工程控制措施；标志、警告和（或）管理控制措施；个体防护。

5）企业应定期对危险源辨识与风险评价和确定的控制措施进行评审和更新，保存记录，并建立危险源、重大危险源档案。

企业应将危险源、重大危险源及其控制措施告知相关人员（包括受其影响的相关方）。

（3）安全生产责任制

1）企业主要负责人对本单位的安全生产工作全面负责，其主要职责为：

①设立与本企业相符的安全管理机构，建立、健全本单位安全生产责任制。

②组织制定本单位安全生产规章制度和操作规程。

③确保本单位安全生产投入的有效实施。

④督促、检查本单位的安全生产工作，及时消除生产安全事故隐患。

⑤组织制定并实施本单位的生产安全事故应急救援预案。

⑥及时、如实报告生产安全事故。

2）企业应按照“分级管理、分线负责”的原则建立、健全各职能部门、生产单位和所有岗位从业人员的安全生产职责，安全生产职责的描述应具体、界定清晰并能考核。

3）企业应采取措施，严格考核，确保各部门安全负责人及所有从业人员熟悉并认真履行本部门、本岗位安全生产职责。

4）企业应确保工会依法履行安全生产监督职能，收集、解决及反馈从业人员关注的职业安全健康事项。

5）企业的安全生产职责应定期评审，并根据实际变化情况予以更新。

（4）安全生产规章制度或企业标准

1）企业应建立有效途径，及时获取适用于其生产经营活动的职业安全健康法律法规与其他要求，建立档案，并传达到相关岗位的从业人员中。

2）企业应根据其风险和作业性质，建立健全安全生产规章制度或企业标准。安全生产规章制度或企业标准至少应包括：

①职业安全健康培训制度。

②安全检查与事故隐患排查治理制度。

③伤亡事故管理制度。

④班组安全管理制度。

⑤建设项目职业安全健康“三同时”管理制度。

⑥安全投入保障管理制度。

⑦相关方安全管理制度。

⑧防火安全管理制度。

⑨危险化学品管理制度。

⑩厂内交通安全管理制度。

⑪职业病防治管理制度（含职业危害告知、申报、职业健康监护等）。

⑫设备设施安全管理制度（含特种设备、职业病防护设施及设备设施的保养和检修等）。

⑬特种作业人员安全管理制度。

⑭劳动防护用品管理制度。

⑮女工和未成年人保护制度。

⑯危险源和应急管理制度。

⑰危险作业审批和电气临时线审批制度。

⑱安全生产奖惩制度。

⑲生产现场安全管理制度。

3）安全生产规章制度或企业标准的内容应符合法律、法规、规章和国家（行业）相关标准的要求，且层次清晰，控制有效。

4）安全生产规章制度或企业标准发布前应经授权人批准，作出适当标识，确保其充分性和适宜性。对安全生产规章制度或企业标准应发放到相关岗位和从业人员中，并严格执行。

5）应定期对安全生产规章制度或企业标准进行评审，必要时予以修订或更新，并保存评审记录。

（5）安全技术操作规程

1）企业应依据国家和行业的法律、法规、规章、规程和标准，以及岗位识别的危险源，制定岗位安全技术操作规程或工艺安全作业指导书。

2）岗位安全技术操作规程或工艺安全作业指导书应包括：适用岗位范围、岗位主要危险源、岗位职责、工艺安全作业程序和方法（包括控制要点），以及紧急情况的现场处置方案等内容。

3）企业的从业人员应能得到有效的岗位安全技术操作规程或工艺安全作业指导书文本，熟悉其内容，并能严格执行。

4）岗位安全技术操作规程或工艺安全作业指导书应经授权人批准，并定期进行评审或修订。

（6）机构与人员

1）企业应建立公司（厂）、车间（职能部门、作业部）以及班组三级安全生产管理网。企业决策层、管理层和安全生产委员会至少每季度应召开安全生产专题会议，分析安全生产的现状、研究并制订阶段性安全生产对策。各车间（职能部门、作业部）和班组均应明确安全负责人，并严格履行其安全职责。

2）企业应按照法律法规的相关要求，并结合其生产特点设置安全生产管理机构，确保安全生产管理机构独立履行安全生产的监督管理职责。

3）企业应按照其从业人员的2‰（及以上比例）配备专职安全管理人员。专职安全管理人员应接受相关的培训，具备必要的知识和能力，并取得培训合格证。

4）企业工会应设立工会劳动保护监督检查委员会（或工会劳动保护监督检查小组），依法维护从业人员的合法权益。

（7）职业安全健康培训

1）企业应识别、分析培训需求，制订培训计划，编制培训大纲。培训计划应充分考虑：

①安全生产法律、法规和其他要求。

②危险源辨识及其风险评价的结果。

③技术发展和工艺、设备变更的需要。

④从业人员的意见和建议。

⑤相关方的要求。

2）企业应按培训计划实施有效的培训，企业的职业安全健康培训应包括：

①新从业人员进厂“三级”安全培训。新从业人员应进行公司（厂）、车间（职能部门、分厂）、班组三级安全生产培训，培训时间不得少于 24 学时。农民工或劳务工应按照上述规定执行。

②特种作业人员（或特种设备操作人员）培训、复训。特种作业人员（或特种设备操作人员）应满足其岗位要求的基本条件，应经有资质的培训机构的安全培训，具备本工种相适应的安全知识和技能，取得安全操作证，方可上岗作业。并按期进行复训和复审。

③企业负责人培训。职能部门、车间（分厂）主要负责人应接受安全培训，培训时间不得少于 24 学时。企业主要负责人应经有资质的培训机构的安全培训，考试合格并取得资格证书。并按期进行再培训。

④安全管理人员培训。安全管理人员应经有资质的培训机构的安全培训，具备与所从事的生产经营活动相适应的安全生产知识和管理能力，经考试合格并取得资格证书。并按期进行再培训。

⑤班组长培训。班组长每年应接受安全培训，具备班组安全管理知识和本班组相适应的安全操作技能，培训时间不得少于 16 学时。

⑥转岗和复工培训应满足下列要求：

a. 从业人员在本单位内调整工作岗位时，应当重新接受车间（职能部门、分厂）和班组的二级转岗安全培训。

b. 从业人员因病假、产假、待岗等原因离岗一年以上重新上岗时，应当重新接受车间（职能部门、分厂）和班组的二级复工安全培训。

c. 从业人员因工伤休工，伤愈复工重新上岗时，应当接受车间（职能部门、分厂）和班组的二级伤愈复工安全培训。

⑦“四新”培训。企业实施新工艺、新技术或者使用新设备、新材料时，应当对相关从业人员进行有针对性的安全培训。

⑧职业健康培训。凡接触职业性危害因素的作业人员、管理人员和有关技术人员均应接受相应的职业健康知识培训，具备相应的职业健康知识和管理能力。

⑨全员教育培训。企业每年应对所有从业人员（含农民工或劳务工）进行安全教育培训，使其增强安全意识，增强预防事故、控制职业性危害和应急处理的能力。

3）企业的职业安全健康教育培训内容应满足相关法规和能力的需求，应对培训效果进行评估，要保存所有培训纪录，并建立培训档案。

（8）建设项目的安全和职业健康“三同时”管理

1）企业在进行项目可行性研究时，应依据现行法规标准对安全生产条件进行专门论证，并委托有相应资质的机构编制安全预评价报告，可能产生职业危害的项目，应委托有相应资质的机构编制职业危害预评价报告；在项目初步设计阶段，应编制安全专篇和职业危害防治专篇。上述过程应通过企业安全生产管理部门审查合格，并按有关规定进行申报、审批或备案。

2）设计单位和相关部门应严格依据可行性研究、安全预评价和职业危害预评价的要求进行安全设施和职业病防护设施的同步设计。企业安全生产管理部门进行评估和审核。

3）企业应对项目的安全设施和职业病防护设施的实施过程进行监控，督促施工、监理和设备及材料采购供应等单位严格依据设计文件组织实施。

4）企业在进行项目验收前，应对相关的安全特性和职业性危害因素进行监测和检验，并按照有关规定进行安全验收评价和职业危害控制效果评价，对建设项目进行安全设施和职业病防护设施专项验收。上述过程应通过企业安全生产管理部门审查合格，并按有关规定进行申报、审批或备案。

5）按照国家公安部门规定的大型的人员密集场所和其他特殊建设项目，企业应当将消防设计文件报送公安机关消防机构审核。国家工程建设消防技术标准需要进行消防设计的建设项目竣工时，企业向公安机关消防机构申请消防验收、备案。未经消防验收或者消防验收不合格、抽查不合格的禁止投入使用。

6）安全设施和职业病防护设施的投资应纳入建设项目概算。

（9）相关方安全管理

1）企业应确定具有资质的供应商和承包商，在其商务活动中签订并保存安全协议，明确双方安全责任和安全管理要求。供应商和承包商在企业现场从事各种活动时，应遵守企业的安全生产要求，制订可靠的安全防范措施。企业应对供应商和承包商在其现场的活动进行监督管理。

2）企业将生产经营项目、场所、设备进行发包或出租时，应严格审查承包（承租）方的资质和安全技术条件，作业现场应有可靠的安全防范措施，签订并保存安全协议。

3）企业对在其区域内活动的短期、临时从业人员均应进行安全培训，规定其安全操作规程，告知作业场所的危险源及其控制方法，并进行监督管理。

4）企业应建立现场实习、参观及其他外来人员的安全管理规定，告知作业场所的危险源及其控制方法，并进行监督管理。企业对现场实习的在校学生应与其管理单位签订安全协议，明确各自职责和管理要点。

（10）班组安全管理

1）企业应建立安全生产标准班组记录台账，并明确班组安全管理的归口部门。

2）安全生产标准班组的基本条件：

①已建立健全各类人员的安全生产职责，并严格执行。

②从业人员应熟悉本岗位相关的危险源及其控制措施，严格执行安全技术操作规程或工艺安全作业指导书。

③开展了定期的安全检查，排查事故隐患并对查出的隐患实施了有效的纠正和预防措施，或进行了逐级报告。

④每月至少开展两次安全活动。

⑤对新从业人员进厂，以及员工转岗和复工、全员等均按照规定进行了安全教育培训。

3）企业应定期对安全生产标准班组进行验收和考核，并保存验收和考核记录。

（11）劳动防护用品管理

1）企业应通过危险源辨识及其风险评价，确定劳动防护用品的需求计划和发放标准，发放标准应满足岗位风险控制要求和法规、标准要求。

2）劳动防护用品供应商应具有相应的资质，其提供的劳动防护用品的质量应符合国家、行业的相关标准。特种劳动防护用品应有特定的安全标志。

3）企业应按照发放标准为从业人员提供劳动防护用品，并确保从业人员正确使用和穿戴劳动防护用品。

（12）应急管理

1）企业应根据危险源辨识和风险评价结果，并考虑法律、法规与其他要求，确定潜在紧急情况和应急响应目标。

2）企业应根据有关法律、法规和 AQ/T 9002—2006 的规定，结合危险源状况、危险性分析情况和可能发生的事故特点，制定相应的应急预案。应急预案按照针对情况的不同，分为综合应急预案、专项应急预案和现场处置方案。应急预案应通过评审或论证后进行备案。应急预案应发放至相关岗位的从业人员中，相关岗位的从业人员应熟悉应急预案的内容。

3）企业应按照应急预案的要求配备相应的应急物资及装备，并应确保应急物资及装备的完好、有效，配备应急装备时，应考虑外部可以支援的应急能力。

4）企业应对实际的紧急情况作出响应，确保能及时启动应急预案，组织有关力量进行救援，并按照规定将事故信息及应急预案启动情况及时进行报告。

5）企业应组织开展应急预案的宣传教育和培训。企业应每年至少组织一次综合应急预案演练或者专项应急预案演练，每半年至少组织一次现场处置方案演练，并对应急预案演练进行评估。企业制定的应急预案应至少每三年修订一次，并保存记录。

（13）安全检查

1）企业应建立安全检查制度，并确保安全检查覆盖其所有的作业场所、设备设施、人员和相关的生产经营活动。

2）安全检查应包括日常检查、定期检查、专业检查和综合检查：

①日常检查。设备操作者、班组长、车间安全员及其他人员每天应对作业环境、设备设施、从业人员的作业行为等进行日常检查。

②定期检查。公司（厂）安全管理人员、车间（分厂）负责人及其他人员每周（每月）应对作业环境、设备设施、从业人员的作业行为、危险源的控制情况等进行定期检查。

③专业检查。公司（厂）安全管理人员、职能部门专业管理人员及其他人员应定期对特种设备、消防、危险化学品、易燃易爆场所、职业病防护设施、相关方等安全状况进行专业检查。

④综合检查。企业安全生产负责人、安全管理人员、职能部门负责人及其他人员定期应对所属单位规章制度的执行情况、隐患整改情况，以及安全和职业健康管理等进行综合检查。

各类安全检查应制定安全检查表，并根据变化情况，及时更新检查内容和方法。所有安全检查均应保存记录。

3）企业应确保对安全检查和排查事故隐患中所发现的问题和事故隐患及时采取相应的纠正措施和预防措施，并跟踪验证纠正措施和预防措施的实际效果；对于重大事故隐患应制定治理方案。企业在事故隐患治理过程中，应采取相应的安全防范措施，防止意外事故发生。企业应在事故隐患整改时实行“五定”（定措施、定责任、定资金、定时间、定预案）。企业应积极配合行政监管执法检查。

4）作业现场无违章操作或违章指挥现象。

（14）事故管理

1）企业应依法参加工伤保险，并为从业人员缴纳工伤保险费。

2）企业的工伤、火灾、交通等各类事故的实际发生数量应低于其年度计划中的控制指标值。

3）应对各类事故及时报告（最迟不超过 1 h），发生事故后应按照“四不放过”的原则进行调查和处理，事故调查应符合相关的国家或地方法律、法规和 GB 6441、GB 6442 的相关规定，确保查明事故的原因，调查报告应提出事故的处理意见和防范措施的建议。

4）定期应对事故、事件的发生情况进行统计分析，寻找事故、事件发生的规律和趋势，采取相应的对策和预防措施。

5）企业应对所有相关文件和资料进行整理，并归档保存。

3. 基础设施安全条件的基本要求

（1）金属切削机床

1）防护罩、盖、栏应完备可靠，其安全距离、刚度、强度及稳定性均应符合 GB/T 8196、GB 23821 的相关规定。

2）各种防止夹具、卡具和刀具松动或脱落的装置应完好、有效。

3）各类行程限位装置、过载保护装置、电气与机械联锁装置、紧急制动装置、声光报警装置、自动保护装置应完好、可靠；操作手柄、显示屏和指示仪表应灵敏、准确；附属装置应齐全。

4）PE 线应连接可靠，线径截面及安装方式应符合本标准相关规定。

5）局部照明或移动照明应采用安全电压，线路无老化，绝缘无破损。

6）电气设备的绝缘、屏护、防护距离应符合 GB 5226.1 的相关规定；电气箱、柜与线路应符合本标准相关的规定，周边 0.8 m 范围内无障碍物，柜门开启应灵活。

7）设备上未加防护罩的旋转部位的楔、销、键不应突出表面 3 mm，且无毛刺或棱角。

8）每台设备应配备清除切屑的专用工具。

9）除符合上述通用规定外，钻床、磨床、车床、插床、电火花加工机床、锯床、铣床、加工中心、数控机床等还应符合下列规定：

①钻床：钻头部位应有可靠的防护罩，周边应设置操作者能触及的急停按钮。

②磨床：砂轮选用、安装、防护、调试等应符合 GB 4674 的相关规定，旋转时无明

显跳动。

③车床：加工棒料、圆管，且长度超过机床尾部时应设置防护罩（栏），当超过部分的长度大于或等于 300 mm 时，应设置有效的支撑架等防弯装置，并应加防护栏或挡板，且有明显的警示标志。

④插床：限位开关应确保滑块在上、下极限位置准确停止，配重装置应合理牢固，且防护有效。

⑤电火花加工机床：可燃性工作液的闪点应在 70℃以上，且应采用浸入式加工方法，液位应与工作电流相匹配。

⑥锯床：锯条外露部分应设置防护罩或采取安全距离进行隔离。

⑦铣床：外露的旋转部位及运动滑枕的端部应设置可靠的防护罩；不准在机床运行状态下对刀、调整或测量零件；工作台上不准摆放未固定的物品。

⑧加工中心：加工区域周边应设置固定或可调式防护装置，换刀区域、工件进出的联锁装置或紧固装置应牢固、可靠，任何安全装置动作，均切断所有动力回路。

⑨数控机床：加工区域应设置可靠的防护罩，其活动门应与运动轴驱动电机联锁；调整刀具或零件时应采用手动；访问程序数据或可编程功能应由授权人执行，这些功能应闭锁，可采用密码或钥匙开关。

（2）冲、剪、压机械

1）离合器动作应灵敏、可靠，且无连冲；刚性离合器的转键、键柄和直键无裂纹或无松动；牵引电磁铁触头无粘连，中间继电器触点应接触可靠，无连车现象。

2）制动器性能可靠，且与离合器联锁，并能确保制动器和离合器动作协调、准确。

3）急停装置应符合 GB 16754 的相关规定，大型冲压机械一般应设置在人手可迅速触及且不会产生误动作的部位。

4）凡距操作者站立面 2 m 以下的设备外露旋转部件均应设置齐全、可靠的防护罩，其安全距离应符合 GB 23821 的相关规定。

5）外露在工作台外部的脚踏开关、脚踏杆均应设置合理、可靠的防护罩。

6）电气设备的绝缘、屏护、防护间距应符合 GB 5226.1 的相关规定；PE 线应连接可靠，线径截面及安装方式应符合本标准的相关规定。

7）压力机、封闭式冲压线及折弯机均应配置一种以上的安全保护装置，且可靠、有效。多人操作的压力机应为每位操作者配备双手操作装置，其安装、使用的基本要求应符合 GB/T 19671 的相关规定。

8）压力机应配置模具调整或维修时使用的安全防护装置（如安全栓等），该装置应与主传动电机或滑块行程的控制系统联锁。

9）工业梯台应符合本标准相关的规定，其开口处应与设备联锁。

10）剪板机等压料脚应平整，危险部位应设置可靠的防护装置。出料区应封闭，栅栏应牢固、可靠，栅栏门应与主机联锁。

（3）起重机械

1）安全管理和资料应满足以下要求：

①制造、安装、改造、维修应由具备资质的单位承担，选用的产品应与工况、环境

相适应。

②产品合格证书、自检报告、安装资料等齐全。

③应注册登记，并按周期进行检验。

④日常点检、定期自检和日常维护保养等记录齐全。

2）金属结构件和轨道

①主要受力构件（如主梁、主支撑腿、主副吊臂、标准节、吊具横梁等）无明显变形。

②金属结构件的连接焊缝无明显焊接缺陷，螺栓和销轴等连接处无松动、无缺件、无损伤。

③大车、小车轨道无松动。

3）钢丝绳的断丝数、腐蚀（磨损）量、变形量、使用长度和固定状态应符合 GB/T 5972 的规定。

4）滑轮应转动灵活，其防护罩应完好；滑轮直径与钢丝绳的直径应匹配，其轮槽不均匀磨损不得大于 3 mm，轮槽壁厚磨损不得大于原壁厚的 20%，轮槽底部直径磨损不得大于钢丝绳直径的 50%，并不得有裂纹。

5）吊钩等取物装置：

①无裂纹。

②危险断面磨损量不得大于原尺寸的 10%。

③开口度不得超过原尺寸的 15%。

④扭转变形不得超过 10°。

⑤危险断面或吊钩颈部不得产生塑性变形。

⑥应设置防脱钩装置，且有效。

⑦吊钩（含直柄吊钩尾部的退刀槽）、液态金属吊钩横梁的吊耳和板钩心轴、盛钢（铁）液体的吊包耳轴（含焊缝）、集装箱吊具转轴及搭钩等应定期进行无损探伤，探伤检查周期一般为 6 个月至 12 个月。

6）制动器：

①运行可靠，制动力矩调整合适。

②液压制动器不得漏油。

③吊运炽热金属液体、易燃易爆危险品或发生溜钩可造成重大损失的起重机械，起升（下降）机构应装设两套制动器。

7）各类行程限位、重量限制器开关、联锁保护装置及其他保护装置应完好、可靠。1 t 及以上起重机械应加装重量限制器。1 t 以下起重机械应加装防止电动葫芦脱轨的装置。

8）急停装置、缓冲器和终端止挡器等停车保护装置完好、可靠。急停装置不得自动复位，且装设在司机操作方便的部位。

9）便携式（含地面操作、遥控）按钮盘的控制电源应采用安全电压，且功能齐全、有效。无线遥控装置应由专人保管，非操作人员不得启动按钮。便携式地面操作按钮盘的按钮自动复位（急停开关除外），控制电缆支承绳应完整有效。

10）各种信号装置与照明设施应完好有效。

11）PE线应连接可靠，线径截面及安装方式应符合本标准的相关规定。电气装置应配备完好；防爆起重机上的安全保护装置、电气元件、照明器材等应符合防爆要求。

12）各类防护罩、盖完整可靠；工业梯台应符合本标准的相关规定。

13）露天作业的起重机械防雨罩、夹轨器或锚定装置应安全可靠；起升高度大于50 m且露天作业的起重机械应安装风速仪。

14）安全标志与消防器材：

①明显部位应标注额定起重量、检验合格证和设备编号等标识。

②危险部位标志应齐全、清晰，并符合GB 2894的规定。

③运动部件与建筑物、设施、输电线的安全距离符合相关标准，室外高于30 m的起重机械顶端或者两臂端应设置红色障碍灯。

④司机室应确保视野清晰，并配有灭火器和绝缘地板，各操作装置标识完好、醒目。

⑤司机室的固定连接应牢固可靠；露天作业的司机室应设置防风、防雨、防晒等装置，高温、铸造作业的司机室应密封并加装空调。

15）吊索具：

①自制吊索具的设计、制作、检验等技术资料均应符合相关标准要求，且有质量保证措施，并报本企业主管部门审批。

②购置吊具与索具应是具备安全认可资质厂家的合格产品。

③使用单位应对吊具与索具进行日常保养、维修、检查和检验，吊具与索具应定置摆放，且有明显的载荷标识。

④所有资料应存档。

16）铁路起重机、高空作业车、升降机等专项安全保护和防护装置齐全、有效。有轨巷道堆垛起重机的限速防坠、过载保护、松绳保护、货叉伸缩行程限位器等专项安全保护和防护装置应符合JB 5319.2的相关规定。

（4）电梯

1）安全管理和资料应满足以下要求：

①制造、安装、改造、维修、日常保养应由具备资质的单位承担。

②产品合格证书、自检报告、安装资料等齐全。

③应注册登记，并按周期进行检验，轿厢内粘贴检验合格证。

2）限速器、安全钳、缓冲器、限位器、报警装置以及门的联锁装置、安全保护装置应完整，且灵敏可靠。

3）曳引机应工作正常，油量适当，曳引绳与补偿绳断丝数、腐蚀磨损量、变形量、使用长度和固定状态应符合GB 7588的相关规定，制动器应运行可靠。

4）轿厢结构牢固可靠、运行平稳，轿门关闭时无撞击，轿厢内应设有与外界联系的通信设施和应急照明设施，轿厢门开启灵敏，防夹人的安全装置完好有效，间隙符合要求。

5）PE线应连接可靠，线径截面及安装方式应符合本标准的相关规定。电气部分的绝缘电阻值应符合 GB 7588 的相关规定。

6）机房

①机房内应通风、屏护良好，且清洁、无杂物；并应配置合适的消防设施、固定照明和电源插座。

②房门应上锁，通向机房、滑轮间和底坑的通道应畅通，且应有永久性照明。

③控制柜（屏）的前面和需要检查、修理等人员操作的部件前面应留有不小于 0.6 m×0.5 m 的空间；曳引机、限速器等旋转部位应安装防护罩。

④对额定速度不大于 2.5 m/s 的电梯，机房内钢丝绳与楼板孔洞每边间隙均应为 20～40 mm。对额定速度大于 2.5 m/s 的电梯，运行中的钢丝绳与楼板不应有摩擦的可能。通向井道的孔洞四周应筑有高 50 mm 以上的台阶。

⑤机房中每台电梯应单独装设主电源开关，并有易于识别（应与曳引机和控制柜相对应）的标志。该开关位置应能从机房入口处迅速开启或关闭。

7）升降机出入门及井巷口的防护栏应与动力回路联锁，且完好、可靠。

（5）厂内机动车辆（含工程机械）

1）安全管理和资料应满足以下要求：

①产品合格证书、自检报告等资料齐全。

②应注册登记，并按周期进行检验。

③日常点检、定期自检和日常维护保养等记录齐全。

2）车身整洁，所有部件及防护装置应齐全、完整。

3）动力系统应运转平稳，无异常声音；点火、燃料、润滑、冷却系统性能应良好；连接管道应无漏水、漏油。

4）电气系统应完好；大灯、转向、制动灯应完好并有牢固可靠的保护罩；电气仪表应配置齐全，性能可靠；喇叭应灵敏，音量适中；连接电气线路应无漏电。

5）传动系统应运转平稳，离合器分离彻底，接合平稳，不打滑、无异响；变速器的自锁、互锁应可靠，且不跳挡、不乱挡。

6）行驶系统应连接紧固，车架和前后桥不应变形或产生裂纹；轮胎磨损不应超过标准规定的磨损量，且胎面无损伤。

7）转向机构应轻便灵活可靠，行驶中不应摆振、抖动、阻滞及跑偏等。

8）制动系统应安全可靠，无跑偏现象，制动距离满足安全行驶的要求；电瓶车的制动联锁装置应齐全、可靠，制动时联锁开关应切断行车电源。

（6）木工机械（含可发性聚苯乙烯加工机械）

1）危险性大、行程较长或行程有特定要求的设备应设置限位装置或联锁开关，并确保其完好、灵敏、可靠。

2）外露的旋转部位应安装防护罩或盖，并确保其完好、有效，其安全距离应符合 GB 23821 的相关规定。

3）紧固件、连接件和锁紧装置应完整、可靠。

4）锯条接头不应多于 3 个，且无裂纹；砂轮应符合本标准的相关规定。

5）电气设备的绝缘、屏护、防护间距应符合 GB 5226.1 的相关规定；PE 线应连接可靠，线径截面及安装方式应符合本标准的相关规定。控制电器应设置防止木尘进入的密闭措施。加工可发性聚苯乙烯泡沫材料时，设备应有防静电装置。

6）安全防护装置应配置齐全，且安全、可靠。

7）除符合上述通用规定外，平刨床、跑车及铣床等还应符合下列规定。

平刨床的工作台应符合如下要求：

①后工作台的垂直调整限制到刀轴切削圆直径以下 1.1 mm。

②设置有前工作台垂直调整装置的设备，应在整个调整范围上保持与后工作台台面的平行，其深度不超过 8 mm。

③无论工作台调整到任何高度，工作台唇板与切削圆之间的径向距离为 3 mm ±2 mm。

④工作台或工作台唇板有开槽的，槽宽度不得超过 6 mm，长度不得超过 15 mm，齿的宽度至少为 6 mm。在顶部齿的厚度最小值为 1.5 mm，在槽的根部至少为 5 mm。

跑车带锯机应设置有效的护栏。

立刨（铣床）应有防止手进入危险区的送料装置。

（7）注塑机

1）防护罩、盖、栏的安装应牢固，无明显的锈蚀或变形，且与动力回路联锁。

2）操作平台结构合理，应无严重脱焊、变形、腐蚀和断开、裂纹等缺陷，并符合本标准的有关规定。

3）电气设备的绝缘、屏护、防护间距应符合 GB 5226.1 的相关规定；电控箱、柜与线路应符合本标准的相关规定；控制台各参数显示功能应完好；急停装置、联锁装置、操作按钮应标示清晰、灵敏可靠，并有故障报警装置，任何急停装置动作均应切断所有动力回路；PE 线应连接可靠，线径截面及安装方式应符合本标准的相关规定。

4）液压及冷却管路应连接可靠，油（水）箱及管路无漏油、漏水，控制系统开关应齐全，动作可靠。

5）模具及其紧固螺栓应齐全，无松动、无裂纹、无变形，且编号清晰。

6）自动取料、落料装置应标识清楚、动作灵敏可靠，机械手活动区域应设置防护栏、屏护，并与动力回路联锁。

7）作业区应有良好的通风，防止有害物质聚集。

（8）工业机器人（含机械手）

1）安全管理和资料应满足以下要求：

①设备本体、辅助设施及安全防护装置等资料齐全。

②应确保其编程、操作、维修人员均参加有效的安全培训，并具备相应的工作能力。

2）作业区域应设置警示标志和封闭的防护栏，必备的检修门和开口部位应设置安全销、安全锁和光电保护等安全防护装置。

3）各种行程限位、联锁装置、抗干扰屏蔽及急停装置应灵敏、可靠，任何安全装置动作均切断动力回路；急停装置应符合 GB 16754 的相关规定，并不得自动复位。

4）液压管路或气压管路应连接可靠，无老化或泄漏；控制按钮配置齐全、动作准确。

5）执行机构应定位准确、抓取牢固；自动锁紧装置应灵敏、可靠。

6）PE线应连接可靠，线径截面及安装方式应符合本标准相关规定。电气线路标识清晰；保护回路应齐全、可靠，且能防止意外或偶然的误操作。

7）当调整、检查、维修进入危险区域时，设备应具备防止意外启动的功能。

（9）装配线（含部件分装线、焊装线）

1）输送机械的防护罩（网）应完好，无变形和破损；人行通道上方应装设护网（板）。

2）大型部件翻转机构的锁紧、限位装置应牢固可靠；回转区域应有醒目的安全标识和报警装置，周围1.5 m处应设置防护栏。

3）起重机械的联锁、限位，以及行程限制器、缓冲器等防护装置应齐全、有效；制动器应平稳、可靠；急停按钮应配置齐全、可靠。

4）吊索具应符合本标准的相关规定。

5）控制台、操作工位以及装配线适当距离（不宜超过20 m）间应设置急停装置，且不得自动复位；开线、停线或急停时应有明显的声光报警信号。

6）风动工具应定置摆放，且符合本标准的相关规定。

7）一、二类电动工具应配置剩余电流动作保护装置。其本体应符合本标准的相关规定。

8）运转小车应定位准确、夹持牢固；料架（箱、斗）应结构合理、牢固，放置应平稳。

9）人员需要跨越输送线的地段应设置通行过桥，通行过桥的平台、踏板应防滑，其结构应符合本标准的相关规定。

10）地沟入口处应设置盖板或防护栏，且完好、无变形；沟内应无障碍物，并应配置应急照明灯，且不允许积水、积油。

11）各种焊接机械防护罩、防火花飞溅设施应齐全、可靠；仪表及按钮应清晰、完好；电气线路应符合本标准的相关规定；电焊设备应符合本标准相关规定，且定期检测。

12）焊装作业场所应设置有效、可靠的烟尘防治设施。

13）机械手作业区应为全封闭作业环境，周围设置防护栏，并配置可靠的联锁装置。

（10）风动工具

1）砂轮的装夹应牢靠，无松动；卡盘与砂轮的接触面应平整、均匀，压紧螺母或螺栓无滑扣，且有防松措施。

2）使用风动工具应配备完好无损的风罩和防护罩，并严禁拆卸。

3）开关和进气阀应灵活可靠，密封良好，并能准确控制正反转和停止，关闭后不允许漏气。

4）各种形式的防松脱装置应完好，可靠。

5）输气管道及软管不应泄漏、老化或腐蚀。

（11）砂轮机

1）安装地点

①单台设备可安装在人员较少的地方，且在靠近人员方向设置防护网；多台设备应安装在专用的砂轮机房内。

②有腐蚀性气体，易燃易爆场所以及精密机床的上风侧不应安装砂轮机。

③确保操作者在砂轮两侧有足够的作业空间。

2）砂轮机防护罩的强度、开口角度及与砂轮之间的间隙应符合 GB 4674 的相关规定。

3）挡屑板应有足够的强度且可调，与砂轮圆周表面的间隙应小于或等于 6 mm。

4）砂轮应无裂纹、无破损；禁止使用受潮、受冻、超过使用期的砂轮。

5）托架应有足够的面积和强度，并安装牢固，托架应根据砂轮磨损及时调整，其与砂轮的间隙应小于或等于 3 mm。

6）法兰盘的直径大小、强度及砂轮与法兰盘之间的软垫应符合 GB 4674 的相关要求。

7）砂轮机运行应平稳可靠，砂轮磨损量不应超过 GB 4674 的相关规定。

8）PE 线应连接可靠，线径截面积及安装方法符合本标准相关规定；工作面照度应大于或等于 300 lx。

（12）射线探伤设备

1）安全管理应符合以下规定：

①工作许可登记证、定期检测报告、个人辐射量监测检验报告、个人健康档案等资料、记录应齐全、有效。

②相关工作人员应持有“放射工作人员证”。

③从事放射工作的人员（操作人员、检修人员、试验人员）进入工业探伤辐射工作场所时，应佩戴报警式剂量计。

④建立完善有效的安全防护管理规章制度、事故应急措施和安全操作规程。

2）探伤室的门、窗、电缆沟、铅板等防辐射措施完好，X 射线探伤室屏蔽墙外 30 cm 处空气比释动能率应小于 2.5 $\mu Gy \cdot h^{-1}$。控制室应配置监视屏。

3）各种报警、信号、通信及警示标志应完好、灵敏、准确、及时；照射室的闭锁或门机联锁装置应可靠。

4）PE 线应连接可靠，线径截面积及安装方法符合本标准相关规定。

5）被检测物应放置牢固，且不影响探伤设备的运行、操作。

6）移动式或携带式 X 射线装置，控制器与 X 射线管头或高压发生器的连接电缆不得短于 20 m；并应将作业时被检物体周围的空气比释动能率大于 15 $\mu Gy \cdot h^{-1}$的范围内划定为控制区，工作人员应在控制区边界外作业，所有人员严禁进入控制区内。

（13）自有专用机械设备

1）企业应建立专用机械设备台账，并保存以下内容的档案资料：

①完整的设计、审批的相关资料。

②出厂技术资料、安装使用说明书。

③验收资料和相应的检测、试验报告。

④其他技术资料。

2）企业应编制每种专用机械设备的安全技术操作规程或工艺安全技术作业指导书。

3）企业应对专用机械设备进行了风险分析和评价，并制定了安全标准化考评表，其考评项目应包括以下内容（无此内容除外）：

①各运动部位的限位装置应灵敏、可靠，并与动力机构联锁。信号警示装置应可靠。

②距操作者站立面 2 m 以下设备外露的旋转部件均应设置齐全、可靠的防护罩或防护网。

③电气设备的绝缘、屏护、间距，以及 PE 线应符合相关规定。

④压力容器、压力管道、起重机械应按照规定进行注册登记，并应定期检验，且符合相关规定。

⑤使用危险化学品、油类及产生有机粉尘、可燃蒸气、气雾场所的电气设备及通风应符合防爆要求。

⑥使用天然气、人工煤气、液化气、煤粉做燃料时，其点火保护和熄火保护应灵敏、可靠。

⑦登高梯台应符合相关规定。

⑧其他安全防护装置和安全技术要点等。

4）企业制定的专用机械设备安全标准化考评内容应满足行业安全生产法规、标准的要求。

5）企业应按照专用机械设备安全标准化考评表进行了自评，并保存自评记录。

（14）锻造机械

1）锤头部件

①锤头安装应坚固，无松动，凡使用销、楔处不得设有垫片。

②固定用的销、楔应无松动，且突出部分应小于 15 mm。

③锤缸的顶部应设有可靠的锤杆缓冲装置。

④锤头应无裂纹、无破损。

⑤螺旋传动机应设置可靠的缓冲装置。

2）砧座应位于基础的中心，上、下砧应对正，其平行度应小于 1/300；使用销、楔处不得设有垫片。

3）操纵机构

①操纵手柄、踏杆、按钮、制动器手（脚）柄（杆）应灵活、完好；制动器应可靠。

②应设有防止设备意外误动作的装置；踏杆上应设有防护罩；按钮应标识清晰、动作准确。

4）运动部件

①电动机的连接部位不得松动。

②摩擦盘、飞轮、导轨压条等部位的紧固件不得松动，且设有防止运动件脱落或误

操作的装置。

③运动部件应标明其运动方向，单向旋转的零部件应有转向的指示标识。

5）安全防护装置

①限位器、紧急制动器、溢流阀、安全阀、保险杠等安全装置应齐全、有效。

②凡距操作者站立面 2 m 以下设备外露的旋转部件均应设置齐全、可靠的防护罩或防护网，其安全距离应符合 GB 23821 的相关规定。

③检修平台应符合本标准的相关规定。

④在设备维修或模具进行调整时，应设置防止工作部件意外移动的保险装置或能量锁定装置，且应与动力回路联锁。

6）附属的气瓶、储气罐等储能装置应符合本标准相关规定。

7）操作机、夹钳、剁刀等设备或工具，受力部位应无裂纹，受打击部位的硬度不应高于 30HRC。

8）设备基础应牢固、可靠，其结合面应紧密，且应采取减震措施；周边留足够的操作空间。

9）电气设备的绝缘、屏护、防护间距应符合 GB 5226.1 的相关规定；PE 线应连接可靠，线径截面积及安装方法符合本标准相关规定。

（15）铸造机械

1）设备结构应有足够的强度、刚度及稳定性，基础应坚实；工业梯台应符合本标准的相关规定。

2）管路

①管路应有良好的密封性能，无漏油、漏气、漏水。

②连接软管应耐油，无老化；并不得靠近热源，且能避免重物挤压。

③气动系统中的废气排放不得将灰尘、沙粒等吹向操作者和工作台面。

3）安全防护装置

①设备外露旋转、冲压部件的防护罩除应具备防护功能外，还应具有防止粉尘或有害气体扩散的功能。防护罩应牢固、可靠，安全距离应符合 GB 23821 的相关规定。

②可拆卸的安全防护装置应与动力回路联锁，且应灵敏、可靠。

③设备检修时，应设置明显的安全标识或能量锁定装置。

4）控制系统

①控制系统的设置应便于操作和维修；仪表、指示灯、操作按钮均应标识准确、清晰，动作灵敏可靠。

②控制和操作的转换开关应安装在闭锁的柜（箱）中。

③生产线的控制台、操作岗位和适当间距位置（一般不宜超过 20 m）应设置急停装置，且手动复位；停线或急停时应有明显的声光报警信号。

④两个或两个以上操作者共同操作的设备，应对每个操作者配置双手控制装置，其安装、使用应符合 GB/T 19671 的相关规定。

⑤夹紧装置的泄压联锁装置应灵敏、可靠。

5）凡产生尘毒危害的设备应配置防尘、防毒设施，并确保其完好、有效；防尘、防毒设施应与动力回路联锁。

6）电气设备的绝缘、屏护、防护间距应符合 GB 5226.1 的相关规定；PE 线应连接可靠，线径截面积及安装方法符合本标准相关规定。

7）压铸机、制芯机、混砂机、抛（喷）丸机除符合上述规定外，还应符合以下规定。

压铸机：

①模具区域应采用可移动保护装置，以避免运动引起的伤害。

②合型机构应配置移动式保护装置，该装置应通过两个机械限位开关与控制系统相耦合。

③防护装置应与控制系统联锁，在防护装置未进入正确位置时，压铸机不能启动合型动作。

④附属的气瓶、储气罐等储能装置应符合本标准的相关规定。

制芯机：

①芯盒加热棒应长短适中，线头连接整洁，且安全可靠。

②夹紧或合模闭锁装置应设有能保证被夹工装完全关闭密合后才能执行下一操作程序的联锁装置或控制装置。

混砂机：

①防护罩应有足够的强度，检修门应与动力回路联锁，且灵敏、可靠。

②应设置专用取样门，其开口大小能确保手不得伸入混砂机内。

抛（喷）丸机：

①凡可能发生钢丸外喷的危险工作区应设置安全隔离区或保护屏，门应与动力回路联锁。

②高速旋转的零部件应进行静平衡或动平衡检验，并符合产品安全的规定。

③喷丸控制开关应牢固地安装在喷丸软管或喷枪上，其电压为安全电压。

（16）铸造熔炼炉

1）炉体及其附属设施

电弧炉应符合：

①炉壳、炉盖、炉衬、出钢槽、炉门等应完好、牢固。

②炉体、热绝缘炉衬应完整，且无破损。

③炉盖提升、旋转机构和电极升降机构应灵活可靠，限位装置灵敏、可靠。

④倾炉限制器、炉顶限制器、炉体的桥架限位开关应灵敏可靠。

⑤水冷系统无泄漏、无堵塞。

冲天炉应符合：

①炉底及其支撑装置应牢固可靠。

②炉体、热绝缘炉衬应完整，且无破损。

③修炉时应配置防物料坠落的装置。

④加料平台要比加料口低 1.5 m，平台结构应符合本标准的相关规定，并能耐高温腐蚀，且防滑，平台不得存放杂物。

⑤送风系统应完整、有效。

感应炉应符合：

①炉盖、感应器、坩埚、炉架等部件应齐全完整。

②敞开的上料口低于操作面 700 mm 以下时，周围应设置防护栏。

③传动装置应灵敏可靠。

④水冷系统应保持畅通，无堵塞、无泄漏。

2）升降及起吊装置

①金属结构件应牢固，并能承受高温作业环境。

②应设置可靠的限位装置，且与动力回路联锁。

③钢丝绳应符合本标准的相关规定，并能承受高温作业环境。

3）浇包及浇注机

①金属结构件应牢固可靠，无锈蚀，连接部位应转动灵活。

②机械式浇包和浇注机的行走机构和升降器应确保浇包灵活移动或升降，并配有两套可靠的制动装置。轨道终端设置的限位装置应灵敏、可靠。

③安全保险装置应齐全、可靠，并能满足强度和刚性的要求。

4）炉坑

①炉底、炉坑及周边严禁积油、积水。

②炉坑周边应设置护栏或防护盖板，护栏及防护盖板应满足强度和刚性的要求，且防滑。

5）安全防护装置

①安全防护罩或网、保险装置、信号装置、安全标识应齐全、完好。

②凡距操作者站立面 2 m 以下的设备外露旋转部件均应设置齐全、可靠的防护罩，安全距离应符合 GB 23821 的相关规定。

6）各种仪器仪表、指示信号、操作开关等应配置齐全，并清晰、灵敏、可靠。

7）凡产生尘毒危害的设备应配置防尘、防毒设施，并确保其完好、有效；防尘、防毒设备设施应与动力回路联锁；且无二次污染。

8）PE 线应连接可靠，线径截面积及安装方法符合本标准相关规定。

（17）工业炉窑

1）炉门及其附属设施

①炉门升降机构应完好，外露传动部分应设置防护罩。

②水冷却炉门的管道应保持畅通，不泄漏；并设有防冻措施；出水管路上严禁安装阀门。

③炉门应设置上下限位装置，并确保进出炉时切断电源。

④凡距操作者站立面 2 m 以下设备外露的旋转部件均应设置齐全、可靠的防护罩或防护网，安全距离应符合 GB 23821 的相关规定。

⑤炉门、移动的炉底、加热电源均应设置联锁装置，且运行可靠。

2）炉窑上使用的钢丝绳、滑轮应完好，并符合本标准相关规定。

3）炉体金属结构件应完整、牢固，无腐蚀或破损；耐火材料应能承受高温、腐蚀、摩擦和化学侵蚀，砌体的墙面、窑顶和底部应保持完整，无破损。

4）电气设备的绝缘、屏护、防护间距应符合 GB 5226.1 的相关规定；PE 线应连接可靠，线径截面积及安装方法符合本标准的相关规定。

5）燃气炉、燃油炉、盐浴炉、箱式电阻炉、气体渗碳炉除符合上述通用规定外，还应符合以下规定：

①燃气炉气阀应完好，无松动、无泄漏，燃烧器运行正常。在火焰熄灭时能迅速切断燃料供给并报警，烟道应安装防爆门。

②燃油炉油管、风管及加热器应无裂纹、无泄漏，并确保油压（量）及风压（量）相匹配。

③盐浴炉测温仪表、仪器应灵敏可靠、指示正确，并在检验周期内使用；高温盐浴炉应设置排风装置。

④箱式电阻炉测温仪表、仪器应灵敏可靠、指示正确，并在检验周期内使用；电阻丝应完好、无断裂。

⑤气体渗碳炉炉盖升降机构应灵敏，风扇转动平稳；冷却水管、输油管道应畅通、无渗漏；排气管、漏油器应畅通；氨气瓶严禁靠近热源、电源或在强日光下曝晒。现场应配置防止意外事故的氧气呼吸器。

（18）酸、碱、油槽及电镀槽

1）槽体

①槽体应有足够的强度和刚度。

②槽体应无裂纹、变形、渗漏。

③电镀槽及其衬里的材料应耐腐蚀、耐高温。

④带衬里的钢槽应设置检漏装置，防止衬里损坏后导致槽液腐蚀槽体。

2）导电杆应能满足电镀所需的电流和承受的重量，且便于清洗铜排；导电座与槽体之间、槽体与地面之间都应设有可靠的绝缘层。

3）槽体应高于操作者站立面 700 mm 以上，当低于 700 mm 时，应设置防护栏，防护栏应符合本标准的相关规定。

4）产生有毒有害气体的槽体周边应设置通风装置，并确保吸风口处的风速为 7～10 m/s。

5）排水管道应根据排放液体的化学性质和温度选择合适的材质，且不得腐蚀、变形。

6）电气设备的绝缘、屏护、防护间距应符合 GB 5226.1 的相关规定；PE 线应连接可靠，线径截面积及安装方法符合本标准的相关规定；用石英玻璃管加热时应有保护措施。

7）作业现场应配置可清洗面部的应急处理装置，该装置应定期维护、检修，确保灵敏、可靠。

（19）职业病防护设施和环保设施

1）系统中各级净化（处理）设备的净化（处理）效率应大于该设备设计参数的90%。

2）系统中各设备及其部件应齐全、完好，无腐蚀；各种管道上的闸板、阀门应灵活、可靠，连接处无泄漏。

3）凡距操作者站立面 2 m 以下设备外露的旋转部件均应设置齐全、可靠的防护罩或防护网，其安全距离应符合 GB 23821 的相关规定；池、沟应设有防护栏、盖板，并设有明显的安全标识。

4）系统结构件应有足够的强度、刚度及稳定性，基础应坚实；工业梯台应符合本标准的相关规定。

5）电气设备的绝缘、屏护、防护间距应符合 GB 5226.1 的相关规定；PE 线应连接可靠，线径截面积及安装方法符合本标准的相关规定。

6）系统内附属的压力容器应符合本标准相关规定。

7）除尘、废气净化系统和废水处理系统除符合上述通用规定外，还应符合以下规定。

除尘、废气净化系统：

①吸尘罩（吸气罩）布置应合理，其金属结构件应完整、无腐蚀，表面油漆无脱落。

②净化设施的尾部处理不应产生二次污染；除尘器的清灰系统应运行正常。

③静电除尘器的检修门应密封良好，并与动力回路联锁，其漏风率应小于 5%。

④易产生爆炸危险的废气净化系统应设置防爆装置，且应完好、可靠。

废水处理系统的安全规定为：

①净化池应定期清理，沉淀物沉积高度不大于池深的 10%。

②污水处理剂等化学品应摆放整齐，无泄漏。

③污泥应定期排至指定地点存放或处置。

(20) 中央空调系统（略）

(21) 炊事机械等（略）

4. 作业环境与职业健康的基本要求

(1) 厂区环境

1）厂区布局

①功能分区及各作业区域布局合理。

②卫生防护距离符合相关标准的规定。

③洁净度要求高的生产车间（建筑物）、产生粉尘（有害气体或高噪声）的生产车间（堆场）、受雨水冲刷的地段等非作业区应进行绿化。

④各建筑物之间的防火间距，以及各建筑物与各种动力管线、道路、铁路的安全距离应符合 GB 50016 的相关规定。

⑤出入口不宜少于两个，主要人流入口与主要物流入口应分开设置。

⑥实现了定置管理。

2）厂区道路

①人流、物流道路应分开布置，且有明显的人、车分隔线。

②主干道、单向道及人行道宽度均应符合 GBJ 22 的相关规定，且主干道为环形，

单向道在尽头应设置回车场。

③路基应牢固，路面应平坦。

④排水管网应畅通，路面无积水、无积油。

⑤厂区大门、车间出入口及危险路段应设有限速标牌和警示标牌，交通视线盲区应设置反光镜。

⑥铁路与道路平交道口，应设置警示灯、警示标志、路段标线或者安全防护设施。

3）厂区主干道无占道物品。

4）厂区照明布局合理，厂区主干道和安全通道的照度均不低于 30 lx。且照明灯具完好、有效。

5）消防设施

①明显位置设有应急疏散图，疏散通道和区域应符合应急响应的需要。

②室外消火栓的间距应小于 120.0 m，保护半径应小于 150.0 m。且有明显标志，周边 1 m 范围内无障碍物。

③消防水池、消防砂池、灭火器等应配置齐全，且有效。

④消防设施、重要防火部位均设有明显的消防安全标志，且符合 GB 13495 的相关规定。

（2）工业建筑物

1）企业应根据各建筑物的使用特点和火灾危险性，确定其耐火等级。各类建筑物的竣工资料（含后续补充的）应齐全，耐火等级的评定资料应完整。

2）各建筑物实际耐火等级、限制层数和最大允许面积均与其使用特点和火灾危险性相适宜，且有明显标识。

3）各建筑物依据其使用特点和耐火等级所设置的防火墙、防火门、泄压面积等均应符合 GB 50016 的相关规定。

甲、乙、丙类厂房和仓库的安全疏散门不应少于两个，并有明显的安全标识。

4）企业应提供危险建筑物鉴定结论或报告，鉴定结论或报告应有鉴定部门责任人签字，并建立档案。

5）企业应根据危险建筑物的鉴定结论，采取相应的安全措施，并有明显的标识。

（3）车间环境

1）作业区域的布局

①制定合理、规范的定置图，且实现了定置管理。

②产生相同职业性危害因素的作业相对集中，且与其他作业区域分开。

③员工休息间、会议室等聚集场所应与作业区域隔离，疏散通道保持畅通。

④锻造、金属热处理、涂装、冲压、木工等有特殊要求的车间均应符合相关标准的规定。

2）车间通道

①车行道宽度应大于 3.5 m，专供叉车通行的单行道应大于 2 m。人行安全通道宽度宜大于 0.8 m，分隔线应清晰、准确。

②车行道、人行道上方的悬挂物应牢固可靠；当人行道上方有移动物体时，应设置

安全防护网。当人行道的边缘至准轨铁路中心线的距离小于 3.75 m 时，或处于危险地段的人行道，应设置防护栏杆，并有警示标识。

③路面应平坦，无积油、无积水、无绊脚物。

④排水管网畅通。

⑤主干道及人行安全通道无占道物品。

3）设备设施、动力管线的布局

①设备设施之间、设备设施与墙（柱）间的距离应符合相关标准的规定，或采取安全隔离。

②各种动力管线的安全距离应符合 GB 50016 的规定。

③各种操作部件的安装高度：经常使用的为 0.5～1.7 m；不经常使用的为 0.3～1.9 m。指示器的安装高度：经常观察的为 0.7～1.7 m；不经常观察的为 0.3～2.5 m。

4）各种工位器具、料箱应设计合理，结构牢固，无脱焊、凹陷、腐蚀等缺陷。现场摆放整齐、平稳，高度合适，沿人行通道两边无突出物品或锐边物品。

5）作业区域的地面状况

①地面平整，无障碍物和绊脚物，坑、壕、池应设置盖板或护栏。

②地面无积水、无积油、无垃圾杂物。

③操作工位的脚踏板应完好、牢固，且防滑。

6）车间内生产作业点、工作台面和安全通道照度应符合 GB 50034 的相关规定，且照明灯具完好、有效。采光系数和天然光临界照度宜符合 GB 50033 的相关规定。安全通道应配备应急照明灯。

7）消防和应急物资

①应在明显位置悬挂应急疏散图，应急疏散通道和区域满足应急响应的需要。

②作业场所灭火器的配置应符合 GB 50140 的相关规定，灭火器、室内消火栓等消防器材摆放合理，标识明显，周边 1 m 范围内无障碍物，且在有效期内。

③消防重点车间或部位应按照规定设置自动报警灭火装置，该装置应灵敏、可靠。

④可能产生急性职业损伤的作业场所应配置现场急救物资和用品。

8）职业性危害因素

①产生职业性危害因素的作业场所应设有与其相适应的职业病防护设施和控制措施，并完好、有效。

②职业性危害因素的强度或浓度应符合 GBZ 2.1、GBZ 2.2 的规定限值。

③根据车间的卫生特征，浴室、更/存衣室、盥洗室的设置应符合 GBZ 1 的相关规定。

④辐射装置、工业探伤等使用强辐射源的工作场所均设置安全联锁和超剂量报警装置，且完好、可靠。

9）安全、消防及警示标志

①危险部位均设有相应的安全标志，并应符合 GB 2894 的相关规定。

②消防设施、重要防火部位均设有明显的消防安全标志，并应符合 GB 13495 的相关规定。

③职业危害因素发生源现场应设有明显的警示标志，并符合 GBZ 158 的相关规定。

10）危险化学品的使用现场

①使用现场应有良好的自然通风，狭窄作业场所应设置机械通风；使用现场危险化学品的存放量不应超过当班使用量。

②使用现场应根据其存放或使用物品的特性采取相应等级的防爆电器；使用场所的设备、工艺管道应设置导除静电的接地装置。

③使用现场与高温区、明火产生点的间距应大于 30 m，如有可靠的抽风装置时应大于 6 m。

④酸、碱、毒物使用现场应设置清洗、稀释用的水源和冲洗设施。氯气、氨气使用点应设置处理泄漏用的水池和喷淋水源。

⑤危险化学品的废弃物和包装容器应统一回收、统一处理。

（4）仓库

1）通道

①库内车行道宽度不应小于 3.5 m，专供叉车通行的单行道应大于 2 m。人行安全通道宽度不宜小于 0.8 m，分隔线清晰。

②车行道、人行道上方的悬挂物应牢固可靠；当人行道上方有移动物体时，应设置安全防护网。当人行道的边缘至准轨铁路中心线的距离小于 3.75 m 时，或处于危险地段的人行道，应设置防护栏杆，并设有警示标识。

③路面平坦，无积油积水，无绊脚物。

④排水管网应畅通。

⑤主干道及人行安全通道无占道。

2）仓库内作业点、储存区和安全通道照度均应符合 GB 50034 的相关规定，且照明灯具完好、有效。采光系数和天然光临界照度宜符合 GB 50033 的相关规定。安全通道应配备应急照明灯。

3）消防及应急物资

①应在明显位置设置应急疏散图，应急疏散通道和区域应满足应急响应的需要。

②灭火器的配置应符合 GB 50140 的相关规定，灭火器、室内消火栓等消防器材摆放合理，标识明显，周边 1 m 范围内无障碍物，且在有效期内。

③重点仓库或部位应按照规定设置自动报警灭火装置，该装置应灵敏、可靠。

④可能产生急性职业性危害因素的作业场所应配置现场急救物资和用品。

⑤消防设施、重要防火部位应设有明显的消防安全标志，并应符合 GB 13495 的相关规定。

⑥仓库内不应设有临时电气线路，其他电气线路、动力（照明）配电箱（柜、板）及电器设施均应符合本标准的规定。

4）室内仓库物品的存储。室内仓库应根据作业特点和储存物品的特性，实现分区、分类储存，并应符合下列要求：

①物品储存实现定置管理。定置图齐全，储存物品的数量和区域均应符合定置图的规定。

②储存物品的堆放牢固、合理，便于移动，无超高堆垛。

③储存物品堆垛之间，以及堆垛与墙、梁、柱之间均留有 0.75 m 的安全距离。

④作业区域和各安全要害部位应按 GB 2894 的要求设置安全标志。各运输通道及铁路专用线的道口均设置安全警示信号、声响装置和安全装置。

5）露天仓库物品的存储。露天仓库应根据作业特点和储存物品的特性，实现分区、分类储存，并应符合下列要求：

①物品储存实现定置管理。定置图齐全，储存物品的数量和区域均符合定置图的规定。

②储存物品的堆放牢固、合理，便于移动，无超高堆垛。

③储存物品堆垛之间应留有 0.50 m 的安全距离。

④粉粒状物品应有防吹散设施。

⑤可能造成对土壤、水体污染的储存物质的地面应铺设成防流失、防渗漏的地面，且应设有废水处理装置。

⑥作业区域和各安全要害部位应按 GB 2894 的要求设置安全标志。各运输通道及铁路专用线的道口均设置安全警示信号、声响装置和安全装置。

6）木材仓库物品的存储。木材仓库内应根据作业特点和木材、制品的特性，实现分区、分类储存，并应符合下列要求：

①木材、制品储存实现定置管理。定置图齐全，储存木材、制品的数量和区域均符合定置图的规定。

②木料堆垛应整齐、稳实、无晃动，圆木应有防止自行滚动的措施。

③分堆存放时，堆垛间距离一般不少于 1.5 m，机械装卸时堆放高度不大于 5 m，人工装卸时堆放高度不大于 2 m。

④木制品仓库的木料、半成品、成品应分垛存放，设架存放时，高度不宜超过2 m。

⑤库内不得堆放易燃物资及锯末、刨花、木屑等物质，且保持干燥，通风良好。

⑥库内的电气设施应符合 GB 50058 的相关规定。

⑦所有出（入）口处应有醒目的防火警示标志，作业区域和各安全要害部位应按 GB 2894 的要求设置安全标志。

（5）作业场所职业性危害因素的管理和监测

1）企业应定期对作业场所的职业性危害因素进行识别，确定其监测代表点，并建立定点台账。

2）企业应按规定进行职业危害申报，其主要内容为：

①企业的基本情况。

②产生职业危害因素的生产技术、工艺和材料的情况。

③作业场所职业危害因素的种类、浓度和强度的情况。

④作业场所接触职业危害因素的人数及分布情况。

⑤职业危害防护设施及个人防护用品的配备情况。

⑥对接触职业危害因素从业人员的管理情况。

⑦法律、法规和规章规定的其他资料。

3）存在职业性危害因素的企业应当设有专人负责作业场所职业性危害因素日常监测，保证监测系统处于正常工作状态。监测的结果应当及时向从业人员公布。

4）存在职业性危害因素的企业应当委托具有相应资质的技术服务机构，每年至少应进行一次职业性危害因素监测，每三年至少应进行一次职业性危害现状评价。

定期监测、评价结果应当存入本单位的职业危害防治档案，向从业人员公布，并向所在地安全生产监督管理部门报告。

5）职业性危害因素监测达标率应为80％。

（6）职业健康监护

1）企业应对接触职业性危害因素人员进行上岗前、在岗期间和离岗时的职业健康检查，并应符合下列要求：

①所有接触职业性危害因素人员均进行了职业健康检查。

②职业健康检查的项目和周期应符合相关法规要求。

③对遭受或可能遭受急性职业病危害的人员均得到及时健康检查和医学观察。

2）企业应为劳动者建立职业健康监护档案，并按照有关规定妥善保存。职业健康监护档案应包括：劳动者的基本情况；职业史、既往病史和职业病危害接触史；历次职业健康检查结果及处理情况；职业病诊疗资料及需要存入职业健康监护档案的其他有关资料。

从业人员离开企业时，企业应当如实、无偿提供健康档案，并在所提供的复印件上签章。

3）企业不得安排有职业禁忌的员工从事其所禁忌的作业；不得安排未成年工从事接触职业性危害因素的作业；不得安排孕期、哺乳期的女职工从事对本人和胎儿、婴儿有危害的作业。

4）企业应建立职业健康管理档案。职业健康管理档案资料应当包括下列内容：

①工作场所职业病危害因素种类清单以及作业人员接触情况等资料。

②工作场所职业病危害因素检测结果、评价报告。

③职业健康检查结果汇总资料与评价报告。

④职业病危害事故报告与应急处置记录。

⑤对存在职业禁忌证、职业健康损害或者职业病的劳动者处理和安置情况记录。

⑥其他有关职业卫生管理的资料或者文件。

（7）群众监督和告知

1）企业应定期向工会通报职业性危害因素控制情况，听取从业人员及其代表的意见，改进企业的职业健康相关工作。

2）企业与从业人员签订（或变更）劳动合同时，应将其工作过程中可能产生的职业性危害因素及其后果、职业危害防护措施和待遇等如实告知从业人员，并在劳动合同中写明，不得隐瞒或欺骗。

3）应根据其职业性危害因素的污染情况，在醒目位置设置公告栏，公布有关职业危害防治的规章制度、操作规程、事故应急处理措施和职业性危害因素监测结果。

对产生严重职业性危害因素的物质，应当具有中文说明书，并在其作业岗位的醒目位置设置警示标识和中文警示说明。

(8) 职业病管理

1) 企业应设置职业健康管理机构，配备人员，负责本单位的职业病防治工作；并建立和保存台账。

2) 企业应安排从业人员（或疑似职业病人）进行职业病的诊断、鉴定，并如实提供职业病诊断、鉴定所需要的资料。企业应当按照国家有关规定，安排职业病病人进行治疗、康复和定期检查。

3) 职业病诊断应由具有资质的医疗卫生机构承担。企业发现职业病病人或者疑似职业病病人时，应当及时向所在地卫生行政部门和安全生产监督管理部门报告。确诊为职业病的，企业还应当向所在地劳动保障行政部门报告。

4) 企业应当保障职业病病人依法享受国家规定的职业病待遇。对不适宜继续从事原工作的职业病病人，应当调离原岗位，并妥善安置。

第二节　企业人员作业安全规范要求

经过几十年的发展，我国正在成为世界制造大国。机械制造涉及范围广泛，从业人员比较多，在机械制造生产过程中，需要使用大量各种机械设备，机械设备在给生产带来高效、快捷、便利的同时，也带来了危险与有害因素，安全管理不善就会导致事故的发生。因此，要加强对从业人员的安全教育，提高人员安全意识和安全技能，要求从业人员遵章守纪，按照规范要求进行操作。

一、机械制造企业生产现场的安全管理措施

机械制造企业生产现场，是指从事产品制造、装配、试验和提供生产服务的场所，即操作者通过使用工具，作用于生产对象，完成一定生产任务的场所。生产现场也是事故隐患产生的场所。生产现场安全管理就是运用科学的理论、方法和手段，对生产现场的人（操作者）、机（机械设备）、物（物料）、法（操作法）、环（环境）等因素进行合理配置，通过控制和消除物的不安全状态与人的不安全行为，保证现场按预定的目标实现安全生产。

现场管理是企业管理的重要内容，是企业安全生产工作的中心环节，必须认真做好现场的安全管理工作，避免和减少各类事故的发生。为了做好现场安全管理工作，天津长芦海晶集团公司一直把现场安全管理工作摆在首位，并从实际出发，积极学习和引进先进的管理经验，逐渐形成了一套比较系统的现场安全管理方法，概括为“一岗，二法，三防护，四文明”管理方法，经过多年的实际应用取得了较好的效果。

1. “一岗”

“一岗”即岗位责任制，包括以下六个方面的内容：

(1) 岗位职责

生产岗位上的原材料、机器设备、防护装置、工具用品、环保设施、技术操作、安

全检查、卫生整理、设备维护等管理责任，落实到人，做到事事有人管，人人有专责。

（2）交接班制

生产进度、设备工具、原材料、安全状况、卫生清扫、领导交办事项等都要对口交接，各种记录、账卡齐全，记录完整、准确、清楚。交接班必须正规、严肃、认真，做到嘴说到、耳听到、眼看到，交接双方确认后签字。

（3）岗位检查制

建立安全自检、互检和专检制度，严格执行班组安全管理标准，岗位自检由操作人员负责，班组安全控制点由班组长和安全员负责，车间安全控制点由车间安全员和车间领导负责。检查项目、标准、时间、路线、记录、签字都要规范化、制度化、标准化，对重大事故隐患要详细记录及时报告。特别是对安全控制点即危险源，依其危险程度，要分层次按专业进行有效管理。

（4）复检制

即对重要和危险的操作，如配料、称重、投料、重要阀门启闭、特种作业的操作要点等，都应由班组安全员进行复验，确认无误后方可操作，这样可以提高操作的准确性和安全性，避免人的失误。

（5）岗位制度系统化

一般包括岗位“安全通则”“生产区域禁止行为”“防护用品穿戴与使用规定”“急救药品、器材的配备规定”“安全防护装置管理”“环境卫生标准”等内容。

（6）原始记录规范化

原始记录包括操作技术记录、交接班记录、班组安全活动记录及有关账卡的登记等。原始记录是生产写实和事故写实，所以要求所有原始记录，都应当用规范的格式和标准化的用语及时、清楚、准确地填写。

2. “二法”

“二法”是指岗位安全操作法（即安全技术操作规程）和设备使用维护保养法。这两法是企业管理者要求操作人员正确使用和养护机械设备、规范地进行生产活动的重要法规。制定“二法”时，要把安全操作和工艺技术操作有机地结合起来，其目的在于确保安全生产的正常进行，为此，应当抓好以下两项工作：

（1）认真做好“二法”的学习和培训

每个工人都要熟练掌握本岗位的安全操作规范和设备使用、维护、保养方法，特别是危险作业岗位，要严格进行笔试和实际操作考核，合格者发给操作证，方可上岗。经常性地进行岗位操作和安全技术练兵活动，提高操作技能和预防事故的能力。

（2）积极开展岗位操作标准化、规范化的研究并大力推广

开展群众性的岗位操作标准化、规范化研究是一项非常有意义的工作，是预防事故的有效方法。有了合理的标准程序和规范化操作，并反复进行训练和学习，就可以消除习惯性违章现象，消除工艺规程中的不安全因素，从而进一步为安全生产提供保障。

3. “三防护”

“三防护”是指在生产过程中的自我防护、设备防护和环境防护。

（1）自我防护

在工艺设备的本质安全性较差的情况下，强调操作者加强自我防护有很重要的现实意义。自我防护包括两个方面的内容，一是做好安全教育和安全培训，提高操作人员的安全素质，增强自我保护意识；二是合理配备并按规定使用好防护用品用具，做好自我防护。

（2）设备防护

机械设备是生产现场的基本组成部分和完成生产计划的主要工具，也是引发工伤事故的重要因素之一。以引发事故的能量形态论，大致分为机械能、化学能、电能、热能和放射能五类。为此，应从这五个方面采取防护措施。

1）机械能伤害防护。引起机械伤害的原因有很多种，为预防机械伤害常采取的措施有：安装防护栏和安全罩，使操作者和运动危险部件隔离；采用双手操作按钮或联锁按钮、拨手装置、自动送料装置、急停按钮；安装危险预先自动报警装置或实施远距离操纵和自动控制等。

2）化学能伤害防护。化学能伤害一般分为急性伤害和慢性伤害，采取的防护措施是：用低危害或无危害原料代替高危害原料；采用防毒、防尘、防灼烫装置或用具；消除和控制易燃易爆物燃烧爆炸条件；控制危险物质的使用量或存放量；采用远距离操纵或自动控制等。

3）电能伤害防护。触电伤害分为电击和电伤，生产现场采用的防触电的基本方法有以下几种：一是人与电隔离，如设防护罩、有联锁装置的防护栏、主电路外设安全电路微波遥控等；二是控制通过人体的电流在安全值以下，如提高接触电阻、降低电路电压、绝缘、远距离操纵、保护接地（零）、保护切断等；三是采取符合防火防爆要求结构的电气设备，如耐压防爆结构、内压防爆结构、油浸防爆结构、特殊安全防爆结构等。

4）热能伤害防护。热能引发伤害事故有三种：一是直接热能伤害；二是以可燃物作媒介扩展伤害；三是热能以高压过热蒸汽的形态转变为机械能伤害。可以用隔热屏障、加强危险品和火源管理、增设防火防爆和消防设施的方法，防止人与热熔物或热反应喷出物接触及热能扩展伤害。对第三种伤害可以采取增设安全阀或设计自动控制等方法，并且严格按照操作规程进行操作，避免意外事故的发生。

5）放射能伤害防护。放射源、射线会给人带来伤害，一般采取以下安全防护措施：替代、屏蔽、隔离、控制接触时间、通风和个体防护等。

（3）环境防护

为保护作业人员的安全和健康，必须做好生产现场的环境防护，一般应当注意做好以下工作：作业现场中的各种沟、池、孔、槽等，应配置安全盖、护栏和网，梯台、坡面、踏板应有防滑措施；生产技术装备、原料、半成品、成品、废品等，摆放应井然有序，布置合理，划出禁行区、物料存放区、人行通道，并设置安全标志；温度、湿度应适宜；作业现场要有良好的照明；控制作业现场的噪声及有害气体、粉尘的浓度等。

另外，对于特种作业岗位和存在危险源的作业岗位，以及危险化学品作业岗位，除做好以上防护外，还应当按国家、行业的有关要求做好各项特殊防护，并且按照规定要求制定事故应急救援预案，配备必要的救援器材和应急药品，并定期进行演练。

4. “四文明”

“四文明”即文明生产、文明施工、文明作业、文明礼貌，强调“以人为本”。社会主义物质文明和精神文明建设要体现在企业的生产现场，“四文明”应当成为企业现场安全管理的重要组成部分，成为安全文化的源泉。

总而言之，企业的生产现场是一个输入大量能量的诸多复杂因素交织在一起的复杂系统，一旦发生能量失控和人、机、物、法、环五因素失调，就可能造成人身伤亡和设备损坏事故，所以，生产现场是企业各项管理的汇交点和落脚点，是企业工伤事故的起源点，是集中表现企业安全工作水平的舞台。各企业都应当积极探索适合本企业的、行之有效的现场安全管理方法，以最大限度地避免和减少意外事故的发生，保障企业安全生产工作的正常进行。

二、机械制造企业通用安全操作要求与规范

1. 员工通用安全操作要求

为规范员工的安全生产操作行为，预防因人为因素导致的各类事故发生，保障员工在工作过程中的安全和健康，依据我国有关安全生产的法律法规、制度、标准，一些企业结合本企业的实际情况，制定了员工通用安全技术操作规程。

通用安全技术操作规程主要内容为：

(1) 所有人员必须认真执行国家有关安全生产、劳动保护的政策、法令与规定。严格遵守本企业的各项安全规章、制度、标准和安全技术操作规程。

(2) 在生产和工作过程中，遇有严重危及人身安全或有可能发生其他重大事故的情况，必须立即停止操作，采取应急措施（报警、施救、避险）并及时报告领导处理。

(3) 企业新聘用的员工和来公司学习、实习的人员，必须经过三级安全教育方可上岗。

(4) 特种作业人员、特种设备作业人员必须经国家相关主管部门组织专业培训并考试合格，取得特殊工种操作证，持证操作。

(5) 兼任工种必须由用人单位按程序申报，经人事部门核准备案后，方可从事兼任工种作业。严禁超出工种范围使用设备（含公用设备）；严禁非本企业人员操作、擅自使用本企业的任何设备。

(6) 变、配电站（室）、发电房、空压站、锅炉房、油库和危险品库等要害部门的人员必须经过专业安全、防火知识培训，方可上岗。非本站房工作人员进入上述站房，必须履行相应安全程序后，方可入内。

(7) 操作者必须熟悉并执行自己所操作设备的设备操作规程。

(8) 工作前，必须做好以下安全准备工作：

1) 按公司规定正确穿戴和使用劳动保护用品。

2) 检查设备和工作场地的安全设施、信号、防护装置和工业卫生、环境保护设施是否完好可靠。

3) 有良好的照明条件。

4) 设备通过试运行无异常情况。

(9) 生产操作过程中，必须遵守以下安全规定：

1) 在设备运转过程中，严禁离开岗位；在操作过程中，严禁做与操作无关的事。

2）严禁在设备运转或加工过程中改变设备运转状态。

3）严禁从运转的设备上跨越或传递物件。

4）严禁戴手套操作旋转机床。

5）操作设备或加工工件产生飞溅物或强光刺激时，必须设置和使用防护挡板。

6）设备发生故障，必须立即停机，待排除故障后方可使用。

7）检修设备时，必须将设备锁定，并切断所有动力源，同时在动力源的控制处悬挂警示标志；警示标志谁挂谁取，必要时应设专人监护，防止设备误启动伤人。

8）设备在运行过程中遇突然停电，必须随即关闭电源。

9）装卸刀具、工件；测量工件；清理铁屑、木屑等必须待设备停稳后，方可进行。

10）登高作业（作业点距地面高度≥2 m）、现场动用明火作业、拉接使用临时电源或其他危险作业前，必须到有关部门办理危险作业审批手续，并采取相应可靠的安全措施后，方可作业。

11）在高处（高度≥2 m）作业时，严禁抛掷任何物件，并有防止物件坠落的措施。

12）严禁随意拆除各种安全防护、照明、信号、降温、防雷等装置和监测仪表、警示标志，或弃之不用。

13）必须保证工业卫生设施、环境保护治理设施与加工设备、设施同时运行和维护，严禁擅自拆除或停用。

14）两人以上（含两人）共同作业时，必须有主有从，统一指挥，密切配合，防止因配合不当造成相互间的伤害。

15）深夜班、加班或在封闭厂房内、密闭空间内作业时，必须两人以上工作。

16）严禁在空中吊运物件的下方或安全警戒线内通过或逗留。

17）使用各类手持电动、气动工具前必须确认：

①安全附件齐全可靠。

②管、线、电源插头无破损，连接牢固。

③电动工具绝缘值符合标准。

④Ⅰ类电动工具必须配用漏电保护器。

⑤工具、刀具装夹牢固。

18）严格执行生产工艺，正确使用各类工具（含辅助工具）、模具、夹具、吊具和索具。

19）随时保持生产作业场地的整洁和卫生，工具、模具、夹具、刀具、量具、产品和其他需用物品定点摆放，文明生产，保证有足够的安全操作空间。

20）严禁将各种金属件、易燃物、可燃物或其他杂物堆放在电气柜、箱、板内外；严禁在电气柜、箱、板前方 1.2 m 范围内堆放任何障碍物。

21）各类工作台的照明灯具或手持式照明灯具必须使用安全电压（≤36 V）。

22）各类废油必须倒入指定的回收容器内，定期回收，严禁随处倾倒。

23）销毁处置有毒有害物品，必须事先报告保卫处和安技环保处，按经批准的处置方案执行。

（10）下班前，生产作业员工必须完成以下安全工作：

1）执行交接班制度。

2）关闭所有动力源（水、电、燃气、蒸气、压缩空气），熄灭火种（必须保持电源的程控设备除外）。

3）密封易燃物质、有毒有害物质容器，送指定地点存放。

4）清理场地，垃圾和废弃物集中堆放或处置，确认安全后方可离开。

2. 员工劳动防护用品使用规范

（1）员工进入生产现场，必须穿工作服，戴防护眼镜，穿劳保皮鞋。

（2）女员工进入生产现场，必须戴工作帽，发梢不得外露。

（3）在易燃易爆场所作业人员，必须穿纯棉工作服。

（4）从事各种生产作业时，衣服必须“三紧”，即袖口紧、领口紧、下摆紧。

（5）操作旋转机床或运转设备时，严禁戴手套、系围巾、领带或其他配饰物。

（6）进入有高空坠落物危险区域、有飞溅物的工作场所和从事高空作业，必须戴安全头盔。

（7）在粉尘场所作业时，必须戴防尘口罩。

（8）电工、行车工、电焊工、磁力探伤工在操作时，必须穿绝缘皮鞋或绝缘胶鞋。

（9）接触腐蚀性物品或有毒物品时，必须戴防毒口罩和耐腐蚀、耐酸、耐碱的手套。

（10）操作环境的噪声超过 85 dB（A）时，必须戴耳塞或护耳器。

（11）焊工作业时，必须戴焊工手套、系皮脚盖、使用面罩或佩戴气焊镜。

（12）从事高空作业时，必须穿软底鞋，系安全带。

（13）使用手持电动工具，必须戴绝缘手套。

3. 生产作业现场员工违章表现及记分标准

（1）有下列违章情形之一的，记 1 分。

1）生产现场穿高跟鞋、拖鞋、前后开口凉鞋、背心、短裤、裙裤、裙子、宽松衫，戴头巾、围巾、领带或敞开衣襟、赤膊、赤脚等。

2）超过颈根的披发或发辫，未戴工作帽或不将头发置于工作帽内进入生产现场的。

3）未随身携带操作证的。

（2）有下列违章情形之一的，记 3 分。

1）工作前未检查设备（设施）或设备（设施）有故障、安全装置不齐全便进行操作的。

2）操作旋转机床时，戴手套，未扣领口，袖口及下摆、衣襟敞开，围巾、领带、长发外露的。

3）工作时有颗粒物飞溅，未戴护目镜或面罩的。

4）在易燃、易爆、明火、高温等作业场所穿化纤服装操作的。

5）任意拆除设备（设施）的安全照明、信号、仪器、仪表、防火防爆装置和各种警示装置的。

6）设备（设施）超速、超温、超负荷运转的，供料或送料速度过快的。

7）设备运转时，跨越或接触运动部位的。

8）调整、检修、清扫设备时未切断电源或测量工件时未停车的。

9）冲压作业时，手进入危险区域的。

10）未使用专用工具操作（用手排拉铁屑等）的。

11）攀登吊运中的物件或在吊物、吊臂下行走或逗留的。

12）厂内机动车辆行驶违反规定载人、载物的。

13）机动车辆行驶时上（下）车或抛掷物品的。

14）密闭空间内部作业时，未按规定使用通风设备及照明的。

15）电气作业未穿绝缘鞋的。

16）安全电压灯具与使用电压要求不符的。

17）检修电气设备（设施）时未停电、验电、接地及挂警告牌操作的。

18）使用未经审批的临时电源线的。

19）带负荷运行时，随意断开车间（或回路）配电闸刀或总开关的。

20）违反起重作业“十不吊”之一的。

21）随意倾倒、浇注热金属物品的。

22）有毒有害作业未按规定佩戴防护用品的。

23）在有毒、粉尘等作业场所进餐、饮水等，以及未按规定使用通风除尘设备的。

24）新安装设备（设施）未经安全验收就使用的。

25）未按规定放置、堆垛材料、制品及工具的。

26）在消防器材、动力配电箱（板、柜）周围堆放物品且违反堆放间距规定的。

27）发现隐患未排除、冒险作业的。

28）危险作业未经审批的或审批后未设置警戒区域或未挂警示牌等安全措施不落实的。

29）高空作业或在易有坠落物体下方作业时未戴安全帽的，高空作业未穿防滑鞋，随意抛掷物件的。

30）非本岗位人员任意在危险要害部位、动力站房等区域内逗留的。

31）私自开动非本工种、本岗位设备的。

32）在情况不明时，开启或关闭动力源（电、气、油等）的。

33）领导见到违章指挥、违章作业不制止，不采取措施的。

（3）有下列违章情形之一的属于严重违章，扣5分，予以处罚。

1）违章指挥的。

2）未经三级教育上岗的。

3）特种作业人员、特种设备作业人员无证操作或持超期证件操作的。

4）非特种作业人员、特种设备作业人员无证从事特种作业的。

5）在禁火区域吸烟或违章明火作业的。

6）带电拉高压保险开关或隔离刀闸时未使用合格绝缘工具的。

7）电气作业（主要是高压电气）时，不执行或违反工作票、许可、监护及中断转移等制度的。

8）液化气站、轻油库、锅炉房、煤气站、制氧站、乙炔站等危险要害部位，操作人员、值班人员脱岗的。

9）其他违反防护用品使用规定或违反操作规程中相应条款可能直接导致重伤以上事故或爆炸、火灾、倒塌、中毒事故及职业病的行为。

三、金属切削加工机械安全操作要求与规范

金属切削加工是指利用刀具和工件做相对运动，从毛坯上切去多余的金属，以获得所需要的几何形状、尺寸、精度和表面光洁度的零件，这种加工方法称为金属切削加工，也称为冷加工。金属切削加工所使用的机械（机床），主要有车床、铣床、刨床、磨床等机床。金属切削加工机械安全操作规程，即车床操作工、钻床操作工、刨床操作工、铣床操作工、镗床操作工、磨床操作工、插床操作工、锯床操作工等安全操作规范与安全要求。

1. 对机械设备和人员的基本要求

（1）工作场地要清洁整齐，必须有足够的照明，随时保持走道畅通。成品、半成品和工具等堆放整齐稳妥，堆集不宜过高，小型工件不超过0.5 m，中型工件不超过1 m，大型工件不超过1.5 m，特殊情况应取得安全人员同意后方可堆放。

（2）金属切削加工机械的限位器、保险离合器、保险销、防护罩及其他安全防护装置应齐全有效，不得任意拆除或调整，安全装置的调整与修理要有专人负责，不准用脚开停开关，按钮开关按照“绿开红停”要确切分开。

（3）金属切削加工机械操作人员必须经过培训，持证上岗，未能取得上岗证的人员不能进行单独操作。

（4）金属切削加工机械操作人员，对所使用的机械设备必须做到“四会”（会操作、会检查、会维修、会排除故障）、“四懂”（懂原理、懂结构、懂性能、懂用途）。

（5）安全生产，人人有责。工作中要互相关心，互相爱护，同心协力，密切配合，大力发扬集体主义精神，绝不允许不顾他人安危的行为发生。工作中若发现不适应继续工作的情况：如出现安全隐患、冒险作业、酗酒、突发疾病等，班组长及周围人员应立即劝阻，并制止其工作，做到妥善处理。

2. 金属切削加工机械安全操作基本规则

金属切削加工机械操作人员的安全，在很大程度上取决于操作者是否认真地执行安全操作规程，为确保安全，操作人员应做到：

（1）操作人员应按照规定着装，穿好紧身合适的防护衣服，把袖口扣紧或者把衣袖卷起，把上衣扎在裤子里，腰带端头不应悬摆，不要穿过于肥大、领口敞开的衬衫或外套。留有长发时要戴防护帽。

（2）操作人员应佩戴防打击的护目镜。护目镜包括硬质玻璃护目镜、胶质黏合玻璃片护目镜、钢丝网护目镜。护目镜的特点是不易打碎，破裂时呈龟裂状，不飞溅，故不易伤眼。操作时应选用没有气泡、杂质、表面平滑的平光镜，以免佩戴时感到视线不清、头晕，影响视力。并且还要注意镜片与镜架衔接是否牢固，镜架是否圆滑无锐角，以免造成擦伤或有压迫感。颜色不能用单色的，要用混合色的，如黄绿色、蓝绿色、灰色的比较好。

(3) 启动机床前要详细检查机床上危险部件的防护装置是否安全可靠，润滑机床，并做空载试验。

(4) 工作时，工作地点要保持整洁，有条不紊。待加工和已加工工件应摆在架子上或专门设备内，不能将工件或工具放在机床上，尤其不能放在机床的运动部件上及工作地通道上。

(5) 工件及刀具的装夹要牢靠，以防工件和刀具从夹具中脱落。装卸笨重工件时，应使用起重设备。

(6) 在机床运转时，禁止用手调整机床或测量工件；禁止把手肘支撑在机床上；禁止用手触摸机床的旋转部分；禁止取下或安装护板或防护装置。不要用手清除切屑，而应用钩子、刷子或专门的工具清除切屑。

(7) 在机床运转时，操作者不能离开工作地，发现机床运转不正常时，应立即停车，请检修工检查。当停止供电时，要立即关闭机床或其他启动机构，并把刀具退出工作部位。

(8) 不要使污物或废油混入机床冷却液，否则不仅会弄脏冷却液，甚至会传播疾病。为防止皮肤病，严禁使用乳化液、煤油、机油洗手。

(9) 必须使用压缩空气清除切屑时或切屑飞溅严重时，为了不危害其他的操作人员，应在机床周围安装挡板，使操作区隔离。压缩空气的压力应尽可能低。不能用压缩空气吹去衣服或头发上的尘土或脏物，否则会引起耳朵和眼睛的损伤。

(10) 工作结束应关闭机床和电动机，把刀具和工件从工作位置退出，清理安放好所使用的工、夹、量具，仔细地清擦机床。

3. 金属切削加工工作前应做的准备工作

(1) 穿工作服，扎紧袖口，头发压在工作帽内。戴护目镜，防止飞崩的切屑和飞溅的切削液伤眼。

(2) 检查工作场地，了解前班作业中机床使用情况。

(3) 检查木质脚踏板状态，发现不安全因素及时消除。

(4) 检查手工工具状态（如锉刀把应有金属环，以防劈开扎手；扳手要合适）。

(5) 布置工作场地，按左、右手习惯放置工具、刀具等，毛坯、零件要堆放好。

(6) 检查本机床专用起重设备状态。

(7) 检查机床状况，如固定式防护装置的牢固性，电机导线、操作手把、手轮、冷却润滑软管等是否和机床运动件及回转刀具相碰等。

(8) 合闸，接上电源，打开照明灯。

(9) 空车检查启动和停止按钮、手把、润滑冷却系统。进一步根据加工工艺要求调好机床。

(10) 大型机床需两人以上操作时，必须明确主操作人员负责统一指挥、互相配合。

4. 金属切削加工工作中的安全注意事项

(1) 被加工工件的质量、轮廓尺寸应与机床的技术性能数据相适应。

(2) 被加工工件质量大于 20 kg 时，应使用起重设备。

(3) 在工件回转或刀具回转的情况下，禁止戴手套操作。

（4）紧固工件、刀具或机床附件时要站稳，勿用力过猛。

（5）每次启动机床前都要确认对任何人都无危险，机床附件、加工件及刀具均已固定可靠。

（6）当机床已在工作时不能变动手柄和进行测量、调整及清理等工作。操作者应观察加工进程。

（7）如果在加工过程中形成飞起的切屑，为安全起见，应放防护挡板。从工作地和机床上清除切屑和防止切屑缠绕在被加工件或刀具上，不能直接用手，也不能用压缩空气吹，而要用专门的工具。

（8）正确地安放被加工件，不要堵塞机床附近通道，要及时清扫切屑，工作场地特别是脚踏板上，不能有冷却液和油。

（9）当用压缩空气作为机床附件驱动力时，废气排放口应对着远离机床的方向。

（10）经常检查零件在工作地或库房内堆放的稳固性，当将这些零件移到运箱中时，要确保它们位置稳定及运箱本身稳定。

（11）当离开机床时，甚至是短时间离开，也一定要关电门停车。

（12）当出现电绝缘发热气味、发现运转声音不正常时，要迅速停车检查。

四、冲压机械安全操作要求与规范

冲压机械是指利用金属模具将钢材或坯料进行分离或变形加工的机械。其特点是：类型多，品种多，工序简单，速度快，绝大多数是通过压力，以间断的往复运动方式进行工作的，往复运动一次就完成一个工序或一个零件。冲压机械主要有冲床和剪板机（剪床）。冲压工虽然不属于特殊工种，但是作业危险性很大，需要在操作过程中严格遵守安全操作规程，才能保证安全。

1. 冲压作业安全基本要求

（1）压力机操作工、冲模安装调整工及压力机的维修人员，在进入车间工作前 4 h，不得酗酒。工厂发现有醉酒者，不得让其进入车间，或令其停止工作并离开车间。

（2）工厂应统一发放适用的工作服、工作鞋和工作帽。生产工人和辅助工人工作前应按规定穿戴好工作服、工作鞋和工作帽。女工的发辫不应露在护发帽外。

（3）不得穿凉鞋、拖鞋或赤脚进入车间。工作时不得穿高跟鞋。

（4）冲压工、剪切工和其他有关工人，工作前及工作中应注意检查着装和防护用具。

（5）冲压设备（剪切设备）运转时，操作者不许与他人直接或间接闲谈。

（6）冲压作业（剪切作业）时严禁吸烟。

（7）工作前应仔细检查工位是否布置妥当、工作区域有无异物、设备和机具的状况等，在确认无误后方可工作或启动设备。

（8）一台设备有多人操作时，必须使用多人操作按钮进行工作。

（9）严禁手或手臂伸入冲模内放置或取出工件。在冲模内取放工件必须使用手用工具。

（10）工作前应将设备空运转 1～3 min。严禁操纵有故障的设备。

（11）冲模安装调整、设备检修，以及需要停机排除各种故障时，必须在设备启动开关旁悬挂警告牌。警告牌的色调、字体必须醒目易见，必要时应有人监护开关。

（12）冲压作业（剪切作业）人员必须严格遵守安全操作规程，不得违反安全操作规程冒险作业。

2. 冲压作业安全禁令

（1）严禁非冲压工擅自操作冲压力机床。

（2）严禁手及其他器官进入模区。

（3）启用光电安全装置，严禁使用连续挡。

（4）安全防护装置不完好时，必须停止作业。

（5）严禁违章不使用安全辅助工具。

（6）脚踏电气开关必须配置防护罩。

（7）油压力机严禁违章使用电气连动。

（8）遇有故障必须停机（断电）排除。

3. 冲压工安全操作规程

（1）工作前的要求

1）扣好袖口，女工要戴好工作帽。

2）仔细查看交接班记录。

3）坐着操作的工人，要按自己的高度调整好座椅，并检查座椅是否良好。

4）检查活动式照明，应以照射模具为主调整好。

5）设备上的一切防护罩要牢固放妥，并校正。

6）注意使离合器在工作的分离状态，在接通主电机时，不允许任何人和操作者靠近冲模，以防止设备可能会发生偶然冲击。

7）坯料放至适当的位置，坯料码垛高度要适当，其最高高度不得超过下模平面的高度，以防坯料下滑。

8）在适当的位置设有成品箱和下脚料箱，便于工作。

9）向车间领取有关所制零件的工艺卡，工艺卡中除了包括生产所需要的项目外，还须包括保证安全操作的具体项目。

10）会同安全员一起，检查设备的运行是否正常。在使用单次行程操作时，设备应在一次冲压后即分离，而滑块必须停在上死点位置。如果设备有连冲现象，则在未经调整前不可工作。

11）一般情况下，不允许使用连续行程操作。特殊情况下，要遵守工艺卡的规定，才允许使用。

12）如果使用手用工具操作时，要检查手用工具是否完好。

13）如果使用光线式安全装置或感应式安全装置时，除了根据使用说明书的要求安装、调整、检查外，还要重点检查下列项目：每道光束的遮光检查或破坏感应幕的检查，此项检查在每次启动主电动机后都要进行；回程期间，遮光时或破坏感应幕时不停机功能的检查；遮光或破坏感应幕停机后的自保功能检查；安全距离的检查，此项检查在每次更换模具后都要进行，且按需要调整好。

14）如果采用其他保护装置时，应按保护装置的操作规程进行检查。

15）如果发现设备或安全装置不正常时，立即报告安全员，不可擅自修理，待设备或安全装置修复后才可工作。

（2）工作时的要求

1）集中精力，认真操作。

2）发生下列情况时，要停止工作并报告：听到设备有不正常的敲击声；在单次行程操作时，发现有连冲；坯料卡死在冲模上，或发现废品；照明熄灭；安全装置不正常等。

3）坯料放在冲模中后，才可把脚放在脚踏板上。

4）每冲完一个冲压件后，手或脚必须离开按钮或踏板，以防误动作。

5）两个人以上操作时，应每个操作者都同时按下启动按钮时，才能启动滑块。

6）按照工艺卡的要求，随时用适当的用具加油到导板或冲模或坯料上。

7）保持工作地的整洁。操作者站立等部位要采取严格的防滑措施。

8）在下列情况下，要停机并把脚踏板移到空挡处或锁住：暂时离开；发现不正常；由于停电而电动机停止运转。

9）不要放一个以上的坯料在冲模上，否则会使设备或模具损坏，并有发生人身事故的可能。

10）设备运转时，不可进行清洁擦拭。

（3）工作完毕后的要求

1）关闭主电动机，直到设备全部停止。

2）带有安全支柱的设备，待设备完全停止后，将安全支柱支在滑块与工作台之间，防止滑块下滑。

3）清理工作地，收集所有坯料、冲压件。

4）揩清设备和模具，并在模具上涂油。

5）填写交替班记录。

6）将脚踏板移至空挡或锁住，并放在规定位置。

五、特种作业人员安全操作要求与规范

在机械制造企业，电工、焊工是主要的特种作业人员，作业危险性比较大，每年发生的人员伤害事故很多，因此特别需要预防人员伤害事故的发生。

1. 电工通用安全操作要求与规范

电工（包括通用电工、内外线电工、电器大修工、变电站维修工、配电室值班电工等）在操作过程中，除必须遵守通用安全操作规程外，还必须遵守本操作规程和相关安全操作规程。

（1）电工必须经过国家有关部门组织的专业培训和考试合格以后，取得相应的特殊工种操作证，方可上岗。

（2）工作前，必须严格检查防护用品、工具、仪器和器具等是否完好，特别是绝缘性能和护具的强度是否可靠。公用绝缘工具和手套、鞋必须定期送交法定部门检测合格

后，方可使用。严禁在高压配电室内放置梯子、金属杆件或其他杂物。

(3) 在高压设备或线路上工作，操作人员的正常活动范围小于规定距离时，必须停电作业。

(4) 在低压设备上带电工作时，必须设专人监护，穿戴绝缘劳动防护用品，使用有绝缘柄的工具，并站在干燥的绝缘物上进行工作；相邻相的带电部分应用绝缘板隔开；严禁使用全金属工具。

(5) 使用喷灯工作时，遵守喷灯使用的安全规定。

(6) 电动工具的外壳必须接地。严禁将电动工具的外壳接地线和工作零线拧在一起插入插座。必须使用两线带地或三线带地插座。或者将外壳接地线单独接到接地干线上，防止因接触不良，引起外壳带电。用橡套软电缆连接移动设备时，专供接零的芯线上不得有工作电流通过。

(7) 检修电气设备，必须在停机后切断设备的电源，取下熔断器，悬挂“禁止合闸，有人工作”的警示牌，并验明确认无电后，方可进行工作。在检修工作中临时离开，回来继续工作时，必须重新验电和检查，确认无误后，方可继续工作。

(8) 任何电气设备未经验电，一律视为有电，严禁用手或身体其他部位触及。

(9) 严禁在电气线路有负荷的状态下断开或合拢动力配电箱的闸刀开关。

(10) 拆除电器或线路后，必须随即用绝缘胶布包扎裸露线头。拆除高压电动机或电器后，遗留线头必须短路接地。

(11) 遇6级以上（含6级）强风、大雨、雷电、大雾等气候情况，严禁从事野外作业、高空作业、检修作业或倒闸操作。

(12) 进行高空作业时，严格遵守高空作业安全操作规程。

(13) 严禁在动力配电盘、配电箱、开关板、变压器等各种电气设备附近堆放各种易燃、易爆、潮湿或其他影响操作的物件。

(14) 因工作需要敷设的临时用电线路或活动线路，必须向电力管理部门履行申报程序，按规范连接和用电。工作完毕，必须在1个工作日内拆除。

(15) 严禁安装或使用超过线路负载值的熔断装置。

(16) 安装灯头时，必须将开关接在火线上，灯口螺纹接挂零线上。

(17) 使用电烙铁、电炉等电热工具，必须远离易燃物和可燃物，离开时必须断电。

(18) 使用电工刀时，刀口向外，避免对人；削线时，用力不可过猛，防止伤手。

(19) 发生电气设备火灾时，必须立即切断电源，并使用四氯化碳或二氧化碳灭火器灭火。严禁用水灭火。

2. 焊接切割作业安全基本要求与规范

(1) 作业前准备工作安全基本要求

1) 明确工艺要求和焊接与切割安全卫生注意事项。

2) 正确使用个人防护用品。

3) 检查设备、工具及附件，确认正常后方可使用。

4) 仔细观察、检查作业部位和周围环境，确保焊接与切割作业安全。

5) 常用检查方法是“问、看、听、测”。

①问。向生产组织管理者及现场有关人员询问作业现场的情况。

②看。对作业地点、周围环境及设施的安全状况进行查看，查看设备、防护用品是否完好，绝缘是否良好。

③听。听焊机及其附属设备声音是否正常。

④测。对作业场所易燃、易爆、有毒气体进行测定，确认无火灾、爆炸、中毒或窒息的危险后方可作业。

(2) 焊工应遵守的“十不焊割”的规定

1) 焊工未经安全技术培训考试合格，领取操作证，不能焊割。

2) 在重点要害部门和重要场所，未采取措施，未经单位有关领导、车间、安全、保卫部门批准和办理动火证手续，不能焊割。

3) 在容器内工作无人在场监护，没有12 V低压照明和通风不良，不能焊割。

4) 未经领导同意，车间、部门擅自拿来的物件，在不了解其使用情况和构造情况下，不能焊割。

5) 盛装过易燃、易爆气体（固体）的容器管道，未经用碱水等彻底清洗和处理消除火灾爆炸危险的，不能焊割。

6) 用可燃材料充做保温层、隔热、隔音设备的部位，未采取切实可靠的安全措施，不能焊割。

7) 有压力的管道或密闭容器，如空气压缩机、高压气瓶、高压管道等，不能焊割。

8) 焊接场所附近有易燃物品，未做清除或未采取安全措施，不能焊割。

9) 在禁火区内（防爆车间、危险品仓库附近）未采取严格隔离等安全措施，不能焊割。

10) 在一定距离内，有与焊割明火操作相抵触的工种（如汽油擦洗、喷漆、灌装汽油等工作会排出大量易燃气体），不能焊割。

(3) 焊割作业应遵守的规定

1) 凡在禁火区域用火，应按规定办理审批手续，并采取安全可靠的防护措施。

2) 在受限空间内作业，应加强通风，严格执行监护制度。

3) 严禁用氧气通风、降温和吹扫。

4) 焊、割炬及氧气胶管、乙炔胶管应随人进出狭小空间、容器、管道、舱室。在平台上作业时，不准将焊、割炬插在平台孔内。

5) 在有吊装作业时，要选择正确的站位并注意吊物运行方向。

6) 为防止乙炔气体聚集发生爆炸，平台底部应保持通风，并经常清除平台的熔渣物。

7) 暂停工作或作业后，应可靠地切断电源和气源。

(4) 焊接与切割作业人员安全职责

焊接与切割作业人员应认真履行以下安全职责：

1) 自觉做到持证上岗，严禁无证操作。

2) 个人防护用品穿戴齐全，并符合要求。

3) 严格遵守安全操作规程；遵守安全管理制度，执行安全技术措施。

4）做到互相帮助、互相监护、互相监督及“三不伤害”（不伤害自己、不伤害他人及不被他人伤害）。

5）在遇有违章指挥或可能发生事故的情况时，应拒绝违章指挥，采取紧急有效措施，并按规定及时向有关部门报告。

6）焊接与切割时精心操作，保证质量。

7）爱护和正确使用焊接与切割设备、工器具和安全卫生防护设施。

8）发生事故应立即报告，并如实反映情况。

第四章 机械制造企业事故隐患排查治理相关规章制度

安全生产事故隐患（又称为事故隐患或安全隐患），是指生产经营单位违反安全生产法律、法规、规章、标准、规程和安全生产管理制度的规定，或者因其他因素在生产经营活动中存在可能导致事故发生的物的危险状态、人的不安全行为和管理上的缺陷。许多事故的发生都是由于事故隐患引起的，因此，消除事故隐患是预防事故的有效措施，也是保证安全生产的有效措施。

第一节 机械制造企业事故隐患排查治理相关规章

隐患排查治理是指生产经营单位组织安全生产管理人员、工程技术人员和其他相关人员对本单位的事故隐患进行排查，并对排查出的事故隐患，按照事故隐患的等级进行登记，建立事故隐患信息档案，并按照职责分工实施监控治理。对于机械制造企业来讲，排查治理事故隐患是一项长期的任务，企业只有建立完善事故隐患排查治理的常态机制，坚持不懈地开展好隐患治理工作，才能远离事故灾害，确保安全生产。

一、《安全生产事故隐患排查治理暂行规定》相关要点

2007 年 12 月 28 日，国家安全生产监督管理总局公布《安全生产事故隐患排查治理暂行规定》（国家安全生产监督管理总局令第 16 号），自 2008 年 2 月 1 日起施行。

《安全生产事故隐患排查治理暂行规定》分为五章三十二条，各章内容为：第一章总则，第二章生产经营单位的职责，第三章监督管理，第四章罚则，第五章附则。制定本规定的目的，是根据《安全生产法》等法律、行政法规，建立安全生产事故隐患排查治理长效机制，强化安全生产主体责任，加强事故隐患监督管理，防止和减少事故，保障人民群众生命财产安全。

1. 总则中的有关规定

在第一章总则中，对相关事项做了规定。

◆生产经营单位安全生产事故隐患排查治理和安全生产监督管理部门、煤矿安全监察机构（以下统称安全监管监察部门）实施监管监察，适用本规定。

有关法律、行政法规对安全生产事故隐患排查治理另有规定的，依照其规定。

◆本规定所称安全生产事故隐患（以下简称事故隐患），是指生产经营单位违反安全生产法律、法规、规章、标准、规程和安全生产管理制度的规定，或者因其他因素在

生产经营活动中存在可能导致事故发生的物的危险状态、人的不安全行为和管理上的缺陷。

事故隐患分为一般事故隐患和重大事故隐患。一般事故隐患，是指危害和整改难度较小，发现后能够立即整改排除的隐患。重大事故隐患，是指危害和整改难度较大，应当全部或者局部停产停业，并经过一定时间整改治理方能排除的隐患，或者因外部因素影响致使生产经营单位自身难以排除的隐患。

◆生产经营单位应当建立健全事故隐患排查治理制度。

生产经营单位主要负责人对本单位事故隐患排查治理工作全面负责。

◆各级安全监管监察部门按照职责对所辖区域内生产经营单位排查治理事故隐患工作依法实施综合监督管理；各级人民政府有关部门在各自职责范围内对生产经营单位排查治理事故隐患工作依法实施监督管理。

◆任何单位和个人发现事故隐患，均有权向安全监管监察部门和有关部门报告。

安全监管监察部门接到事故隐患报告后，应当按照职责分工立即组织核实并予以查处；发现所报告事故隐患应当由其他有关部门处理的，应当立即移送有关部门并记录备查。

2. 生产经营单位职责的规定

在第二章生产经营单位的职责中，对相关事项做了规定。

◆生产经营单位应当依照法律、法规、规章、标准和规程的要求从事生产经营活动。严禁非法从事生产经营活动。

◆生产经营单位是事故隐患排查、治理和防控的责任主体。

生产经营单位应当建立健全事故隐患排查治理和建档监控等制度，逐级建立并落实从主要负责人到每个从业人员的隐患排查治理和监控责任制。

◆生产经营单位应当保证事故隐患排查治理所需的资金，建立资金使用专项制度。

◆生产经营单位应当定期组织安全生产管理人员、工程技术人员和其他相关人员排查本单位的事故隐患。对排查出的事故隐患，应当按照事故隐患的等级进行登记，建立事故隐患信息档案，并按照职责分工实施监控治理。

◆生产经营单位应当建立事故隐患报告和举报奖励制度，鼓励、发动职工发现和排除事故隐患，鼓励社会公众举报。对发现、排除和举报事故隐患的有功人员，应当给予物质奖励和表彰。

◆生产经营单位将生产经营项目、场所、设备发包、出租的，应当与承包、承租单位签订安全生产管理协议，并在协议中明确各方对事故隐患排查、治理和防控的管理职责。生产经营单位对承包、承租单位的事故隐患排查治理负有统一协调和监督管理的职责。

◆安全监管监察部门和有关部门的监督检查人员依法履行事故隐患监督检查职责时，生产经营单位应当积极配合，不得拒绝和阻挠。

◆生产经营单位应当每季、每年对本单位事故隐患排查治理情况进行统计分析，并分别于下一季度15日前和下一年1月31日前向安全监管监察部门和有关部门报送书面统计分析表。统计分析表应当由生产经营单位主要负责人签字。

对于重大事故隐患，生产经营单位除依照前款规定报送外，应当及时向安全监管监察部门和有关部门报告。重大事故隐患报告内容应当包括：

（1）隐患的现状及其产生原因。

（2）隐患的危害程度和整改难易程度分析。

（3）隐患的治理方案。

◆对于一般事故隐患，由生产经营单位（车间、分厂、区队等）负责人或者有关人员立即组织整改。

对于重大事故隐患，由生产经营单位主要负责人组织制定并实施事故隐患治理方案。重大事故隐患治理方案应当包括以下内容：

（1）治理的目标和任务。

（2）采取的方法和措施。

（3）经费和物资的落实。

（4）负责治理的机构和人员。

（5）治理的时限和要求。

（6）安全措施和应急预案。

◆生产经营单位在事故隐患治理过程中，应当采取相应的安全防范措施，防止事故发生。事故隐患排除前或者排除过程中无法保证安全的，应当从危险区域内撤出作业人员，并疏散可能危及的其他人员，设置警戒标志，暂时停产停业或者停止使用；对暂时难以停产或者停止使用的相关生产储存装置、设施、设备，应当加强维护和保养，防止事故发生。

◆生产经营单位应当加强对自然灾害的预防。对于因自然灾害可能导致事故灾难的隐患，应当按照有关法律、法规、标准和本规定的要求排查治理，采取可靠的预防措施，制定应急预案。在接到有关自然灾害预报时，应当及时向下属单位发出预警通知；发生自然灾害可能危及生产经营单位和人员安全的情况时，应当采取撤离人员、停止作业、加强监测等安全措施，并及时向当地人民政府及其有关部门报告。

◆地方人民政府或者安全监管监察部门及有关部门挂牌督办并责令全部或者局部停产停业治理的重大事故隐患，治理工作结束后，有条件的生产经营单位应当组织本单位的技术人员和专家对重大事故隐患的治理情况进行评估；其他生产经营单位应当委托具备相应资质的安全评价机构对重大事故隐患的治理情况进行评估。

经治理后符合安全生产条件的，生产经营单位应当向安全监管监察部门和有关部门提出恢复生产的书面申请，经安全监管监察部门和有关部门审查同意后，方可恢复生产经营。申请报告应当包括治理方案的内容、项目和安全评价机构出具的评价报告等。

3. 有关监督管理的规定

在第三章监督管理中，对相关事项做了规定。

◆安全监管监察部门应当指导、监督生产经营单位按照有关法律、法规、规章、标准和规程的要求，建立健全事故隐患排查治理等各项制度。

◆安全监管监察部门应当建立事故隐患排查治理监督检查制度，定期组织对生产经营单位事故隐患排查治理情况开展监督检查；应当加强对重点单位的事故隐患排查治理情况的监督检查。对检查过程中发现的重大事故隐患，应当下达整改指令书，并建立信息管理台账。必要时，报告同级人民政府并对重大事故隐患实行挂牌督办。

◆已经取得安全生产许可证的生产经营单位，在其被挂牌督办的重大事故隐患治理结束前，安全监管监察部门应当加强监督检查。必要时，可以提请原许可证颁发机关依法暂扣其安全生产许可证。

◆安全监管监察部门应当会同有关部门把重大事故隐患整改纳入重点行业领域的安全专项整治中加以治理，落实相应责任。

◆对挂牌督办并采取全部或者局部停产停业治理的重大事故隐患，安全监管监察部门收到生产经营单位恢复生产的申请报告后，应当在 10 日内进行现场审查。审查合格的，对事故隐患进行核销，同意恢复生产经营；审查不合格的，依法责令改正或者下达停产整改指令。对整改无望或者生产经营单位拒不执行整改指令的，依法实施行政处罚；不具备安全生产条件的，依法提请县级以上人民政府按照国务院规定的权限予以关闭。

4. 有关处罚的规定

在第四章罚则中，对相关事项做了规定。

◆生产经营单位及其主要负责人未履行事故隐患排查治理职责，导致发生生产安全事故的，依法给予行政处罚。

◆生产经营单位违反本规定，有下列行为之一的，由安全监管监察部门给予警告，并处三万元以下的罚款：

(1) 未建立安全生产事故隐患排查治理等各项制度的。

(2) 未按规定上报事故隐患排查治理统计分析表的。

(3) 未制定事故隐患治理方案的。

(4) 重大事故隐患不报或者未及时报告的。

(5) 未对事故隐患进行排查治理擅自生产经营的。

(6) 整改不合格或者未经安全监管监察部门审查同意擅自恢复生产经营的。

◆生产经营单位事故隐患排查治理过程中违反有关安全生产法律、法规、规章、标准和规程规定的，依法给予行政处罚。

◆安全监管监察部门的工作人员未依法履行职责的，按照有关规定处理。

二、《安全生产事故隐患排查治理体系建设实施指南》相关要点

2012 年 7 月 3 日，国务院安全生产委员会办公室下发《关于印发工贸行业企业安全生产标准化建设和安全生产事故隐患排查治理体系建设实施指南的通知》（安委办[2012] 28 号）。《通知》指出：为进一步推进企业安全生产标准化建设和安全隐患排查治理体系建设（以下简称“两项建设”），夯实安全管理基础，提升安全监管水平，促进全国安全生产形势持续稳定好转，国务院安委会办公室组织制定了《工贸行业企业安全生产标准化建设实施指南》和《安全生产事故隐患排查治理体系建设实施指南》。

《安全生产事故隐患排查治理体系建设实施指南》分为五章，各章内容为：第一章概述，第二章政府监管工作，第三章企业隐患排查治理工作，第四章隐患排查治理标

准，第五章隐患排查治理信息系统。在此主要介绍与企业隐患排查治理工作相关的内容。

1. 安全生产事故隐患排查治理基本概念

（1）安全生产事故隐患

安全生产事故隐患（以下简称隐患、事故隐患或安全隐患），是指生产经营单位违反安全生产法律、法规、规章、标准、规程和安全生产管理制度的规定，或者因其他因素在生产经营活动中存在可能导致事故发生的物的危险状态、人的不安全行为和管理上的缺陷。在事故隐患的三种表现中，物的危险状态是指生产过程或生产区域内的物质条件（如材料、工具、设备、设施、成品、半成品）处于危险状态，人的不安全行为是指人在工作过程中的操作、指示或其他具体行为不符合安全规定，管理上的缺陷是指在开展各种生产活动中所必需的各种组织、协调等行动存在缺陷。

（2）隐患分级

隐患的分级是以隐患的整改、治理和排除的难度及其影响范围为标准的，可以分为一般事故隐患和重大事故隐患。一般事故隐患，是指危害和整改难度较小，发现后能够立即整改排除的隐患。重大事故隐患，是指危害和整改难度较大，应当全部或者局部停产停业，并经过一定时间整改治理方能排除的隐患，或者因外部因素影响致使生产经营单位自身难以排除的隐患。

（3）隐患排查

隐患排查是指生产经营单位组织安全生产管理人员、工程技术人员和其他相关人员对本单位的事故隐患进行排查，并对排查出的事故隐患，按照事故隐患的等级进行登记，建立事故隐患信息档案。

（4）隐患治理

隐患治理就是指消除或控制隐患的活动或过程。对排查出的事故隐患，应当按照事故隐患的等级进行登记，建立事故隐患信息档案，并按照职责分工实施监控治理。对于一般事故隐患，由于其危害和整改难度较小，发现后应当由生产经营单位（车间、分厂、区队等）负责人或者有关人员立即组织整改。对于重大事故隐患，由生产经营单位主要负责人组织制定并实施事故隐患治理方案。

2. 企业隐患排查治理工作

企业是隐患排查治理工作的主体，是隐患排查治理工作的直接实施者。企业隐患排查治理工作主要包括四个方面：自查隐患、治理隐患、自报隐患和分析趋势。自查是为了发现自身所存在的隐患，保证全面而减少遗漏；治理是为了将自查中发现的隐患控制住，防止引发后果，尽可能从根本上解决问题；自报是为了将自查和治理情况报送政府有关部门，以使其了解企业在排查和治理方面的信息；分析趋势是为了建立安全生产预警指数系统，对安全生产状况做出科学、综合、定量的判断，为合理分配安全监管资源和加强安全管理提供依据。

（1）企业自查隐患

企业自查隐患就是在政府及其部门的统一安排和指导下，确定自身分类分级的定位，采用其适用的隐患排查治理标准，通过准备、组织机构建设、建立健全制度、全面培训、实施排查、分析改进等步骤形成完整的、系统的企业自查机制。尤其是大型企业集团，应在企业内部形成连接所有管理层级和各个生产单位，以及当地安全监管部门的隐患排查治理体系。

1）准备工作。为保证隐患自查工作能够打下坚实的基础，企业必须做好与之相关的准备工作。隐患排查治理是涉及企业所有部门、所有生产流程、所有人员的一项系统工程，如果不做好全面的准备，那么所建立的隐患排查治理机制将缺乏系统性和可操作性，结果必然是“一阵风”式地开展一次“运动”，不能做到深入和持久地开展自查工作。准备工作主要包括：

①收集信息。由企业安全生产主管部门和有关专业人员，对现行的有关隐患排查治理工作的各种信息、文件、资料等通过多种行之有效的方式进行收集。此项工作也可以委托与企业有合作关系的服务方来实施。

②辅助决策。将收集信息形成的有关材料向企业管理层汇报，并说明有关情况，使企业管理层的领导能够全面、正确理解和认识隐患排查治理工作，对企业建设隐患排查治理工作做出正确决策。

③领导决策。高、中层领导需要从思想意识中真正解决为什么要实施隐患排查治理工作的问题，并为此项工作提供充分的各类资源，隐患排查治理工作才会在企业得到有效和完全的实施。

2）组织机构建设。由企业一把手担任隐患排查治理工作的总负责人，以安全生产委员会或领导班子为总决策管理机构，以安全生产管理部门为办事机构，以基层安全管理人员为骨干，以全体员工为基础，形成从上至下的组织保证。形成从主要负责人到一线员工的隐患排查治理工作网络，确定各个层级的隐患排查治理职责。

领导层：主要负责人是隐患排查治理工作的第一责任人，通过安委会、领导办公会等形式，将隐患排查治理工作纳入到其日常工作的范围中，亲自定期组织和参与检查，及时准确把握情况，发出明确的指令。主管负责人要在其职责中明确有关隐患排查治理的内容，将有关情况上传下达，做好主要负责人的帮手。其他有关领导也要在各自管辖范围内做好隐患排查治理工作，至少要知道、过问、督促、确认。

管理层：安全生产管理机构和专职安全管理人员是隐患排查治理工作的骨干力量，编制有关制度、培训各类人员、组织检查排查、下达整改指令、验证整改效果等是主要的工作内容。还要通过监督方式对各部门和下属单位及所有员工在隐患排查治理工作方面的履职情况进行了解，纳入考核，全力推动隐患排查治理工作的全方位和全员化。

操作层：按照责任制、相关规章制度和操作规程中明确的隐患排查治理责任，在日常的各项工作中，员工要有高度的隐患意识，随时发现和处理各种隐患和事故苗头，自己不能解决的及时上报，同时采取临时性的控制措施，并注意做好记录，为统计分析隐患留下资料。

3）建立健全规章制度。制度是企业管理的基本依据，需要企业将法律法规和标准规范以及上级和外部的其他要求全面掌握，将其各项具体的规定结合自身的实际情况，通过编制工作将外部的规定转化为企业内部的各项规章制度，再经过全面的执行和落实，变成企业的管理行动。隐患排查治理工作也不例外，也基本按这一思路展开。企业需要建立的制度主要有：《隐患排查治理和监控责任制》《事故隐患排查治理制度》《隐患排查治理资金使用专项制度》《事故隐患建档监控制度》（事故隐患信息档案）《事故隐患报告和举报奖励制度》等。

4）隐患排查治理标准的细化。企业应根据其适用的政府部门制定颁布的隐患排查治理标准，结合自身的实际情况，对标准的内容和要求应当进行细化，例如对企业主要负责人的安全生产职责中规定“督促、检查安全生产工作，及时消除生产安全事故隐患”的内容，企业就应当提出更具体的要求：明确督促的方式方法、检查的方式方法（对矿山等企业领导来说可能就要与下井带班作业相结合）、检查的频率（是每周还是每月参加一次）等。

（2）全面培训

在全面铺开工作之前，应对有关人员进行初步的培训，使其掌握“谁来干？干什么？如何干？工作质量有什么要求?”等内容。企业隐患排查治理体系建设的初期培训对象分为两种，一是对领导层（高层与中层）人员进行背景培训，二是对承担推进工作的骨干人员进行全面培训。对领导（高层与中层）进行背景培训，通过培训，使相关领导充分认识到企业实施隐患排查治理体系的重要意义、作用，让他们了解整个实施过程，知道自己在整个过程中的工作职责，以及应该给予隐患排查治理工作的支持和保障。对承担推进工作的骨干人员进行全面培训，主要内容包括：背景（可与领导层培训合并进行）、相关政策法规、隐患排查标准内容详解、制度编写、隐患排查治理过程等方面。

隐患排查的主体是企业的所有人员，包括从领导到一线员工直到在企业工作范围内的外部人员，以保证排查的全面性和有效性。在颁布隐患排查治理制度文件之后，组织全体员工，按照不同层次、不同岗位的要求，学习相应的隐患排查治理制度文件内容。所有人员能不能或者会不会隐患排查是关键，必须对其进行有针对性和有效果的教育培训。在各种安全生产教育培训工作中要将隐患排查的内容纳入，并根据需要做专门的培训，还要确认培训的效果，以保证所有人员有意识、有能力地开展隐患排查。

（3）实施排查

排查的实施是一个涉及企业所有管理范围的工作，需要有计划、按部就班地开展。

1）排查计划。排查工作涉及面广、时间较长，需要制定一个比较详细可行的实施计划，确定参加人员、排查内容、排查时间、排查安排、排查记录等内容。为提高效率也可以与日常安全检查、安全生产标准化的自评工作或管理体系中的合规性评价和内审工作相结合。

2）隐患排查的种类

①专项排查。专项排查是指采用特定的、专门的排查方法，这种类别的方法具有周期性、技术性和投入性。主要有按隐患排查治理标准进行的全面自查、对重大危险源的定期评价、对危险化学品的定期现状安全评价等。

②日常排查。指与安全生产检查工作的结合，具有日常性、及时性、全面性和群众性。主要有企业全面的安全大检查、主管部门的专业安全检查、专业管理部门的专项安全检查、各管理层级的日常安全检查、操作岗位的现场安全检查等。

3）排查的实施。以专项排查为例，企业组织隐患排查组，根据排查计划到各部门和各所属单位进行全面的排查，流程及关键点如图 4—1 所示。排查时必须及时、准确和全面地记录排查情况和发现的问题，并随时与被检查单位的人员做好沟通。

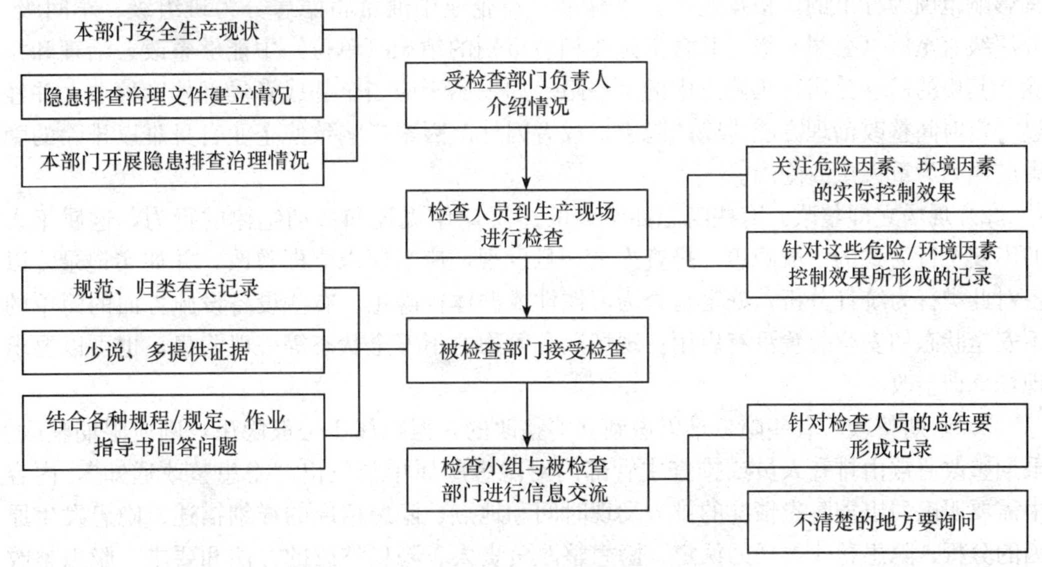

图 4—1　在各部门的排查流程及关键点

4）排查结果的分析总结。一是评价本次隐患排查是否覆盖了计划中的范围和相关隐患类别；二是评价本次隐患排查是否做到了“全面、抽样”的原则，是否做到了重点部门、高风险和重大危险源适当突出的原则；三是确定本次隐患排查发现，包括确定隐患清单、隐患级别以及分析隐患的分布（包括隐患所在单位和地点的分布、种类）等；四是做出本次隐患排查治理工作的结论，填写隐患排查治理标准表格。

（4）纳入考核和持续改进

为了确保顺利进行隐患排查治理工作，领导必须责成有关部门以考核手段为基本的保障。必须规定上至一把手、下至普通的员工以及所有的检查人员的职责、权利和义务，特别是必须明确规定企业中、高层领导在此项工作中的义务与职责。因为，企业的中、高层领导是实施与开展隐患排查治理工作的重要保障力量。

隐患排查治理机制的各个方面都不是一成不变的，也要随着安全生产管理水平的提高而与时俱进，借助安全生产标准化的自评和评审、职业健康安全管理体系的合规性评价、内部审核与认证审核等外力的作用，实现企业在此工作方面的持续改进。另外，隐患排查治理也为整体安全生产管理提供了持续改进的信息资源，通过对隐患排查治理情况的统计、分析，能够为预测预警输入必要的信息，能够为管理的改进提供方向性的资料。

3. 企业隐患治理

对隐患排查所发现的各种隐患进行治理，才能真正解决企业生产经营过程中的问题，降低风险，提高安全管理水平。

（1）一般隐患治理

1）一般隐患分级。一般隐患是指危害和整改难度较小，发现后能够立即整改排除的隐患。为更好地、有针对性地治理在企业生产和管理工作中存在的一般隐患，要对一般隐患进行进一步的细化分级。事故隐患的分级是以隐患的整改、治理和排除的难度及其影响范围为标准的。根据这个分级标准，在企业中通常将隐患分为班组级、车间级、分厂级直至厂（公司）级，其含义是在相应级别的组织（单位）中能够整改、治理和排除。其中的厂（公司）级隐患中的某些隐患如果属于应当全部或者局部停产停业，并经过一定时间整改治理方能排除的隐患，或者因外部因素影响致使企业自身难以排除的隐患应当列为重大事故隐患。

2）现场立即整改。有些隐患如明显的违反操作规程和劳动纪律的行为，这属于人的不安全行为式的一般隐患，排查人员一旦发现，应当要求立即整改，并如实记录，以备对此类行为统计分析，确定是否为习惯性或群体性隐患。有些设备设施方面的简单的不安全状态如安全装置没有启用、现场混乱等物的不安全状态等一般隐患，也可以要求现场立即整改。

3）限期整改。有些隐患难以做到立即整改的，但也属于一般隐患，则应限期整改。限期整改通常由排查人员或排查主管部门对隐患所属单位发出“隐患整改通知”，内容中需要明确列出如隐患情况的排查发现时间和地点、隐患情况的详细描述、隐患发生原因的分析、隐患整改责任的认定、隐患整改负责人、隐患整改的方法和要求、隐患整改完毕的时间要求等。限期整改需要全过程监督管理，除对整改结果进行“闭环”确认外，也要在整改工作实施期间进行监督，以发现和解决可能临时出现的问题，防止拖延。

（2）重大隐患治理

针对重大隐患，就需要“量身定做”，为每个重大隐患制定专门的治理方案。由于重大隐患治理的复杂性和较长的周期性，在没有完成治理前，还要有临时性的措施和应急预案。治理完成后还有书面申请以及接受审查等工作。

1）制定重大事故隐患治理方案。重大事故隐患由生产经营单位主要负责人组织制定并实施事故隐患治理方案。重大事故隐患治理方案应当包括以下内容：

①治理的目标和任务。

②采取的方法和措施。

③经费和物资的落实。

④负责治理的机构和人员。

⑤治理的时限和要求。

⑥安全措施和应急预案。

根据相关规定，企业在制定重大事故隐患治理方案时还必须考虑安全监管监察部门或其他有关部门所下达的“整改指令书”和政府挂牌督办的有关内容的指示，也要将这些指示的要求体现在治理方案里。

2）重大事故隐患治理过程中的安全防范措施。生产经营单位在事故隐患治理过程中，应当采取相应的安全防范措施，防止事故发生。事故隐患排除前或者排除过程中无法保证安全的，应当从危险区域内撤出作业人员，并疏散可能危及的其他人员，设置警戒标志，暂时停产停业或者停止使用；对暂时难以停产或者停止使用的相关生产储存装置、设施、设备，应当加强维护和保养，防止事故发生。

3）重大事故隐患的治理过程。企业在重大事故隐患治理过程中，还要随时接受和配合安全监管部门的重点监督检查。如果企业的重大事故隐患属于重点行业领域的安全专项整治的范围，就更应落实相应的整改、治理的主体责任。

4）重大事故隐患治理情况评估。地方人民政府或者安全监管监察部门及有关部门挂牌督办并责令全部或者局部停产停业治理的重大事故隐患，治理工作结束后，有条件的生产经营单位应当组织本单位的技术人员和专家对重大事故隐患的治理情况进行评估；其他生产经营单位应当委托具备相应资质的安全评价机构对重大事故隐患的治理情况进行评估。这种评估主要针对治理结果的效果进行，确认其措施的合理性和有效性，确认对隐患及其可能导致的事故的预防效果。评估需要有一定条件和资质的技术人员和专家或有相应资质的安全评价机构实施，以保证评估本身的权威性和有效性。

5）重大事故隐患治理后的工作。重大事故隐患治理后并经过评估，符合安全生产条件的，生产经营单位应当向安全监管监察部门和有关部门提出恢复生产的书面申请，经安全监管监察部门和有关部门审查同意后，方可恢复生产经营。申请报告应当包括治理方案的内容、项目和安全评价机构出具的评价报告等。对挂牌督办并采取全部或者局部停产停业治理的重大事故隐患，安全监管监察部门收到生产经营单位恢复生产的申请报告后，应当在10日内进行现场审查。审查合格的，对事故隐患进行核销，同意恢复生产经营；审查不合格的，依法责令改正或者下达停产整改指令。对整改无望或者生产经营单位拒不执行整改指令的，依法实施行政处罚；不具备安全生产条件的，依法提请县级以上人民政府按照国务院规定的权限予以关闭。

（3）隐患治理措施

隐患治理及其方案的核心都是通过具体的治理措施来实现的，这些措施大体上分为工程技术措施和管理措施，再加上对重大隐患需要做的临时性防护和应急措施。

1）治理措施的基本要求

①能消除或减弱生产过程中产生的危险、有害因素。

②处置危险和有害物，并降低到国家规定的限值内。

③预防生产装置失灵和操作失误产生的危险、有害因素。

④能有效地预防重大事故和职业危害的发生。

⑤发生意外事故时，能为遇险人员提供自救和互救条件。

隐患治理的方式方法是多种多样的，因为企业必须考虑成本投入，需要最小代价取得最适当（不一定是最好）的结果。有时候隐患治理很难彻底消除隐患，这就必须在遵守法律法规和标准规范的前提下，将其风险降低到企业可以接受的程度。可以这样说，“最好”的方法不一定是最适当的，而最适当的方法一定是“最好”的。

2）工程技术措施。工程技术措施的实施等级顺序是直接安全技术措施、间接安全技术措施、指示性安全技术措施等；根据等级顺序的要求应遵循的具体原则应按消除、预防、减弱、隔离、联锁、警告的等级顺序选择安全技术措施；应具有针对性、可操作性和经济合理性并符合国家有关法规、标准和设计规范的规定。

3）安全管理措施。安全管理措施往往在隐患治理工作受到忽视，即使有也是老生常谈式的提高安全意识、加强培训教育和加强安全检查等几种。其实管理措施往往能系统性地解决很多普遍和长期存在的隐患，这就需要在实施隐患治理时，主动地和有意识地研究分析隐患产生原因中的管理因素，发现和掌握其管理规律，通过修订有关规章制度和操作规程并贯彻执行来从根本上解决问题。

（4）闭环管理

“闭环管理”是现代安全生产管理中的基本要求，对任何一个过程的管理最终都要通过“闭环”才能最后结束。隐患治理工作的收尾工作也是“闭环”管理，要求治理措施完成后，企业主管部门和人员对其结果进行验证和效果评估。验证就是检查措施的实现情况，是否按方案和计划的要求一一落实了；效果评估是对完成的措施是否起到了隐患治理和整改的作用，是彻底解决了问题还是部分的、达到某种可接受程度的解决，是否真正能做到“预防为主”。当然不可忽略的还有是否隐患的治理措施会带来或产生新的风险也需要特别关注。

4. 安全生产形势预测预警

安全生产形势预测预警是指以隐患排查结果和仪器仪表监测检测数据为基础，辨识和提取有效信息，分析其可能产生的后果并予以量化，将有关信息经过综合分析形成直观的、动态的反映企业安全生产现状的安全生产预警指数系统，运用预测理论，建立数学模型，对未来的安全生产趋势进行预测，得出安全生产趋势的发展情况。

（1）预测预警的任务

1）以企业日常隐患排查工作为基础，发现工作场所存在的隐患，并及时纠正，使生产过程中人的不安全行为和物的不安全状态及管理缺陷处于被监测、识别、诊断和干预的监控之下。

2）通过对隐患排查数据、监测信息的分析，可以确定各种信息可能造成的后果，辨明造成伤亡的严重程度如何，确定是否处于安全状态，其主要任务是应用适宜的识别指标判断可能造成的后果，此对整个预警系统的活动至关重要。将分析得出的不安全因素进行量化，对可能造成的后果进行量化统计分析，加以系数修正，计算得出安全生产预警指数，通过安全生产预警指数走向的升高和降低，直观反映当前安全状况是安全、注意、警告或是危险。

3）利用系统分析、信息处理、建模、预测、决策、控制等主要内容的预测理论，定量计算未来安全生产发展趋势，警示生产过程中将面临的危险程度，提请企业采取有效措施防范事件事故的发生。

4）根据安全生产预警指数数值大小，对事故征兆（险肇事件）的不良趋势采取不同的措施，进行矫正、预防与控制。

5）对可能造成损失的事件及时进行整改，分析规律，防范同类事件的发生。

（2）预测预警指数系统的建立

这里所指的预测预警指数系统是根据中国安全生产协会的《安全生产预警指数管理系统》的有关内容提出的，供企业参考。

1）收集数据。安全生产预警的基础是数据的收集，数据来源为两个方面：隐患排查的结果及仪器仪表监测数据。在隐患排查中，不仅要发现物的不安全状态，同时对人的行为也要加以判断，对于好的安全行为要及时表扬并记录在案，仪器仪表监测过程中不正常的数据要进行整理。通过对历史数据、即时数据的整理、分析、存储，建立安全预警数据档案。

2）分析判断。对收集到的信息、数据进行分析，判断已经发生的异常征兆及可能发生的联锁反应，评价事故征兆可能造成的损失。对分析的结果进行分类统计，形成部门安全预警情况报告，上报企业安全管理部门，汇总分析后，得出当前安全生产预警指数报告。分析判断包括原始数据判断和伤害等级判断。

3）系数修正

①报告份数修正。为了消除规定时间内安全预警情况报告数量不同对安全生产预警指数的影响，按每周（月）适合本企业的平均数来修正周（月）伤害统计值。

②事故修正。事故的发生会造成安全生产预警指数的升高，另外，每次事故发生后都会对一定时期内的安全生产工作产生影响，因此，系数修正要考虑不同级别事故及事故发生后一段时期内的影响。

③隐患整改率修正。隐患整改率的高低直接影响企业安全生产状况，因此，要根据不同的隐患整改率，进行修正。

④培训及演练修正。安全教育培训是提高员工安全意识和安全素质，防止产生不安全行为，减少人员失误的重要途径。因此，培训能够降低企业安全风险，降低安全生产预警指数值不同级别的培训（厂级、车间级和班组级）对员工的影响不同，修正值不同。

4）计算。安全生产预警指数的计算是以规定时间段内的各部门安全预警情况报告为基础，进行报告份数、演练、培训、事故、隐患整改率等系数修正，计算得到安全生产预警指数值。包括统计值计算和安全生产预警指数计算。

5）生成图形。根据预警指数数值，并按照时间顺序，将一段时间内的安全生产预警指数连接后，即构成了安全生产预警指数图，从而直观反映企业整体安全形势。

运用预测理论，对历史安全生产预警指数进行整理、修正后，消除影响因素，建立数学模型，生成安全生产趋势图，直观预测企业安全生产趋势。

第二节 机械制造企业事故隐患治理相关制度

安全管理规章制度是企业安全生产的基础，也是企业安全管理的基础。机械制造企业在生产过程中，必须要建立健全安全生产规章制度，这不仅是法律法规的要求，也是企业生产的实际需要。俗语说："没有规矩不能成方圆。"做任何事情都需要有规矩和行为制度，制度是人们共同遵守的办事规程和行为准则，不守规矩，自行其是，不仅会妨碍他人，还有可能危及他人的人身安全。因此，在机械制造企业，必须制定周密翔实、切合实际的安全生产规章制度，通过规章制度做好企业的安全生产管理工作。在此介绍一些机械制造企业常用的规章制度，作为参考。

一、机械制造企业安全生产检查办法

(1) 为了使安全检查工作规范化、制度化，真正起到及时发现问题、揭露事故隐患、控制事故发生的目的，特制定本办法。

(2) 本办法规定了安全检查的方式、内容、程序、时间安排，以及相关单位、部门、人员的职责。

(3) 安全检查分为定期检查和不定期检查两种形式。定期安全检查包括季度综合性安全检查和专业性安全检查；不定期检查包括日常巡检、临时性检查和各职能部室自行组织的分管业务范围内的安全检查。

(4) 定期检查均由安全管理部门牵头，各职能部门配合。

(5) 综合性安全检查规定为每季度开展一次，并与相近的节前安全检查合并同时进行。每次检查由公司总经理和分管安全工作的副总经理总负责，以各单位人、机、环和安全管理为内容，进行全面检查，同时根据上级要求和公司安全形势有所侧重。

(6) 综合性安全检查采取必检与抽检相结合的形式进行，每次检查不少于八个单位。危险化学品使用单位为每次必检单位，其余为抽检单位，抽检单位在检查前由安全管理部门根据实际情况随机抽取确定，保证每个单位一年内最少被检查一次。

(7) 专业性安全检查包括易燃易爆（含消防）、锅炉压力容器及起重设备（含提升设备及电梯）、电气设备、工程建设项目等专业性安全检查，每年各进行两次。各项专业性安全检查均采取必检与抽检相结合的方式进行。

1) 易燃易爆（消防）专业性安全检查以危险化学品及消防工作的安全管理为主要内容。主要由安全管理部门和专业技术人员配合检查。

2) 锅炉压力容器及起重设备专业性安全检查以相应特种设备的安全管理和运行为内容。主要由设备部门、起重机械检测站、检测中心的专业技术人员配合检查。

3) 电气设备专业性安全检查以电气设备、设施的安全管理和运行为主要内容。主要由设备部门的专业技术人员配合检查。

4) 厂内机动车辆专业性安全检查以安全管理和使用为主要内容。主要由车辆管理部门的专业技术人员配合检查。

5) 工程建设项目专业性安全检查以新建、改建、扩建和技术改造工程项目的现场管理和安全防护等为主要内容。主要由工程管理部、监理公司的专业技术人员配合检查。

(8) 日常巡检以人的不安全行为、物的不安全状态、隐患整改情况及相互沟通信息，协调解决各单位所存在安全问题为内容。主要由各级安全管理人员及相关专业技术人员进行。

(9) 临时性安全检查以国家、省、市等上级部门对安全生产工作的要求和公司安全生产工作中的突出问题为内容，由安全管理部门负责根据需要随时组织检查。

(10) 各单位及各职能部室要根据分管的业务范围的安全工作需要，负责组织临时性的安全检查和日常巡检，并要形成制度。

(11) 各类安全检查要将外来施工队伍纳入自己的检查范畴内。

（12）开展定期安全检查前，由安全管理部门下发检查通知和安排，必要时组织召开预备会。检查结束后，由检查组成员填写“安全检查责任表”（略），写明隐患部位、隐患内容、整改措施，签署检查者姓名。由安全管理部门负责按隐患类别和整改期限汇总，以书面形式下发隐患整改通知书，同时安全管理部门及相关专业部门要对隐患整改工作进行跟踪督促检查。

（13）临时性安全检查中查出的事故隐患，检查人员要及时下发隐患整改通知单，并监督按期整改。

（14）相关单位接到隐患整改通知书（单）后，要按隐患整改通知书（单）上规定的隐患内容和整改期限，进行认真整改。

（15）整改结束后，要填写“隐患整改核销表”（略）。主管厂（矿）长在“隐患整改核销表”上签字确认后，将整改结果及时报安全环保部和相关职能部门核销。对隐患已整改而未上报核销的，以未核销论处。

（16）对因客观原因不能及时或暂时无法整改的隐患，相关单位要在“隐患整改核销表”上注明原因及所采取的防范、控制措施，并由单位分管安全的领导认可。

（17）对不能按要求整改的隐患，安全环保部要予以确认，对防范控制予以审查，同意后方可实施。责任单位在采取防范措施后，仍要积极创造条件，抓紧整改，消除隐患。

（18）接到隐患单位的整改核销表（单）后，安全管理部门和各相关职能部门要组织力量对其抽查确认。抽查率要不低于30%。抽查后，抽查人要在“隐患整改核销记录”“隐患抽查记录”上记录、签字。安全管理部门和各二级单位要建立隐患整改台账。

（19）安全管理部门要对定期安全检查和自己牵头组织的临时性安全检查的全过程负责。

（20）各职能部门要对分管业务范围内的隐患检查及整改负责。在检查时各职能部门必须按要求保证派人参加，不得缺席。有关人员外出时本部门要安排其他人员参加。

（21）各类安全检查情况及查出的重大安全问题或隐患，由安全管理部门汇总，按季度向安全生产委员会汇报。

（22）安全管理部门、各职能部门、各检查组及检查人员必须对安全检查工作高度重视、认真负责，根据自己的检查职责和检查范围，严格按照检查表所规定内容逐条逐项地认真检查，做到不漏检、不漏项。对安全检查认真负责者，要给予一定奖励。凡有下列行为者要追究相关部门或人员的责任：

1）凡因组织不力或检查不认真而留下隐患，造成事故的。

2）凡因复查不认真或不复查而留下隐患，造成事故的。

（23）凡对安全检查工作不配合或对查出的隐患未按期整改或隐患整改不彻底的单位，除按照集团公司《经济责任制考核办法》相关条款进行处罚外，每一条隐患扣罚单位季度（半年）安全奖500～1 000元，还要追究有关领导和责任人的责任。发生伤亡事故的，要加重处罚。

（24）各单位的整改核销结果还将作为季度（半年）安全奖的一项考核内容及年终评选先进的一项重要考核内容。在公司组织的各类检查中，如果发现单位核销的隐患未整改或整改不彻底，除追究有关领导责任外，扣罚单位季度（半年）安全奖 1 000～2 000 元。

（25）对于安全检查中发现的重复隐患，每一项扣罚单位季度（半年）安全奖 2 000 元。

（26）定期安全检查时间如遇特殊情况需要变动时，由安全管理部门临时决定提前或延期。

（27）本办法适用于公司范围内的所有单位和部门。

（28）本办法由集团公司安全管理部门负责解释。

（29）本办法自发布之日起执行。

二、机械制造企业重大危险源和重点部位管理制度

重大危险源指长期或者临时的生产、搬运、使用或者储存危险物品，且危险物品的数量等于或者超过临界量的单元（包括场所和设施）。一般来说，重大危险源总是涉及易燃、易爆或有毒性的危险物质。

重点部位是指有较大危险因素的生产经营场所、岗位、设施、设备等，可能造成从业人员或其他人员死亡、伤害的危险点。

重大危险源辨识依据《危险化学品重大危险源辨识》（GB 18218—2009），重点部位、等级划分按规定要求进行辨识。

1. 重大危险源控制

（1）重大危险源辨识

要全面、充分地辨识或确认重大危险源，在物质毒性、燃烧、爆炸特性基础上，依据危险物质及其临界量标准，确定哪些是可能发生事故的潜在危险源，可外请咨询机构专家。

（2）重大危险源评价

在重大危险源辨识和确认后，应对其进行风险评价。

1）辨识各类危险因素及其原因与机制。

2）依次评价已辨识的危险事件发生的概率。

3）评价危险事件的后果。

4）评价危险事件发生概率和发生后果的连贯作用。

5）上述评价结果与安全目标值进行比较，检查风险值是否达到可接受水平，否则需进一步采取措施，降低危险水平。

（3）重大危险源的管理

在对重大危险源进行辨识和评价后，对重大危险源要进行严格控制和管理。应对每一个重大危险源制定出一套严格的安全管理措施。技术措施包括危险化学品选择，设施设计、建造、运转、维修及有计划的检查，组织措施包括对人员的培训与指导、提供保证其安全的设备，工作人员水平、工作时间、职责的确定，以及对外部合同工和现场临时工的管理。

（4）重大危险源的安全报告

要求企业应在规定的期限内，对已辨识和评价的重大危险源向政府主管部门提交安全报告。如属新建的有重大危害性的设施，则应在其投入运转之前提交安全报告。安全报告应详细说明重大危险源的情况，可能引发事故的危险因素及前提条件，安全操作和预防失误的控制措施，可能发生的事故类型，事故发生的可能性及后果，限制事故后果的措施，现场应急计划等。

安全报告应根据重大危险源的变化及新知识和技术进展的情况进行修改和增补，并由政府主管部门经常进行检查和评审。

（5）制定应急计划

企业应负责制定现场应急计划，并且定期检验和评估现场应急计划和程序的有效程度，并在必要时进行修订。应急计划的目的是抑制突发事件，减少事故对工人、居民和环境的危害。因此，应急计划应提出详尽、实用、明确和有效的技术与组织措施。场外应急计划由政府主管部门根据企业提供的安全报告和有关资料制定。

2. 重点部位控制

重点部位可按下列四级进行划分：

（1）一级危险点

事故发生频率高或一旦发生事故会造成重大人身伤亡事故，引起重大设备事故、重大火灾事故的危险岗位、场所、设备，造成严重职业病危险点等。

（2）二级危险点

事故发生频率较大或容易导致重伤、残疾、多人伤害事故的危险岗位、场所、设备，造成较严重职业病危险点等。

（3）三级危险点

不会导致重伤以上的事故和重大设备、重大火灾事故的发生，但事故较常发生或有较大可能会发生的危险岗位、场所、设备，造成一般职业危险点等。

（4）四级危险点

具有一定的危险性，有可能发生一般伤害事故的岗位、场所、设备等。

危险点的升降级与增减要向主管部门申报。

3. 危险点的确定与控制

（1）各单位应参照危险点的划分标准，结合本单位以前事故案例、生产特点、工艺流程、设备运行情况、作业环境等进行系统分析、研究、选点、布点、设标、建档、控制。

（2）危险点应设立国家规定的安全标志，三级以上危险点必须按级设标志牌。内容包括危险级别、危险因素、预防措施、责任人。

（3）三级以上的危险点所属单位必须绘制该危险点的危险因素的控制图，详细列出各项潜在危险因素和可能造成的事故，制定防范措施和整改措施。

（4）各级危险点的防范措施应根据本单位历次事故教训和兄弟单位的事故教训、安全技术规程、标准化作业程序进行制定。

（5）一、二级危险点作业人员，必须经专业安全培训合格后方可上岗。一、二级危险点作业人员变更时，必须通知本单位安全管理部门认可后方可变更。

（6）危险点的控制管理负责人，按照危险点的不同级别分别落实。

（7）三级以上的危险点由责任人每周组织检查一次、抽查一次，并做好检查记录，对检查发现的问题，应及时整改。重大问题立即上报。

4. 检查与考核

（1）一级危险点由厂安全生产管理部门负责定期检查、评定。

（2）二级危险点由厂属二级单位安全生产管理部门负责定期检查、评定。厂安全生产管理部门进行检查。

（3）三级危险点由二级单位所属工段负责定期检查、评定。厂安全生产管理部门进行检查。

（4）四级危险点由班组负责检查、评定。厂安全生产管理部门进行检查。

三级以上的危险点，各级组织在各类安全检查活动中均应列入重点检查目标，层层把关，做到共同管理控制。负责危险点检查的单位或责任者，不按规定进行检查的视为失职，失职应追究有关部门和个人的责任。

5. 安全标志

生产经营单位应当在有较大危险因素的生产经营场所和有关设施、设备上安装防护设施并设置明显的安全警示标志。在施工现场的危险地区应有警戒标志，夜间要设红灯警示。

灯光标志，要求明亮显眼；文字图形标志，要求明确易懂。各种警示标志，未经有关负责人批准，不得移动和拆除。

三、机械制造企业特种设备安全管理制度

（1）特种设备是指由国家认定的，因设备本身和外在因素的影响容易发生事故，并且一旦发生事故会造成人身伤亡及重大经济损失的危险性较大的设备（包括锅炉、压力容器、气瓶、压力管道、电梯、起重机械、厂内机动车辆、客运索道、游艺机和游乐设施等具有特殊潜在危险性的设备）。

（2）对本单位的特种设备进行明确标识和登记。

（3）使用单位必须对特种设备使用和运营的安全负责。使用单位必须使用有生产许可证或者安全许可证的特种设备。对使用的特种设备，必须按照有关要求申请相应的验收检验和定期检验。

（4）新增特种设备，在投入使用前，使用单位必须持监督检验机构出具的验收检验报告和安全检验合格标志，到所在地区的地、市级以上特种设备安全监察机构注册登记。并将安全检验合格标志固定在特种设备显著位置上以后，方可投入正式使用。

（5）使用单位必须制定并严格执行以岗位责任制为核心，包括技术档案管理、安全操作、常规检查、维修保养、定期报检和应急措施等在内的特种设备安全使用和运营的管理制度，必须保证特种设备技术档案的完整、准确。

（6）特种设备如遇到可能影响其安全技术性能的自然灾害后或者发生设备事故后，或者停止使用一年以上时，使用单位在再次使用前，应当对其进行全面检查，且必须消除影响安全的隐患。

（7）特种设备作业人员（指特种设备安装、维修保养、操作等作业的人员）必须经专业培训和考核，取得地、市级以上质量技术监督行政部门颁发的特种设备作业人员资格证书后，方可从事相应工作。

（8）使用单位必须对在用特种设备进行日常的维修保养。特种设备的维修保养必须由有资格的人员进行，无特种设备维修保养资格人员的使用单位，必须委托取得特种设备维修保养资格的单位，进行特种设备日常的维修保养。

（9）使用单位应当严格执行特种设备年检、月检、日检等常规检查制度，经检查发现有异常情况时，必须及时处理，严禁带故障运行。检查应当做详细记录，并存档备查。

（10）在用特种设备实行安全技术性能定期检验制度。使用单位必须按期向使用特种设备所在地的监督检查机构申请定期检验，及时更换安全检验合格标志中的有关内容。安全检验合格标志超过有效期的特种设备不得使用。

安全检验合格标志的有效期自签发验收检验或者定期检验合格报告之日起计算。

（11）标准或者技术规程有寿命期限要求的特种设备或者零部件，应当按照相应要求予以报废处理，特种设备进行报废处理后，使用单位应向负责该特种设备注册登记的特种设备安全监察机构报告。

（12）特种设备一旦发生事故，使用单位必须采取紧急救援措施，防止灾害扩大，并按照有关规定及时向当地特种设备安全监察机构及有关部门报告。

（13）在爆炸危险场所使用的特种设备，除执行本规定有关要求之外，还必须符合防爆安全技术要求。

（14）分别对各个特种设备做出详细记录并建立档案（应包括使用及年检维修情况）。

四、机械制造企业特种作业和危险作业安全管理办法

1. 特种作业

特种作业是指容易发生人员伤亡事故，并对操作者本人、他人及周围设施的安全有重大危害的作业。

（1）特种作业的种类

企业特种作业有以下几种：

1）电工作业。

2）金属焊接切割作业。

3）制冷作业。

4）国家规定的其他作业。

（2）特种作业人员要求

直接从事特种作业的人员，称为特种作业人员。特种作业人员必须经过安全教育和安全技术培训，经考核合格后，持证上岗作业。特种作业人员在学徒工期内，不得单独作业，必须由师傅监护。未经培训的人员严禁从事特种作业。

（3）特种作业人员基本条件

特种作业人员必须具备以下基本条件：

1）年龄满18周岁。

2）身体健康，无妨碍从事相应工种作业的疾病和生理缺陷。

3）初中以上文化程度，具备相应工种的安全技术知识，参加国家规定的安全技术理论和实际操作考核并成绩合格。

4）符合相应工种作业特点需要的其他条件。

（4）特种作业人员的安全教育培训

特种作业人员必须接受专业的安全教育培训，并经过考试合格。

1）特种作业人员安全技术培训考核按照国家主管部门统一制定的培训考核标准进行。

2）特种作业人员在独立上岗作业前，必须进行与本工种相适应的、专门的安全技术理论学习和实际操作训练。理论学习和实际操作的内容和学时应符合国家规定的培训大纲要求。专业（技工）学校以上的学生，已按现行特种作业人员安全技术培训规定接受培训的，可以不再培训，但应按照本办法规定进行考核。

3）经国家主管部门认可的特种作业人员培训点，负责本公司的特种作业人员的安全技术教育培训和取证工作，并列入职工教育培训计划。

（5）特种作业人员的复审

特种作业安全操作证，每2年复审一次。连续从事本工种10年以上的，经过单位组织知识更新教育后，可每4年复审一次。复审有关工作由安技环保部组织进行。复审内容包括：

1）健康检查。

2）违章作业记录。

3）安全生产新知识和事故案例教育。

（6）特种作业人员安全监督管理

1）企业安全管理部门为特种作业人员安全监督管理单位，负责对特种作业人员的考核、录用和教育培训等工作的监督管理。

2）厂和公司人力资源部对特种作业人员（包括因“一岗多能”从事特种作业的人员）的岗位根据生产需要进行设立和登记建档，并将人员变化情况及时通知职教中心和安技环保部，以便及时安排教育培训和取证事宜。

3）各单位欲参加特种作业安全操作资格培训考核的人员，应由所在单位统一填写“特种作业人员安全操作资格申请表”，经企业安全管理部门审查同意后，由职教中心组织进行培训取证，并报人力资源部登记建档。

4）经培训考核合格后，由职教中心向市主管部门申请颁发国家“特种作业安全操作证”。

5）特种作业人员必须持证上岗，未取得安全操作证前，必须有师傅的监护，不得单独作业。

6）各单位应加强对特种作业人员的管理，对本单位的特种作业人员登记建档，做好申报、培训、考核的组织工作和日常的监督检查，并将有关情况及时通知有关部门。

(7)“特种作业安全操作证”的管理

1) 安全操作证原则上应由本人随身持有保管。

2) 对特种作业人员集中的班组或工种，为避免操作证丢失和损坏，便于管理，可以单位（或班组）进行集中保管，但必须保证随时查看、随时能取用。

3) 对发生操作证丢失的人员和所在单位，按《安全生产管理办法》违章条款规定予以经济处罚，并交纳办证费用后，由职教中心办理补证；对发生损坏操作证的情况，按照违章处罚条款酌情处理。

(8) 特种作业人员作业资格的取消

有下列情形之一的，企业安全管理部门按规定收缴其特种作业安全操作证：

1) 未按规定接受复审或复审不合格的。

2) 违章操作造成严重后果或违章记录达 3 次以上的。

3) 伪造、涂改、转借或转让他人的。

4) 因故离开本公司及其所属分公司的。

5) 经确认健康状况已不适宜继续从事所规定的特种作业的。

2. 危险作业

危险作业是指作业具有一定的危险性，容易发生人员伤亡事故，并对操作者本人、他人及周围设施的安全有较大危害的作业。

(1) 危险作业范围

1) 高处作业。凡在坠落高度基准面 2 m 以上（含 2 m）有可能坠落的作业均称高处作业，在高空有固定操作室的（如天车工）除外。

2) 带电作业。

3) 有中毒或窒息危险的作业。

4) 禁火区内进行明火易燃的作业。

5) 爆破或有爆破危险的作业。

(2) 危险作业审批手续

凡属危险作业，应由具体执行部门填写“危险作业审批单”（略），一式三份，交企业安全（或消防）管理部门审查同意后，方可施工；安全（或消防）管理部门存档备查。

(3) 有关安全注意事项

1) 从事高处等危险作业的人员，都必须经过专业技术培训，熟练地掌握本工种操作技术和安全操作规程。

2) 危险作业必须具有可靠的安全保护措施，设置必要的警示标志，严禁无关人员进入工作现场。

3) 组织连续倒班作业时，要建立交接班制度，填写交接班日记，在交接生产的同时，交接安全情况。

4) 危险作业的组织实施部门必须根据“危险作业审批单”所列项目逐一填写清楚，经主管业务部门（安全或消防）审核批准后执行。

5) 因工作需要，将一般作业改为危险作业，应按此规定经审核后方可施工，如来不及办理审批手续，现场应指定专人负责，采取临时性安全措施，然后补办审批手续。

6）凡属高处、带电、中毒等危险作业由企业安全管理部门负责审核，属于禁火区明火作业和有爆炸危险的作业，由消防部门负责审查。

7）除各级安全值班人员、消防保卫值班人员应把当日危险作业作为值班检查的重点工作外，危险作业的组织实施部门还必须指定一名领导干部负责现场作业的指挥与监护。

本办法由企业安全管理部门负责解释。

本办法自下发之日起执行。

五、机械制造企业劳动防护用品管理制度

（1）劳动防护用品是指劳动者在劳动过程中为避免或减轻事故伤害或职业危害所配备的防护装备。劳动防护用品分为一般劳动防护用品和特种劳动防护用品。

（2）各单位必须为本单位需要使用劳动防护用品的从业人员免费提供符合国家标准或行业标准的劳动防护用品，且不得以货币或其他物品替代应当配备的劳动防护用品。

（3）必须监督、教育从业人员按照使用规则佩戴使用劳动防护用品。

（4）劳动防护用品的管理由单位有关部门统一管理，建立健全劳动防护用品的购买、验收、保管、发放、使用、检验、更换、报废等管理制度；由专职人员主管劳动防护用品的计划、审批和发放，并监督检查劳动防护用品的质量，指导劳动防护用品的采购，并在其使用前对其防护功能进行必要的检查。

（5）单位应到定点经营单位或生产企业购买特种劳动防护用品。购买的劳动防护用品须经本单位的安全技术部门验收。

（6）从业人员必须按单位的规定穿戴防护用品，凡个人未按规定穿戴使用防护用品（用具）或部门未按规定发放劳动防护用品（用具）而造成人身伤害事故的，单位应按严重违章对责任人进行批评和罚款处理。

（7）劳动防护用品的发放必须符合工种需要。

（8）劳动防护用品的具体发放程序、发放日期及发放纪律由各生产经营单位根据自身情况自行制定。

六、机械制造企业从业人员安全行为规范

本规范规定了本单位职工应遵守的通用安全守则。本守则适用于本单位正式职工、临时工、合同工及参观、实习、代培人员。

从业人员安全守则如下：

（1）牢记“安全第一，预防为主”的安全方针。

（2）严格遵守安全生产规章制度，不违章作业，并随时制止他人违章作业。

（3）进入生产现场应按规定穿防护服装，戴防护帽，不准将长发露出帽外，除专项规定外，不准穿裙子、高跟鞋、拖鞋、风衣、长大衣。

（4）从事有可能被传动机械绞辗伤害的作业，不准戴手套、长围巾，其他配饰物不得悬露。

(5) 从事对双目有伤害的作业，必须戴护目镜或防护面罩。

(6) 进入有可能发生物体打击的场所，必须戴安全帽，高处作业必须系安全带或设安全网。

(7) 在有易燃、易爆品的作业场所应穿防静电衣物。

(8) 水上作业必须使用救生衣或救生器具。到井底取水样或到有害气体的容器中作业前，必须先强制通风后才能作业。

(9) 爱护和正确使用机器设备、工具及个人防护用品。

(10) 上班前 4 h 以内和工作中不得饮酒。

(11) 生产现场不许打闹、开玩笑、睡觉或擅离岗位。

(12) 不准将小孩、无关人员带到工作场所。

(13) 在生产现场要走安全通道，不准骑自行车，不准在吊物下停留和行走。

(14) 认真掌握安全技术操作规程、标准化作业程序，并不断丰富安全生产知识，增加自我防范能力。

(15) 在未采取安全措施的情况下违章指挥、冒险作业，工人有权拒绝操作。

(16) 发现有危及职工人身安全的重大隐患时，应立即报告单位领导，并组织及时排除，在隐患未排除或未采取可靠的安全措施前，职工有权拒绝生产。

(17) 在进行特殊的危险作业前，不向职工交代清楚工作内容、作业程序、工作环境和安全注意事项，职工有权拒绝作业。

(18) 上班前，班组长（或班组安全员）不对工人进行安全生产培训、互保措施不落实，工人有权不接班。

(19) 对劳防用品穿戴不整齐或穿戴不符合劳动保护规定者，安全员有权制止其进入作业场所。

(20) 积极参加各种安全生产活动。

(21) 主动提出改进安全生产工作的意见。

第五章　机械制造企业安全检查

安全检查是排查事故隐患、预防事故发生的一个重要手段，也是安全生产管理的一项重要工作。事故源于隐患，而隐患又先于事故，这是一条规律。隐患是事故发生前的潜伏阶段，只要在事故发生前能及时发现和控制隐患，并能搞好防范措施，就能防止事故的发生。因此必须根据本企业的情况，不断进行安全检查，及时发现事故隐患，进而采取整改治理措施消除事故隐患，做到防患于未然，才能保证安全生产。

第一节　机械制造企业安全检查

安全检查是一种被广泛应用的方法，用来发现企业生产过程中存在的危险隐患，进而实施改进以避免可能发生的损失。对于企业来讲，安全检查既是安全管理中常用的一种管理手段，也是发现事故隐患的一种有效方式，更是预防事故的一个有效措施。对企业来讲，与安全检查的方式方法是否运用得当关系很大，方法得当，事半功倍；方法不当，事倍功半。因此根据本企业的实际情况，建立一个有效的安全检查体系，通过有效的安全检查，及时发现隐患、整改隐患是十分重要的。

一、机械制造企业安全检查的类型与内容

1. 安全检查的类型

安全检查主要有以下六种类型：

（1）定期安全检查

通过有组织、有计划、有目的的形式，固定日期和频次进行检查，来发现并解决问题。比如每周、每月、每季度等频次的检查。

（2）经常性安全检查

通过采取日常的巡视方式，经常性地对各个生产过程进行预防检查，及时发现隐患并消除之。

（3）季节性（节日性）的安全检查

针对不同的季节变化，按照事故发生的规律，重点对冬季防寒、防火、防煤气中毒，夏季防暑降温、防汛、防雷电等进行检查。重大节日前后职工忙于过节，注意力不集中，难免造成诸多人的不安全因素，必须检查并杜绝之。

（4）专项检查

对某些专业或专项问题及某些部位存在的普遍问题，进行单项的定性或定量的检

查。通过检查发现问题，制定整改方案，及时进行技术改造。

（5）综合性大检查

一般由主管部门或公司督查组对全公司各单位进行全面综合的检查。

（6）车间、班组、员工等的自查

车间人员对工作现场了如指掌，工作过程中有什么异常情况、安全隐患都能及时发现，开展车间安全自查，能保证事故隐患在第一时间内得到整改，维持生产的正常进行。

2. 安全检查内容之“五查、五看”

（1）查设备，看安全保护措施是否到位，有无故障和异常。

1）各类升降设备（电葫芦、卷扬机、升降机等的完好性）。

2）锅炉等压力容器及安全附件运行是否完好、是否在有效期。

3）电梯的可靠性、运行情况及有效期。

4）厂内交通工具的安全运行（是否带阻火器、按照指定路线行驶等）。

5）各类用电设备有无故障或缺陷及其防爆状况。

6）移动式电动工具有无漏电保护装置。

7）各类转动设备运行状况是否正常（有无异常噪声、是否缺油、是否异常振动、是否带病运行等）。

8）各类防护罩、护栏等安全防护装置和安全设施（灭火器、洗眼器、防护用具、应急照明、安全标识等）是否可靠能用。

9）玻璃液位计及易碎部位护罩的完好情况。

10）动火工具（氧气管、减压表、焊线、焊枪等）的完好性及规范使用情况。

11）避雷设施、防静电设施的完好性。

12）报警设施、气体探测设施的可靠性。

（2）查物料，看存用是否符合标准，有无泄漏和包装异常。

1）原料储存位置（阴凉通风处）、储存量是否符合要求，是否有防暑降温或防冻措施。

2）物料储存有无泄漏现象，围堰是否完好；易制毒品、剧毒品的储存、领取是否按规定程序执行。

3）生产区储罐存放物料是否超量，温度是否在正常范围。

4）库房物料储存是否符合规定要求。

5）气瓶的存放及使用是否符合规范要求。

6）研发、测试部门的化学试剂存放是否规范。

（3）查管道，看是否完好无损，有无跑冒滴漏和损坏。

1）各类放料、抽料临时管线连接的可靠性。

2）防静电跨接完好情况。

3）各排空阀、呼吸阀、安全阀是否正常。

4）压力表、真空表、温度计等计量器具的完好情况。

5）各类管线（法兰、焊口、阀门等）有无跑冒滴漏现象。

6）冷、热管线的保温是否完好。

7）检查地沟、窨井等地下空间的含氧量、有害气体的浓度是否符合要求。

（4）查工艺，看是否按规程操作，有无明显偏差和违规。

1）操作是否遵守安全操作规程。

2）是否严格执行岗位操作规程。

3）是否严格控制工艺指标。

4）是否认真记录生产过程。

5）工器具是否定置化管理。

6）岗位有无所使用物料的安全数据说明书并学习之。

7）是否认真进行巡回检查。

8）是否严格交接班。

（5）查人员，看是否按要求在职履责，有无违纪现象。

1）人员的安全意识。

2）是否按要求佩戴劳保用品，着装是否整齐。

3）是否违章操作、野蛮操作。

4）员工能否做到“四懂三会”，正确操作设备。

5）是否遵守劳动纪律，不离岗、睡岗、串岗或做与生产无关的事。

6）是否酒后上岗，是否疲劳上岗（长时间连班）。

7）上岗是否不携带火种、不接打手机、不上网或玩游戏。

8）进行特殊作业是否落实安全防护措施并办理特殊作业许可证。

3. 安全检查需要“三个纠正”

本质安全是安全管理的目标。对于企业员工来说，思想是人的本质，从根本上去纠正不正确、不规范的思想和行为，也能有效地防止事故发生，保证安全生产。

（1）纠正员工的麻痹思想

有些员工在生产过程中，对安全生产重要性的认识不够，对安全措施和安全规定感到麻烦，认为多此一举，存在着麻痹思想和侥幸心理，不遵守操作规程，不按安全要求操作，或者当生产与安全出现冲突时，有重工作轻安全的思想，往往导致事故的发生。因此，要高度重视安全生产，纠正麻痹思想，牢固树立安全第一的思想，实行安全优先的原则，确保生产目标的安全实现。

（2）纠正想当然的习惯

在生产作业中经常有习惯性违章的现象，出现习惯性违章的人员，大多是老员工。由于习惯性违章，致使错误的理念顽固地延续下去，正确的操作得不到执行，也就是说违章得不到纠正，隐患一直存在。根据因果关系原则，事故的发生是许多因素互为因果连续发生的最终结果，只要有诱发事故的因素存在，发生事故就是必然的，只是时间迟早而已。这种习惯性违章是导致事故发生的必然因素，因此，必须纠正和杜绝想当然的习惯，养成良好的行为习惯和操作习惯。

（3）纠正拖拉推脱的作风

安全无小事，一个小的隐患得不到及时的整改，就可能成为一起大事故的导火索。

安全工作的中心就是防止人的不安全行为，消除设备的或物质的不安全状态，中断事故联锁的进程，从而避免事故的发生。对安全检查中发现的隐患进行积极有效的整改，就是中断事故进程，消除事故的可能性。拖拉推脱的工作作风只能导致隐患继续存在得不到整改，使事故的苗头得不到遏制，条件一旦具备，事故发生将悔之晚矣。因此，必须纠正拖拉推脱的作风，提高执行力，树立雷厉风行的工作作风。

二、机械制造企业安全检查的要求

机械制造与加工企业安全检查的要求如下：

1. 到生产现场安全检查的要求

(1) 观察被检查单位厂容厂貌。

(2) 抽查重点机械加工车间、重点设备、安全装置与警示标志。

(3) 抽查重点辅助车间、重点辅助设备、安全装置与警示标志。

(4) 观察生产组织与生产现场状况。

(5) 抽查某些仓库及其安全设施。

(6) 随机找人交谈和询问，包括车间负责人、班组长、操作工人。

(7) 耐心倾听基层人员反映的安全生产和职业健康问题。

(8) 注意交谈时礼貌、自然、和谐、耐心，切忌生硬刻板。

2. 查阅文件和记录

(1) 查阅上级下发的有关安全生产的法规、文件和技术标准等。

(2) 查阅本单位印发的安全生产文件、会议纪要、规章制度等。

(3) 查阅安全生产委员会会议记录。

(4) 查阅生产调度会会议记录。

(5) 查阅危险点检查记录。

3. 现场抽样查证或演练

(1) 抽样查证关键岗位人员的持证上岗情况和安全培训情况。

(2) 抽样查证关键岗位的安全操作规程和操作记录。

(3) 抽样查证关键岗位的安全技术装备完好状态和检测有效期。

(4) 抽样查证压力容器、起重机械等特种设备检验合格证。

(5) 抽样查证事故应急救援预案和关键岗位人员是否进行过演练，是否会用灭火器等。

(6) 必要时临时进行消防演练或救护演练。

4. 安全检查活动的控制

(1) 基本上遵照检查计划进行抽样检查。

(2) 合理选择抽查样本，注意分层抽样、适度均衡。

(3) 注意重要危险因素的现状和控制措施。

(4) 注意发现安全生产先进典型、好的管理方法和经验。

(5) 注意发现生产安全事故隐患的表现和来源。

(6) 进行检查时及时沟通，统一意见。

5. 生产安全事故隐患的确定

（1）要有确定生产安全事故隐患的原则。

（2）注意探究生产安全事故隐患的成因。

（3）正确判定生产安全事故隐患的严重度。

（4）指出生产安全事故隐患的危害。

三、机械制造企业安全检查的做法

安全检查是建立良好的安全生产作业环境和秩序的重要手段之一。安全检查的目的在于发现不安全因素（危险因素）的存在的状况，如装置、设备、设施、工具、附件等的潜在不安全因素状况、不安全的作业环境场所条件、不安全的作业职工行为和操作潜在危险，以利采取防范措施，防止或减少伤亡事故的发生。

在安全检查上，许多机械制造企业根据本企业的情况，采取了一些有针对性、有特色的安全检查方法。我们来看几个事例。

1. 戚墅堰机车车辆厂实施检查监控体系的做法

江苏省常州市戚墅堰机车车辆厂内机分厂有职工 2 000 余人，其生产作业场地的特点是：多工种联合操作、立体式交叉作业，上有天车，下有地沟，中有机车，工人们称之为“海、陆、空联合作战”，危险性高，安全难度大。多年来，内机分厂在安全管理中，针对其生产的复杂性和特殊性，立足于生产作业现场的检查和监控，形成“分厂、车间、班组、现场‘五人小组’四位一体的检查监控体系”，层层监控，人人检查，有效地控制了事故的发生。

（1）分厂监控，领导检查

分厂党政工领导分片负责车间的安全检查，对各车间实施检查监控，加强现场检查，领导率先垂范。分厂党政工领导每月两次带领安全、设备、工具、消防、技术等专业技术人员，对所负责车间的生产作业现场按检查表内容和要求严格实施检查，同时还对两台 75 吨天车落车作业等七个 A 类危险点进行重点检查。对检查出的不安全因素和车间安全工作中存在的问题，及时督促车间落实整改，并把生产作业现场安全检查情况作为一项考核指标列入分厂月度经济责任制，对各车间进行考核。

（2）车间监控，每周检查

车间领导每周都要进行安全检查，对本车间进行自查监控。各车间党政工领导定人、定点（每位领导分别负责几个班组），每周带领车间专业人员对所分管班组的生产作业现场进行安全检查，并负责对所查出的事故隐患督促落实整改。

（3）“五分钟防范”，班组自查

在各生产班组中实施“五分钟防范法”，天天自查。每天利用上班前 5 min，班长带领班组人员对本班组生产场地、相关设备设施、班组人员劳动防护用品穿戴和人员身体状况、思想情绪等进行检查，发现隐患及时消除或上报，采取防范措施后再安排工作。利用下班前 5 min，检查电源是否切断，应灭火种是否已熄灭，是否达到“六不走”（电源不切断、火种不熄灭不走；环境不清扫不走；交接班记录不填好不走；工具不清点收好不走；设备不擦净不走；工件不堆放整齐不走）的要求，确认后再离开班组现场。

（4）现场“五人小组”，巡回检查

“五人小组”由各车间抽出工作责任心强，业务素质过硬的职工组成，定人定岗，对生产作业现场进行巡回检查，专司其职。每天负责巡回检查本车间生产作业现场，严格按现场管理一级标准的要求，检查操作人员的不安全行为，制止违章；检查生产现场存在的不安全因素，督促落实事故隐患的整改；检查作业环境是否达到“六无”标准。分厂的“五人小组”同时负责对各车间进行监督检查。

2. 山东方圆集团开展安全检查消除“三违”行为的做法

山东方圆集团位于胶东半岛，所属 19 个分厂、18 个分公司，主要产业为机械、建材、电子等，集团占地面积为 130 万平方米，有职工 3 600 余人。

在生产和经营管理中，方圆集团坚持“安全第一，预防为主”的方针，以杜绝各类生产安全事故为目标，不断强化安全生产管理，从而杜绝了重大人身伤害事故的发生，创造良好的安全生产业绩。良好的安全生产环境，同时又促进了生产的发展和企业的发展。

在安全生产管理中，方圆集团奉行管理是基础，检查是关键，把开展安全检查作为确保生产安全的一项重要措施。该集团每周对安全工作有布置、有检查，发现事故隐患及时整改。对查出的问题做到“三定”和“三不准”，即定出具体负责人，不准推卸责任；定出整改时间，不准擅自拖延；定出整改措施，不准消极应付。

除坚持常规安全检查外，集团还不定时派人到车间抽查，了解车间、班组是否落实了安全责任，各部门对查出的隐患是否做到了定人、定责、定时整改。集团对加强安全管理，消除“三违”行为，未发生事故的单位予以表彰、奖励；对习惯性违章行为当场进行纠正，对可能导致事故的危险行为进行曝光；纠正只喊口号、不抓实际的形式主义作风，对责任人进行通报批评。对不遵守管理制度，违章作业，造成事故的单位和个人，方圆集团实行一票否决制度，扣除其年底奖金，取消其年底评选先进的资格。

3. 北京豪特耐管道设备有限公司安全检查的做法

北京豪特耐管道设备有限公司是一家新型企业，主要致力于预制直埋保温管路系统的设计、开发与制造，是集中供热行业一家具有国际水准的预制直埋保温管生产商与供应商，为各种生产企业、商贸企业和居民住宅提供适合于不同类型管网要求的系列产品。所生产的产品包括：预制直埋保温管直管、管件、阀门、接头及泄漏报警系统，并提供设计支持和安装培训服务。凭借先进的设备及管理模式、尖端的技术和完善的质量保证体系，北京豪特耐管道设备有限公司能年产 300 km 以上的高质量预制直埋保温管及附件。

北京豪特耐管道设备有限公司作为一家新型企业，在安全生产管理上与一些有悠久历史的老企业有所不同，具有自己的特色，其特色体现为简洁明快、切合实际、讲求实用。这一特色，从该公司的《安全检查制度》中清楚地表现出来，可为中小型机械生产制造企业提供参考借鉴。

该公司领导认为，安全检查是公司发现事故隐患、控制事故发生的主要方法，也是建立良好的安全生产作业环境和秩序的重要手段之一。公司根据《安全生产法》的有关规定，制定公司安全检查制度如下。

（1）对安全检查的要求

1）安全检查周期。公司安全检查每季度一次，部门安全检查每月一次，班组安全检查每周一次，岗位安全检查每日进行，根据公司不同时期情况进行不定期检查。

2）安全检查的准备。为使安全检查达到预期的效果，检查人员必须在思想上和业务上做好准备。安全检查准备的内容主要有：

①根据实际情况确定检查目的，明确检查内容及重点。

②根据检查内容，有针对性地掌握相关法规及业务知识。

③掌握易发生事故的部位的情况及相关管理制度。

3）安全检查的跟进。坚持检查与整改结合，对于检查出的问题要督促责任部门落实整改措施，解决不了又无可靠的安全防范措施，且威胁职工生命安全的，可责令停产。

4）检查的记录。安全检查必须有相应的记录，记录的形式及表格以规范要求为准。

（2）安全检查的形式及责任人

1）综合性检查。公司安全管理部门要对公司安全的各个方面做全面检查。综合性安全检查由公司主管副总经理领导，公司安全管理部门组织各部门经理进行。

2）专业性检查。指防火检查、特种设备检查、特种作业检查、机动车检查、治保防范检查。在公司所在地有关安全主管部门的监督领导下，公司相关专业技术人员和安全管理人员共同配合完成。

3）日常检查。各级管理人员及安全员要经常深入生产现场巡视和检查安全生产情况。班组长及班组安全员负责日常巡回检查工作。

4）岗位安全检查。生产岗位的操作人员在班前、班中、班后对设备和自身防护进行检查。

（3）安全检查的内容

1）日常检查。日常检查的内容主要有：

①是否有职工反映安全生产存在问题。

②职工是否遵守劳动纪律，是否遵守安全生产操作规程。

③生产场所是否符合安全要求。

④安全通道及安全疏散门是否畅通。

2）岗位安全检查。岗位安全检查的内容主要有：

①设备的安全状态是否完好，安全防护装置是否有效。

②规定的安全措施是否落实。

③所用的设备、工具是否符合安全规定。

④作业场地及物品堆放是否符合安全规范。

⑤个人防护用品、用具是否穿戴齐全，是否可靠。

⑥操作要领、操作规程是否明确。

3）综合性检查。综合性检查的内容主要有：

①安全生产责任制、安全制度的执行情况。

②危险源、危险场所安全措施执行情况，安全警示标志是否完好。

③机械设备的防护装置、定时维护、保养情况。

④现场文明生产情况和环境条件。如生产现场清洁、工具和器具的定置摆放、通风、照明、安全通道、安全用品等。

⑤特种作业人员的安全检查。包括持证上岗、遵守操作规程情况。

⑥特种设备的安全检查。

⑦消防、基建、用电、仓库等专项检查情况。

⑧员工执行安全操作规程情况。

⑨劳动防护用品的发放和使用情况。

⑩隐患整改情况及其他有关安全的工作。

第二节　机械制造企业设备设施的安全检查

安全生产检查作为安全管理工作中的一项重要内容，它不仅可以消除隐患，防止事故发生，还可以及早发现企业生产过程中的危险因素，以便有计划地制定纠正措施，保证生产的安全，所以说，安全检查是保证企业安全生产的一个重要手段，运用得好可以起到事半功倍的效果。

一、机械加工设备设施的安全检查

1. 机械加工车间设备、设施布局和安全通道检查表（见表 5—1）

表 5—1　　机械加工车间设备、设施布局和安全通道检查表

序号	检查要点	检查准则	检查方法
1	车间设备、设施布局	（1）加工设备间距（以活动机件达到的最长范围计算），小型设备应≥0.7 m，中型设备应≥1 m，大型设备（运输线视同）应≥2 m （2）加工设备与墙、柱间距（以活动机件达到的最长范围计算），小型设备应≥0.7 m，中型设备应≥0.8 m，大型设备应≥0.9 m （3）作业空间（设备间距除外），小型设备应≥0.6 m，中型设备应≥0.8 m，大型设备（运输线视同）应≥1.1 m （4）高于 2 m 的空中运输线应有牢固的护罩（网） （5）设备间距合格率应为 100%	（1）查设备、设施布局分布图或汇总表，确定抽查的设备、设施 （2）对抽查的每一台设备、设施测量其设备间距，与墙、柱间距和作业空间，审查其是否合格 （3）工位器具、原材料、工作台、工具柜或其他物体堆放在设备附近，设备间距以设备与它们的最短距离计算 （4）空中运输线有无防护罩（网），安装是否牢靠 （5）因工位器具、原材料、工作台、工具柜或其他物体堆放而影响到作业空间视为该设备不合格

续表

序号	检查要点	检查准则	检查方法
2	车间安全通道	（1）车间安全通道应以醒目的划线界定 （2）车间的安全通道其人行道宽应≥1 m，车行道宽应≥1.8 m （3）车间通道不得有1处以上（含1处）被堵塞或占道超过道路宽度的1/3。两条通道的交叉路口堆放物品不得超过通道宽度的1/3 （4）车间通道不得有3处以上（含3处）被占，车间通道占道不得超过总长度的5%	（1）查工厂生产车间安全通道分布图或汇总表 （2）查工厂生产车间安全通道的宽度以划线中心线为基准 （3）抽查生产车间安全通道，并测量、统计占道长度，计算占道率 （4）抽查车间安全通道被占情况，并计算通道总长度，通道划线不清楚的视为占道
3	工位器具、工件、材料摆放	（1）作业场所的原材料、半成品、成品、废品及工具柜应进行定置管理、摆放整齐、平稳可靠 （2）各类工位器具，专用工、模、夹具存放应牢固可靠、符合安全要求 （3）产品、坯料等应限量存放，不得妨碍操作 （4）工件、材料等应堆放整齐、平稳可靠，高度不得超过2 m （5）工作场所的工位器具、工件、材料等摆放合格率应为100%	（1）作业场所是否有原材料、半成品、成品、废品及工具柜等物品摆放的定置图，各种物品是否按定置图摆放整齐、平稳可靠 （2）工作场所只能存放工艺规定使用的工位器具。工、模、夹具是否在划定的区域内摆放整齐，较大的是否支撑稳妥，便于吊装 （3）材料、产品、坯料的存放量：小件不超过班产量；大件生产完毕后应及时运走 （4）工件、材料等物品的堆放宽度与高度之比应小于1∶2，并有防滑、防倒措施 （5）直观检查工作场所的工位器具、工件、材料等摆放是否符合评价要求

检查评语和建议

检查人签名　　　　　　　　　　　　　　　　　　检查时间　　　年　　月　　日

2. 金属切削机床安全检查表（见表5—2）

表5—2　　　　　　　　　　金属切削机床安全检查表

序号	检查要点	检查准则	检查方法
1	金属切削机床的防护罩、防护栏	（1）高度在2 m以下的旋转部位（如传动带、转轴、传动链、联轴节、带轮、齿轮、飞轮、链轮、电锯等），应设置牢固可靠的防护罩 （2）高度在2 m以上有平台的旋转部位，应设置牢固可靠的防护罩 （3）高度在1.5 m以上的平台，应有防护栏	（1）直观检查高度在2 m以下的旋转部位是否设置牢固可靠的防护罩 （2）直观检查高度在2 m以上有平台的旋转部位，是否设置牢固可靠的防护罩 （3）直观检查高度在1.5 m以上的平台，是否有牢固可靠的防护栏

续表

序号	检查要点	检查准则	检查方法
2	防卡具脱落装置	(1) 防卡具脱落装置应齐全完好、安全可靠 (2) 未加防护罩的旋转部位的连接销、楔等不得凸出	(1) 检查防卡具脱落装置是否完好 (2) 检查未加防护罩的旋转部位是否有凸出的连接销、楔等
3	挡屑板和清切屑工具	(1) 金属切削机床的挡屑板等应完好可靠 (2) 机床应备有清除切屑的专用工具	(1) 直观检查高速切削时设置的挡屑罩或挡屑板，是否安装牢固、完好有效 (2) 清除切屑的钩、刷等专用工具应适应工作需要，检查是否备有
4	防弯装置	加工细长杆件（工件伸出主轴尾部 300 mm 以上时）的机床，应安装跟刀架、中心架、托架、支撑等防弯装置	现场检查加工细长杆件时是否装有跟刀架、中心架、托架、支撑等防弯装置
5	限位、联锁	机床的限位、联锁、操作手柄应灵活可靠	开机检查机床限位装置、联锁装置和操作手柄是否灵活可靠
6	机床的保护接地和照明灯具	(1) 机床保护接地（零）线应可靠 (2) 机床照明灯电压不得高于 36 V	(1) 手拉检查机床保护接地（零）线，是否松动 (2) 检查照明电压是否符合要求
7	大型机床直梯和护笼	有直梯的大型机床，其高度超过 2 m 的固定钢直梯必须设护笼，固定钢直梯和护笼应符合相应条款规定	直观检查有直梯的大型机床直梯和护笼是否符合要求

检查评语和建议

检查人签名　　　　　　　　　　检查时间　　年　　月　　日

3. 冲、剪、压机械安全检查表（见表 5—3）

表 5—3　　冲、剪、压机械安全检查表

序号	检查要点	检查准则	检查方法
1	离合器、制动器、紧急停止按钮、防护装置、脚踏操作装置、钢直梯护笼	(1) 离合器分、合应灵活可靠 (2) 制动器应灵敏可靠 (3) 紧急停止按钮应灵敏可靠 (4) 外露传动部位的防护装置应齐全可靠 (5) 脚踏板应用防滑钢板制作或采用其他防滑措施。脚踏操作装置外露部分的上部及两侧应有防护罩，且安装应牢固 (6) 大型设备上的固定钢直梯高度超过 3 m 时，2 m 以上部分应设护笼	(1) 抽查离合器：现场试车 5～10 次，不得出现连冲现象 (2) 抽查制动器：现场试车 5～10 次，制动是否灵敏可靠 (3) 抽查急停按钮：现场试车 3～5 次，是否灵敏可靠 (4) 抽查外露传动部位是否有完善的防护罩、盖、栏，未加防护罩的旋转部位的连接销、楔、键不得凸出 (5) 直观检查脚踏板和脚踏操作装置外露部分的防护罩 (6) 抽查设备上的固定钢直梯 2 m 以上部分是否设护笼

续表

序号	检查要点	检查准则	检查方法
2	安全信号装置	(1) 冲、剪、压设备应有自动送、退料装置 (2) 或者有完好的防冲手动安全装置，并有专用工具 (3) 电气开关和安全信号装置必须齐全完好，有醒目标志	(1) 有自动送、退料装置的视为合格 (2) 采用手动工具送、退料的，除工具满足要求外，还应设置安全装置；必要时现场试车5～10次，当人的手在工作区时，机床应不能启动 (3) 检查电气开关和信号装置是否齐全完好，是否有醒目标志
3	保护接地(零)线	设备的金属外壳接地(零)线应可靠	手拉检查设备的保护接地(零)线，是否松动
4	设备泵站	设备泵站自动控制的电气、液压系统必须安全可靠；最高和最低水位的电气、液压控制动作必须灵敏准确，不应有失控和误动作现象	开机检查设备泵站控制系统，是否灵敏、准确、可靠，各控制开关有无醒目标志
5	设备泵站的受压容器和受压部件	(1) 设备泵站的受压容器和受压部件必须是定点厂生产、有产品合格证 (2) 泵站的高压水、气罐和水压机的低压充液罐，必须有主管压力容器单位的质量证明书，并在检验周期内使用 (3) 高压管道的焊缝，必须定期进行探伤检查	(1) 查压力容器是否是定点厂生产、有无产品合格证 (2) 查受压部件的定期检验记录 (3) 高压管道的焊缝是否有定期探伤检查的记录，并在检验周期内使用
6	控制系统	所有控制系统的仪表、信号灯、报警器和安全溢流阀等安全附件，必须齐全、显示正确	直观检查控制系统的仪表、信号灯、报警器、安全溢流阀和其他安全附件是否完好，查压力表的校验标记和资料
7	泄漏及振动	高低压管道系统，工作中不允许高压水呈线状泄漏，所有管道不得有剧烈振动	正常工作时直观检查高低压管道系统的泄漏及振动情况

检查评语和建议

检查人签名　　　　　　　　　　　　　　　　检查时间　　年　　月　　日

4. 起重机械安全检查表(见表5—4)

表5—4　　　　　　　　　　起重机械安全检查表

序号	检查要点	检查准则	检查方法
1	起重机的钢丝绳	钢丝绳在一个捻距内钢丝断数不得超过钢丝数的10%；当钢丝绳磨损使其直径相对于公称直径减小7%及以上时，即使未断丝也应报废更新	在钢丝绳全长范围内随机抽段检查，重点是卷筒上的终端部位和常绕滑轮的部位，绳面应有润滑油
2	钢丝绳与卷筒槽匹配	钢丝绳尾端装卡牢固，压板数目不应少于2个；且吊钩处于最低点时卷筒上至少留有3圈	直观检查钢丝绳与卷筒槽是否匹配

续表

序号	检查要点	检查准则	检查方法
3	滑轮	无裂纹缺损，且转动灵活	用10倍放大镜检查
4	吊钩	钩体不许有裂纹、不许补焊	用10倍放大镜检查
5	制动器	制动器灵敏可靠，摩擦片的磨损不得超过原厚度的50%；制动时间≤2s	制动距离大车2 m以上、小车0.2 m以上
6	安全防护系统	下列安全防护装置应完好可靠： (1) 过卷扬限位器 (2) 大小车行程限位器 (3) 门窗电气联锁保护装置 (4) 紧急停止开关 (5) 终端缓冲器 (6) 信号装置 (7) 轨道端部阻挡器 (8) 露天行车夹轨钳 (9) 轨道接地 (10) 转动部位保护罩 (11) 滑线保护挡板 (12) 驾驶室地面绝缘垫 (13) 护栏	(1) 过卷扬限位器要求限位0.3 m，现场试车2次，动作有效可靠 (2) 现场试车2次，动作有效可靠 (3) 现场试车2次，动作有效可靠 (4) 现场试车2次，动作有效可靠 (5) 中速冲击2次，有效 (6) 滑线和配电柜信号灯，电铃声30 m范围能清晰听到 (7) 中速冲击2次不得开焊、变形 (8) 能承受最大风力 (9) 接地可靠，电阻≤4 Ω (10) 牢固可靠 (11) 牢固可靠，隔离有效 (12) 绝缘良好 (13) 护栏高度1 m以上，牢固可靠
7	吊索具	吊索具应上架定点摆放，标明额定承重量，齐全完好	直观检查吊索具是否符合要求

检查评语和建议

检查人签名　　　　　　　　　　　　　　　　　　　　检查时间　　年　　月　　日

5. 砂轮机安全检查表（见表5—5）

表5—5　　砂轮机安全检查表

序号	检查要点	检查准则	检查方法
1	砂轮机安装地点	(1) 固定式砂轮机安装地点适当，不准对着其他设备和操作人员，以及过往通道 (2) 若确因地形或位置限制，可在砂轮机正面装设高度不低于1.8 m的防护挡板	(1) 直观检查砂轮机是否安装在正对着附近设备及操作人员或经常有人过往的地方。一般应安装在专用砂轮机房内 (2) 检查防护挡板是否牢靠，并符合安全要求
2	砂轮	砂轮无裂纹，磨损至极限时应更换，转动时应平稳、无跳动	直观检查砂轮，应无裂纹，当砂轮磨损到直径比卡盘直径大10 mm时应更换

续表

序号	检查要点	检查准则	检查方法
3	除尘装置	有2台以上（含2台）的砂轮机安装在同一房间内时，应配有除尘装置	检查有无除尘装置，且是否符合要求
4	挡屑屏板	砂轮防护罩开口上端应设可调整的挡屑屏板，其宽度应大于砂轮防护罩宽度，并应牢固地固定在护罩上，砂轮圆周表面与护板间的间隙应小于6 mm	直观检查挡屑屏板是否完好可调，是否能挡住碎块飞出
5	护罩	砂轮卡盘外侧与砂轮防护罩开口边缘之间的间隙应为5～15 mm。防护罩应安装牢固	检查砂轮、砂轮卡盘、砂轮主轴端部，看砂轮卡盘外侧与砂轮防护罩开口边缘之间的间隙是否合格
6	卡盘（法兰盘）	卡盘（法兰盘）直径应大于砂轮直径的1/3，并有软垫	直观检查砂轮卡盘的直径和压紧面径向宽度尺寸是否一致
7	保护接地	砂轮机保护接地（零）线应可靠	手拉检查设备的外壳保护接地（零）线，是否松动
8	砂轮机托架	（1）砂轮托架应装卡牢固，且可调；砂轮圆周表面与托架间间隙不得大于3 mm （2）磨刀具的砂轮机不能与磨非刀具的砂轮机混用 （3）磨料头、料边、毛坯和材料进行火花鉴别的砂轮机可不设托架，但必须设置固定标志说明	（1）砂轮直径在150 mm以上的砂轮机，必须设置可调式托架，直观检查砂轮圆周表面与托架间的间隙是否符合评价要求，托架安装是否牢固 （2）检查是否有混用现象 （3）查看是否有标志说明

检查评语和建议

检查人签名　　　　　　　　　　　　　　　　　　　　检查时间　　年　　月　　日

二、热加工设备设施的安全检查

1. 工业炉窑安全检查表（见表5—6）

表5—6　　　　　　　　　　工业炉窑安全检查表

序号	检查要点	检查准则	检查方法
1	炉门升降机构	炉门升降机构应完好，平衡炉门的重锤配重应适当、悬挂可靠。炉门应有限位装置并与电源开关联锁。钢丝绳断丝不应超过总丝数的10%，尾端装卡应牢固。外露传动部位应设防护罩，有平台的炉窑应设护栏	开启、关闭手动炉门，应能上下自如，并能在任何位置停留。开启、关闭电动炉门，上下至极限位置时应能自动停止并能切断电源。控制柜上有电源指示灯显示
2	炉车钢丝绳、滑轮	炉车钢丝绳、滑轮应完整无缺损；钢丝绳断丝不应超过总丝数的10%，尾端装卡应牢固；炉底小车应设限位联锁装置	直观检查滑轮是否有裂纹、是否有缺损，启动炉底小车进出至极限位置时是否能切断电源、自动停车

续表

序号	检查要点	检查准则	检查方法
3	炉墙、炉衬	炉墙砌砖应完整；炉衬应严密、无剥落、无泄漏。电气设施接地应可靠	直观检查炉墙、炉衬是否符合评价要求，手拉检查电热炉金属外壳及电气设备接地线是否松动
4	各种炉窑的特殊要求	（1）锻造加热炉：炉门应无变形；排气管安装应正确；循环冷却水应流通正常、无泄漏 （2）退火炉、烘模炉：炉门应安装保险装置，且灵敏可靠 （3）煤气（天然气）炉：各种管道和气阀应完好、无裂纹，无泄漏 （4）盐浴炉：抽风设施应完好；测温仪表、仪器、热电偶应灵敏可靠、指示正确，并定期校验 （5）重油炉：油管、风管、加热管应无裂纹，无泄漏 （6）箱式电阻炉：电阻丝应完好，不露出槽外；测温仪表、仪器、热电偶应灵敏可靠、指示正确，并定期校验 （7）燃油反射炉：油管、风管、油嘴应无裂纹、无泄漏，并保持畅通；油压、风压应正常；测温仪表、仪器应灵敏可靠、指示正确，并定期校验 （8）气体渗碳炉：炉盖升降机构应可靠；炉盖应与电源联锁，限位装置应灵敏。风扇转动应平稳。冷却水管、输油管、排气管、滤油器应畅通、无裂纹、无泄漏 （9）气体氮化炉：炉盖、管道评价要求同渗碳炉。氨水瓶不应靠近热源、电源及接受强日光暴晒	（1）直观检查锻造加热炉炉门气管是否符合要求，循环冷却水是否正常流通，水循环系统各处是否无连续水滴 （2）打开退火炉、烘模炉门，应切断电源 （3）用气体检漏仪检查煤气（天然气）炉各管道、阀门连接处是否漏气或用肥皂水涂抹检查其是否产生气泡 （4）直观检查盐浴炉各仪表抽风设施是否符合要求；检查仪表校验记录或校验标签，认定是否定期校验 （5）直观检查重油炉的油管及其连接处是否有油滴挂，风管、加热管是否完好，无裂纹 （6）打开箱式电阻炉门检查，电阻丝应完好，不出槽；直观检查测温仪表、仪器、热电偶是否灵敏可靠，指示值是否正确，查仪表检验记录或标签，确认是否定期校验 （7）直观检查燃油反射炉的油管各连接处是否有油滴挂，风管是否漏气；直观检查测温仪表、仪器和热电偶是否符合要求，查仪表检验记录或标签，确认是否定期校验 （8）开启气体渗碳炉炉盖至极限位置是否切断电源停止上升。直观检查冷却水管、油管各连接处是否有水、油滴挂 （9）查证方法同气体渗碳炉。直观检查氨水瓶存放位置是否符合要求

检查评语和建议

检查人签名　　　　　　　　　　　　检查时间　　年　　月　　日

2. 工频感应加热炉安全检查表（见表5—7）

表5—7 工频感应加热炉安全检查表

序号	检查要点	检查准则	检查方法
1	炉体及安全附件	(1) 工频感应加热炉的炉体、炉底、炉衬应无泄漏 (2) 线圈铜管不得漏水、堵塞，绝缘层不得损坏 (3) 线圈引线与电源线连接应牢固 (4) 炉体安全附件应齐全，如应有炉体冷却风机、浇注用的防炉罩、排风装置等安全附件。电流表、电压表指示应灵敏、准确 (5) 炉盖应开启自如，封闭良好	(1) 直观检查炉体、炉底、炉衬是否有炉料泄漏痕迹 (2) 直观检查线圈铜管是否有水滴挂、水是否畅通、绝缘层是否破裂 (3) 直观检查线圈引线与电源线连接部位是否烧蚀、变色 (4) 检查炉体冷却风机、浇注用的防炉罩、排风装置等安全附件是否齐全。直观检查电流表、电压表指示是否灵敏、准确 (5) 启动炉盖检查是否符合要求
2	塞门	浇口柱塞门应灵活，无松动、卡死现象	直观检查不浇注时塞门处有无炉料外流，浇注时是否开启灵活
3	抽风罩	抽风罩转动应灵活	直观检查转动抽风罩是否转动灵活、无卡死现象
4	保护接地	金属外壳接地（零）线应可靠，接地电阻应不大于10 Ω	手拉检查金属外壳保护接地（零）线，是否松动；查接地电阻检测记录，无检测记录到现场实测

检查评语和建议

检查人签名　　　　　　　　　　　　　　　　　　检查时间　　年　　月　　日

3. 锻造机械安全检查表（见表5—8）

表5—8 锻造机械安全检查表

序号	检查要点	检查准则	检查方法
1	上下砧、销楔、横销	(1) 上下砧不应有松动现象 (2) 销楔、横销必须紧固 (3) 锤头燕尾应无裂纹	(1) 检查工作状态时上下砧有无松动现象，上下砧面叠合是否平行 (2) 直观检查各种销楔、横销、螺杆、螺母是否紧固 (3) 用放大镜检查锤头燕尾处有无裂纹
2	电机、连接机构	(1) 电机底座与基础连接应牢固 (2) 电机外壳保护接地（零）线应可靠 (3) 脚踏杆或操作手柄应与连接杆和旋阀连接牢固且操作灵活	(1) 直观检查电机底座与基础连接是否牢固 (2) 手拉检查设备外壳保护接地（零）线，是否松动 (3) 开机检查脚踏杆或操作手柄与连接杆和旋阀连接是否牢固、操作灵活；连接机构的铰链部位是否灵活可靠

续表

序号	检查要点	检查准则	检查方法
3	防护罩	传动的外露部分应有防护罩	检查传动的外露部分防护罩是否符合要求
4	操纵机	（1）操纵机夹钳应无裂纹，且转动灵活 （2）操纵机制动器工作应可靠 （3）锻造专用吊具应悬挂在专用架上；辅助工具应放在固定地点，并保持清洁、完好	（1）用放大镜检查夹钳是否有裂纹，手动检查是否转动灵活 （2）开停 3 次，检查操纵机制动器是否工作可靠 （3）直观检查锻造专用吊具、辅助工具等是否符合要求
5	贮气罐及其安全附件	（1）贮气罐必须是定点厂生产的合格产品，并在检验周期内使用 （2）贮气罐应无严重腐蚀，每年应对贮气罐除锈刷漆 （3）对未被列入压力容器管理的受压部件，应定期检验 （4）贮气罐安全附件（压力表、安全阀等）应完好	（1）检查贮气罐订货合同、产品合格证和检验资料，看是否在检验周期内使用 （2）直观检查贮气罐是否有腐蚀，并查近两年记录看是否每年对贮气罐除锈刷漆 （3）检查受压部件的检测记录 （4）检查安全附件是否完好，查铅封、检验周期和校验记录
检查评语和建议			
检查人签名			检查时间 年 月 日

4. 冲天炉及其装置安全检查表（见表 5—9）

表 5—9 冲天炉及其装置安全检查表

序号	检查要点	检查准则	检查方法
1	炉体	冲天炉的炉体应无严重锈蚀、损坏，防爆门、防爆箱应完整无损，启闭灵活	直观检查炉体及防爆门、防爆箱的完好程度，启、闭检查防爆门、防爆箱是否灵活
2	炉底板	炉底板厚度应符合工艺要求，无严重锈蚀。炉底板、炉底门应安装牢固，启闭灵活。若是人工启闭机构应安装保险门	检查工艺，测量炉底板厚度确认其厚度是否符合工艺要求。直观检查炉底板、炉底门是否严重锈蚀、安装牢靠
3	炉坑	炉坑内及冲天炉周围应整洁干燥。同时要求无尖锐物悬挂于坑壁和堆积在坑底	直观检查炉坑周围是否整洁干燥。坑内是否达到要求
4	鼓风机	鼓风机的电动机外壳保护接地（零）线应可靠，外露传动部位应设置防护罩	手拉检查接地（零）线是否松动，检查外露传动部位是否有防护罩
5	加料装置	（1）加料车附近应设符合要求的护栏 （2）升降机构应符合起重机械的相应要求 （3）料斗升降机构与装料口的门应联锁，加料机运行时应有警灯和警铃信号 （4）轨道、钢丝绳、吊钩应分别符合起重机械的相应要求	（1）检查加料车附近的护栏是否符合护栏要求 （2）开门检查，料斗升降机构应不能启动 （3）检查联锁、警灯和警铃信号是否符合要求 （4）轨道、钢丝绳、吊钩分别按起重机械相应要求检查

续表

序号	检查要点	检查准则	检查方法
6	加料平台	(1) 加料平台应低于加料口 0.5 m (2) 平台上堆放的炉料，不得超过设计载荷 (3) 平台的登高梯和平台护栏应符合相应安全要求	(1) 测量检查加料平台距加料口的高度是否符合要求 (2) 查设计资料并现场估算，查看平台上的实际承载负荷是否超载 (3) 检查平台的登高梯和护栏是否符合要求

检查评语和建议

检查人签名　　　　　　　　　　　　　　　　　　　　　　　　检查时间　　　年　　月　　日

三、其他生产作业设备设施的安全检查

1. 电焊机安全检查表（见表 5—10）

表 5—10　　　　　　　　　　　　电焊机安全检查表

序号	检查要点	检查准则	检查方法
1	电源线、焊接电缆与电焊机接线处	电源线、焊接电缆与电焊机接线处应有屏护罩	直观检查电源线、焊接电缆与电焊机接线处的屏护罩应能将接线处有效屏护。二次线接线端子如果已绝缘封闭，无屏护罩可视为合格
2	保护接地（零）	电焊机插座应与插头相匹配，且必须装有保护接地（零）线	电焊机插座是否完整无缺损、破裂，揭盖检查插座有无保护接地（零）线，接线是否正确
3	绝缘电阻	对电焊机变压器的绝缘电阻应每半年检测一次，电焊机变压器的一次线圈与二次线圈之间，引线与引线之间，线组和引线与外壳之间的绝缘电阻不得小于 1 MΩ	检查是否有绝缘电阻检测记录。一般查当年及上个半年的绝缘电阻测试记录
4	电焊机接线	(1) 固定式电焊机接线，插座到电焊机间的一次线应不超过 2 m，在不拖地、不占道的情况下可不超过 3 m (2) 固定在生产线工位上的焊机，一次线长度可按工艺适当放宽 (3) 移动式电焊机一次线超过 3 m 时，必须办理临时用电线路手续 (4) 二次线接头宜用焊接、压接和插接。二次线接头不允许超过 3 个	(1) 直观检查一次线的界限长度是否超过规定 (2) 移动式电焊机一次线超过 3 m 时，必须办理临时用电线路手续。查手续是否完备 (3) 直观检查二次线的接头方式和有无破损、裸露。一处破损或裸露视为一个接头 (4) 直观检查一、二次线与焊机的连接方式是否符合要求

检查评语和建议

检查人签名　　　　　　　　　　　　　　　　　　　　　　　　检查时间　　　年　　月　　日

2. 乙炔气瓶安全检查表（见表 5—11）

表 5—11　　乙炔气瓶安全检查表

序号	检查要点	检查准则	检查方法
1	外观检查	乙炔气瓶应无严重腐蚀和严重损伤： （1）瓶壁损伤深度不得超过壁厚的 1/4，长度不得超过 50 mm （2）瓶壁凹陷直径不得超过 50 mm，中心深度不得超过 5 mm （3）瓶体表面不得有鼓泡、膨胀或弯曲 （4）点状腐蚀深度不得超过壁厚的 1/3、面积不得超过 50 mm^2；密集点状腐蚀深度不得超过壁厚的 1/4、面积不得超过瓶体表面 30％ （5）瓶阀、易熔塞连接螺纹不得有严重腐蚀或损坏	（1）对乙炔气瓶进行外观检查，查看是否符合各项准则的要求 （2）如有条件，应检查有资质的检测单位的检测记录，以判定是否符合要求 （3）腐蚀深度可查有资质的检测单位的检测资料，腐蚀长度和面积可在现场进行测量检查 （4）检查检测记录，看瓶阀和易熔塞检测、壁厚测定和气压试验的数据，以判别其完好性
2	检验周期	乙炔气瓶应在检验周期内使用，乙炔气瓶应每 3 年检验一次	查看气瓶肩部钢印，确认其是否在检验周期内使用
3	超装	乙炔气瓶上应装有压力表，在 15℃时，限定充装压力为 1.55 MPa，应无超装现象	检查时打开压力表阀门记录瓶内压力，若大于 1.55 MPa 视为不合格
4	标志和标记	乙炔气瓶上应有明显的漆色标志和钢印标记	（1）检查乙炔气瓶的漆色标志是否符合标准规定 （2）检查乙炔气瓶上的钢印标记是否清晰可见
5	安全装置	乙炔气瓶上的安全装置应齐全有效： （1）钢瓶肩部上应设置易熔塞，熔点为（100±5）℃ （2）钢瓶应配有固定式瓶帽 （3）钢瓶应配有颈圈和底座，并安装牢固，防振胶圈应完好	（1）检查乙炔气瓶上的合格证，并查看确认钢瓶肩部是否设置易熔塞 （2）直观检查钢瓶是否配有瓶帽、颈圈和底座，是否安装牢固，防振胶圈是否完好
6	贮存安全	气瓶的贮存应符合安全要求： （1）乙炔气瓶应单库贮存，当库房与耐火等级三级及其以上厂房毗连时，二者不得有门、窗、孔洞相通 （2）检查库房内电气设施应为防爆型，线路应穿管敷设；严禁其他管线穿过贮存库 （3）检查乙炔气瓶贮存库与明火点的距离不小于 15 m （4）严禁乙炔气瓶与氯气瓶、氧气瓶及其他易燃物品同库贮存 （5）乙炔气瓶库房应有醒目的“严禁烟火”标志	直观检查或查阅资料与记录： （1）检查贮存库房是否符合要求 （2）检查库房内电气设施是否防爆，线路敷设是否符合要求 （3）检查乙炔气瓶贮存库是否远离明火 （4）检查乙炔气瓶是否与氯气瓶、氧气瓶及其他易燃物品同库贮存 （5）检查乙炔气瓶库房是否有醒目的“严禁烟火”标志

续表

序号	检查要点	检查准则	检查方法
7	使用安全	气瓶的使用应符合安全要求： (1) 严禁将瓶内气体用尽，应按规定留有剩余压力 (2) 钢瓶应防止暴晒、靠近热源和电气设备，与明火的距离不小于 10 m (3) 必须装设专用的减压阀和回火防止器 (4) 气瓶使用贮存时应固定牢固，防止倾倒，严禁卧放使用	直观检查或查阅资料与记录： (1) 检查空瓶压力是否合格 (2) 检查钢瓶是否有防晒措施，是否靠近热源和电气设备，并远离明火 (3) 检查是否有专用的减压阀和回火防止器 (4) 检查是否有固定气瓶的架子，是否有卧放使用的现象

检查评语和建议

检查人签名　　　　　　　　　　　　　　　　　　　　　检查时间　　年　　月　　日

注：严禁将瓶内气体用尽，应按规定留有剩余压力，检查空瓶压力是否合格。

3. 乙炔发生器安全检查表（见表 5—12）

表 5—12　　　　乙炔发生器安全检查表

序号	检查要点	检查准则	检查方法
1	回火防止器	乙炔发生器上应垂直安装回火防止器，安装应牢靠	直观检查回火防止器是否符合要求
2	安全阀	安全阀应与压力相匹配；泄压膜应使用专业厂生产的薄铝片或 1.5 mm 厚的橡胶片	用手能轻松地抬起安全阀，正常使用时不排气视为合格；查资料或商标，确认泄压膜是否是专业生产厂的产品
3	溢水口	溢水口或显示口应能开启并能正常显示和控制水位	直观检查溢水口或显示口是否符合要求
4	输气软管	(1) 输气软管应无破裂、变薄变软等老化现象 (2) 各连接处应连接牢固、无泄漏 (3) 氧气管应为黑色，乙炔气管应为红色	(1) 直观检查输气软管是否有老化现象 (2) 用手使劲拔拉软管，判定连接是否牢固、无泄漏 (3) 查看输气软管的颜色是否正确

检查评语和建议

检查人签名　　　　　　　　　　　　　　　　　　　　　检查时间　　年　　月　　日

4. 表面处理液体槽、电解槽安全检查表（见表 5—13）

表 5—13　　　　表面处理液体槽、电解槽安全检查表

序号	检查要点	检查准则	检查方法
1	槽体	槽体应为硬质塑料、钢或不锈钢板制成。槽体应坚固、防腐、无裂纹、不渗漏	检查槽体材质，若为钢制酸性镀槽要看是否加设与槽液相适应的防腐蚀衬里。直观检查槽体是否渗漏
2	绝缘装置	镀槽及电解槽上的导电装置与槽体间应有绝缘装置	直观检查镀槽及电解槽的绝缘装置是否符合准则要求

续表

序号	检查要点	检查准则	检查方法
3	导电部位	导电部位应保持干净、导电良好，正、负极相隔一定距离，有防止导电杆移动的措施	直观检查导电部分是否符合准则要求
4	防护栏	地下槽体应在地面上设置防护围栏，其高度应不低于1 050 mm。地下槽露出地面高度达到800 mm及其以上可不设防护栏	检查地下槽体的地面上是否设置防护围栏，且四周无缺口，测量其高度不低于1 050 mm视为合格
5	保护接地	电加热器应有保护接地且牢固可靠，如使用石英管加热器，则应在其外侧安装防护装置	手拉检查保护接地（零）线是否松动，直观检查石英管加热器外侧的防护装置是否完好

检查评语和建议

检查人签名　　　　检查时间　　年　　月　　日

5. 手持式电动工具安全检查表（见表5—14）

表5—14　　手持式电动工具安全检查表

序号	检查要点	检查准则	检查方法
1	手持式电动工具外观	手持式电动工具的防护罩、盖、手柄应齐全，无破损、变形和松动	直观检查防护罩、盖和手柄是否符合准则要求
2	开关、插头	开关应灵敏、无缺损和缺件；插头规格应与工具匹配，无破损	直观检查开关和插头，插头额定电流小于工具额定电流时视为不合格
3	绝缘电阻	每年应测量绝缘电阻一次，三种类别电动工具的绝缘电阻分别为：Ⅰ类工具＞2 MΩ；Ⅱ类工具＞7 MΩ；Ⅲ类工具＞10 MΩ	查看是否有绝缘电阻检测记录；若无检测记录，则要抽检绝缘电阻
4	电源线	应采用橡套软线做电源线，且无缺损、破裂和接头	直观检查电源线是否符合要求
5	漏电保护器	使用Ⅰ类手持电动工具，应装设漏电保护器	查Ⅰ类手持电动工具有无装设漏电保护器
6	接地（零）线	工具接地（零）线应可靠，否则必须戴绝缘手套并站在绝缘垫上使用	手拉检查保护接地（零）线，是否松动

检查评语和建议

检查人签名　　　　检查时间　　年　　月　　日

6. 手提式风动工具安全检查表（见表5—15）

表5—15 手提式风动工具安全检查表

序号	检查要点	检查准则	检查方法
1	手提式风动砂轮机砂轮夹紧装置	（1）砂轮夹紧装置应完好、不松动。紧固砂轮的主轴端部螺纹旋向应与砂轮旋转方向相反 （2）砂轮卡盘的直径应不小于砂轮直径的1/3，并配有直径比压紧面直径大2 mm、厚度为1～2 mm的软垫 （3）左右两卡盘与砂轮应同轴	（1）直观检查紧固砂轮的主轴端部螺纹旋向是否与砂轮旋转方向相反 （2）直观检查砂轮卡盘的直径、软垫 （3）直观检查左右两卡盘与砂轮是否同轴
2	气阀、开关和气管	气阀、开关应完好，气路密封应无泄漏，气管应无老化、腐蚀现象	直观检查气阀、气路是否漏气，气管是否龟裂、变软
3	工作部件	（1）砂轮、铲头和扳子等工作部件应无裂纹 （2）防松脱的锁卡应完好有效	（1）用放大镜检查砂轮、铲头和扳子等工作部件是否符合要求 （2）启动风动砂轮机检查铲头、扳子、夯头等工作部件锁卡是否牢靠
4	砂轮防护罩	（1）防护罩应能将砂轮、砂轮卡盘和砂轮主轴端部罩住，且完好无损，安装牢固 （2）防护罩的最大开口度不得超过180° （3）砂轮卡盘外侧面与防护罩开口边缘的间隙应小于15 mm 注：砂轮直径小于50 mm的可不设防护罩；有特殊工艺要求的砂轮也可不设防护罩，但必须定工序、定点使用	（1）直观检查砂轮防护罩是否完好无损，安装牢固 （2）直观检查砂轮防护罩的开口度，看是否能把危险部位完全罩住 （3）直观检查工具上是否设有固定标志指明

检查评语和建议

检查人签名　　　　　　　　　　　　　　　　　　　　检查时间　　年　　月　　日

7. 喷涂作业场所安全检查表（见表5—16）

表5—16 喷涂作业场所安全检查表

序号	检查要点	检查准则	检查方法
1	喷涂室结构	（1）喷涂室应为密闭或半密闭空间，用钢板制作或用混凝土建造，内壁表面应平整、易于清理积漆 （2）喷涂室必须用非燃烧材料制造，并有足够的泄压面积，1 m^3喷涂空间泄压面积不应小于0.1 m^2 （3）地面宜用不发火材料铺设 （4）配漆室与喷涂作业场所应分开	（1）检查喷涂室结构是否符合准则的要求 （2）直观检查喷涂空间泄压面积是否足够大 （3）直观检查喷涂室地面是否为不发火材料铺设 （4）检查是否在喷涂作业现场进行配漆

续表

序号	检查要点	检查准则	检查方法
2	防火间距	喷涂作业场所的防火间距应符合安全要求： (1) 喷涂作业与散发明火点的距离应大于30 m，有隔墙的不少于10 m (2) 浸漆房与烘房共厂房时，间距应大于7.5 m	(1) 直观检查喷涂作业场所的防火间距是否符合安全要求 (2) 直观检查喷涂作业场所与相邻厂房之间的隔墙是否用耐火材料构筑，门是否用耐火材料制造
3	门窗开向	作业场所的门窗应向外开	直观检查门窗是否朝外开
4	存放量	作业场所稀释剂、涂料的存放量不应超过当日用量	查工艺资料，判定稀释剂、涂料是否超量
5	电气设备	作业区内的电气设备应符合防爆要求	检查喷涂作业场所的电气线路是否穿管敷设，电气设施是否为防爆型
6	排风装置	(1) 作业现场应设置防爆排风装置 (2) 其风扇叶轮必须采用不发火材料制作 (3) 及时清除抽风罩及通风口部的积漆 (4) 室内通风应良好，抽风罩口的设置应合理，防止有害气体经过操作者呼吸带	(1) 直观检查排风装置是否为防爆型 (2) 检查风扇叶轮、风扇上的调节阀等活动部件是否采用不发火的材料制造 (3) 直观检查抽风罩及通风口部是否有积漆 (4) 直观检查室内通风是否良好
7	喷涂限压、安全报警、接地装置	(1) 无空气喷涂的喷枪应配置自锁安全装置 (2) 喷涂装置出气端的限压装置和超压安全报警装置应定期试验，并有记录 (3) 喷涂作业场所的所有接地装置的接地电阻应不大于4 Ω	(1) 检查喷枪是否配置自锁安全装置 (2) 检查喷涂装置出气端的限压装置和超压安全报警装置是否定期试验，有无记录 (3) 检查接地装置的检测记录
8	耐压和气密性检查	(1) 对液压缸、管路液压试验的压力应为最高工作压力的1.5倍。达到试验压力，10 min内压力不下降、无变形、无渗漏视为合格。并应有完整的试验记录 (2) 管线布置的最小曲率直径不小于软管直径的2.5倍	(1) 检查无空气喷涂装置中的增压缸体、部件、管路阀门是否进行液压试验，是否有检查记录 (2) 检查现场检查管线弯道的曲率半径是否合格
9	喷涂作业场所防火措施	(1) 作业场所应有醒目的“严禁烟火”标志，不得使用火炉、电炉加热涂料 (2) 检查喷涂作业与其他作业在同一车间时，应筑墙隔离，且距明火点10 m以外 (3) 检查车间内设置行车时，应有防止行车产生火花下落的措施 (4) 每50 m^2 至少配备一只8 kg干粉灭火器，消防水源应可靠，水枪、水带应齐全完好 (5) 作业场所的安全疏散口应不少于2个	(1) 检查喷涂作业场所是否有醒目的安全标志 (2) 检查喷涂作业场所是否远离明火，是否有防止火花的措施，并配有足够的消防器材 (3) 检查作业场所的安全疏散口是否足够

续表

序号	检查要点	检查准则	检查方法
10	静电喷涂漆	（1）静电喷涂室的室体宜用玻璃等绝缘材料建造 （2）门和通风机与静电发生器应电气联锁，静电喷涂室门一打开，电源应切断；启动通风设备后，才能再接通静电发生器电源 （3）检查静电发生器电源插座应独立接地，不得用零线代替地线 （4）静电发生器的高压输出与高压电缆接头之间应设置阻流电阻；高压电缆与静电喷涂枪连接处应设限流电阻 （5）高压静电发生器应设置自动无火花放电器 （6）操作人员应穿防静电的工作服	（1）检查静电喷涂室的室体材质和结构是否符合要求 （2）检查静电喷涂室的门及通风设施与静电发生器的联锁保护装置是否好用 （3）检查静电发生器电源插座是否独立接地，不得用零线代替地线 （4）检查静电发生器的高压输出与高压电缆接头之间是否设置阻流电阻；高压电缆与静电喷涂枪连接处是否设限流电阻 （5）检查高压静电发生器是否设置自动无火花放电器 （6）检查操作人员是否穿防静电的工作服
11	粉末喷涂	（1）粉末喷涂室宜用绝缘材料制造，内壁应光滑 （2）金属构架与工件应接地，接地电阻不大于 100 Ω，并有检测记录 （3）喷粉室应设置抽风及粉末回收装置，粉末回收装置应设置泄压孔，每 10 m^3空间的泄压面积为 1 m^2 （4）粉末输送管道应有防静电接地，接地电阻应小于 100 Ω，并有定期检测记录 （5）喷枪启动装置与粉末回收装置应电气联锁	（1）检查粉末喷涂室的构造和材质是否符合要求 （2）检查金属构架与工件是否良好接地 （3）检查喷粉室是否设置抽风及粉末回收装置，且有足够的泄压面积 （4）检查静电接地是否良好 （5）检查喷枪与粉末回收装置是否电气联锁

检查评语和建议

检查人签名　　　　　　　　　　　　　　　　　　　　　　　　检查时间　　年　　月　　日

8. 木工机械安全检查表（见表 5—17）

表 5—17　　木工机械安全检查表

序号	检查要点	检查准则	检查方法
1	木工机械安全装置	不同类型的木工机械，必须配备不同形式的、有效的安全装置： （1）检查木工平刨床如采用护指键式或护罩式安全装置，应符合 GB 12557—2010 的规定 （2）检查加工过程易飞出伤人的木工设备，应配备压料器或送料器 （3）自动联锁和限位装置应齐全完好，灵敏可靠 （4）各旋转部位的防护罩应完好，人的手在工作区内机械应不能启动	（1）检查木工平刨床如采用护指键式或护罩式安全装置，是否符合相关标准的规定 （2）检查加工过程易飞出伤人的木工设备，是否配备压料器或送料器 （3）开机试验 3 次检查自动联锁、限位装置是否完好 （4）检查各转动部位的防护装置是否完好可靠

续表

序号	检查要点	检查准则	检查方法
2	夹紧装置	夹紧装置应完好有效、工作可靠；跑车等设备两端应设护栏	检查夹紧装置是否完好；跑车两端的护栏是否符合要求
3	锁紧机构	直观检查锁紧机构，当木料被装夹加工时，工件不应松动、串位	检查各锁紧机构是否安装牢固、工作可靠
4	锯条、锯片、砂轮等	锯条、锯片、砂轮等应无裂纹和变形等缺陷。锯条接头应牢固、平整、无裂纹	用放大镜检查锯条、锯片、砂轮等有无裂纹和变形
5	吸尘装置 接地（零）线	（1）应有吸尘装置且完好有效 （2）电气设备的金属外壳接地（零）线应可靠	（1）开机检查吸尘装置是否运转正常、吸尘效果是否良好 （2）手拉检查设备的保护接地（零）线，是否松动
6	平刨台面开口量	平刨台面开口量，按设备型号不同，应符合相关标准的规定	按型号检查平刨机台面开口量是否符合相关标准的规定
检查评语和建议			
检查人签名			检查时间　　年　　月　　日

四、电力设备设施的安全检查

1. 工厂用变、配电站安全检查表（见表5—18）

表5—18　　工厂用变、配电站安全检查表

序号	检查要点	检查准则	检查方法
1	变、配电所环境	（1）变、配电所与其他建筑物之间应有足够的安全消防通道 （2）与爆炸危险场所、腐蚀性场所的安全距离应大于30 m （3）地势不应低洼或有防积水措施 （4）应设有能容纳全部变压器油量的贮油池或排油设施；贮油池内应填鹅卵石，排油设施应用混凝土构筑 （5）变、配电室门应向外开；高、低压室之间的门应向低压间开；相邻配电室门应双向开；双向门可代替单向门 （6）门、窗、孔应装设金属窗网；电缆沟、隧道、进户套管应有防小动物进入和防水措施	（1）直观检查安全消防通道。消防车辆是否能通行、转弯和掉头 （2）查看与周围有危险、腐蚀性场所的安全距离是否符合要求 （3）查看是否有防积水措施 （4）检查贮油池或排油设施是否符合标准要求 （5）直观检查变、配电间门的开向是否符合标准要求 （6）直观检查门、窗、孔有无金属网，地沟有无防小动物进入和防火措施

续表

序号	检查要点	检查准则	检查方法
2	100 kV·A及以上变压器	(1) 变压器不得漏油；油标、油位指示应清晰，油色应透明无杂质，变压器油应有定期绝缘测试报告 (2) 56 kV·A以上变压器应有温度计，油温应低于85℃，温度指示应清晰，冷却设备应完好 (3) 绝缘和接地应可靠，并有定期检测记录 (4) 瓷瓶、套管应清洁、无裂纹或放电痕迹 (5) 变压器应设置警示标志和护栏	(1) 直观检查是否滴油，指示是否清晰，油色是否透明无杂质 (2) 查看56 kV·A以上变压器的温度计和温度指示，320 kV·A及以下变压器不进行温度检查 (3) 查资料是否有一年一次的绝缘测试报告和三年一次的定期油质分析报告 (4) 直观检查瓷瓶、套管等变压器的其他部分是否符合要求 (5) 检查警示标志和护栏是否符合要求
3	高、低压配电间	(1) 配电间设置网状接地体，各电气设备外壳与接地体连接可靠 (2) 接地阻值每年应检查一次，配电间的网状接地电阻值不大于4 Ω (3) 绝缘手套、绝缘靴、绝缘棒、验电笔等绝缘工具、用具应有定期测试记录并贴有合格证 (4) 应有规定的警示标志及工作操纵标志 (5) 10 kV及以下配电装置室的操作通道宽度：固定式上面有开关设备时为1 m，两面有开关设备时为1.5 m	(1) 直观检查各电气设备设施外壳与接地体是否有可靠连接 (2) 查看接地阻值的年度检测记录是否符合标准要求 (3) 查看绝缘手套等安全用具是否齐全完好，是否有定期测试记录并贴有合格证 (4) 直观检查警示标志和工作操纵标志 (5) 检查变、配电间内各种通道是否符合安全要求
4	配电间内设施	(1) 配电间内瓷瓶、套管、绝缘子应清洁无裂纹 (2) 母线应清洁、接点接触必须良好；母线温度应低于70℃，相序识别标志黄、绿、红三色漆色鲜明 (3) 电缆进户、上杆应穿管保护，以管卡固定。接地线应用16 mm^2以上多股铜绞线焊接，不能采用铁铝线；电缆头外表应清洁、无漏油现象，且接地应可靠 (4) 油断路器应为有资质的厂家生产的合格产品，有一年一次的维修检验记录；1～2年一次的耐压试验记录及3次跳闸后的检修记录；油位应正常，油色应透明、无杂质、无漏油和渗油现象 (5) 操纵机构应为国家许可生产厂的合格产品，有维修检验记录；操纵应灵活，联锁应可靠，脱扣保护应合理可靠 (6) 空气开关灭弧罩应完整，触头平整 (7) 电力电容器外壳应无膨胀，无漏油现象	(1) 直观检查所有瓷瓶、套管、绝缘子是否清洁、无裂纹和放电痕迹 (2) 直观检查母线排列是否整齐，是否无油污和厚的积尘；相序识别标志漆色是否鲜明 (3) 检查电缆进户、上杆保护套管和管卡、接地线、电缆头外表等是否符合安全要求 (4) 检查油断路器是否有产品合格证；有无定期的绝缘测试记录；油位和油色是否正常，有无漏油和渗油现象 (5) 检查操纵机构是否为有资质的厂家生产的合格产品，是否有维修检验记录 (6) 直观检查其他部分

检查评语和建议

检查人签名　　　　检查时间　　年　　月　　日

2. 车间配电箱、柜、板安全检查表（见表5—19）

表5—19　　车间配电箱、柜、板安全检查表

序号	检查要点	检查准则	检查方法
1	车间配电箱、柜、板的设置安装	箱、柜、板应完好，安装设置应符合设计要求	(1) 木工车间及粉尘作业场所是否设置密闭式的箱或柜 (2) 一般生产作业场所是否设置封闭式的箱、柜、板 (3) 落地柜下沿距地是否低于10 mm，柜内外不许有明显的缝、洞相通 (4) 配电盘暗装时，底口距地是否达到1.4 m，明装时距地是否达到1.2 m (5) 布线应整齐美观 (6) 标准配电箱不得开洞装设插座、变压器、断路器等电气设备
2	电气连接	各种元件、仪表、开关等与线路应连接可靠、接触良好，无严重发热和烧损现象	直观检查各元件、仪表、开关与线路连接处，是否有烧损、变色、松动等现象
3	内外环境	箱、柜内及板上应无杂物、积水，箱、柜、板前应无堆积物、挂物，箱、柜顶不得堆物	直观检查箱、柜内及板上和周围环境是否符合评价要求
4	识别标志与编号	识别标志与编号应清晰、齐全	(1) 箱、柜、板上是否有全厂统一编号的号标，查设备部门及有关部门登记编号资料，与现场对照是否符合评价要求 (2) 打开配电箱、柜检查箱、柜内及板上有无标明每个开关和熔断器所控制的设备名称 (3) 直观检查插座有无明显的电压标志
5	保护接地	箱体外壳应有可靠接地（零）线，插座接线正确	(1) 手拉检查箱、柜外壳保护接地（零）线，是否松动 (2) 插座的保护零线与工作零线不能共用，查进线数量
6	熔断元件	各熔断元件应与负荷（或线路）匹配合理	熔断元件的熔体额定电流应不大于熔断器座的额定电流
7	屏护	外露元件应屏护完好	直观检查人可触及的外露元件是否有屏护

检查评语和建议

检查人签名　　　　　　　　　　　　　　检查时间　　年　　月　　日

3. 临时电源线安全检查表（见表 5—20）

表 5—20　　临时电源线安全检查表

序号	检查要点	检查准则	检查方法
1	易燃易爆场所严禁接临时线	严禁在有爆炸和火灾危险场所架设临时线路	查易燃易爆场所有无接临时线
2	临时接线申请	架设临时线路必须填写《临时接线申请单》，审批手续应完备，且不得超期使用	对申请、审批手续及使用期的检查： （1）查工厂经申请、审批使用中的临时电线明细表，凡明细表中未列入而在检查时查出的临时线，均视为不合格 （2）临时线使用期限一般不超过 15 天，特殊情况下需延长使用期限时，应办理延期手续，最长不得超过 3 个月，超期使用的视为不合格。基建施工用临时线期限，在施工期内使用视为合格
3	临时线架设	临时线必须沿墙或悬空架设，室内架设时距地面高度应大于 2.5 m，室外架设时应大于 4.5 m，跨越道路应大于 6 m	对临时线架设的检查： （1）直观检查临时线架设位置、方法。测量检查临时线距地面的高度 （2）临时线不能沿树木捆绑，直观检查是否符合要求
4	临时线距离	临时线与其他设备、门窗、水管的距离应大于 0.3 m	测量检查临时线与门窗、水管和其他设备的距离是否符合安全要求
5	保护接地（零）	临时用电设备保护接地（零）线应可靠	手拉检查临时用电设备保护接地（零）线，是否松动
6	开关与熔断器	临时线路应设一总开关，每一分路应设置与负荷相匹配的熔断器	直观检查总开关与熔断器是否符合安全要求
7	绝缘	临时线必须绝缘良好，导线截面应与负荷相匹配	查设备负荷、导线直径，确认是否符合安全要求

检查评语和建议

检查人签名　　　　　　　　　　　　　　　　检查时间　　年　　月　　日

第六章　机械制造企业重大危险源辨识与防范措施

重大危险源是指长期地或者临时地生产、搬运、使用或者储存危险物品，且危险物品的数量等于或者超过临界量的单元（包括场所和设施）。新修订的《安全生产法》第三十七条规定：生产经营单位对重大危险源应当登记建档，进行定期检测、评估、监控，并制定应急预案，告知从业人员和相关人员在紧急情况下应当采取的应急措施。防止重大安全生产事故，需要在物质毒性、燃烧、爆炸等特性基础上，确定危险物质及其临界量标准（即重大危险源辨识标准），通过危险物质及其临界量标准，这样就可以确定哪些是可能发生重大事故的潜在危险源，从而采取积极的消除或者预防措施，降低事故发生的危险性。

第一节　重大危险源监督管理相关规定

机械制造企业在生产过程中，主要使用各种机械设备对金属原材料进行加工，制造出符合设计需要的产品，故此不像化工企业那样需要大量使用各种危险化学品。但是机械制造也与一些危险化学品有着密切联系，例如为了道路运输的需要，建有汽油、柴油储存罐，为了产品喷漆的需要，建有常用危险化学品仓库等。因此，为防止重大安全生产事故的发生，也需要对相关重大危险源进行辨识，从而加强安全管理，预防重大事故的发生。

一、《危险化学品重大危险源监督管理暂行规定》相关要点

2011 年 8 月 5 日，国家安全生产监督管理总局公布《危险化学品重大危险源监督管理暂行规定》（国家安全生产监督管理总局令第 40 号），自 2011 年 12 月 1 日起施行。

《危险化学品重大危险源监督管理暂行规定》分为六章三十六条，各章内容为：第一章总则，第二章辨识与评估，第三章安全管理，第四章监管检查，第五章法律责任，第六章附则。制定《危险化学品重大危险源监督管理暂行规定》的目的，是为了加强危险化学品重大危险源的安全监督管理，防止和减少危险化学品事故的发生，保障人民群众生命财产安全。

1. 总则中的有关规定

在第一章总则中，对相关事项做了规定。

◆从事危险化学品生产、储存、使用和经营的单位（以下统称危险化学品单位）的

危险化学品重大危险源的辨识、评估、登记建档、备案、核销及其监督管理，适用本规定。

城镇燃气、用于国防科研生产的危险化学品重大危险源以及港区内危险化学品重大危险源的安全监督管理，不适用本规定。

◆本规定所称危险化学品重大危险源（以下简称重大危险源），是指按照《危险化学品重大危险源辨识》（GB 18218）标准辨识确定，生产、储存、使用或者搬运危险化学品的数量等于或者超过临界量的单元（包括场所和设施）。

◆危险化学品单位是本单位重大危险源安全管理的责任主体，其主要负责人对本单位的重大危险源安全管理工作负责，并保证重大危险源安全生产所必需的安全投入。

◆重大危险源的安全监督管理实行属地监管与分级管理相结合的原则。

县级以上地方人民政府安全生产监督管理部门按照有关法律、法规、标准和本规定，对本辖区内的重大危险源实施安全监督管理。

◆国家鼓励危险化学品单位采用有利于提高重大危险源安全保障水平的先进适用的工艺、技术、设备以及自动控制系统，推进安全生产监督管理部门重大危险源安全监管的信息化建设。

2. 重大危险源辨识与评估的有关规定

在第二章辨识与评估中，对相关事项做了规定。

◆危险化学品单位应当按照《危险化学品重大危险源辨识》标准，对本单位的危险化学品生产、经营、储存和使用装置、设施或者场所进行重大危险源辨识，并记录辨识过程与结果。

◆危险化学品单位应当对重大危险源进行安全评估并确定重大危险源等级。危险化学品单位可以组织本单位的注册安全工程师、技术人员或者聘请有关专家进行安全评估，也可以委托具有相应资质的安全评价机构进行安全评估。

重大危险源根据其危险程度，分为一级、二级、三级和四级，一级为最高级别。重大危险源分级方法由本规定附件 1 列示。

◆重大危险源有下列情形之一的，应当委托具有相应资质的安全评价机构，按照有关标准的规定采用定量风险评价方法进行安全评估，确定个人和社会风险值：

（1）构成一级或者二级重大危险源，且毒性气体实际存在（在线）量与其在《危险化学品重大危险源辨识》中规定的临界量比值之和大于或等于 1 的。

（2）构成一级重大危险源，且爆炸品或液化易燃气体实际存在（在线）量与其在《危险化学品重大危险源辨识》中规定的临界量比值之和大于或等于 1 的。

◆重大危险源安全评估报告应当客观公正、数据准确、内容完整、结论明确、措施可行，并包括下列内容：

（1）评估的主要依据。

（2）重大危险源的基本情况。

（3）事故发生的可能性及危害程度。

（4）个人风险和社会风险值（仅适用定量风险评价方法）。

（5）可能受事故影响的周边场所、人员情况。

（6）重大危险源辨识、分级的符合性分析。

（7）安全管理措施、安全技术和监控措施。

（8）事故应急措施。

（9）评估结论与建议。

危险化学品单位以安全评价报告代替安全评估报告的，其安全评价报告中有关重大危险源的内容应当符合本条第一款规定的要求。

◆有下列情形之一的，危险化学品单位应当对重大危险源重新进行辨识、安全评估及分级：

（1）重大危险源安全评估已满三年的。

（2）构成重大危险源的装置、设施或者场所进行新建、改建、扩建的。

（3）危险化学品种类、数量、生产、使用工艺或者储存方式及重要设备、设施等发生变化，影响重大危险源级别或者风险程度的。

（4）外界生产安全环境因素发生变化，影响重大危险源级别和风险程度的。

（5）发生危险化学品事故造成人员死亡，或者 10 人以上受伤，或者影响到公共安全的。

（6）有关重大危险源辨识和安全评估的国家标准、行业标准发生变化的。

3. 安全管理的有关规定

在第三章安全管理中，对相关事项做了规定。

◆危险化学品单位应当建立完善重大危险源安全管理规章制度和安全操作规程，并采取有效措施保证其得到执行。

◆危险化学品单位应当根据构成重大危险源的危险化学品种类、数量、生产、使用工艺（方式）或者相关设备、设施等实际情况，按照下列要求建立健全安全监测监控体系，完善控制措施：

（1）重大危险源配备温度、压力、液位、流量、组分等信息的不间断采集和监测系统以及可燃气体和有毒有害气体泄漏检测报警装置，并具备信息远传、连续记录、事故预警、信息存储等功能；一级或者二级重大危险源，具备紧急停车功能。记录的电子数据的保存时间不少于 30 天。

（2）重大危险源的化工生产装置装备满足安全生产要求的自动化控制系统；一级或者二级重大危险源，装备紧急停车系统。

（3）对重大危险源中的毒性气体、剧毒液体和易燃气体等重点设施，设置紧急切断装置；毒性气体的设施，设置泄漏物紧急处置装置。涉及毒性气体、液化气体、剧毒液体的一级或者二级重大危险源，配备独立的安全仪表系统（SIS）。

（4）重大危险源中储存剧毒物质的场所或者设施，设置视频监控系统。

（5）安全监测监控系统符合国家标准或者行业标准的规定。

◆通过定量风险评价确定的重大危险源的个人和社会风险值，不得超过本规定附件 2（略）列示的个人和社会可容许风险限值标准。

超过个人和社会可容许风险限值标准的，危险化学品单位应当采取相应的降低风险措施。

◆危险化学品单位应当按照国家有关规定，定期对重大危险源的安全设施和安全监测监控系统进行检测、检验，并进行经常性维护、保养，保证重大危险源的安全设施和安全监测监控系统有效、可靠运行。维护、保养、检测应当做好记录，并由有关人员签字。

◆危险化学品单位应当明确重大危险源中关键装置、重点部位的责任人或者责任机构，并对重大危险源的安全生产状况进行定期检查，及时采取措施消除事故隐患。事故隐患难以立即排除的，应当及时制定治理方案，落实整改措施、责任、资金、时限和预案。

◆危险化学品单位应当对重大危险源的管理和操作岗位人员进行安全操作技能培训，使其了解重大危险源的危险特性，熟悉重大危险源安全管理规章制度和安全操作规程，掌握本岗位的安全操作技能和应急措施。

◆危险化学品单位应当在重大危险源所在场所设置明显的安全警示标志，写明紧急情况下的应急处置办法。

◆危险化学品单位应当将重大危险源可能发生的事故后果和应急措施等信息，以适当方式告知可能受影响的单位、区域及人员。

◆危险化学品单位应当依法制定重大危险源事故应急预案，建立应急救援组织或者配备应急救援人员，配备必要的防护装备及应急救援器材、设备、物资，并保障其完好和方便使用；配合地方人民政府安全生产监督管理部门制定所在地区涉及本单位的危险化学品事故应急预案。

对存在吸入性有毒、有害气体的重大危险源，危险化学品单位应当配备便携式浓度检测设备、空气呼吸器、化学防护服、堵漏器材等应急器材和设备；涉及剧毒气体的重大危险源，还应当配备两套以上（含本数）气密型化学防护服；涉及易燃易爆气体或者易燃液体蒸气的重大危险源，还应当配备一定数量的便携式可燃气体检测设备。

◆危险化学品单位应当制定重大危险源事故应急预案演练计划，并按照下列要求进行事故应急预案演练：

（1）对重大危险源专项应急预案，每年至少进行一次；

（2）对重大危险源现场处置方案，每半年至少进行一次。

应急预案演练结束后，危险化学品单位应当对应急预案演练效果进行评估，撰写应急预案演练评估报告，分析存在的问题，对应急预案提出修订意见，并及时修订完善。

◆危险化学品单位应当对辨识确认的重大危险源及时、逐项进行登记建档。

重大危险源档案应当包括下列文件、资料：

（1）辨识、分级记录。

（2）重大危险源基本特征表。

（3）涉及的所有化学品安全技术说明书。

（4）区域位置图、平面布置图、工艺流程图和主要设备一览表。

（5）重大危险源安全管理规章制度及安全操作规程。

（6）安全监测监控系统、措施说明、检测、检验结果。

（7）重大危险源事故应急预案、评审意见、演练计划和评估报告。

（8）安全评估报告或者安全评价报告。

（9）重大危险源关键装置、重点部位的责任人、责任机构名称。

（10）重大危险源场所安全警示标志的设置情况。

（11）其他文件、资料。

◆危险化学品单位在完成重大危险源安全评估报告或者安全评价报告后15日内，应当填写重大危险源备案申请表，连同重大危险源档案材料，报送所在地县级人民政府安全生产监督管理部门备案。

◆危险化学品单位新建、改建和扩建危险化学品建设项目，应当在建设项目竣工验收前完成重大危险源的辨识、安全评估和分级、登记建档工作，并向所在地县级人民政府安全生产监督管理部门备案。

4. 有关法律责任的规定

在第五章法律责任中，对相关事项做了规定。

◆危险化学品单位有下列行为之一的，由县级以上人民政府安全生产监督管理部门责令限期改正；逾期未改正的，责令停产停业整顿，可以并处2万元以上10万元以下的罚款：

（1）未按照本规定要求对重大危险源进行安全评估或者安全评价的。

（2）未按照本规定要求对重大危险源进行登记建档的。

（3）未按照本规定及相关标准要求对重大危险源进行安全监测监控的。

（4）未制定重大危险源事故应急预案的。

◆危险化学品单位有下列行为之一的，由县级以上人民政府安全生产监督管理部门责令限期改正；逾期未改正的，责令停产停业整顿，并处5万元以下的罚款：

（1）未在构成重大危险源的场所设置明显的安全警示标志的。

（2）未对重大危险源中的设备、设施等进行定期检测、检验的。

◆危险化学品单位有下列情形之一的，由县级以上人民政府安全生产监督管理部门给予警告，可以并处5 000元以上3万元以下的罚款：

（1）未按照标准对重大危险源进行辨识的。

（2）未按照本规定明确重大危险源中关键装置、重点部位的责任人或者责任机构的。

（3）未按照本规定建立应急救援组织或者配备应急救援人员，以及配备必要的防护装备及器材、设备、物资，并保障其完好的。

（4）未按照本规定进行重大危险源备案或者核销的。

（5）未将重大危险源可能引发的事故后果、应急措施等信息告知可能受影响的单位、区域及人员的。

（6）未按照本规定要求开展重大危险源事故应急预案演练的。

（7）未按照本规定对重大危险源的安全生产状况进行定期检查，采取措施消除事故隐患的。

附件：

1. 危险化学品重大危险源分级方法（略）

2. 可容许风险标准（略）

二、《危险化学品重大危险源辨识》相关要点

2009 年 3 月 31 日，国家安全生产监督管理总局发布《危险化学品重大危险源辨识》（GB 18218—2009），自 2009 年 12 月 1 日起实施。

本标准的全部技术内容为强制性的。本标准代替《重大危险源辨识》（GB 18218—2000）。本标准由国家安全生产监督管理总局提出。由全国安全生产标准化技术委员会化学品安全标准化分技术委员会归口。

本标准与 GB 18218—2000 相比主要变化如下：

——将标准名称改为《危险化学品重大危险源辨识》；

——将采矿业中涉及危险化学品的加工工艺和储存活动纳入了适用范围；

——不适用范围增加了海上石油天然气开采活动；

——对部分术语和定义进行了修订；

——对危险化学品的范围进行了修订；

——对危险化学品的临界量进行了修订；

——取消了生产场所与储存区之间临界量的区别。

1. 适用范围

本标准规定了辨识危险化学品重大危险源的依据和方法。本标准适用于危险化学品的生产、使用、储存和经营等各企业或组织。

本标准不适用于：

（1）核设施和加工放射性物质的工厂，但这些设施和工厂中处理非放射性物质的部门除外。

（2）军事设施。

（3）采矿业，但涉及危险化学品的加工工艺及储存活动除外。

（4）危险化学品的运输。

（5）海上石油天然气开采活动。

2. 术语和定义

下列术语和定义适用于本标准：

（1）危险化学品。危险化学品是指具有易燃、易爆、有毒、有害等特性，会对人员、设施、环境造成伤害或损害的化学品。

（2）单元。单元是指一个（套）生产装置、设施或场所，或同属一个生产经营单位的且边缘距离小于 500 m 的几个（套）生产装置、设施或场所。

（3）临界量。临界量是指对于某种或某类危险化学品规定的数量，若单元中的危险化学品数量等于或超过该数量，则该单元定为重大危险源。

（4）危险化学品重大危险源。危险化学品重大危险源是指长期地或临时地生产、加工、使用或储存危险化学品，且危险化学品的数量等于或超过临界量的单元。

3. 危险化学品重大危险源辨识

（1）辨识依据

1）危险化学品重大危险源的辨识依据是危险化学品的危险特性及其数量，具体见表 6—1 和表 6—2。

2）危险化学品临界量的确定方法如下：

①在表 6—1 范围内的危险化学品，其临界量按表 6—1 确定。

②未在表 6—1 范围内的危险化学品，依据其危险性，按表 6—2 确定临界量；若一种危险化学品具有多种危险性，按其中最低的临界量确定。

表 6—1　　危险化学品名称及其临界量

序号	类别	危险化学品名称和说明	临界量（T）
1	爆炸品	叠氮化钡	0.5
2		叠氮化铅	0.5
3		雷酸汞	0.5
4		三硝基苯甲醚	5
5		三硝基甲苯	5
6		硝化甘油	1
7		硝化纤维素	10
8		硝酸铵（含可燃物＞0.2%）	5
9	易燃气体	丁二烯	5
10		二甲醚	50
11		甲烷，天然气	50
12		氯乙烯	50
13		氢	5
14		液化石油气（含丙烷、丁烷及其混合物）	50
15		一甲胺	5
16		乙炔	1
17		乙烯	50
18	毒性气体	氨	10
19		二氟化氧	1
20		二氧化氮	1
21		二氧化硫	20
22		氟	1
23		光气	0.3
24		环氧乙烷	10
25		甲醛（含量＞90%）	5
26		磷化氢	1
27		硫化氢	5
28		氯化氢	20
29		氯	5

续表

序号	类别	危险化学品名称和说明	临界量（T）
30	毒性气体	煤气（CO，CO 和 H_2、CH_4 的混合物等）	20
31		砷化三氢（胂）	12
32		锑化氢	1
33		硒化氢	1
34		溴甲烷	10
35	易燃液体	苯	50
36		苯乙烯	500
37		丙酮	500
38		丙烯腈	50
39		二硫化碳	50
40		环己烷	500
41		环氧丙烷	10
42		甲苯	500
43		甲醇	500
44		汽油	200
45		乙醇	500
46		乙醚	10
47		乙酸乙酯	500
48		正己烷	500
49	易于自燃的物质	黄磷	50
50		烷基铝	1
51		戊硼烷	1
52	遇水放出易燃气体的物质	电石	100
53		钾	1
54		钠	10
55	氧化性物质	发烟硫酸	100
56		过氧化钾	20
57		过氧化钠	20
58		氯酸钾	100
59		氯酸钠	100
60		硝酸（发红烟的）	20
61		硝酸（发红烟的除外，含硝酸>70%）	100
62		硝酸铵（含可燃物≤0.2%）	300
63		硝酸铵基化肥	1 000

续表

序号	类别	危险化学品名称和说明	临界量（T）
64	有机过氧化物	过氧乙酸（含量≥60%）	10
65		过氧化甲乙酮（含量≥60%）	10
66	毒性物质	丙酮合氰化氢	20
67		丙烯醛	20
68		氟化氢	1
69		环氧氯丙烷（3-氯-1，2-环氧丙烷）	20
70		环氧溴丙烷（表溴醇）	20
71		甲苯二异氰酸酯	100
72		氯化硫	1
73		氰化氢	1
74		三氧化硫	75
75		烯丙胺	20
76		溴	20
77		乙撑亚胺	20
78		异氰酸甲酯	0.75

表 6—2　　未在表 6—1 中列举的危险化学品类别及其临界量

类别	危险性分类及说明	临界量（T）
爆炸品	1.1A 项爆炸品	1
	除 1.1A 项外的其他 1.1 项爆炸品	10
	除 1.1 项外的其他爆炸品	50
气体	易燃气体：危险性属于 2.1 项的气体	10
	氧化性气体：危险性属于 2.2 项非易燃无毒气体且次要危险性为 5 类的气体	200
	剧毒气体：危险性属于 2.3 项且急性毒性为类别 1 的毒性气体	5
	有毒气体：危险性属于 2.3 项的其他毒性气体	50
易燃液体	极易燃液体：沸点≤35℃且闪点<0℃的液体；或保存温度一直在其沸点以上的易燃液体	10
	高度易燃液体：闪点<23℃的液体（不包括极易燃液体）；液态退敏爆炸品	1 000
	易燃液体：23℃≤闪点<61℃的液体	5 000
易燃固体	危险性属于 4.1 项且包装为Ⅰ类的物质	200
易于自燃的物质	危险性属于 4.2 项且包装为Ⅰ或Ⅱ类的物质	200
遇水放出易燃气体的物质	危险性属于 4.3 项且包装为Ⅰ或Ⅱ的物质	200

续表

类别	危险性分类及说明	临界量（T）
氧化性物质	危险性属于5.1项且包装为Ⅰ类的物质	50
	危险性属于5.1项且包装为Ⅱ或Ⅲ类的物质	200
有机过氧化物	危险性属于5.2项的物质	50
毒性物质	危险性属于6.1项且急性毒性为类别1的物质	50
	危险性属于6.1项且急性毒性为类别2的物质	500

注：以上危险化学品危险性类别及包装类别依据GB 12268确定，急性毒性类别依据GB 20592确定。

（2）重大危险源的辨识指标

单元内存在危险化学品的数量等于或超过表6—1、表6—2规定的临界量，即被定为重大危险源。单元内存在的危险化学品的数量根据处理危险化学品种类的多少区分为以下两种情况：

1）单元内存在的危险化学品为单一品种，则该危险化学品的数量即为单元内危险化学品的总量，若等于或超过相应的临界量，则定为重大危险源。

2）单元内存在的危险化学品为多品种时，则按下式计算，若满足下式，则定为重大危险源：

$$q_1/Q_1+q_2/Q_2+\cdots+q_n/Q_n\geqslant 1$$

式中　q_1，q_2，…，q_n——每种危险化学品实际存在量，t；

Q_1，Q_2，…，Q_n——与各危险化学品相对应的临界量，t。

三、《危险化学品重大危险源辨识》解读

《危险化学品重大危险源辨识》（GB 18218—2009）已于2009年12月1日起实施，是对《重大危险源辨识》（GB 18218—2000）的修订。

《危险化学品重大危险源辨识》（GB 18218—2009）的一个重要变化就是对危险化学品类别进行了重新划分，该划分使其与其他基础标准（如《危险货物分类和品名编号》《危险货物品名表》等）协调一致，便于企业和政府部门理解和使用。《危险化学品重大危险源辨识》（GB 18218—2009）取消了生产场所危险单元和贮存区危险单元的划分，重新定义了危险单元和重大危险源。规定：单元是指一个（套）生产装置、设施或场所，或同属一个工厂且边缘距离小于500 m的几个（套）生产装置、设施或场所。只要是一个（套）装置，它们之间距离小于等于500 m时即可划分为一个危险单元，危险单元内的物质数量达到标准规定临界量时即为重大危险源。这种规定与国外重大危险源相关法规标准一致，解决了企业在辨识重大危险源过程中的危险单元界定的困难，使标准简单明确，提高了标准的可操作性。

《危险化学品重大危险源辨识》（GB 18218—2009）的实施，将进一步增强企业辨识、控制重大危险源的安全意识，规范重大危险源辨识工作，对减少安全生产事故必将起到一定的积极作用。

社会现实是不断变化发展的，而法规标准却是相对稳定的，许多急需规范的社会现象缺乏法规标准的调整。2009年实施/修订或即将出台的安全生产、化学品法规标准还

有很多，如《危险化学品安全管理条例》的修订、《新化学物质环境管理办法》的修订等，这都体现了我国立法与时俱进的精神。随着我国化学品生产工艺和方法的改进、化学品监管水平的不断提高及新时代下暴露出的新情况、新问题都有可能和原有法规标准不相适应，法律法规滞后于实际是一个基本规律。因此，适时对原有法规标准进行修订，是适应社会发展的需要，对提高化学品安全监管具有极其重要的意义。

第二节　重大危险源基本概念与控制系统

危险源是事故发生的前提，是事故发生过程中能量与物质释放的主体。因此，有效地管理和控制危险源，特别是重大危险源，对于确保安全生产与职业健康，保证生产经营单位的生产顺利进行具有十分重要的意义。

一、重大危险源辨识简介

危险源辨识与控制理论的基础，是运用系统工程的方法辨识、消除或控制系统中存在的危险源，实现系统安全。其基本内容包括系统危险源辨识、危险性评价、危险源控制等。

1. 危险源定义

第 80 届国际劳工大会通过的《预防重大工业事故公约》，将危险源定义为：长期或临时地生产、加工、搬运、使用或储存危险物质，且危险物的数量等于或超过临界量的单元。此处的单元意指一套生产装置、设施或场所；危险物是指能导致火灾、爆炸或中毒、触电等危险的一种或若干物质的混合物；临界量是指国家法律、法规、标准规定的一种或一类特定危险物质的数量。

新修订的《安全生产法》，将重大危险源定义为：重大危险源，是指长期地或者临时地生产、搬运、使用或者储存危险物品，且危险物品的数量等于或者超过临界量的单元（包括场所和设施）。

2. 危险源的分类

依据我国安全生产领域的相关规定和结合行业的工艺特点，从可操作性出发，以重大危险源所处的场所或设备、设施进行分类，每类中可依据不同的特性进行有层次的展开。

一般工业生产作业过程的危险源分为如下五类：

（1）易燃、易爆和有毒有害物质危险源。

（2）锅炉及压力容器设施类危险源。

（3）电气类设施危险源。

（4）高温作业区危险源。

（5）辐射类危害类危险源。

3. 危险源辨识

危险源辨识是发现、识别系统中危险源的工作。这是一件非常重要的工作，它是危险源控制的基础，只有辨识了危险源之后才能有的放矢地考虑如何采取措施控制危险源。

以前，人们主要根据以往的事故经验进行危险源辨识工作。例如，通过与操作者交谈或到现场进行检查，查阅以往的事故记录等方式发现危险源。由于危险源是“潜在”的不安全因素，比较隐蔽，所以危险源辨识是件非常困难的工作。在系统比较复杂的场合，危险源辨识工作更加困难，需要利用专门的方法，还需要许多知识和经验。

危险源辨识方法主要分为对照法和系统安全分析法。

对照法是与有关的标准、规范、规程或经验进行对照，通过对照来辨识危险源。有关的标准、规范、规程，以及常用的安全检查表，都是在大量实践经验的基础上编制而成的，因此，对照法是一种基于经验的方法，适用于有以往经验可供借鉴的情况。

系统安全分析法主要是从安全角度进行的系统分析，通过揭示系统中可能导致系统故障或事故的各种因素及其相互关联，来辨识系统中的危险源。系统安全分析方法经常被用来辨识可能带来严重事故后果的危险源，也可以用于辨识没有事故经验的系统的危险源。

4. 第一类、 第二类危险源理论

按照危险源在事故发生、发展过程中的作用，可以将危险源分为两类。第一类危险源是指作用于人体的过量的能量或干扰人体与外界能量交换的危险物质。在实际生产中，往往把产生能量的能量源或拥有能量的能量载体及产生、储存危险物质的设备、容器或场所看作第一类危险源。为保证第一类危险源的安全运转，必须采取措施约束、限制能量，但约束限制能量的措施可能失效而发生事故。因此把导致能量或危险物质的约束或限制措施破坏或失效的各种不安全因素称为第二类危险源。

第一类危险源是事故发生的前提，它在发生事故时释放出的能量或危险物质是导致人员伤害或财物损失的能量主体，并决定事故后果的严重程度。这也是主要研究和分析的对象。第二类危险源是第一类危险源导致事故的必要条件，并决定事故发生可能性的大小。两类危险源的危险性决定了危险源的危险性。可以将第一类危险源的危险性称为系统一类危险性，第二类危险源的危险性称为系统二类危险性，两者决定了系统危险性。

5. 危险源控制概念

危险源控制是利用工程技术和管理手段消除、控制危险源，防止危险源导致事故、造成人员伤害和财产损失的工作。危险源控制的基本理论依据是能量意外释放论。控制危险源主要通过工程技术手段来实现。危险源控制技术包括防止事故发生的安全技术和减少或避免事故损失的安全技术。前者在于约束、限制系统中的能量，防止发生意外的能量释放；后者在于避免或减轻意外释放的能量对人或物的作用。显然，在采取危险源控制措施时，应该着眼于前者，做到防患于未然。另外，也应做好充分准备，一旦发生事故时防止事故扩大或引起其他事故（二次事故），把事故造成的损失限制在尽可能小的范围内。

管理也是危险源控制的重要手段。管理的基本功能是计划、组织、指挥、协调、控制。通过一系列有计划、有组织的系统安全管理活动，控制系统中人的因素、物的因素和环境因素，以有效地控制危险源。

6. 危险性评价是辨识危险源的基础

危险性是指某种危险源导致事故、造成人员伤亡或财物损失的可能性。一般地，危险性包括危险源导致事故的可能性和一旦发生事故造成人员伤亡或财物损失的后果严重程度两个方面的问题。

系统危险性评价是对系统中危险源危险性的综合评价。危险源的危险性评价包括对危险源自身危险性的评价和对危险源控制措施效果的评价两方面的问题。

系统中危险源的存在是绝对的，任何工业生产系统中都存在着若干危险源。受实际的人力、物力等方面因素的限制，不可能完全消除或控制所有的危险源，只能集中有限的人力、物力资源消除、控制危险性较大的危险源。在危险性评价的基础上，按其危险性的大小把危险源分类排队，可以为确定采取控制措施的优先次序提供依据。

采取了危险源控制措施后进行的危险性评价，可以表明危险源控制措施的效果是否达到了预定的要求。如果采取控制措施后危险性仍然很高，则需要进一步研究对策，采取更有效的措施使危险性降低到预定的标准。当危险源的危险性很小时可以被忽略，不必采取控制措施。危险性评价方法有相对的评价法和概率的评价法两大类。

7. 危险源辨识、评价与控制的实施

按一般意义上的理解，应该在危险源辨识的基础上进行危险源评价，根据危险源危险性评价的结果采取危险源控制措施，但是在实际工作中，危险源的辨识、评价与控制这三项工作并非严格地按照程序分阶段独立进行，而是相互交叉、相互重叠进行的。

例如，在某一个系统中存在着大量的不安全因素，按定义都可被看作是危险源，实际上受人力、物力等因素的制约，只能把其中一部分具有较高危险性的不安全因素当作危险源来处理，忽略危险性较小的不安全因素，故此在辨识危险源的过程中也需要进行危险性评价。在选择控制措施控制危险源时，也同样如此，需要对控制效果进行相应的评价，通过评价选择最有效的控制措施。这种评价通常是通过对比控制前和控制后危险源的危险性进行的。在采取危险源控制措施时，虽然可以控制原有的危险源，危险源控制措施本身却又可能带来新的危险源和危险性，因此，在进行危险源控制时仍然需要进行危险源辨识和评价工作。

二、危险源辨识技术

危险源辨识的目的，就是通过对系统的调查与分析，界定出系统中的哪些部分、哪些区域是危险源，其危险的性质、危害程度、存在状况、危险源能量与物质转化为事故的转化过程规律、转化的条件、触发因素等，以便有效地控制能量和物质的转化，使危险源不至于转化为事故。它是利用科学方法对生产过程中那些具有能量、物质的性质、类型、构成要素、触发因素或条件及后果进行分析与研究，做出科学判断，为控制事故发生提供必要的、可靠的依据。危险源辨识的理论方法主要有系统危险分析、危险评价等方法与技术。

在对危险源辨识的方法、步骤和程序上，涉及危险源区域的调查、危险源区域的划分原则、危险源辨识的组织程序、危险源辨识的技术程序等。通常来讲，作为一般的工业生产企业，在对危险源辨识上，主要涉及危险源辨识的组织程序和技术程序。

1. 危险源辨识的组织程序

在企业实际生产管理中，对危险源的辨识与监控，可以采取以下组织实施程序：

（1）对管理人员和技术人员进行专项培训。

（2）确认本企业主要危险源和主要危险源区域。

（3）组织生产班组和操作人员发现危险，进行危险辨识。

（4）组织进行专项设备设施检查，参考有关事故案例、规程、标准，确认主要危险源。

（5）安全管理人员对危险源进行调查汇总，对所发现的危险源进行审查确认。

（6）对危险源进行管理分级，采取分级监控的措施。

（7）对危险源提出有针对性的安全措施，并不断进行补充完善。

（8）填写危险源登记表，进行危险源分级监控管理。

2. 危险源辨识的技术程序

危险源辨识的技术程序，按照危险源的调查、危险区域的界定、存在条件触发因素的分析、潜在危险性分析、危险源等级划分等内容进行。

（1）危险源的调查

在进行危险源调查之前，首先确定所要分析的系统，例如是对整个企业还是对某个车间或某个生产工艺过程。然后对所分析系统进行调查，调查的主要内容包括：生产工艺设备及材料情况、作业环境情况、人员操作情况、事故发生情况、设备与作业安全防护等。

（2）危险区域的界定

即划定危险源点的范围。首先应对系统进行划分，可按设备、生产装置及设施划分子系统，也可按作业单元划分子系统。然后分析每个子系统中所存在的危险源点，一般将产生能量或具有能量、物质、操作人员作业空间、产生聚集危险物质的设备、容器作为危险源点。再以源点为核心加上防护范围即为危险区域，这个危险区域就是危险源的区域。

（3）存在条件及触发因素的分析

一定数量的危险物质或一定强度的能量，由于存在条件不同，所显现的危险性也不同，被触发转换为事故的可能性大小也不同。因此存在条件及触发因素的分析是危险源辨识的重要环节。存在条件分析包括：储存条件（如堆放方式、其他物品情况、通风等）、物理状态参数（如温度、压力等）、设备状况（如设备完好程度、设备缺陷、维修保养情况等）、防护条件（如防护措施、故障处理措施、安全标志等）、操作条件（如操作技术水平、操作失误率等）、管理条件等。

触发因素可分为人为因素和自然因素。人为因素包括个人因素（如操作失误、不正确操作、粗心大意、漫不经心、心理因素等）和管理因素（如不正确的管理、不正确的训练、指挥失误、判断决策失误、设计差错、错误安排等）。自然因素是指引起危险源转化的各种自然条件及其变化，如气候条件参数（气温、气压、湿度、大气风速）变化、雷电、雨雪、地震等。

(4) 潜在危险性分析

危险源转化为事故，其表现是能量和危险物质的释放，因此危险源的潜在危险性可用能量的强度和危险物质的量来衡量。能量包括电能、机械能、化学能、核能等，危险源的能量强度越大，表明其潜在危险性越大。危险物质主要包括燃烧爆炸危险物质和有毒有害危险物质两大类。前者泛指能够引起火灾或爆炸的物质，如可燃气体、可燃液体、易燃固体、可燃粉尘、易爆化合物、自燃性物质、混合危险性物质等。后者指直接加害于人体，造成人员中毒、致病、致畸、致癌等的化学物质。可根据使用的危险物质量来描述危险源的危险性。

(5) 危险源等级划分

危险源分级一般按危险源在触发因素作用下转化为事故的可能性大小与发生事故的后果的严重程度划分。危险源分级实质上是对危险源的评价。按事故出现可能性大小可分为非常容易发生、容易发生、较容易发生、不容易发生、难以发生、极难发生。根据危害程度可分为可忽略的、临界的、危险的、破坏性的等级别。也可按单项指标来划分等级。如高处作业根据高差指标将坠落事故危险源划分为4级（一级2～5 m，二级5～15 m，三级15～30 m，特级30 m以上），按压力指标将压力容器划分为低压容器、中压容器、高压容器、超高压容器4级。从控制管理角度，通常根据危险源的潜在危险性大小、控制难易程度、事故可能造成损失情况进行综合分级。

从控制管理角度，通常根据危险源的潜在危险性大小、控制难易程度、事故可能造成损失情况进行综合分级。

表6—3是航空工业和企事业单位危险源的划分方法。Ⅰ级危险源是指可能造成多人死亡，导致设备系统造成重大损失的生产场所；Ⅱ级危险源是指可能造成死亡或多人重伤，导致设备造成较大损失的生产场所；Ⅲ级危险源指可能造成重伤，导致设备造成损失的生产现场。不同行业与不同企业采取的划分方法也各异，企业内部也可根据本企业的实际情况进行划分。划分的原则是突出重点，便于控制管理。

表6—3　　航空工业和企事业单位危险源的划分方法

典型Ⅰ级危险源	典型Ⅱ级危险源	典型Ⅲ级危险源
锅炉房	变配电站	冲床
氢（氧）气站	喷漆厂房	带锯
大中型油库	起重吊车	剪床
硝盐槽	试车（飞）台（站）	油封间
弹（炸）药库	小型油库	木工平刨
空压站	汽油洗涤间	制冷间
煤气站	爆炸成形场所	落压床
液化气站	各种金属熔炉	
乙炔站	剧毒品库	
厂内运输主要交叉道口	高处作业场所	
	气瓶库	

三、对危险源的认识与分类

1. 对危险源的认识

根据危险源定义，危险源是指一个系统中具有潜在能量和物质释放危险的、在一定的触发因素作用下可转化为事故的部位、区域、场所、空间、岗位、设备及其位置。也就是说，危险源是能量、危险物质集中的核心，是能量从那里传出来或爆发的地方。危险源存在于确定的系统中，系统范围不同，危险源的区域也不同。例如，从全国范围来说，对于危险行业（如石油、化工等）具体的一个企业（如炼油厂）就是一个危险源。而从一个企业系统来说，可能某个车间、仓库就是危险源，一个车间系统可能某台设备是危险源。因此，分析危险源应按系统的不同层次来进行。

依据上述认识，危险源应由三个要素构成：潜在危险性、存在条件和触发因素。危险源的潜在危险性是指一旦触发事故可能带来的危害程度或损失大小，或者说危险源可能释放的能量强度或危险物质量的大小。危险源的存在条件是指危险源所处的物理、化学状态和约束条件状态，例如物质的压力、温度、化学稳定性，盛装容器的坚固性，周围环境障碍物等情况。触发因素虽然不属于危险源的固有属性，但它是危险源转化为事故的外因，而且每一类型的危险源都有相应的敏感触发因素。如易燃易爆物质，热能是其敏感的触发因素；又如压力容器，压力升高是其敏感触发因素。因此，一定的危险源总是与相应的触发因素相关联。在触发因素的作用下，危险源转化为危险状态，继而转化为事故。

危险源是可能导致事故发生的潜在的不安全因素。实际上，生产过程中的危险源即不安全因素种类繁多、非常复杂，它们在导致事故发生、造成人员伤害和财产损失方面所起的作用很不相同。相应地，控制它们的原则、方法也很不相同。根据危险源在事故发生、发展中的作用，把危险源划分为两大类，即第一类危险源和第二类危险源。

2. 第一类危险源分析

现实世界中充满了能量，即充满了危险源，也即充满了发生事故的危险。根据能量意外释放论，事故是能量或危险物质的意外释放，作用于人体的过量的能量或干扰人体与外界能量交换的危险物质是造成人员伤害的直接原因。于是，把系统中存在的、可能发生意外释放的能量或危险物质称为第一类危险源。一般地，能量被解释为物体做功的本领。做功的本领是无形的，只有在做功时才显现出来。因此，实际工作中往往把产生能量的能量源或拥有能量的能量载体看作第一类危险源来处理。例如，带电的导体、奔驰的车辆等。

在工业企业生产过程中，比较常见的第一类危险源主要有：

（1）产生、供给能量的装置、设备

产生、供给人们生产、生活活动能量的装置、设备是典型的能量源。例如变电所、供热锅炉等，它们运转时供给或产生很高的能量。

（2）使人体或物体具有较高势能的装置、设备、场所

使人体或物体具有较高势能的装置、设备、场所相当于能量源。例如起重、提升机械及高差较大的场所等，使人体或物体具有较高的势能。

（3）能量载体

拥有能量的人或物例如运动中的车辆、机械的运动部件、带电的导体等，其本身具有较大能量。

（4）一旦失控可能产生巨大能量的装置、设备、场所

一些正常情况下按人们的意图进行能量的转换和做功，在意外情况下可能产生巨大能量的装置、设备、场所。例如强烈放热反应的化工装置、充满爆炸性气体的空间等。

（5）一旦失控可能发生能量蓄积或突然释放的装置、设备、场所

正常情况下多余的能量被泄放而处于安全状态，一旦失控时发生能量的大量蓄积，其结果可能导致大量能量的意外释放的装置、设备、场所。例如各种压力容器、受压设备，容易发生静电蓄积的装置、场所等。

（6）危险物质

除了干扰人体与外界能量交换的有害物质外，也包括具有化学能的危险物质。具有化学能的危险物质分为可燃烧爆炸危险物质和有毒、有害危险物质两类。前者指能够引起火灾、爆炸的物质，按其物理化学性质分为可燃气体、可燃液体、易燃固体、可燃粉尘、易爆化合物、自燃性物质、忌水性物质和混合危险物质 8 类；后者指直接加害于人体，造成人员中毒、致病、致畸、致癌等的化学物质。

（7）生产、加工、储存危险物质的装置、设备、场所

这些装置、设备、场所在意外情况下可能引起其中的危险物质起火、爆炸或泄漏。例如炸药的生产、加工、储存设施，化工生产装置等。

（8）人体一旦与之接触将导致人体能量意外释放的物体

例如物体的棱角、工件的毛刺、锋利的刃等。

3. 第一类危险源危害后果的影响因素

第一类危险源的危险性主要表现为导致事故而造成后果的严重程度方面。第一类危险源危险性的大小主要取决于以下几方面情况。

（1）能量或危险物质的量

第一类危险源导致事故的后果严重程度主要取决于事故时意外释放的能量或危险物质的多少。一般地，第一类危险源拥有的能量或危险物质越多，则事故时可能意外释放的量也多。当然，有时也会有例外的情况，有些第一类危险源拥有的能量或危险物质只能部分地意外释放。

（2）能量或危险物质意外释放的强度

能量或危险物质意外释放的强度是指事故发生时单位时间内释放的量。在意外释放的能量或危险物质的总量相同的情况下，释放强度越大，能量或危险物质对人员或物体的作用越强烈，造成的后果越严重。

（3）能量的种类和危险物质的危险性质

不同种类的能量造成人员伤害、财物破坏的机理不同，其后果也很不相同。危险物质的危险性主要取决于自身的物理、化学性质。燃烧爆炸性物质的物理、化学性质决定其导致火灾、爆炸事故的难易程度及事故后果的严重程度。工业毒物的危险性主要取决于其自身的毒性大小。

（4）意外释放的能量或危险物质的影响范围

事故发生时意外释放的能量或危险物质的影响范围越大，可能遭受其作用的人或物越多，事故造成的损失越大。例如，有毒有害气体泄漏时可能影响到下风侧的很大范围。

4. 第二类危险源分析

在企业生产过程中，为了利用能量，让能量按照人们的意图在生产过程中流动、转换和做功，就必须采取屏蔽措施约束、限制能量，即必须控制危险源。约束、限制能量的屏蔽应该能够可靠地控制能量，防止能量意外地释放。然而，实际生产过程中绝对可靠的屏蔽措施并不存在。在许多因素的复杂作用下，约束、限制能量的屏蔽措施可能失效，甚至可能被破坏而发生事故。导致约束、限制能量屏蔽措施失效或破坏的各种不安全因素称为第二类危险源，它包括人、物、环境三个方面的问题。

人的因素问题主要是人的不安全行为和人失误。不安全行为一般指明显违反安全操作规程的行为，这种行为往往直接导致事故发生。例如，不断开电源就带电修理电气线路而发生触电等。人失误是指人的行为的结果偏离了预定的标准。例如，合错了开关使检修中的线路带电，误开阀门使有害气体泄放等。人的不安全行为、人失误可能直接破坏对第一类危险源的控制，造成能量或危险物质的意外释放；也可能造成物的因素问题，物的因素问题进而导致事故。

物的因素问题可以概括为物的不安全状态和物的故障（或失效）。物的不安全状态是指机械设备、物质等明显地不符合安全要求的状态。例如没有防护装置的传动齿轮、裸露的带电体等。在我国的安全管理实践中，往往把物的不安全状态称为“隐患”。物的故障（或失效）是指机械设备、零部件等由于性能低下而不能实现预定功能的现象。物的不安全状态和物的故障（或失效）可能直接使约束、限制能量或危险物质的措施失效而发生事故。例如，电线绝缘损坏发生漏电，管路破裂使其中的有毒有害介质泄漏等。有时一种物的故障可能导致另一种物的故障，最终造成能量或危险物质的意外释放。例如，压力容器的泄压装置故障，使容器内部介质压力上升，最终导致容器破裂。物的因素问题有时会诱发人的因素问题，人的因素问题有时会造成物的因素问题，实际情况比较复杂。

环境因素主要指系统运行的环境，包括温度、湿度、照明、粉尘、通风换气、噪声和振动等物理环境，以及企业和社会的软环境。不良的物理环境会引起物的因素问题或人的因素问题。例如，潮湿的环境会加速金属腐蚀而降低结构或容器的强度；工作场所强烈的噪声会影响人的情绪，分散人的注意力而发生人失误；企业的管理制度、人际关系或社会环境会影响人的心理，可能造成人的不安全行为或人失误。

第二类危险源往往是一些围绕第一类危险源随机发生的现象，它们出现的情况决定事故发生的可能性。第二类危险源出现得越频繁，发生事故的可能性越大。

5. 危险源与事故发生的关联性

一起事故的发生是两类危险源共同起作用的结果。第一类危险源的存在是事故发生的前提，没有第一类危险源就谈不上能量或危险物质的意外释放，也就无所谓事故。另外，如果没有第二类危险源破坏对第一类危险源的控制，也不会发生能量或危险物质的意外释放。第二类危险源的出现是第一类危险源导致事故的必要条件。

在事故的发生、发展过程中，两类危险源相互依存、相辅相成。第一类危险源在事故时释放出的能量是导致人员伤害或财物损坏的能量主体，决定事故后果的严重程度；第二类危险源出现的难易决定事故发生的可能性的大小。两类危险源共同决定危险源的危险性。第二类危险源的控制应该在第一类危险源控制的基础上进行。与第一类危险源的控制相比，第二类危险源是一些围绕第一类危险源随机发生的现象，它们的控制更困难。

四、对危险源的控制与管理

危险源的控制可从三方面进行，即技术控制、人行为控制和管理控制。

1. 技术控制措施

即采用技术措施对固有危险源进行控制，主要技术有消除、控制、防护、隔离、监控、保留和转移等。

2. 人行为控制措施

即控制人为失误，减少人不正确行为对危险源的触发作用。人为失误的主要表现形式有：操作失误、指挥错误、不正确的判断或缺乏判断、粗心大意、厌烦、懒散、疲劳、紧张、疾病或生理缺陷、错误使用防护用品和防护装置等。人行为的控制首先是加强教育培训，做到人的安全化；其次是做到操作安全化。

3. 管理控制措施

在安全管理上可采取以下措施，对危险源实行控制。

（1）建立健全危险源管理的规章制度

危险源确定后，在对危险源进行系统危险性分析的基础上建立健全各项规章制度，包括岗位安全生产责任制、危险源重点控制实施细则、安全操作规程、操作人员培训考核制度、日常管理制度、交接班制度、检查制度、信息反馈制度、危险作业审批制度、异常情况应急措施、考核奖惩制度等。

（2）明确责任、定期检查

应根据各危险源的等级分别确定各级的负责人，并明确他们应负的具体责任。特别是要明确各级危险源的定期检查责任。除了作业人员必须每天自查外，还要规定各级领导定期参加检查。对于重点危险源，应做到公司总经理（厂长、所长等）半年一查，分厂厂长月查，车间主任（室主任）周查，工段、班组长日查。对危险源的检查要对照检查表逐条逐项，按规定的方法和标准进行检查，并做记录。如发现隐患则应按信息反馈制度及时反馈，促使其及时得到消除。凡未按要求履行检查职责而导致事故者，要依法追究其责任。规定各级领导人参加定期检查，有助于增强他们的安全责任感，体现管生产必须管安全的原则，也有助于重大事故隐患的及时发现和得到解决。

（3）加强危险源的日常管理

要严格要求作业人员贯彻执行有关危险源日常管理的规章制度。搞好安全值班、交接班，按安全操作规程进行操作；按安全检查表进行日常安全检查；危险作业经过审批等。所有活动均应按要求认真做好记录。领导和安技部门定期进行严格检查考核，发现问题及时给以指导教育，根据检查考核情况进行奖惩。

（4）抓好信息反馈、及时整改隐患

要建立健全危险源信息反馈系统，制定信息反馈制度并严格贯彻实施。对检查发现的事故隐患，应根据其性质和严重程度，按照规定分级实行信息反馈和整改，做好记录，发现重大隐患应立即向安技部门和行政第一领导报告。信息反馈和整改的责任应落实到人。对信息反馈和隐患整改的情况各级领导和安技部门要进行定期考核和奖惩。安技部门要定期收集、处理信息，及时提供给各级领导研究决策，不断改进危险源的控制管理工作。

（5）搞好危险源控制管理的基础建设工作

危险源控制管理的基础工作除建立健全各项规章制度外，还应建立健全危险源的安全档案和设置安全标志牌。应按安全档案管理的有关内容要求建立危险源的档案，并指定专人专门保管，定期整理。应在危险源的显著位置悬挂安全标志牌，标明危险等级，注明负责人员，按照国家标准的安全标志表明主要危险，并扼要注明防范措施。

（6）搞好危险源控制管理的考核评价和奖惩

应对危险源控制管理的各方面工作制定考核标准，并力求量化，划分等级。定期严格考核评价，给予奖惩并与班组升级和评先进结合起来。逐年提高要求，促使危险源控制管理的水平不断提高。

4. 危险源点的分级管理

危险源点分级管理是系统安全工程中危险辨识、控制与评价在生产现场安全管理中的具体应用，体现了现代安全管理的特征。与传统的安全管理相比较，危险源点分级管理有以下特点。

（1）体现“预防为主”

危险源点分级管理的基础是危险源辨识和评价，它以一系统安全分析和危险性评价作为基本手段，对隐含在危险源点中的潜在不安全因素进行识别、分析、评价，找出危险源控制方面需要特别加强的地方，提前采取措施把不安全因素消灭在萌芽阶段，从而大大提高了安全管理的主动性、科学性和有效性。

（2）全面系统的管理

危险源点分级管理是把整个危险源点作为一个完整的系统，它通过对有关的人员、设备、环境、信息等诸要素的综合管理取得危险源点控制的最佳效果。对系统整体安全目标的追求势必导致对各管理要素提出更高的要求，从而有助于实现安全管理的标准化、规范化和科学化。

（3）突出重点的管理

企业中存在着大量的危险源，每个危险源点都有发生事故的可能性。但是，不同的危险源、不同的危险源点发生事故的危险性是不同的，安全管理工作应该把管理、控制重点放到发生事故频率高、事故后果严重的危险源点上。

根据危险源点危险性大小对危险源点进行分级管理，可以突出安全管理的重点，把有限的人、财、物力集中起来解决最关键的安全问题。抓住了重点也可以带动一般，推动企业安全管理水平的普遍提高。

第三节　机械制造企业事故隐患排查治理新做法

事故隐患的存在，是引发事故的重要因素，在事故未发生之前，及时排查和消除事故隐患，就能够避免事故的发生。这已经成为人们的共识。机械制造企业要经常性开展安全隐患排查，并切实做到整改措施、责任、资金、时限和预案“五到位”；建立以安全生产专业人员为主导的隐患整改效果评价制度，确保整改到位；对隐患整改不力造成事故的，要依法追究企业和企业相关负责人的责任；对停产整改逾期未完成的不得复产。几年来，在事故隐患排查方面，许多企业采取了一些积极有效的做法，对排查治理事故隐患发挥了重要作用。

一、上海锅炉厂有限公司三个层次开展事故隐患排查治理的做法

上海锅炉厂有限公司的前身为慎昌工厂，1953 年 9 月命名为国营上海锅炉厂，1997 年 12 月改制为上海锅炉厂有限公司，是新中国最早创建的专业制造发电锅炉的国有大型企业，隶属上海电气集团，目前已成为电站锅炉和成套、大型重化工设备、电站环保设备及特种锅炉的重要提供商，在册员工数 2 700 人，年销售收入超百亿元。

近年来，上海锅炉厂有限公司加强员工的安全教育培训，深刻认识事故隐患的特点、危害，治理事故隐患的重要性，明确各部门一把手为事故隐患排查治理的第一责任人，以部门为单位，分部门、工段、班组三个层次开展隐患的自查自纠。对于排查出的问题及时进行整理汇总，采取挂号督办方式，一项一项落实整改责任人、方案、资金、时间及监控和应急措施，限期整改到位，同时加强全过程跟踪督办，确保整改到位。从而消除事故隐患，保证了企业的安全生产。

1. 深刻认识事故隐患的特点，明确治理事故隐患的思路

事故隐患是安全生产各种矛盾问题的集中表现，是潜在的事故，对职工的人身安全、国家的财产安全和企业的生存、发展都直接构成威胁，只有消除隐患，才能杜绝事故发生。实践证明，只有认真排查治理隐患，建立健全隐患排查治理的长效机制，才能防范事故，强化安全生产监督管理，“有效防范重特大安全事故”的要求落到实处，才能进一步强化安全生产基础，提高安全管理水平，实现安全生产状况明显好转。

事故隐患具有隐蔽性、危害性、突发性、因果性、重复性、连续性、时段性、季节性等特点。事故隐患是安全生产事故形成的前奏和征兆。因此，深入开展安全生产事故隐患排查治理工作更具有重大的深远意义。

（1）隐患治理是践行“安全发展”、实现社会稳定的保证

对于企业来讲，对安全生产的要求就是要遏制事故发生，实现安全发展和社会稳定，就必须从隐患治理抓起。因为隐患是滋生事故的土壤，又是安全生产各种矛盾问题的集中表现，隐患不除，事故难绝。只有从源头上消除事故隐患，才能实现真正意义上的安全发展，社会也才能稳定和谐。

（2）隐患治理是贯彻安全生产方针和安全生产法律法规的具体体现

我国的安全生产方针是“安全第一、预防为主、综合治理”。“安全第一”明确了安全生产在经济建设和生产经营活动中的首要地位；“预防为主”就是要把工作的着眼点由事后的查处转到事前的防范，要把事故消灭在隐患阶段；“综合治理”表明了安全生产必须综合运用法律、经济、科技和必要的行政手段，做到标本兼治、重在治本，逐步从根本上解决问题，实现长治久安。

（3）隐患治理是有效遏制重特大事故发生的重要举措

近几年来，经过各个方面的共同努力，安全生产形势总体趋稳趋好。但应当看到，由于我国安全生产的基础薄弱，隐患仍大量存在，在一些地方、一些单位，已经排查出来的隐患，尚未得到治理；已经治理的隐患由于工作不够彻底，还可能出现反复；新的隐患还在不断滋生，随时可能酿成事故。所以，只有彻底治理隐患，才能从根本上改变我国安全生产基础薄弱的状况，才能实现安全生产形势的长期稳定好转。

2. 建立健全隐患排查治理长效机制，不断深入发展

对于企业来讲，要以事故隐患排查治理为契机，明确责任，加大整治力度，通过回头查、反复抓、抓反复，巩固整治成果，建立健全隐患排查治理长效机制，控制重特大事故的发生。

上海锅炉厂有限公司排查治理事故隐患的做法是：在隐患排查治理过程中，把原来一个部门抓隐患排查治理，变成全厂职工共同参与，每个人查找身边的隐患，结合安全技术小革新的活动，鼓励发动职工对查出的隐患自己攻关革新，从源头上消除隐患，减少事故发生。到目前为止，已有 23 项安全技术革新项目投入使用，充分体现了安全生产人人有责。所采取的措施有：

（1）思想上高度重视

隐患是客观存在的，旧的隐患治理了，还可能产生新的隐患，因此，必须要正确理解“隐患险于明火，防范胜于救灾，责任重于泰山”的含义，要在思想上高度重视，克服麻痹松懈、疲劳厌战情绪，要消除“隐患排查年年搞”“炒冷饭”的思想，要充分认识到隐患排查治理是一项长期的、艰巨的、复杂的工作，要有认真负责的态度，持之以恒抓好事故隐患排查治理工作，把隐患排查工作做细、做实，不留死角，不留盲区。同时，隐患排查治理工作要根据各单位的特点，与日常的安全管理工作相结合，要同日常安全管理工作同时部署、同时检查、同时落实，使之始终贯穿整个安全管理工作之中，从而达到隐患排查治理制度化、经常化的预期目标。

（2）加强宣传，全员参与

生产现场存在什么隐患，现场操作人员最清楚，所以，要充分发挥报纸、广播、局域网等媒体作用，加大对事故隐患排查治理工作的宣传力度，让职工深刻认识开展隐患排查治理的重要性和紧迫性，激励和发动职工全员参与，结合岗位实际，从身边查起，从小的事故隐患查起，认真检查工作环境中存在的安全问题，不放过每一个工作岗位、每一个工作场所、每一个生产环节、每一项工作任务、每一台生产设备，营造“从身边做起，人人查隐患”的良好氛围。

（3）明确责任，加强监督

开展事故隐患排查治理工作首先要明确安全生产主体责任，然后要明确事故隐患治理的目标、任务、工作原则、工作责任和工作程序，认真排查，加强监管，确保事故隐患排查治理工作落到实处。公司的做法是，明确各部门一把手为事故隐患排查治理的第一责任人，以部门为单位，分部门、工段、班组三个层次开展隐患的自查自纠。对于排查出的问题，每月15日前书面上报安保处，安保处对各部门排查发现的事故隐患进行整理汇总。对排查发现的一般性事故隐患，当场责令整改，整改结束后，安保处组织专业人员进行督查验收，确保隐患的真正消除。对排查发现的严重的事故隐患，一时不能整改到位的，采取挂号督办方式，一项一项落实整改责任人、方案、资金、时间及监控和应急措施，限期整改到位，同时加强全过程跟踪督办，确保整改到位。2008年公司共查出隐患904项，其中4项重点督办，目前已全部整改完毕。

（4）结合实际，狠抓落实

事故隐患排查治理工作不能孤立开展，要与各单位的安全生产管理工作相结合，对查出的隐患要措施到位、整改到位，使事故隐患排查治理工作制度化、规范化、科学化。

3. 采取有针对性的措施，排查治理事故隐患

上海锅炉厂有限公司在排查治理事故隐患工作中，有针对性地采取措施，主要是做到“三个结合”。

一是把事故隐患排查治理工作与日常安全监管工作相结合。突出事故隐患排查治理这条主线，使日常监管和隐患治理相互促进，夯实安全生产基础工作。

二是把事故隐患排查治理工作与“安全生产百日督查行动”“危险化学品专项整治”“特种设备专项整治”等安全生产专项整治活动相结合。正确处理好隐患排查治理与重点专项整治的关系，抓住主题，突出重点，通过隐患排查治理，在短期内取得实效，通过专项整治，提升总体安全管理水平。

三是把事故隐患排查治理工作和“安全生产标准化”工作相结合。安全生产标准化工作实际上就是有针对性地对企业进行安全整治、隐患排查、达标升级、持续改进的活动，通过对企业深度的隐患排查，整改大量的安全隐患，达到和保持安全生产许可制度所规定的条件和标准，使企业生产始终处于良好的安全运行状态。

二、武汉锅炉股份有限公司应用人机工程学消除潜在事故隐患的做法

武汉锅炉股份有限公司的前身为始建于1954年的武汉锅炉厂，主要从事各类锅炉、辅机和各种压力容器的开发、生产及销售。1998年在深交所上市，2007年8月，阿尔斯通完成了对武锅51%的国有股权收购，2009年新建成的武锅新厂成为阿尔斯通全球最大的锅炉制造基地，以服务于国内外市场。

近年来，武汉锅炉股份有限公司坚持“安全第一、预防为主”的方针，通过现场学习、实践推广、经验交流、持续改善等一系列活动，强化现场管理，切实把安全生产责任和措施落实到了车间班组，推进科学管理，并且应用人机工程学，消除潜在事故隐患，取得了积极的成效。

1. 人机工程学的概念和研究范畴

人机工程学主要研究人、设备、环境之间的相互作用，通过改进设备性能、改善工

作环境、提供必要的工具和培训，使之更适应劳动者的生理、心理特点，达到在安全、舒适和健康的环境中提高工作效率、降低事故发生的目的。

人机工程学的内容主要包括以下几方面：

（1）考虑人和设备的合理设计和分工，比如考虑先进的机械设备代替繁重、重复性的人体劳动。

（2）降低劳动强度和减少体力消耗，改善作业环境，减少不良环境中暴露的时间和频次。例如，当夏天气温超过37℃时，露天作业应当避免或减少；用移动式工具、起吊工具代替人工搬运等。

（3）研究劳动者作业过程中的姿势，消除长期固定姿势和位置带来的职业疲劳，从而避免因劳动者长时间弯腰、跪着、站立、转腰、仰面等引发的职业性伤害或事故。

（4）提高员工的工作技能和适应性。

（5）为有缺陷的设备增加防护装置、联锁装置，降低设备的风险。

2. 人机工程的重要性

武汉锅炉股份有限公司主要从事各种锅炉制造。锅炉整体的结构包括锅炉本体和辅助设备两大部分。锅炉中的炉膛、锅筒、燃烧器、水冷壁、过热器、省煤器、空气预热器、构架和炉墙等主要部件构成生产蒸汽的核心部分，称为锅炉本体。锅炉本体中两个最主要的部件是炉膛和锅筒。锅炉制造技术复杂，生产过程中存在着许多危险因素，运用人机工程的设计，可以消除事故隐患，有效降低事故发生率，并能够提高生产效率和安全可靠性。

（1）符合人机工程的设计可以降低事故发生率

许多事故的发生是因为员工的不良工作习惯、不恰当的姿势所造成的，这也和不合理的设计、不良的工作环境、不正确的方式方法、工具运用的能力密切相关。如果仅仅惩罚员工的违规行为是不行的，必须进一步从本质安全上考虑消除员工违规行为的根本。因此，开展人机工程学在企业中的应用是追根溯源，从本质上控制事故的最有效方法。例如，武汉锅炉股份有限公司根据近几年事故统计分析，发现一些旧设备缺少急停装置等，某些生产线自动化程度不高，导致事故时有发生。搬迁到新厂后，在设备自动化程度、设备本质安全性设计上做了大量工作，不仅引进了自动化弯管机、数控等离子切割设备等，还对部分旧设备进行改造，在技术专家的指导和带领下，完成了急停装置的改造，大大降低了因设备缺陷导致的事故率。

（2）符合人机工程的设计可以降低劳动强度、提高工作效率

例如，武汉锅炉股份有限公司通过调查发现，维修人员在工作时，需要携带大量的工具，而且厂房跨度大，徒步行走，不仅增加很大的劳动强度，且降低了工作效率。为降低维修人员徒步行走的疲劳，提高工作效率，公司为每位维修人员配备了小型三轮车，由原来每个维修人员每天检修2～3处，到现在可以提高到每天检修7～8处，不仅降低劳动强度，还使修复的设备因故障造成的损失降到最低，提高了生产效率。又如，武汉锅炉股份有限公司经过认真论证，淘汰了部分存在一定风险的弯管线，引进了国外先进弯管技术和设备，同时对原有已迁至新厂的弯管线进行了技术改造，大大降低了员工作业中的劳动强度，同时也提高了弯管的质量和效率。

（3）符合人机工程的设计可以减少疲劳引发的疾病，创造安全、健康的工作环境

例如，武汉锅炉股份有限公司的某些岗位员工需要长期操作控制屏按钮，由于长时间重复一个动作，容易造成部分员工腰肌劳损。为此，公司为这些员工配备了可调整的椅子和可移动的工作台，不仅使这些员工感觉企业真正关心他们，提高了工作的积极性，更减少了人体的职业性疲劳。又如，武汉锅炉股份有限公司通过对原有设备加装安全防护罩、引进带安全门联锁的数控机床、叉车安装倒车雷达及警示灯装置，减少员工直接和危险源接触的机遇，使运转中的危险部位与劳动者隔离，给员工创造更加安全健康的环境。

（4）符合人机工程的设计是推行标准化作业的重要前提

开展人机工程学调查，查找不符合人机工程学的各种影响因素，是解决不合理的设计理念，建立标准化操作流程的前提。通过人机工程的合理设计，为规范员工的作业行为奠定良好基础。

3. 人机工程学的调查和控制对策

引进符合人机工程设计的设备、工艺，配置舒适的操作空间和环境，是解决企业本质化安全的最重要的方法，但是，这样的改造需要大量的资金支持，特别是整体性淘汰旧的设备和改善作业环境是不现实的。那么，如何从现有的状况着手，进行一些人机工程的调查，抓住重点，同样收到良好的效果。例如，调整工作台的高度、提供办公人员一些抗疲劳的体操和小知识、恶劣工作环境下的短暂休息、配置简单的辅助运输和抓取工具等。

首先，要制定人机工程学调查和改进的计划。组织由技术、工艺部门、操作人员、EHS 人员参与的策划小组，确定调查改造的作业类型、区域、设备，制定改进的计划、采购需求、人员调配，选择合理的调查方式和方法，根据难易程度排列优先顺序。

其次，开展人机工程学的培训。由于人机工程学的应用还没有引起一些企业的重视，很多员工对这个概念还比较陌生，如果不进行普及培训，就无法开展调查。至少要求接触职业危害因素工作、涉及大量人工转运的人员、部分办公人员和调查人员参加普及培训，让他们从自己的工作中，识别不安全、不健康的因素，以及不好的操作姿势、不合理的设计等。采用书面、电子的调查表，畅通组长—主管—经理—EHS 部门的反馈渠道。

再次，开展人机工程学的初步调查。应分区域、设备、作业类型、身体部位进行分类、分层次的调查，要突出调查的重点和区域。

最后，根据调查结果进行统计学分析。挑选出突出的不符合人机工程的项目，提出改进措施，并对措施进行财务核算，根据成本多少、难易程度，建立详细的改进行动计划，同时要确定实施人员、时间和方法等，并跟踪计划措施的完成。

4. 开展人机工程学的实际应用事例

武汉锅炉股份有限公司在生产过程中，涉及大量的材料转运，包括人工转运和机械转运，这些转运作业存在以下特点：一是转运工作量大、任务重；二是转运材料、方法差异性大；三是材料本身质量要求高，不允许有变形、勒痕、磨损；四是车间内设备众多，转运环境复杂；五是主要以有线（遥控）桥式起重机、半龙门吊为主，配合小型卡

车、叉车、固定式操作的过道平板车等为主要转运工具。

转运工人约50多名，分白班、小夜班、大夜班三班倒。每班工作时间为8小时。作业环境的特点是：一是夜间照度低，车间顶一半为采光面积，夏季白天闷热；二是车间行车、机械设备噪声大；三是转运跨度大；四是露天场地多为大风、雨雪天气。人的因素主要有：生理疲劳、作业姿势、个人技能、经验、灵活处置的能力、思想紧张、注意力不集中、不良情绪等。

在调查的基础上，武汉锅炉股份有限公司做出如下改进方案：

(1) 将人员驾驶行车改为遥控行车。在行车选型上降低其运行速度，避免了行车工和起重工远距离传递指挥信号导致的沟通障碍，行车工摆脱了驾驶室的束缚和狭窄作业空间疲劳作业，降低了操作失误和超速行驶导致的危害。

(2) 将有线操作改为无线遥控操作。避免了行车工受线控长短限制，在吊物进入错综复杂的吊装环境中，操作人员一边关注吊物、一边关注脚下环境，难以顾及周边作业人员所造成的视觉障碍。另外，无线遥控器操作，还避免了行车工频繁将手臂高于肩膀造成的疲劳。

(3) 将过道平板车安装报警装置，并改造为遥控操作。由于过道平板车行驶距离约120 m，固定式操作时，操作者无法看清行程范围内远处的突发状况，极有可能造成平板车撞击行人、叉车、吊装物等。经改造后，平板车在运转过程中，持续闪烁报警灯，操作者摆脱固定操作屏，遥控跟车操作，发现异常状况，及时停止运行，可以有效避免事故发生。

(4) 通过人机工程学知识培训，纠正、规范员工的不良搬运姿势。以前，不少员工弯腰幅度大于120°搬运、过度用力的蹲姿搬物、搬运超过个人承受力的重物，发生了多起腰部扭伤、摔倒、重物打击、夹挤等事故。通过培训，员工意识到这些不良的习惯，主动避免过度用力、弯腰、下蹲等姿势，在规定允许范围内搬运物体，否则采取起吊工具、小车等拖运工具，很大程度上减轻了人工搬运的负荷，提高了安全系数。

(5) 配合人员也必须配戴安全帽，如果超过3次以上不按照要求配戴安全帽者，则进行书面警告或更严厉的处罚，有效地规范了操作者应对复杂环境的个人保护能力。

(6) 配置移动式转运工具，并设计合理的吊点，便于转运，以降低员工体力的支出。

(7) 进行员工健康安全满意度调查和疏导。通过组织员工家属到现场了解其工作环境，进行适应性调查、职业健康体检、薪水和工作环境满意度调查等，以及搭建向工会、安全管理部门、人力资源部门等反映问题的平台，畅通沟通渠道，排解劳动者的烦躁和不良工作情绪，很大程度地提高了员工的工作积极性。

(8) 编制企业常规、非常规产品的吊装方案，针对特殊形状、主要产品、非常规产品的起吊作业，组织工艺、生产制造、安全管理人员及员工编制标准吊装方案，详细规定吊装不同产品选用吊索具类型、吊装方法、辅助工具、注意事项等，并附带可视化的操作图片，张贴到操作现场，从源头控制员工的不良吊装方式、不合理的吊索具选择，即使不懂起重作业的人员，也可以发现违反规定的操作。

(9) 在吊索具选型和吊装方法上，邀请业界资深的厂家工程师现场培训、指导，沟通采购渠道，由一线操作人员进行挑选、检验吊索具，规范使用和维护方法，避免盲目采购带来的不适用和浪费。

人机工程学为企业进行标准化管理提供了科学的、积极有效的管理方法，对生产率的提高、质量的保证和事故的降低起到积极的推动和促进作用。企业开展人机工程学的研究和应用推广，也将是开展科学化管理的必然趋势。

三、北方重工集团有限公司强化隐患排查治理细节管理的做法

北方重工集团有限公司是在沈阳重型机械集团有限责任公司和沈阳矿山机械（集团）有限责任公司合并重组基础上组建的国有独资公司，现有在岗员工 1 万余人，主要为隧道掘进、冶金、矿山、煤炭、电力、建材、港口、化工等行业提供重大技术装备和服务，产品远销世界五大洲 30 多个国家和地区。

近年来，北方重工集团有限公司在安全生产标准化建设中，扎实开展隐患排查治理工作，不断完善创新隐患排查治理模式，强化隐患排查治理的细节管理，加大隐患治理资金的投入，有效提升了企业的本质安全程度，减少了员工“三违”行为的发生，为员工创造了更加安全、舒适的工作环境，促进了企业安全健康、持续快速的发展。

北方重工集团有限公司强化隐患排查治理的细节管理的做法是：

1. 实施分类分级管理，创新工作方法

（1）实施分类分级管理，完善隐患排查治理的工作机制

集团公司根据事故致因理论及隐患的特性，把隐患分为“硬隐患”和“软隐患”，所谓“硬隐患”是指物的不安全状态，“软隐患”是指人的不安全行为和管理缺陷。集团公司还将隐患按照危险程度、整改难度的不同，分为集团级、分公司级、车间（或班组）级。各单位严格对照评级标准，积极开展隐患的排查，然后分类分级地开展治理工作，并搭建及时沟通的信息化管理平台，形成了分类分级管理、确保信息畅通的工作机制。

（2）依据风险等级，强化人的行为管控

人的不安全行为是诱发事故的关键环节，违章作业是一种最大的隐患，其特点是动态性、多样性、顽固性。为此，集团公司制定了《员工安全上岗证管理制度》，将实际工作中易发生的违章行为划归为 4 大类 35 项。然后根据其危害的严重程度和发生事故的可能性进行风险评价，将这些违章行为从高到低依次划分为 A、B、C、D 四个级别，对于不同级别的违章行为扣分值是不一样的，一般在 1～4 分之间。与此同时，集团公司制作了《上岗证》并发放到每名员工手中，当发现员工有违章行为时，则按照级别的不同扣除相应的分值，并记录在《上岗证》上。如果员工全年《上岗证》扣满了 4 分，则实行离岗培训，培训期间执行企业最低工资标准。当离岗培训结束后，还要对其进行考核。另外，集团公司还将典型的违章行为及其后果组织其他员工进行讨论、分析，使员工认清违章行为的危害，查找自身存在的不足和缺陷，从而做到“举一反三查隐患、防微杜渐反违章”。

2. 制作安全风险卡，规范岗位操作行为

集团公司在隐患排查治理工作中，还将隐患的末端治理，前移到危险源的辨识、评

价及风险的有效防控工作中，从源头上建立预警防控体系。

为了让每名员工掌握本岗位危险源信息，提高危险源管理的前瞻性和敏感性，充分认识到有效控制危险源在安全管理中的重要作用。集团公司在全公司范围内组织开展危险源辨识活动，从作业环境、设备设施、人员的操作行为、生产工艺流程等方面入手，辨识每个岗位、每个工种、每种操作、每种工艺流程存在的危险源及其风险，并组织专家进行梳理、汇总，最终整理制作了《北方重工各工种（岗位）主要安全风险卡》，包括 81 个工种、5 个岗位、1 个相关方的主要危险源、可能发生的事故风险及相应的防范措施。

在此基础上，为了使全员更加具体地了解自身安全工作的重点和履行职责的具体内容，集团公司在每名员工的安全生产责任书中，附加相关工种的安全风险卡，使不同岗位的员工对自己作业过程中危险源的风险后果一目了然，并对现场的标准作业方法和管控措施做到心中有数，实现上标准岗位、按标准进行操作，以此促进企业的整体达标。

3. 征集安全合理化建议，增加隐患整改科技含量

为了调动全员参与隐患排查治理的积极性，充分发挥专业技术人员的技术特长，提高隐患整改的技术含量和整改质量，集团公司在安全生产标准化建设过程中，开展了安全合理化建议征集活动，对采纳和实施的建议，根据技术含量及实施效果，组织专家组评出一、二、三等奖，并对获奖建议者给予相应的物质奖励。集团公司在开展安全合理化建议活动中，共征集到 128 项技术含量高、实施效果好的建议，以下为部分实例。

实例一：起重机防脱钩装置

在安全生产标准化建设中，集团公司针对起重机原配置的弹簧压板防脱钩装置存在的问题，备料分公司自主设计了普通吊钩、锚钩的防脱钩装置。该防脱钩装置既消除了压板式装置阻碍挂绳的隐患，又解决了压板不能有效防护钢丝绳脱钩的问题。只要将防脱钩装置推到防脱状态，就可确保钢丝绳不发生脱钩现象。

实例二：增设车间电源线防护架

装配现场经常使用电气设备，随着安装位置的改变，电源线需经常移动，易导致电源线压瘪、绝缘层损坏等事故隐患。输送设备分公司橡胶车间根据现场的实际情况，结合本车间生产橡胶的特点，设计了电源线过通道防护架，并在穿线槽的上部设计了易于人员及小车通行的坡形盖板，既保证了电源线的绝缘防护，也解决了电源线易被槽钢锋利边缘磨损的问题。

实例三：对天车斜梯的改造

集团公司部分起重机的斜梯与地面的角度在 70°～75°之间，该角度虽然符合梯台设计标准，但员工上下梯时只有部分脚能踩到台板，其余均处于悬空状态。当专业组检查时发现这一隐患，立即组织专家组进行了调研，提出了整改梯台角度的方案，虽然此方案预计投资达 124 万元，经安委会研究决定，不管投入多少资金，一定要给员工提供一个安全的工作环境。最终将存在问题的起重机斜梯进行了整改。

实例四：整改掘进机实验电源

集团公司设计开发的新产品掘进机需使用可调节型高压实验电源，因厂房原设计无此配电系统，只能在厂房内安装了配套的变压器。当专业组检查发现此变压器达不到安全生产条件，并给出了整改建议后，集团公司为了彻底提高本质安全度，投资 300 万元对采掘机高压实验电源进行了技术改造，建成高压实验变电站，高压电缆采用拖拉式安装装置。

北方重工集团有限公司通过常态化和标准化实施安全生产隐患排查治理，进一步落实了安全生产主体责任，建立和完善了危险源监控机制和隐患治理的长效机制，有效消除了事故隐患，促进了公司安全生产工作的持续稳定发展。与此同时，员工从被动地服从安全管理转变为自觉地控制危险源，查找身边的隐患，为整改献计献策，真正实现了从“要我安全”到“我要安全、我能安全、我会安全”的转变。

四、中国一拖集团有限公司采取技术与管理措施消除事故隐患的做法

中国一拖集团有限公司（以下简称公司）是我国“一五”时期 156 个重点建设项目之一，经过五十多年的发展，目前已成为以农业装备、工程机械、动力机械、汽车和零部件制造为主要业务的大型综合性装备制造企业集团，累计为社会提供大中小型拖拉机、工程机械、动力机械等产品 300 多万台，向国家上缴利税 50 多亿元，为我国农业机械化和机械工业的发展做出了重要贡献。

近年来，公司始终坚持“安全第一、预防为主、综合治理”的方针，在加大企业的技改力度，加快工艺布局调整步伐，企业处于作业场地及设备搬迁的情况下，面对多种危险因素，积极采取相应的技术和安全管理防范措施，应用预先危险性分析的方法，对生产作业中存在的危险性加以辨识评价，及时消除事故隐患，保障人员和设备设施安全，取得防患于未然的效果，保障了企业生产作业的安全。

公司采取技术与管理措施消除事故隐患的做法是：

1. 对工伤事故类型进行科学分析

通过对公司历年来的工伤事故类型统计分析可以看出，一些重大的人身伤亡事故主要发生在设备检修、大型工程安装、新产品试制、新设备的安装调试等活动中，如果在工程启动之前，对其存在的危险性加以辨识评价，采取相应的技术和管理措施，绝大多数的事故是可以预防和避免的。由于事先对系统危险性分析、评价，几乎不耗费资金，更重要的是可以取得防患于未然的效果，因此，公司在近几年中，对预先危险性分析这种科学的管理方法进行了有益的探索，并取得了一定成效。

公司由安全处牵头，组织有关专业技术人员把预先危险性分析这种科学的方法加以改造，将它从初始应用的产品设计领域引入并应用于工程施工领域，利用其系统原理和科学的分析方法，分析评价工程施工和设备检修项目中由人、机、物、环境组成的系统的危险性，从而指导施工单位和人员采取针对性的安全防范措施。在此基础上逐步完善分析方法，使之更加适合工程施工和设备检修等工作，并纳入公司《危险作业审批管理规定》，使之制度化、规范化。

2. 正确运用预先危险性分析以点带面

预先危险性分析能否在实践中正确运用，关键在于主管和技术人员的认识和组织水平。因此，公司把组织各单位安全及相关部门的主管人员、工程技术人员认真学习预先

危险性分析的基本理论和分析方法，掌握具体的分析步骤，作为工作中的重要一环，先行抓好。

在工业生产中，各种工艺过程和生产设施，都是为了把资源转换成半成品或成品，而这种转换不可能达到完全的程度，因此，必然会有一部分剩余的能量或物质，形成工业生产中的危险因素。如氧气生产过程中的液氧排放，如果得不到控制，造成能量横流，就会导致事故的发生，从而造成人员的伤亡和财产的损失，甚至社会灾难。因此，要控制现存或固有的危险因素，首先要对这些危险因素加以辨识。

在推行预先危险性分析这一科学管理方法时，有的干部职工认为，对危险性辨识没什么难处，凭经验就行了，实际上并非如此。因为危险因素的存在有其固有性，但不是静止的，而是动态的，是一个变量，具有潜在性、突发性，在某些特定的条件和环境下，危险性是可以转化的，而没有丰富的基础理论知识和实践经验，不系统地去评价它，就可能出现分析不到位、漏项、评价不准确等问题，最终导致采取措施不当，难以达到预防控制事故的目的。

公司在推广应用这一方法时，着力提高广大干部职工对危险性辨识的掌握和应用能力，在组织培训时，重点在以下两个方面加强对危险性辨识基础理论的培训：一是运用生产场所的能量及其转换原理。事实上，大多数事故都是能量转换的结果，因此了解生产作业场所和活动中的能量形式，掌握其运行规律，分析其可能发生的能量横流及转换规律，是预先危险性分析、危险性辨识的基础和前提。二是人和环境的影响。除对系统的危险性加以辨识外，人的不可控因素也不容忽视。行为科学的理论表明，人的可控性极低，工作时往往由于生理和心理的因素造成误操作，导致事故发生。公司在推行、应用预先危险性分析方法中，采取了“四严”控制法进行管理，即严格落实责任制、严格规章制度、严格操作规程、严格安全教育。

3. 完善措施建立预防保证体系

进行危险性辨识和事故预测，是预先危险性分析的第一步，更重要的是在预测的基础上建立预防保证体系。公司在每项工程活动之前，都由工程项目负责人组织有关人员对设计方案和施工方案的每一具体过程按系统进行分析、评价、分级，采取针对性防范措施，认真落实各种安全用具、个人防护用品，如脚手架、安全网、安全带、标志牌等物质保障措施的到位。对所需的人力、物力、财力等都要落实责任部门及责任人，按照“分级管理，分线负责”原则建立健全分级监控体系和安全保证责任体系，把监控工作落实到每一个环节，确保工程顺利进行。

近几年来，公司第二铸铁厂、柴油机公司等“十五”大型技术改造项目及各类设备大修，在时间紧、任务重，点多、面广，带电、动火、高空、立体交叉作业，危险程度高的情况下，由于较好地应用了预先危险性分析方法，对每项工程都采取了针对性的安全防范措施，并落实了安全技术保证体系和责任制，对施工过程实施全程监控，保证了安全，未发生一次事故。

五、精密转盘轴承有限责任公司加强现场事故隐患排查治理的做法

瓦房店轴承集团是目前我国最大的轴承制造企业，主导产品为重大技术装备配套轴

承、轨道交通轴承、汽车车辆轴承、军事装备轴承等。精密转盘轴承有限责任公司是瓦轴集团公司全资子公司，其产品品种多、体积大（轴承直径在 1 100～6 300 mm），起重设备和运输机械多，而且使用频繁，再加上公司新员工比重特别大，生产过程中不利因素也相对较多。

近年来，瓦轴集团精密转盘轴承有限责任公司积极不断细化安全管理新理念，制定并不断完善规章制度，规范各种操作，加强事故隐患排查治理工作，强化现场安全检查，建立安全生产自我约束和持续改进机制，提高了安全管理水平，有效预防和控制工伤事故和职业病的发生。

1. 落实各级领导安全责任，切实抓好安全生产工作

如何建立健全并能有效地履行各级领导干部的安全生产责任制是公司抓安全生产工作的立足点。公司结合本单位的生产实际，制定了公司总经理、副总经理、各部门负责人、作业长、班组长及员工等各类人员安全生产责任制。总经理做到“四个亲自”，即亲自检查落实各级领导干部安全生产责任制执行情况；亲自带领人员查找安全生产隐患；亲自制定安全隐患整改措施；亲自落实安全隐患整改情况。公司各位副总经理也按照相应的岗位职责，明确了安全管理范围、职权、责任和目标。公司上下对安全生产工作的态度是“安全生产是一切生产经营活动的重中之重，如果允许找客观理由的话，其他工作也许可以，但有碍安全生产的工作绝对没有任何理由可讲”。

2. 强化现场安全管理，严格安全责任追究

将所有安全问题发现在现场、解决在现场，是公司对待安全问题的一贯要求。为了提高各级管理者的执行力，公司坚持每月安全专题会议制度，每名作业长以上领导必须将一个月来发现的主要安全问题和采取的办法在会议上进行通报，并翔实分析出现问题的原因，提出下一步改进思路，防止问题的重复出现。

在日常现场安全监管过程中，中层以上干部每天必须到作业现场进行巡检，发现问题当即组织相关人员制定预防纠正措施，并现场监督实施；各作业区的作业长佩戴安全监察标志，承担现场安全监管责任，作业长对夜班的安全生产，则代表总经理行使最高管理职权，做到责任唯一；对设备操作者则要求下班前至少要进行 15 min 的设备和现场清扫。

在安全考核方面，公司实行了连带考核制度。凡公司发现现场作业人员有违章、违规行为，除了对违章、违规者按规定进行经济处罚外，对所在作业区作业长也要同时进行考核，并责成违章、违规者和作业长写出检讨书在生产现场公示板进行张贴，违章、违规者还要戴黄色安全警告牌一周，一周内如果没有再出现违章、违规行为，即撤销安全黄牌警告。公司实施的严格考核制度，使员工视违章、违规如同触电，仅 2009 年，公司就在安全考核方面罚款 26 000 多元。

3. 规范特种设备管理，不断降低安全风险

公司针对运输车辆和起重设备多、使用频繁、搬运工件大的特点，在硬件改进和管理措施方面采取了多种办法。

（1）在所有厂内机动车辆上安装了倒车语音提示装置，并在所有叉车上安装了灯光频闪装置，使车辆在运行中对其他人员起到了明显的警示作用。

（2）对机动车辆实行每日点检制度和交接班制度，确保了机动车辆的及时维护与保养。

（3）对外来车辆，公司除了要求对方交纳安全保证金，并与对方签订“车辆安全运输协议”外，公司还要求外来车辆必须安装倒车警示装置，所有外来车辆每车至少配有两人，其中一人负责车辆运行中倒车的指挥和全程监护。如果外来车辆有违反公司交通安全管理制度现象，公司将从对方交纳的安全保证金中予以扣罚。

（4）对吊索具实行作业区承包制和以旧换新制度。公司统一为各作业区制作了吊索具存放架，各作业区对吊索具进行编号和加锁管理，防止乱用滥放现象。公司还将每类产品单重与吊运时应当采用的吊索具进行对应后，做成视板布置到吊索具存放处，以方便员工使用时进行对比。每个作业区还责成专人每日对吊索具进行检查，并填写检查记录，对报废的吊索具采取销毁措施。

（5）对使用频率较高的起重设备和吊索具，实行了定期探伤检验制度，责成专人利用磁粉探伤技术每周进行一次探伤检验，合格的吊索具贴上检测标签，注明下次检测日期，并登记造册，由检测人、监察人签字认可。

4. 加大安全生产投入，实施科技兴安战略

公司建厂几年来，每年投入 60 多万元用于设备改造，本着高标准、高起点的原则，不断改进设备存在的安全缺陷，使其本质安全逐步得以提高。

几年来，公司先后对数控立车的挡屑装置进行了改进，使产品加工过程中产生的铁屑不仅不能伤人，也不能飞溅到作业区通道内；对砂轮机更新了除尘设备，调整了安装位置，并在砂轮运行的切线方向安装了防砂轮崩飞护网；针对搬运大型产品采用的吊索具和车辆运输过程中存在的可能滑脱、倾翻等不安全问题，研发了适用的搬运车辆和专用吊索具，彻底解决了产品搬运、运输、试验等过程中的安全隐患。

公司为了进一步增强大型设备高处检修作业的安全可靠性，将原安装在梯台的联锁保护装置改为具有 LED 屏幕显示、语音提示和设备自动断电功能的装置。维修人员进入大型设备高处检修平台进行检修作业时，登上设备梯台时，LED 屏幕会显示设备即将断电的文字，并同时发出安全提醒的语音，然后按照设定的程序将设备全部断电。这种先进装置的应用，对于防止他人误操作，保证检修人员的安全起到了可靠的防护作用。

企业的安全管理是一个持续改进、不断完善的过程，尽管几年来公司在安全生产方面取得了一定的成绩，但不会满足，将继续以对员工的安全健康高度负责的态度，把每次取得的成绩都作为新的起点。

六、天津轨道交通装备公司推进排查治理事故隐患的做法

天津轨道交通装备公司是中国北车公司的全资子公司，前身为天津机车车辆机械厂，始建于 1909 年。主要产品有涡轮增压器、缓冲器、调速器、制动机等九大系列，广泛应用于内燃、电力机车，客车、货车车辆等众多领域，已经成为我国轨道交通装备配件的研发和制造基地。

2010 年，天津轨道交通装备公司结合“国家一级安全生产标准化企业”的复评工作，积极排查治理事故隐患，特别是注意在细节上下功夫，不仅顺利通过“国家一级安

全生产标准化企业”的复评，还大幅度改进生产作业现场安全状况，安全可靠性进一步提高。

1. 健全组织，严格制度，结合创建工作排查治理事故隐患

2009 年 4 月，该公司下发了《关于开展安全质量标准化一级企业考评工作的通知》和《公司安全质量标准化一级企业考评工作实施方案》，并做了以下工作：

（1）成立了以总经理为组长、主管副总经理为副组长的领导小组；并成立基础管理、热工燃爆、电气、机械设备、作业环境与职业健康五个专业组；各分厂车间成立以第一管理者为组长的领导小组和工作组。

（2）创建办公室根据各部室业务职能分工，将安全质量标准化的考评项目进行归口承包，各部室再将其细化分解至相关人员；分厂车间也安排对应的工作人员。在此次创建工作中，形成了有 3 个组长单位、10 个职能部室、7 个分厂车间、67 名人员组成的组织保障体系，负责 62 个考评项目的组织与推动。

（3）严格进度安排。大体分为 6 个阶段，即准备阶段、咨询阶段、咨询整改与自查阶段、预复评阶段、预复评整改与自查阶段、复评阶段。

（4）明确创建工作要求。本着“分级管理、分线负责”的原则，独立自主地组织本专业组、本单位的考评工作；“保质保量、保节点”完成各项工作。

（5）建立制度。包括专题会制度、信息通报制度、整改周报制度、监督考核制度、签订承诺书制度、影像对比制度等。

2. 实事求是，措施得当，投入资金治理隐患

针对查出的各类隐患、整改方案及资金保障等问题，公司下发了关于《创建安全质量标准化一级企业整改工作要求》的通知，明确了以下要求和应对措施：

（1）分解考评项目与目标分值。公司将 62 项考评项目与 940 分的目标分值，分解到各职能部室，同时签订承诺书。

（2）分类整改。将所有隐患进行梳理，分为 A、B、C 三类，分别采取不同方式安排整改。

A 类为无须投资或基层单位少量投资可以立即整改的项目。主要包括文明生产、现场定置、清洁卫生等方面的内容。具体措施为：一是加强生产现场的管理与考核；二是在全公司范围内开展杜绝违章作业活动；三是确定每周二下午一个半小时为生产单位现场整顿时间，每周四下午进行现场检查指导，每周五将整改情况进行通报。

B 类为需要资金但不构成固定资产的项目。重点是设备设施的安全防护装置的修整与恢复，此类是此次创建工作整改的重点。经归类共计 30 项，计划投资 180 万元。为缓解资金压力，确保整改进度，公司将整改工作逐项、逐月进行分解，同时严格资金审批程序，任何单位不得随意更改整改安排或费用计划，对此类整改情况安技环保部每周进行一次通报。

C 类为投资较大且形成固定资产的项目。原则上不是此次整改的重点，一方面将其列入公司设备更新改造计划，另一方面在公司长远规划时一并考虑。

（3）实行整改补贴制度。针对 B 类问题的整改，为减少资金投入，调动员工自我整改的积极性，公司决定对自行组织职工整改的单位实行工资补贴。这一方面激励生产单位组织整改的积极性，另一方面减少因任务量不足、收入下降而导致职工队伍的不稳定。

3. 精细策划，认真整改，使事故隐患治理获得实效

经过精细策划，认真整改，取得显著成果。咨询和预复评期间共查出不符合项 851 项，企业自查 2 394 项，共计 3 245 项，整改完成了 2 968 项，整改率达 91.46%。主要表现在：

（1）基础管理方面

健全了机构、补充了人员；修改了 7 个规章制度、新制定 12 个操作规程；对 38 个重大风险源制定了应急救援预案、制作了标识并组织了演练；进行了 836 人次的安全操作规程教育考试、对 103 名特种作业人员进行了培训；开展了合格班组达标竞赛活动，合格班组达 85%以上，优秀班组达 15%以上；对整改工作进行了拍照，实行了“目视”管理和教育。

（2）热工燃爆方面

新建了一座危险化学品库；更新了 4 台储气罐、两辆叉车、一辆轻卡、一台天车；对特种设备进行了年检；解决了部分厂房漏雨问题；加强了对工业气瓶的管理；对油库油罐完善了跨接线，安装了液位计；完善了涂装作业场所的警示标识和应急预案；空压站设置了急停按钮；对全厂所有重要建筑物、危险化学品库全部制作了标识；治理了抛丸机的漏沙问题。

（3）电气方面

将裸露的开关板改为箱式配电箱；电源插座加装了漏电保护器；刀闸开关改为空气开关；完善了所有配电箱裸露母排的防护；完善了防雷接地和重复接地；对 10 kV 的负荷开关加装了带电显示器。

（4）机械方面

对 61 台钻床、电动葫芦操作手柄、冲剪压设备加装了急停按钮；对吊索具进行了检测，完善了吊钩的防松脱装置和天车三相滑线指示灯及护线板，调整了部分天车轨道；牛头刨加装了安全防护装置；完善了数控机床的门机联锁；对冲剪压设备加装了防护栏，脚踏开关加装了防护罩。

（5）作业环境方面

对 530 名尘毒作业人员进行体检；对有毒有害作业点进行了监测，并将体检与监测结果进行公示，尊重职工的知情权；建立了职业危害健康档案；厂区道路画出了分道线；对全厂消火栓进行维护；配备了厂区垃圾箱；车间开展了定置管理；建立了现场清理整顿制度，内外环境发生了很大的变化。

第七章　机械制造企业应急救援相关规章制度

新修订的《安全生产法》第十八条规定，生产经营单位的主要负责人对本单位安全生产工作负有七项职责，其中包括组织制定并实施本单位的生产安全事故应急救援预案。按照这一规定，机械制造企业要加强应急救援管理，建立健全应急管理体系，编制应急救援预案，开展应急救援演练，随时应对可能发生的意外事件。这不仅是企业应对自然灾害、事故灾害的重要措施，也是减轻灾害损失的有效办法。

第一节　机械制造企业应急救援管理相关政策法规

中国有句老话："凡事预则立，不预则废"，意思是事先有所准备，才能应付自如，不至于束手无策。企业应急救援管理就是一种事先准备。针对各种不同的紧急情况编制有效的应急预案，保证各种应急资源处于良好的备战状态，一旦事故发生，可以指导应急救援行动按计划有序进行，防止因行动组织不力或现场救援工作混乱而延误事故应急救援，从而降低人员伤亡和财产损失。在企业应急救援管理方面，国家颁布了相关法律法规，需要企业认真落实执行。

一、《突发事件应急预案管理办法》相关要点

2013 年 10 月 25 日，国务院办公厅下发《关于印发突发事件应急预案管理办法的通知》（国办发［2013］101 号）（以下简称《通知》），自印发之日起施行。《通知》指出，《突发事件应急预案管理办法》已经国务院同意，请认真贯彻执行。

《突发事件应急预案管理办法》分为九章三十四条，各章内容为：第一章总则，第二章分类和内容，第三章预案编制，第四章审批、备案和公布，第五章应急演练，第六章评估和修订，第七章培训和宣传教育，第八章组织保障，第九章附则。制定本办法的目的，是依据《突发事件应对法》等法律、行政法规，为规范突发事件应急预案（以下简称应急预案）管理，增强应急预案的针对性、实用性和可操作性。

1. 总则中的有关规定

在第一章总则中，对相关事项做了规定。

◆本办法所称应急预案，是指各级人民政府及其部门、基层组织、企事业单位、社会团体等为依法、迅速、科学、有序应对突发事件，最大程度减少突发事件及其造成的损害而预先制定的工作方案。

◆应急预案的规划、编制、审批、发布、备案、演练、修订、培训、宣传教育等工

作，适用本办法。

◆应急预案管理遵循统一规划、分类指导、分级负责、动态管理的原则。

◆应急预案编制要依据有关法律、行政法规和制度，紧密结合实际，合理确定内容，切实提高针对性、实用性和可操作性。

2. 分类和内容的有关规定

在第二章分类和内容中，对相关事项做了规定。

◆应急预案按照制定主体划分，分为政府及其部门应急预案、单位和基层组织应急预案两大类。

◆政府及其部门应急预案由各级人民政府及其部门制定，包括总体应急预案、专项应急预案、部门应急预案等。

总体应急预案是应急预案体系的总纲，是政府组织应对突发事件的总体制度安排，由县级以上各级人民政府制定。

专项应急预案是政府为应对某一类型或某几种类型突发事件，或者针对重要目标物保护、重大活动保障、应急资源保障等重要专项工作而预先制定的涉及多个部门职责的工作方案，由有关部门牵头制订，报本级人民政府批准后印发实施。

部门应急预案是政府有关部门根据总体应急预案、专项应急预案和部门职责，为应对本部门（行业、领域）突发事件，或者针对重要目标物保护、重大活动保障、应急资源保障等涉及部门工作而预先制定的工作方案，由各级政府有关部门制定。

鼓励相邻、相近的地方人民政府及其有关部门联合制定应对区域性、流域性突发事件的联合应急预案。

◆总体应急预案主要规定突发事件应对的基本原则、组织体系、运行机制，以及应急保障的总体安排等，明确相关各方的职责和任务。

针对突发事件应对的专项和部门应急预案，不同层级的预案内容各有所侧重。国家层面专项和部门应急预案侧重明确突发事件的应对原则、组织指挥机制、预警分级和事件分级标准、信息报告要求、分级响应及响应行动、应急保障措施等，重点规范国家层面应对行动，同时体现政策性和指导性；省级专项和部门应急预案侧重明确突发事件的组织指挥机制、信息报告要求、分级响应及响应行动、队伍物资保障及调动程序、市县级政府职责等，重点规范省级层面应对行动，同时体现指导性；市县级专项和部门应急预案侧重明确突发事件的组织指挥机制、风险评估、监测预警、信息报告、应急处置措施、队伍物资保障及调动程序等内容，重点规范市（地）级和县级层面应对行动，体现应急处置的主体职能；乡镇街道专项和部门应急预案侧重明确突发事件的预警信息传播、组织先期处置和自救互救、信息收集报告、人员临时安置等内容，重点规范乡镇层面应对行动，体现先期处置特点。

针对重要基础设施、生命线工程等重要目标物保护的专项和部门应急预案，侧重明确风险隐患及防范措施、监测预警、信息报告、应急处置和紧急恢复等内容。

针对重大活动保障制定的专项和部门应急预案，侧重明确活动安全风险隐患及防范措施、监测预警、信息报告、应急处置、人员疏散、撤离组织和路线等内容。

针对为突发事件应对工作提供队伍、物资、装备、资金等资源保障的专项和部门应急预案，侧重明确组织指挥机制、资源布局、不同种类和级别突发事件发生后的资源调用程序等内容。

联合应急预案侧重明确相邻、相近地方人民政府及其部门间信息通报、处置措施衔接、应急资源共享等应急联动机制。

◆单位和基层组织应急预案由机关、企事业单位、社会团体和居委会、村委会等法人和基层组织制定，侧重明确应急响应责任人、风险隐患监测、信息报告、预警响应、应急处置、人员疏散、撤离组织和路线、可调用或可请求援助的应急资源情况及如何实施等，体现自救互救、信息报告和先期处置特点。

大型企业集团可根据相关标准规范和实际工作需要，参照国际惯例，建立本集团应急预案体系。

◆政府及其部门、有关单位和基层组织可根据应急预案，并针对突发事件现场处置工作灵活制定现场工作方案，侧重明确现场组织指挥机制、应急队伍分工、不同情况下的应对措施、应急装备保障和自我保障等内容。

◆政府及其部门、有关单位和基层组织可结合本地区、本部门和本单位具体情况，编制应急预案操作手册，内容一般包括风险隐患分析、处置工作程序、响应措施、应急队伍和装备物资情况，以及相关单位联络人员和电话等。

◆对预案应急响应是否分级、如何分级、如何界定分级响应措施等，由预案制定单位根据本地区、本部门和本单位的实际情况确定。

3. 预案编制的有关规定

在第三章预案编制中，对相关事项做了规定。

◆各级人民政府应当针对本行政区域多发易发突发事件、主要风险等，制定本级政府及其部门应急预案编制规划，并根据实际情况变化适时修订完善。

单位和基层组织可根据应对突发事件需要，制定本单位、本基层组织应急预案编制计划。

◆应急预案编制部门和单位应组成预案编制工作小组，吸收预案涉及主要部门和单位业务相关人员、有关专家及有现场处置经验的人员参加。编制工作小组组长由应急预案编制部门或单位有关负责人担任。

◆编制应急预案应当在开展风险评估和应急资源调查的基础上进行。

（1）风险评估

针对突发事件特点，识别事件的危害因素，分析事件可能产生的直接后果以及次生、衍生后果，评估各种后果的危害程度，提出控制风险、治理隐患的措施。

（2）应急资源调查

全面调查本地区、本单位第一时间可调用的应急队伍、装备、物资、场所等应急资源状况和合作区域内可请求援助的应急资源状况，必要时对本地居民应急资源情况进行调查，为制定应急响应措施提供依据。

◆政府及其部门应急预案编制过程中应当广泛听取有关部门、单位和专家的意见，与相关的预案做好衔接。涉及其他单位职责的，应当书面征求相关单位意见。必要时，向社会公开征求意见。

单位和基层组织应急预案编制过程中，应根据法律、行政法规要求或实际需要，征求相关公民、法人或其他组织的意见。

4. 审批、备案和公布的有关规定

在第四章审批、备案和公布中，对相关事项做了规定。

◆预案编制工作小组或牵头单位应当将预案送审稿及各有关单位复函和意见采纳情况说明、编制工作说明等有关材料报送应急预案审批单位。因保密等原因需要发布应急预案简本的，应当将应急预案简本一起报送审批。

◆应急预案审核内容主要包括预案是否符合有关法律、行政法规，是否与有关应急预案进行了衔接，各方面意见是否一致，主体内容是否完备，责任分工是否合理明确，应急响应级别设计是否合理，应对措施是否具体简明、管用可行等。必要时，应急预案审批单位可组织有关专家对应急预案进行评审。

◆国家总体应急预案报国务院审批，以国务院名义印发；专项应急预案报国务院审批，以国务院办公厅名义印发；部门应急预案由部门有关会议审议决定，以部门名义印发，必要时，可以由国务院办公厅转发。

地方各级人民政府总体应急预案应当经本级人民政府常务会议审议，以本级人民政府名义印发；专项应急预案应当经本级人民政府审批，必要时经本级人民政府常务会议或专题会议审议，以本级人民政府办公厅（室）名义印发；部门应急预案应当经部门有关会议审议，以部门名义印发，必要时，可以由本级人民政府办公厅（室）转发。

单位和基层组织应急预案须经本单位或基层组织主要负责人或分管负责人签发，审批方式根据实际情况确定。

◆应急预案审批单位应当在应急预案印发后的 20 个工作日内依照下列规定向有关单位备案：

（1）地方人民政府总体应急预案报送上一级人民政府备案。

（2）地方人民政府专项应急预案抄送上一级人民政府有关主管部门备案。

（3）部门应急预案报送本级人民政府备案。

（4）涉及需要与所在地政府联合应急处置的中央单位应急预案，应当向所在地县级人民政府备案。

法律、行政法规另有规定的从其规定。

◆自然灾害、事故灾难、公共卫生类政府及其部门应急预案，应向社会公布。对确需保密的应急预案，按有关规定执行。

5. 应急演练的有关规定

在第五章应急演练中，对相关事项做了规定。

◆应急预案编制单位应当建立应急演练制度，根据实际情况采取实战演练、桌面推演等方式，组织开展人员广泛参与、处置联动性强、形式多样、节约高效的应急演练。

专项应急预案、部门应急预案至少每 3 年进行一次应急演练。

地震、台风、洪涝、滑坡、山洪泥石流等自然灾害易发区域所在地政府，重要基础设施和城市供水、供电、供气、供热等生命线工程经营管理单位，矿山、建筑施工单位和易燃易爆物品、危险化学品、放射性物品等危险物品生产、经营、储运、使用单位，公共交通工具、公共场所和医院、学校等人员密集场所的经营单位或者管理单位等，应当有针对性地经常组织开展应急演练。

◆应急演练组织单位应当组织演练评估。评估的主要内容包括：演练的执行情况，预案的合理性与可操作性，指挥协调和应急联动情况，应急人员的处置情况，演练所用设备装备的适用性，对完善预案、应急准备、应急机制、应急措施等方面的意见和建议等。

鼓励委托第三方进行演练评估。

6. 评估和修订的有关规定

在第六章评估和修订中，对相关事项做了规定。

◆应急预案编制单位应当建立定期评估制度，分析评价预案内容的针对性、实用性和可操作性，实现应急预案的动态优化和科学规范管理。

◆有下列情形之一的，应当及时修订应急预案：

(1) 有关法律、行政法规、规章、标准、上位预案中的有关规定发生变化的。

(2) 应急指挥机构及其职责发生重大调整的。

(3) 面临的风险发生重大变化的。

(4) 重要应急资源发生重大变化的。

(5) 预案中的其他重要信息发生变化的。

(6) 在突发事件实际应对和应急演练中发现问题需要作出重大调整的。

(7) 应急预案制定单位认为应当修订的其他情况。

◆应急预案修订涉及组织指挥体系与职责、应急处置程序、主要处置措施、突发事件分级标准等重要内容的，修订工作应参照本办法规定的预案编制、审批、备案、公布程序组织进行。仅涉及其他内容的，修订程序可根据情况适当简化。

◆各级政府及其部门、企事业单位、社会团体、公民等，可以向有关预案编制单位提出修订建议。

7. 培训和宣传教育的有关规定

在第七章培训和宣传教育中，对相关事项做了规定。

◆应急预案编制单位应当通过编发培训材料、举办培训班、开展工作研讨等方式，对与应急预案实施密切相关的管理人员和专业救援人员等组织开展应急预案培训。

◆对需要公众广泛参与的非涉密的应急预案，编制单位应当充分利用互联网、广播、电视、报刊等多种媒体广泛宣传，制作通俗易懂、好记管用的宣传普及材料，向公众免费发放。

8. 组织保障的有关规定

在第八章组织保障中，对相关事项做了规定。

◆各级政府及其有关部门应对本行政区域、本行业（领域）应急预案管理工作加强指导和监督。国务院有关部门可根据需要编写应急预案编制指南，指导本行业（领域）应急预案编制工作。

◆各级政府及其有关部门、各有关单位要指定专门机构和人员负责相关具体工作，将应急预案规划、编制、审批、发布、演练、修订、培训、宣传教育等工作所需经费纳入预算统筹安排。

二、《生产安全事故应急预案管理办法》相关要点

2009 年 4 月 1 日，国家安全生产监督管理总局公布《生产安全事故应急预案管理办法》(国家安全生产监督管理总局令第 17 号)，自 2009 年 5 月 1 日起施行。

《生产安全事故应急预案管理办法》分为七章三十九条，各章内容为：第一章总则，第二章应急预案的编制，第三章应急预案的评审，第四章应急预案的备案，第五章应急预案的实施，第六章奖励与处罚，第七章附则。

制定本办法的目的，是依据《突发事件应对法》《安全生产法》和国务院有关规定，为了规范生产安全事故应急预案的管理，完善应急预案体系，增强应急预案的科学性、针对性、实效性。本办法适用于生产安全事故应急预案（以下简称应急预案）的编制、评审、发布、备案、培训、演练和修订等工作。

1. 总则中的有关规定

在第一章总则中，对相关事项做了规定。

◆生产安全事故应急预案（以下简称应急预案）的编制、评审、发布、备案、培训、演练和修订等工作，适用本办法。

法律、行政法规和国务院另有规定的，依照其规定。

◆应急预案的管理遵循综合协调、分类管理、分级负责、属地为主的原则。

◆国家安全生产监督管理总局负责应急预案的综合协调管理工作。国务院其他负有安全生产监督管理职责的部门按照各自的职责负责本行业、本领域内应急预案的管理工作。

县级以上地方各级人民政府安全生产监督管理部门负责本行政区域内应急预案的综合协调管理工作。县级以上地方各级人民政府其他负有安全生产监督管理职责的部门按照各自的职责负责辖区内本行业、本领域应急预案的管理工作。

2. 应急预案编制的有关规定

在第二章应急预案的编制中，对相关事项做了规定。

◆应急预案的编制应当符合下列基本要求：

（1）符合有关法律、法规、规章和标准的规定。

（2）结合本地区、本部门、本单位的安全生产实际情况。

（3）结合本地区、本部门、本单位的危险性分析情况。

（4）应急组织和人员的职责分工明确，并有具体的落实措施。

（5）有明确、具体的事故预防措施和应急程序，并与其应急能力相适应。

（6）有明确的应急保障措施，并能满足本地区、本部门、本单位的应急工作要求。

（7）预案基本要素齐全、完整，预案附件提供的信息准确。

（8）预案内容与相关应急预案相互衔接。

◆地方各级安全生产监督管理部门应当根据法律、法规、规章和同级人民政府以及上一级安全生产监督管理部门的应急预案，结合工作实际，组织制定相应的部门应急预案。

◆生产经营单位应当根据有关法律、法规和《生产经营单位安全生产事故应急预案编制导则》（AQ/T 9002—2006），结合本单位的危险源状况、危险性分析情况和可能发生的事故特点，制定相应的应急预案。

生产经营单位的应急预案按照针对情况的不同，分为综合应急预案、专项应急预案和现场处置方案。

◆生产经营单位风险种类多、可能发生多种事故类型的，应当组织编制本单位的综合应急预案。

综合应急预案应当包括本单位的应急组织机构及其职责、预案体系及响应程序、事故预防及应急保障、应急培训及预案演练等主要内容。

◆对于某一种类的风险，生产经营单位应当根据存在的重大危险源和可能发生的事故类型，制定相应的专项应急预案。

专项应急预案应当包括危险性分析、可能发生的事故特征、应急组织机构与职责、预防措施、应急处置程序和应急保障等内容。

◆对于危险性较大的重点岗位，生产经营单位应当制定重点工作岗位的现场处置方案。

现场处置方案应当包括危险性分析、可能发生的事故特征、应急处置程序、应急处置要点和注意事项等内容。

◆生产经营单位编制的综合应急预案、专项应急预案和现场处置方案之间应当相互衔接，并与所涉及的其他单位的应急预案相互衔接。

◆应急预案应当包括应急组织机构和人员的联系方式、应急物资储备清单等附件信息。附件信息应当经常更新，确保信息准确有效。

3. 应急预案评审的有关规定

在第三章应急预案的评审中，对相关事项做了规定。

◆地方各级安全生产监督管理部门应当组织有关专家对本部门编制的应急预案进行审定；必要时，可以召开听证会，听取社会有关方面的意见。涉及相关部门职能或者需要有关部门配合的，应当征得有关部门同意。

◆矿山、建筑施工单位和易燃易爆物品、危险化学品、放射性物品等危险物品的生产、经营、储存、使用单位和中型规模以上的其他生产经营单位，应当组织专家对本单位编制的应急预案进行评审。评审应当形成书面纪要并附有专家名单。

◆应急预案的评审或者论证应当注重应急预案的实用性、基本要素的完整性、预防措施的针对性、组织体系的科学性、响应程序的操作性、应急保障措施的可行性、应急预案的衔接性等内容。

◆生产经营单位的应急预案经评审或者论证后，由生产经营单位主要负责人签署公布。

4. 应急预案备案的有关规定

在第四章应急预案的备案中，对相关事项做了规定。

◆中央管理的总公司（总厂、集团公司、上市公司）的综合应急预案和专项应急预案，报国务院国有资产监督管理部门、国务院安全生产监督管理部门和国务院有关主管部门备案；其所属单位的应急预案分别抄送所在地的省、自治区、直辖市或者设区的市人民政府安全生产监督管理部门和有关主管部门备案。

前款规定以外的其他生产经营单位中涉及实行安全生产许可的，其综合应急预案和专项应急预案，按照隶属关系报所在地县级以上地方人民政府安全生产监督管理部门和有关主管部门备案；未实行安全生产许可的，其综合应急预案和专项应急预案的备案，由省、自治区、直辖市人民政府安全生产监督管理部门确定。

◆生产经营单位申请应急预案备案，应当提交以下材料：

(1) 应急预案备案申请表。

(2) 应急预案评审或者论证意见。

(3) 应急预案文本及电子文档。

◆受理备案登记的安全生产监督管理部门应当对应急预案进行形式审查，经审查符合要求的，予以备案并出具应急预案备案登记表；不符合要求的，不予备案并说明理由。

对于实行安全生产许可的生产经营单位，已经进行应急预案备案登记的，在申请安全生产许可证时，可以不提供相应的应急预案，仅提供应急预案备案登记表。

◆各级安全生产监督管理部门应当指导、督促检查生产经营单位做好应急预案的备案登记工作，建立应急预案备案登记建档制度。

5. 应急预案实施的有关规定

在第五章应急预案的实施中，对相关事项做了规定。

◆各级安全生产监督管理部门、生产经营单位应当采取多种形式开展应急预案的宣传教育，普及生产安全事故预防、避险、自救和互救知识，提高从业人员安全意识和应急处置技能。

◆各级安全生产监督管理部门应当将应急预案的培训纳入安全生产培训工作计划，并组织实施本行政区域内重点生产经营单位的应急预案培训工作。

生产经营单位应当组织开展本单位的应急预案培训活动，使有关人员了解应急预案内容，熟悉应急职责、应急程序和岗位应急处置方案。

应急预案的要点和程序应当张贴在应急地点和应急指挥场所，并设有明显的标志。

◆生产经营单位应当制定本单位的应急预案演练计划，根据本单位的事故预防重点，每年至少组织一次综合应急预案演练或者专项应急预案演练，每半年至少组织一次现场处置方案演练。

◆应急预案演练结束后，应急预案演练组织单位应当对应急预案演练效果进行评估，撰写应急预案演练评估报告，分析存在的问题，并对应急预案提出修订意见。

◆生产经营单位制定的应急预案应当至少每三年修订一次，预案修订情况应有记录并归档。

◆有下列情形之一的，应急预案应当及时修订：

(1) 生产经营单位因兼并、重组、转制等导致隶属关系、经营方式、法定代表人发生变化的。

(2) 生产经营单位生产工艺和技术发生变化的。

(3) 周围环境发生变化，形成新的重大危险源的。

(4) 应急组织指挥体系或者职责已经调整的。

(5) 依据的法律、法规、规章和标准发生变化的。

(6) 应急预案演练评估报告要求修订的。

(7) 应急预案管理部门要求修订的。

◆生产经营单位应当及时向有关部门或者单位报告应急预案的修订情况，并按照有关应急预案报备程序重新备案。

◆生产经营单位应当按照应急预案的要求配备相应的应急物资及装备，建立使用状况档案，定期检测和维护，使其处于良好状态。

◆生产经营单位发生事故后，应当及时启动应急预案，组织有关力量进行救援，并按照规定将事故信息及应急预案启动情况报告安全生产监督管理部门和其他负有安全生产监督管理职责的部门。

6. 奖励与处罚的有关规定

在第六章奖励与处罚中，对相关事项做了规定。

◆对于在应急预案编制和管理工作中做出显著成绩的单位和人员，安全生产监督管理部门、生产经营单位可以给予表彰和奖励。

◆生产经营单位应急预案未按照本办法规定备案的，由县级以上安全生产监督管理部门给予警告，并处三万元以下罚款。

◆生产经营单位未制定应急预案或者未按照应急预案采取预防措施，导致事故救援不力或者造成严重后果的，由县级以上安全生产监督管理部门依照有关法律、法规和规章的规定，责令停产停业整顿，并依法给予行政处罚。

三、《生产经营单位生产安全事故应急预案编制导则》相关要点

2013 年 7 月 19 日，国家安全生产监督管理总局发布《生产经营单位生产安全事故应急预案编制导则》(GB/T 29639—2013)，自 2013 年 10 月 1 日起实施。

本标准按照 GB/T 1.1—2009 给出的规则起草。本标准由国家安全生产监督管理总局提出。本标准由全国安全生产标准化技术委员会（SAC/TC 288）归口。

1. 适用范围

本标准规定了生产经营单位编制生产安全事故应急预案（以下简称应急预案）的编制程序、体系构成和综合应急预案、专项应急预案、现场处置方案以及附件。

本标准适用于生产经营单位的应急预案编制工作，其他社会组织和单位的应急预案编制可参照本标准执行。

2. 术语和定义

下列术语和定义适用于本文件：

(1) 应急预案

应急预案是指为有效预防和控制可能发生的事故，最大限度减少事故及其造成损害而预先制定的工作方案。

(2) 应急准备

应急准备是指针对可能发生的事故，为迅速、科学、有序地开展应急行动而预先进行的思想准备、组织准备和物资准备。

(3) 应急响应

应急响应是指针对发生的事故，有关组织或人员采取的应急行动。

(4) 应急救援

应急救援是指在应急响应过程中，为最大限度地降低事故造成的损失或危害，防止事故扩大，而采取的紧急措施或行动。

(5) 应急演练

应急演练是指针对可能发生的事故情景，依据应急预案而模拟开展的应急活动。

3. 应急预案编制程序

(1) 概述

生产经营单位应急预案编制程序包括成立应急预案编制工作组、资料收集、风险评估、应急能力评估、编制应急预案和应急预案评审 6 个步骤。

(2) 成立应急预案编制工作组

生产经营单位应结合本单位部门职能和分工，成立以单位主要负责人（或分管负责人）为组长，单位相关部门人员参加的应急预案编制工作组，明确工作职责和任务分工，制定工作计划，组织开展应急预案编制工作。

(3) 资料收集

应急预案编制工作组应收集与预案编制工作相关的法律法规、技术标准、应急预案、国内外同行业企业事故资料，同时收集本单位安全生产相关技术资料、周边环境影响、应急资源等有关资料。

(4) 风险评估

主要内容包括：

1) 分析生产经营单位存在的危险因素，确定事故危险源。

2) 分析可能发生的事故类型及后果，并指出可能产生的次生、衍生事故。

3) 评估事故的危害程度和影响范围，提出风险防控措施。

(5) 应急能力评估

在全面调查和客观分析生产经营单位应急队伍、装备、物资等应急资源状况基础上开展应急能力评估，并依据评估结果，完善应急保障措施。

(6) 编制应急预案

依据生产经营单位风险评估以及应急能力评估结果，组织编制应急预案。应急预案编制应注重系统性和可操作性，做到与相关部门和单位应急预案相衔接。应急预案编制格式参见附录 A。

(7) 应急预案评审

应急预案编制完成后，生产经营单位应组织评审。评审分为内部评审和外部评审，内部评审由生产经营单位主要负责人组织有关部门和人员进行。外部评审由生产经营单位组织外部有关专家和人员进行评审。应急预案评审合格后，由生产经营单位主要负责人（或分管负责人）签发实施，并进行备案管理。

4. 应急预案体系

（1）概述

生产经营单位的应急预案体系主要由综合应急预案、专项应急预案和现场处置方案构成。生产经营单位应根据本单位组织管理体系、生产规模、危险源的性质以及可能发生的事故类型确定应急预案体系，并可根据本单位的实际情况，确定是否编制专项应急预案。风险因素单一的小微型生产经营单位可只编写现场处置方案。

（2）综合应急预案

综合应急预案是生产经营单位应急预案体系的总纲，主要从总体上阐述事故的应急工作原则，包括生产经营单位的应急组织机构及职责、应急预案体系、事故风险描述、预警及信息报告、应急响应、保障措施、应急预案管理等内容。

（3）专项应急预案

专项应急预案是生产经营单位为应对某一类型或某几种类型事故，或者针对重要生产设施、重大危险源、重大活动等内容而定制的应急预案。专项应急预案主要包括事故风险分析、应急指挥机构及职责、处置程序和措施等内容。

（4）现场处置方案

现场处置方案是生产经营单位根据不同事故类型，针对具体的场所、装置或设施所制定的应急处置措施，主要包括事故风险分析、应急工作职责、应急处置和注意事项等内容。生产经营单位应根据风险评估、岗位操作规程以及危险性控制措施，组织本单位现场作业人员及安全管理等专业人员共同编制现场处置方案。

5. 综合应急预案主要内容

（1）总则

1）编制目的。简述应急预案编制的目的。

2）编制依据。简述应急预案编制所依据的法律、法规、规章、标准和规范性文件以及相关应急预案等。

3）适用范围。说明应急预案适用的工作范围和事故类型、级别。

4）应急预案体系。说明生产经营单位应急预案体系的构成情况，可用框图形式表述。

5）应急工作原则。说明生产经营单位应急工作的原则，内容应简明扼要、明确具体。

（2）事故风险描述

简述生产经营单位存在或可能发生的事故风险种类、发生的可能性以及严重程度及影响范围等。

（3）应急组织机构及职责

明确生产经营单位的应急组织形式及组成单位或人员，可用结构图的形式表示，明确构成部门的职责。应急组织机构根据事故类型和应急工作需要，可设置相应的应急工作小组，并明确各小组的工作任务及职责。

（4）预警及信息报告

1）预警。根据生产经营单位检测监控系统数据变化状况、事故险情紧急程度和发展势态或有关部门提供的预警信息进行预警，明确预警的条件、方式、方法和信息发布的程序。

2）信息报告。信息报告程序主要包括：

①信息接收与通报。明确 24 小时应急值守电话、事故信息接收、通报程序和责任人。

②信息上报。明确事故发生后向上级主管部门、上级单位报告事故信息的流程、内容、时限和责任人。

③信息传递。明确事故发生后向本单位以外的有关部门或单位通报事故信息的方法、程序和责任人。

（5）应急响应

1）响应分级。针对事故危害程度、影响范围和生产经营单位控制事态的能力，对事故应急响应进行分级，明确分级响应的基本原则。

2）响应程序。根据事故级别的发展态势，描述应急指挥机构启动、应急资源调配、应急救援、扩大应急等响应程序。

3）处置措施。针对可能发生的事故风险、事故危害程度和影响范围，制定相应的应急处置措施，明确处置原则和具体要求。

4）应急结束。明确现场应急响应结束的基本条件和要求。

（6）信息公开

明确向有关新闻媒体、社会公众通报事故信息的部门、负责人和程序以及通报原则。

（7）后期处置

主要明确污染物处理、生产秩序恢复、医疗救治、人员安置、善后赔偿、应急救援评估等内容。

（8）保障措施

1）通信与信息保障。明确可为生产经营单位提供应急保障的相关单位及人员通信联系方式和方法，并提供备用方案。同时，建立信息通信系统及维护方案，确保应急期间信息通畅。

2）应急队伍保障。明确应急响应的人力资源，包括应急专家、专业应急队伍、兼职应急队伍等。

3）物资装备保障。明确生产经营单位的应急物资和装备的类型、数量、性能、存放位置、运输及使用条件、管理责任人及其联系方式等内容。

4）其他保障。根据应急工作需求而确定的其他相关保障措施（如经费保障、交通运输保障、治安保障、技术保障、医疗保障、后勤保障等）。

（9）应急预案管理

1）应急预案培训。明确对生产经营单位人员开展的应急预案培训计划、方式和要求，使有关人员了解相关应急预案内容，熟悉应急职责、应急程序和现场处置方案。如果应急预案涉及社区和居民，要做好宣传教育和告知等工作。

2）应急预案演练。明确生产经营单位不同类型应急预案演练的形式、范围、频次、内容以及演练评估、总结等要求。

3）应急预案修订。明确应急预案修订的基本要求，并定期进行评审，实现可持续改进。

4）应急预案备案。明确应急预案的报备部门，并进行备案。

5）应急预案实施。明确应急预案实施的具体时间、负责制定与解释的部门。

6. 专项应急预案主要内容

（1）事故风险分析

针对可能发生的事故风险，分析事故发生的可能性以及严重程度、影响范围等。

（2）应急指挥机构及职责

根据事故类型，明确应急指挥机构总指挥、副总指挥以及各成员单位或人员的具体职责。应急指挥机构可以设置相应的应急救援工作小组，明确各小组的工作任务及主要负责人职责。

（3）处置程序

明确事故及事故险情信息报告程序和内容、报告方式和责任等内容。根据事故响应级别，具体描述事故接警报告和记录、应急指挥机构启动、应急指挥、资源调配、应急救援、扩大应急等应急响应程序。

（4）处置措施

针对可能发生的事故风险、事故危害程度和影响范围，制定相应的应急处置措施，明确处置原则和具体要求。

7. 现场处置方案主要内容

（1）事故风险分析

主要包括：

1）事故类型。

2）事故发生的区域、地点或装置的名称。

3）事故发生的可能时间、事故的危害严重程度及其影响范围。

4）事故前可能出现的征兆。

5）事故可能引发的次生、衍生事故。

（2）应急工作职责

根据现场工作岗位、组织形式及人员构成，明确各岗位人员的应急工作分工和职责。

（3）应急处置

主要包括以下内容：

1）事故应急处置程序。分局可能发生的事故及现场情况，明确事故报警、各项应急措施启动、应急救护人员的引导、事故扩大及同生产经营单位应急预案的衔接的程序。

2）现场应急处置措施。针对可能发生的火灾、爆炸、危险化学品泄漏、坍塌、水患、机动车辆伤害等，从人员救护、工艺操作、事故控制、消防、现场恢复等方面制定明确的应急处置措施。

3）明确报警负责人以及报警电话及上级管理部门、相关应急救援单位联络方式和联系人员，事故报告基本要求和内容。

（4）注意事项

主要包括：

1）佩戴个人防护器具方面的注意事项。

2）使用抢险救援器材方面的注意事项。

3）采取救援对策或措施方面的注意事项。

4）现场自救和互救注意事项。

5）现场应急处置能力确认和人员安全防护等事项。

6）应急救援结束后的注意事项。

7）其他需要特别警示的事项。

8. 附件

（1）有关应急部门、机构或人员的联系方式

列出应急工作中需要联系的部门、机构或人员的多种联系方式，当发生变化时及时进行更新。

（2）应急物资装备的名录或清单

列出应急预案涉及的主要物资和装备名称、型号、性能、数量、存放地点、运输和使用条件、管理责任人和联系电话等。

（3）规范化格式文本

应急信息接报、处理、上报等规范化格式文本。

（4）关键的路线、标识和图纸

主要包括：

1）警报系统分布及覆盖范围。

2）重要防护目标、危险源一览表、分布图。

3）应急指挥部位置及救援队伍行动路线。

4）疏散路线、警戒范围、重要地点等的标识。

5）相关平面布置图纸、救援力量的分布图纸等。

（5）有关协议或备忘录

列出与相关应急救援部门签订的应急救援协议或备忘录。

附录 A： 应急预案编制格式（略）

四、《生产经营单位生产安全事故应急预案编制导则》解读

2013 年 10 月 1 日，《生产经营单位生产安全事故应急预案编制导则》（GB/T 29639—2013）（以下简称《导则》）开始施行，这一标准在《生产经营单位生产安全事故应急预案编制导则》（AQ/T 9002—2006）的基础上经过优化修订，上升为国家标准。为了使各生产经营单位了解《导则》的内容，以此来指导安全生产事故应急预案的编制，国家安全生产应急救援指挥中心对该《导则》进行了解读。

1.《导则》从无到有的发展过程

近年来，通过各地区、各有关部门和单位的共同努力，安全生产应急管理规章、标

准和制度不断完善，应急预案管理逐步规范，应急预案编制全面展开，应急预案质量不断提高，安全生产应急预案体系取得积极进展。2006 年以来，国家生产安全监督管理总局在应急预案编制管理方面，共出台 1 个部门规章、2 个行业标准和 10 余个规范性文件，整理编辑了 9 个重点行业（领域）799 个现场处置方案范例。其中，为规范指导生产经营单位做好应急预案编制工作，国家安全生产监督管理总局在《危险化学品事故应急救援预案编制通则》基础上，于 2006 年颁布实施了《生产经营单位生产安全事故应急预案编制导则》（AQ/T 9002—2006），作为应急预案管理的第一个安全生产行业标准，此举推进了生产安全事故应急预案体系建设。截至 2012 年底，全国 32 个省级统计单位上报生产经营单位近 286.8 万家，编制应急预案总数达 579.3 万个，其中综合预案 178 万个，专项预案 163.1 万个，现场处置方案 238.2 万个。煤矿、非煤矿山、危险化学品、烟花爆竹等高危行业预案覆盖率达到 100%。但是，安全生产应急预案编制也还存在很多问题。主要表现在：应急预案功能定位、层级分类不够明确，实用性、针对性不强，风险分析、能力评估不到位，关键要素不统一，相互不衔接等。

针对暴露出的这些问题，《国务院关于进一步加强企业安全生产工作的通知》《国务院关于坚持科学发展安全发展促进安全生产形势持续稳定好转的意见》和《国务院安委会办公室关于贯彻落实国务院<通知>精神 进一步加强安全生产应急救援体系建设的实施意见》，均对应急预案编制、评审、备案、衔接等工作提出了明确的要求。

2.《导则》从有到优的变化过程

为贯彻落实相关文件精神，解决应急预案针对性差、可操作性不强等问题，国家安全生产应急救援指挥中心于 2011 年初启动了《导则》的修订工作。多次征求地方、企业及有关专家意见，大家普遍认为各行业企业生产经营范围广，跨行业经营较为普遍，应整合原有的《危险化学品事故应急救援预案编制通则》，并将《生产经营单位生产安全事故应急预案编制导则》修订后上升为国家标准。这样既保持了原来标准的延续性，又提升了标准级别，有利于指导生产经营单位做好应急预案编制工作。

生产经营单位生产安全事故应急预案，是国家安全生产应急预案体系的重要组成部分。总体上看，我国应急预案体系建设已由“从无到有”进入“从有到优”的新阶段。下一阶段，必须将提升应急预案质量作为工作重点，推动我国应急管理水平不断提高。《导则》的这次修订，是在认真分析目前应急预案体系建设阶段性特点和问题的基础上，一方面系统总结以往安全生产应急预案编制方面的法规规范、方针政策及经验教训，吸收了国务院应急办组织的应急预案体系建设专题调研的重要成果；另一方面是国家对应急预案各环节工作规定和要求的细化和具体化。《导则》的颁布实施，对于指导生产经营单位做好生产安全事故应急预案编制工作，解决目前部分生产经营单位应急预案存在的要素不全、操作性不强、相互不衔接等问题，提高生产经营单位应急预案的编制质量等，起到了推动作用。

3.《导则》本次主要修订的内容

《导则》主要规定了生产经营单位编制生产安全事故应急预案的程序、要素和内容等基本要求，在明确应急处置职能和程序的基础上，重点突出事故的风险管理，按照安全生产工作方针，强调应急预案的事故预防功能。

《导则》进一步规范应急预案编制程序。执行正确的应急预案编制程序，是提高应急预案编制质量的前提条件。《导则》明确了应急预案编制的六个步骤：成立应急预案编制工作组、资料收集、风险评估、应急能力评估、编制应急预案、应急预案评审。特别强调的是，很多部门和企业在编制应急预案时，缺少风险分析和应急资源情况的调查，没有进行科学的能力评估，应急预案情景设计与实际不符，可操作性无从谈起。因此，《导则》特别强调了风险评估和应急能力评估。

《导则》对应急预案体系进行规范，是《导则》的重要特点。《导则》提出，生产经营单位应急预案体系主要由综合应急预案、专项应急预案和现场处置方案构成。哪些单位应编写综合应急预案、哪些单位应编写专项应急预案、哪些单位应编写现场处置方案、哪些单位综合应急预案和专项应急预案可以合并编写，《导则》都对此进行了说明，并对每一类预案中应当包含的内容进行了详细说明。《导则》指出，专项应急预案可根据本单位的实际情况确定是否编制。风险因素单一的小微型生产经营单位，可只编写现场处置方案。这是一处重要的修订内容，突破了原来应急预案体系结构的限制，强调可以结合实际灵活掌握。

《导则》进一步明确各类应急预案的功能定位和内容要求。《导则》强调，综合应急预案是生产经营单位应急预案体系的总纲，主要从总体上阐述事故的应急方针、原则。《导则》强调了其指导性和规范性，规定综合应急预案应包括应急组织机构及职责、应急预案体系、事故风险描述、预警及信息报告、应急响应、保障措施、应急预案管理等内容。专项应急预案是生产经营单位为应对某一类型或某几种类型事故，或者针对重要生产设施、重大危险源、重大活动等内容，而制定的应急预案。进一步简化了专项应急预案的内容，强调其针对性和可操作性，事故风险分析、应急指挥机构及职责、处置程序和措施等内容。现场处置方案是生产经营单位根据不同事故类别，针对具体的场所、装置或设施所制定的应急处置措施，主要包括事故风险分析、应急工作职责、应急处置和注意事项等内容。

由于生产经营单位的组织结构、管理模式、生产规模、事故风险等情况差异性较大，很难以一个标准对所有单位应急预案编制进行强制性要求，因此国家安全生产应急救援指挥中心建议将其作为推荐性国家标准，供生产经营单位参考使用，给企业一定程度的灵活度和自由度，这样各单位可结合自身特点对《导则》中部分内容进行适当调整，从而保证应急预案的针对性、实用性和可操作性。

五、《生产经营单位生产安全事故应急预案评审指南（试行）》相关要点

2009 年 4 月 29 日，国家安全生产监督管理总局印发《生产经营单位生产安全事故应急预案评审指南（试行）》（安监总厅应急〔2009〕73 号）（以下简称《评审指南》)。编制《评审指南》的目的，是依据《生产经营单位安全生产事故应急预案编制导则》（以下简称《导则》)，贯彻实施《生产安全事故应急预案管理办法》（国家安全监管总局令第 17 号），指导生产经营单位做好生产安全事故应急预案（以下简称应急预案）评审工作，提高应急预案的科学性、针对性和实效性。

《评审指南》主要内容如下：

1. 评审方法

应急预案评审采取形式评审和要素评审两种方法。形式评审主要用于应急预案备案时的评审，要素评审用于生产经营单位组织的应急预案评审工作。应急预案评审采用符合、基本符合、不符合三种意见进行判定。对于基本符合和不符合的项目，应给出具体修改意见或建议。

（1）形式评审

依据《导则》和有关行业规范，对应急预案的层次结构、内容格式、语言文字、附件项目以及编制程序等内容进行审查，重点审查应急预案的规范性和编制程序。应急预案形式评审的具体内容及要求，见附件 1（略）。

（2）要素评审

依据国家有关法律法规、《导则》和有关行业规范，从合法性、完整性、针对性、实用性、科学性、操作性和衔接性等方面对应急预案进行评审。为细化评审，采用列表方式分别对应急预案的要素进行评审。评审时，将应急预案的要素内容与评审表中所列要素的内容进行对照，判断是否符合有关要求，指出存在问题及不足。应急预案要素分为关键要素和一般要素。应急预案要素评审的具体内容及要求，见附件 2（略）、附件 3（略）、附件 4（略）、附件 5（略）。

关键要素是指应急预案构成要素中必须规范的内容。这些要素涉及生产经营单位日常应急管理及应急救援的关键环节，具体包括危险源辨识与风险分析、组织机构及职责、信息报告与处置和应急响应程序与处置技术等要素。关键要素必须符合生产经营单位实际和有关规定要求。一般要素是指应急预案构成要素中可简写或省略的内容。这些要素不涉及生产经营单位日常应急管理及应急救援的关键环节，具体包括应急预案中的编制目的、编制依据、适用范围、工作原则、单位概况等要素。

2. 评审程序

应急预案编制完成后，生产经营单位应在广泛征求意见的基础上，对应急预案进行评审。

（1）评审准备

成立应急预案评审工作组，落实参加评审的单位或人员，将应急预案及有关资料在评审前送达参加评审的单位或人员。

（2）组织评审

评审工作应由生产经营单位主要负责人或主管安全生产工作的负责人主持，参加应急预案评审人员应符合《生产安全事故应急预案管理办法》要求。生产经营规模小、人员少的单位，可以采取演练的方式对应急预案进行论证，必要时应邀请相关主管部门或安全管理人员参加。应急预案评审工作组讨论并提出会议评审意见。

（3）修订完善

生产经营单位应认真分析研究评审意见，按照评审意见对应急预案进行修订和完善。评审意见要求重新组织评审的，生产经营单位应组织有关部门对应急预案重新进行评审。

（4）批准印发

生产经营单位的应急预案经评审或论证，符合要求的，由生产经营单位主要负责人签发。

3. 评审要点

应急预案评审应坚持实事求是的工作原则，结合生产经营单位工作实际，按照《导则》和有关行业规范，从以下七个方面进行评审。

（1）合法性

符合有关法律、法规、规章和标准，以及有关部门和上级单位规范性文件要求。

（2）完整性

具备《导则》所规定的各项要素。

（3）针对性

紧密结合本单位危险源辨识与风险分析。

（4）实用性

切合本单位工作实际，与生产安全事故应急处置能力相适应。

（5）科学性

组织体系、信息报送和处置方案等内容科学合理。

（6）操作性

应急响应程序和保障措施等内容切实可行。

（7）衔接性

综合、专项应急预案和现场处置方案形成体系，并与相关部门或单位应急预案相互衔接。

有关部门应急预案的评审工作可参照本指南。

附件：1. 应急预案形式评审表（略）

2. 综合应急预案要素评审表（略）

3. 专项应急预案要素评审表（略）

4. 现场处置方案要素评审表（略）

5. 应急预案附件要素评审表（略）

六、《生产安全事故应急演练指南》相关要点

2011年4月19日，国家安全生产监督管理总局批准安全生产行业标准《生产安全事故应急演练指南》（AQ/T 9007—2011），自2011年9月1日起施行。国家安全生产监督管理总局公告（2011年第16号）。

《生产安全事故应急演练指南》分为范围、规范性引用文件、术语和定义、应急演练目的、应急演练原则、应急演练类型、应急演练内容、综合演练组织与实施、应急演练评估与总结、持续改进等部分，主要内容如下：

1. 适用范围

《生产安全事故应急演练指南》规定了生产安全事故应急演练（以下简称应急演练）的目的、原则、类型、内容和综合应急演练的组织与实施。其他类型演练的组织与实

施，可根据演练规模和复杂程度参照本标准进行。本标准适用于针对生产安全事故所开展的应急演练活动。

2. 应急演练目的

应急演练目的主要包括：

(1) 检验预案

发现应急预案中存在的问题，提高应急预案的科学性、实用性和可操作性。

(2) 锻炼队伍

熟悉应急预案，提高应急人员在紧急情况下妥善处置事故的能力。

(3) 磨合机制

完善应急管理相关部门、单位和人员的工作职责，提高协调配合能力。

(4) 宣传教育

普及应急管理知识，提高参演和观摩人员风险防范意识和自救互救能力。

(5) 完善准备

完善应急管理和应急处置技术，补充应急装备和物资，提高其适用性和可靠性。

(6) 其他需要解决的问题

3. 应急演练原则

应急演练应符合以下原则：

(1) 符合相关规定

按照国家相关法律、法规、标准及有关规定组织开展演练。

(2) 切合企业实际

结合企业生产安全事故特点和可能发生的事故类型组织开展演练。

(3) 注重能力提高

以提高指挥协调能力、应急处置能力为主要出发点组织开展演练。

(4) 确保安全有序

在保证参演人员及设备设施安全的条件下组织开展演练。

4. 应急演练类型

应急演练按照演练内容分为综合演练和单项演练，按照演练形式分为现场演练和桌面演练，不同类型的演练可相互组合。

5. 应急演练内容

(1) 预警与报告

根据事故情景，向相关部门或人员发出预警信息，并向有关部门和人员报告事故信息。

(2) 指挥与协调

根据事故情景，成立应急指挥部，调集应急救援队伍等相关资源，开展应急救援行动。

(3) 应急通信

根据事故情景，在应急救援相关部门或人员之间进行音频、视频信号或数据信息互通。

(4) 事故监测

根据事故情景，对事故现场进行观察、分析或测定，确定事故严重程度、影响范围和变化趋势等。

（5）警戒与管制

根据事故情景，建立应急处置现场警戒区域，实行交通管制，维护现场秩序。

（6）疏散与安置

根据事故情景，对事故可能波及范围内的相关人员进行疏散、转移和安置。

（7）医疗卫生

根据事故情景，调集医疗卫生专家和卫生应急队伍开展紧急医学救援，并开展卫生监测和防疫工作。

（8）现场处置

根据事故情景，按照相关应急预案和现场指挥部要求对事故现场进行控制和处理。

（9）社会沟通

根据事故情景，召开新闻发布会或事故情况通报会，通报事故有关情况。

（10）后期处置

根据事故情景，应急处置结束后，开展事故损失评估、事故原因调查、事故现场清理和相关善后工作。

（11）其他

根据相关行业（领域）安全生产特点所包含的其他应急功能。

6. 综合演练组织与实施

（1）演练计划应包括演练目的、类型（形式）、时间、地点，演练主要内容、参加单位和经费预算等。

（2）综合演练通常成立演练领导小组，下设策划组、执行组、保障组、评估组等专业工作组。根据演练规模大小，其组织机构可进行调整。

（3）演练工作方案内容主要包括：应急演练目的及要求；应急演练事故情景设计；应急演练规模及时间；参演单位和人员主要任务及职责；应急演练筹备工作内容；应急演练主要步骤；应急演练技术支撑及保障条件；应急演练评估与总结。

（4）根据需要，可编制演练脚本。演练脚本是应急演练工作方案具体操作实施的文件，帮助参演人员全面掌握演练进程和内容。演练脚本一般采用表格形式，主要内容包括：演练模拟事故情景；处置行动与执行人员；指令与对白、步骤及时间安排；视频背景与字幕；演练解说词等。

（5）演练评估方案通常包括：演练信息，应急演练目的和目标、情景描述，应急行动与应对措施简介等；评估内容，应急演练准备、应急演练组织与实施、应急演练效果等；评估标准，应急演练各环节应达到的目标评判标准；评估程序，演练评估工作主要步骤及任务分工；附件，演练评估所需要用到的相关表格等。

（6）针对应急演练活动可能发生的意外情况制定演练保障方案或应急预案，并进行演练，做到相关人员应知应会，熟练掌握。演练保障方案应包括应急演练可能发生的意外情况、应急处置措施及责任部门、应急演练意外情况中止条件与程序等。

（7）根据演练规模和观摩需要，可编制演练观摩手册。演练观摩手册通常包括应急演练时间、地点、情景描述、主要环节及演练内容、安全注意事项等。

7. 应急演练评估与总结

（1）现场点评

应急演练结束后，评估人员或评估组负责人在演练现场对演练中发现的问题、不足及取得的成效进行口头点评。

（2）书面评估

评估人员针对演练中观察、记录以及收集的各种信息资料，依据评估标准对应急演练活动全过程进行科学分析和客观评价，并撰写书面评估报告。评估报告重点对演练活动的组织和实施、演练目标的实现、参演人员的表现以及演练中暴露的问题进行评估。

（3）应急演练总结

演练结束后，演练组织单位应根据演练记录、演练评估报告、应急预案、现场总结等材料，对演练进行全面总结，并形成演练书面总结报告。报告可对应急演练准备、策划等工作进行简要总结分析。参与单位也可对本单位的演练情况进行总结。演练总结报告的内容主要包括：演练基本概要；演练发现的问题，取得的经验和教训；应急管理工作建议。

（4）演练资料归档与备案

1）应急演练活动结束后，演练组织单位应将应急演练工作方案、应急演练书面评估报告、应急演练总结报告等文字资料，以及记录演练实施过程的相关图片、视频、音频等资料归档保存。

2）对主管部门要求备案的应急演练资料，演练组织单位应及时将相关资料报主管部门备案。

8. 持续改进

（1）预案修订完善

根据演练评估报告中对应急预案的改进建议，由应急预案编制部门按程序对预案进行修订完善。

（2）应急管理工作改进

应急演练结束后，演练组织单位应根据应急演练评估报告、总结报告提出的问题和建议，对应急管理工作（包括应急演练工作）进行持续改进。演练组织单位应督促相关部门和人员，制定整改计划，明确整改目标，制定整改措施，落实整改资金，并跟踪督查整改情况。

七、《关于进一步加强生产经营单位一线从业人员应急培训的通知》相关要点

2014 年 4 月 22 日，国家安全监管总局办公厅下发《关于进一步加强生产经营单位一线从业人员应急培训的通知》（安监总厅应急［2014］46 号）。《通知》指出，为深入贯彻落实《国务院安委会关于进一步加强安全培训工作的决定》（安委［2012］10 号）和《国务院安委会关于进一步加强生产安全事故应急处置工作的通知》（安委［2013］8 号）精神，进一步加强生产经营单位（以下统称企业）一线从业人员应急培训工作，提高企业应急处置能力，现就有关要求通知如下。

1. 充分认识加强企业一线从业人员应急培训的重要性

企业一线从业人员是安全生产的第一道防线，是生产安全事故应急处置的第一梯队。进一步加强企业一线从业人员的应急培训，既是全面提高企业应急处置能力，也是有效防止因应急知识缺乏导致事故扩大的迫切要求。各类企业和各级安全生产监管监察部门一定要提高认识，认真履行职责，以全面提高一线从业人员应急能力为目标，制定培训计划、设置培训内容、严格培训考核，切实抓好培训责任的落实，牢牢坚守“发展绝不能以牺牲人的生命为代价”这条红线，牢固树立培训不到位是重大安全隐患的理念，扭转从业人员特别是基层厂矿企业中存在的“培训不培训一个样”的错误观念。

2. 全面落实企业应急培训主体责任

企业必须按照国家有关规定对本单位所有一线从业人员进行应急培训，确保其具备本岗位安全操作、自救互救以及应急处置所需的知识和技能。要将应急培训作为安全培训的应有内容，纳入安全培训年度工作计划，与安全培训同时谋划、同时开展、同时考核。要切实突出厂（矿）、车间（工段、区、队）、班组三级安全培训，不断提升一线从业人员应急能力。

（1）健全培训制度

企业要建立健全适应自身发展的应急培训制度，保障所需经费，严格培训程序、培训时间、培训记录、培训考核等环节。对于无法进行自主培训的企业，要与具有相应条件的培训机构签订服务协议，确保一线从业人员全部接受科学规范的应急培训。

（2）明确培训内容

企业要根据生产实际和工艺流程，全面准确地梳理各岗位危险源，明确各岗位所需共性的和特有的应急知识和操作技能。一线从业人员应急培训基本内容应包括：工作环境危险因素分析；危险源和隐患辨识；本企业、本行业典型事故案例；事故报告流程；事故先期处置基本应急操作；个人防灾避险、自救方法；紧急逃生疏散路线；初级卫生救护知识；劳动防护用品的使用和应急预案演练等。特种作业人员的培训内容和培训时间必须符合国家相关法律法规和标准的要求。

（3）丰富培训形式

企业要充分分析本单位一线从业人员的群体特性，编写科学实用、简单易懂的应急培训读本，采取集中培训、半工半训、网络自学、现场“手指口述”、师傅带徒弟、知识竞赛、技能比武和应急演练等多种方式方法，充分调动一线从业人员参加培训积极性。同时，要不断学习借鉴应急培训工作成效突出的地区和企业的经验，使应急培训能够始终紧密贴合企业生产发展的趋势。

（4）加大考核力度

企业要将应急技能作为一线从业人员必需的岗位技能进行考核，并与员工绩效挂钩，要建立健全一线从业人员应急培训档案，详细、准确记录培训及考核情况，实行企业与员工双向盖章、签字管理，严禁形式主义和弄虚作假。企业要定期开展内部应急培训工作的检查，及时发现和解决各种实际问题，切实做到安全生产现状需要什么就培训什么，企业每发展一步培训就跟进一步，始终保持培训的规范化、制度化。

3. 进一步落实部门应急培训监督管理责任

（1）加强监督指导

各级安全监管监察机构要和相关行业主管部门加强协调配合，强化对本辖区内企业特别是高危行业企业一线从业人员应急培训的监督、指导和检查，及时制定、修订符合地区实际的政策标准。

(2) 严格执法检查

要定期开展一线从业人员应急培训专项执法检查，进一步细化检查项目，规范执法程序，创新检查方法，将抽考职工应急处置基础知识和现场组织应急演练作为日常执法检查的重要内容，将应急培训制度落实情况纳入"打非治违"、隐患排查治理体系建设和生产安全事故调查的重要内容和重点环节，严肃追究有关企业培训不到位的责任。

(3) 注重服务引导

要坚持执法与服务相结合，及时发现和研究应急培训新情况、新问题，全力帮助企业尤其是中小企业解决一线从业人员应急培训中的实际困难，要注重总结和推广在一线从业人员应急培训工作中涌现出来的创新经验和有效做法，推动应急培训工作切实有效开展。

第二节　机械制造企业应急救援预案的编制

俗话说"天有不测风云，人有旦夕祸福。"就机械制造企业而言，各种事故的发生通常是没有规律的，往往在人们意想不到的时间、地点发生。当事故发生时，一些在正常情况下有效的机制会遭到破坏，人们很难在极短的时间内做出正确的响应，如果在事故发生前，能够准备好各种应急预案做好准备，那么当事故突然发生时，企业领导和员工就能临危不乱、有章可循、沉着应对，在极短的时间内使事件得到有效控制，把损失降到最低。

一、编制应急救援预案的基本要求

编制应急救援预案的基本要求，就是使所编制应急救援预案具有预见性、针对性、科学性和可操作性。

1. 编制应急救援预案要有针对性

应急救援预案是针对各种可能发生的事故所需的应急行动而制定的指导性文件，应针对具体的、特定的某一类事故而制定。

2. 编制应急救援预案要有预见性

应急救援预案应对未来可能发生的事故做出具体的描述，对事故进行危害识别和风险评价，并分析可能由此而引起事态扩大、恶化的形式和后果。对危险场所要进行重大事故危险源的辨识。评估可依据《危险化学品重大危险源辨识》(GB 18218—2009)、《危险化学品重大危险源监督管理暂行规定》(国家安全生产监督管理总局令第 40 号)等标准和规定，评价结果是制定应急救援预案的重要依据。这是制定灾害应急救援预案的基础和出发点。对已确认的重大危险源，应预测发生重大事故的状态和损失程度，以及对周边地区可能造成的危害程度。

3. 编制应急救援预案要有科学性

编制应急救援预案的最基本目的是最大限度地控制事故的影响，把损失降到最低。事故来临时，面对大量的工作从何下手呢？这就应当依据危害识别、风险评价的结论分出轻重缓急，对重点目标应优先施救。当事故发生时现场施救的第一目标应当是救人，预案的措施应当以此为主线展开，当事件的局部已确实无法挽救时，应主动理性地放弃。如石油产品库区的特大型火灾，当事态已经失控时，以采取保护性施救为好。

4. 编制应急救援预案要有可行性

编制应急救援预案是为了在事故状态下能够按照预案有效地组织施救，所以编制预案要从事故状态下的环境去思考问题。如地震发生时，有可能发生停电、停水。处理地震引发的火灾，就不能按照一般的火灾施救处理。

5. 应急救援预案应分级编制

各级组织由于所辖范围不同，职责、权限不同，对系统的控制能力也不同。政府有政府的职能，应根据自己的职能编制应急救援预案。机关、企事业单位应该按照自己的所辖范围编制应急预案。大型企业应根据自身的实际情况编制公司、分厂、各装置的应急救援预案。这样才能使应急救援预案更加实用、可靠，更加具有可操作性。

6. 编制应急救援预案的基本思路

应急救援预案在应急系统中起着关键作用，它明确了在突发事故发生之前、处理过程及处理结束之后，谁负责做什么，何时做，以及相应的策略和资源准备等。它是针对可能发生的重大事故及其影响和后果严重程度，为应急准备和应急响应的各个方面所预先做出的详细安排，是开展及时、有序和有效事故应急救援工作的行动指南。它一般分为三个层次，即综合预案、专项预案和现场预案。

综合预案是一个企业的整体预案，从总体上阐述企业的应急方针、政策，应急组织结构及相应职责，应急行动的总体思路等。

专项预案是针对某种具体的、特定类型的紧急情况而制定的，它是在综合预案的基础上充分考虑了某种特定危险的特点，对应急的形势、组织结构、应急活动等进行更具体的描述，具有较强的针对性。

现场预案是在专项预案基础上，根据具体情况需要而编写。它是针对特定的具体场所，即以现场（通常是事故风险较大的场所或重要防护区域）为目标所制定的，特点是针对某一具体现场的特殊危险及周边环境情况，在详细分析的基础上，对应急救援中的各个方面做出具体、周密而细致的安排，因而现场预案具有更强的针对性和对现场具体救援活动的指导性。

编制好现场应急救援预案对于预防重大事故发生，减少人员伤亡和事故损失具有重要意义。

二、企业应急救援预案编制与实施要点

应急救援预案的建立与实施，对于企业提高生产安全事故应急救援能力，降低企业生产安全事故损失具有重大意义。而应急救援预案的建立与实施对许多企业而言是一个

较新的课题，如何制定科学、全面的应急救援预案，使其更具有可操作性及预防减灾性，已成为企业在建立与实施应急救援预案时所共同关心的问题。鉴于此，本文立足企业建立与实施应急救援预案的全过程，来探讨其中的相关问题。

1. 应急预案的编制准备

（1）成立预案编制小组

为了做好预案的编制工作，应成立预案编制小组。预案编制小组的负责人应由企业领导担任，这样可以增强预案的权威性，促进工作的实施。小组成员应是预案制定和实施过程起重要作用或是可能在紧急事件中受影响的人员，包括企业管理、安全、生产操作、保卫、设备、卫生、环境、维修、人事、财务等应急救援相关部门，还应包括来自地方政府机构应急救援机构的代表，这样可消除企业应急预案与地方应急预案的不一致性；也可明确当事故影响到厂外时涉及的单位和职责，有利于救援时的协调配合。预案编制小组应对整个预案的编制过程制定详细周密的计划，使得预案编制工作有条不紊地进行。

（2）相关资料收集、整理

在编制预案前，需进行全面、详细的资料收集、整理。企业需要收集、调查的资料主要包括：适用的法律、法规和标准；企业安全记录、事故情况；国内外同类企业事故资料；地理、环境、气象资料；相关企业的应急预案等。

（3）危险源辨识与风险评价

危险源辨识与风险评价是应急预案编制过程的基础和关键，因此企业在编制预案前，首先应对本单位的重大危险源进行辨识，然后对重大危险源的潜在事故和事故后果进行风险评价，根据风险评价结果来编制事故应急救援预案。

（4）应急资源与能力评估

依据危险辨识与风险评价的结果，对已有的应急资源和应急能力进行评估，明确应急资源的需求和不足。应急资源与能力评估应包括如下内容：一是企业内部的应急力量的组成、各自的应急能力及分布情况；二是各种重要应急设备设施、物资的准备、布置情况；三是当地政府救援机构或相邻企业可用的应急资源，如地方应急管理办公室、消防部门、危险物质响应机构、应急医疗服务机构、医院、公安部门、社区服务组织、公用设施管理部门、相关合同方、应急设备供应单位、保险机构等。

2. 应急预案的编制过程

应急预案编制过程是一项细致的工作，不能马马虎虎、粗枝大叶，更不能敷衍了事。应急预案编制过程主要包括：

（1）明确应急救援组织机构、人员及职责

从事故报警到如何实施应急行动或疏散程序。这些行动由企业的哪些部门或人员来完成，要预先明确各有关部门或人员的应急职责与任务，这是确保应急过程中有关人员迅速各就各位、各司其职，使应急救援工作能迅速有序进行的重要前提。在职责分配时应全面分析并确定需要采取的各种应急行动。例如，紧急疏散、现场警戒、灭火和抢险、通知受影响的相邻单位、指引和接洽外部消防队伍等。应当注意的是，在确定部门职责时，不能仅限于应急行动过程，还应包括事前应急预防、应急准备及事后应急恢复等各阶段的职责。

（2）确定预案文件体系结构

不同类型、不同规模、不同风险的企业，可以针对企业实际应急需要和自身的管理模式，采取不同的应急预案文件体系结构。

在此推荐采用“总预案＋程序＋说明书＋记录”的四级文件体系结构，这种应急预案的文件体系结构与企业建立的质量、环境和职业健康安全管理体系的文件体系结构形式一致，层次清晰，不同层次的人员可以有选择地使用预案文件，具有较强可操作性。其中：

一级文件——总预案。对预案的指导思想、企业基本情况、重大危险源的确定与分布、应急救援组织机构设置、救援专业队伍的组成及分工、信号规定及汇报制度、事故处理、制定预防事故措施、紧急安全疏散、工程抢险抢修等方面做原则性的规定。

二级文件——程序。说明某个行动的目的和范围。程序内容十分具体，其目的是为应急行动提供指南。程序书写要求简洁明了，以确保应急队员在执行应急步骤时不会产生误解。程序格式可以是文字、图表或两者的组合。程序文件包括预防程序、准备程序、基本应急程序、专项应急程序、恢复程序等。

三级文件——说明书。对程序中的特定任务及某些行动细节进行说明，供应急组织内部人员或其他个人使用。

四级文件——记录。包括制定预案的一切记录，如培训记录、文件记录、资源配置记录、设备设施相关记录、应急设备检修记录、消防装备保管记录、应急演练的相关记录等。

（3）撰写应急预案

根据已确定的组织机构、人员与职责及预案文件体系结构，制定预案编写任务清单，把预案编写工作落实到具体的部门和人员，并确定完成各项工作的时间进度表。

编制预案时应注意的几个问题：一是充分收集和参阅已有的应急救援预案，以最大可能减少工作量和避免应急救援预案的重复和交叉，并确保与其他相关应急救援预案（地方政府预案、上级主管单位及相关部门的预案）协调一致。二是合理地组织预案的章节，以便每个不同的使用者能快速地找到各自所需要的信息，避免从一堆不相关的信息中去查找所需要的信息。三是保证应急预案每个章节及其组成部分，在内容相互衔接方面避免出现明显的位置不当。四是保证应急预案的每个部分都采用相似的逻辑结构来组织内容。五是应急预案的格式应尽量采取范例的格式，以便各级应急预案能更好地协调和对应。

3. 应急预案的评审与发布

为保证应急预案科学性、合理性和有效性，预案编制完成后，应组织各级、各类管理人员、应急响应人员、预案编制人员及有关机构和专家对预案进行评审。

应急预案评审通过后，应由企业最高管理者签署发布，并报送上级主管部门和当地政府负责安全监督管理综合工作的部门备案。

4. 应急预案的实施

应急预案的实施包括：开展预案的宣传贯彻，进行预案的培训，落实和检查各个有关部门的职责、程序和资源准备，提高参与应急行动所有相关人员应急救援技能等，为预案的演练做好充分的准备。

为做好预案的实施工作，企业应制定预案实施计划确保预案的宣传、贯彻、培训按计划进行，确保应急资源按需配备并可用。

针对预案，应制订培训计划。根据各级各类人员在预案并组织实施过程中所承担的职责与任务的不同（应包括事故发生后受影响的场外人员）确定相应的培训内容及培训方式，使培训工作具有针对性和实效性。

5. 应急预案的演练

预案的演练是指按一定程序所开展的模拟救援演练。其主要目的在于验证应急预案的整体或关键性局部是否可能有效地付诸实施；验证预案在应对可能出现的各种意外情况所具备的适应性；找出预案可能需要进一步完善和修正的地方；确保建立和保持可靠的通信联络渠道；检查所有相关组织机构、人员是否已经熟悉并履行了他们的职责；检查并提高应急救援的启动能力。

演练结束后应组织预案演练的控制人员和评价人员对演练的效果做出评价，并提交演练报告，详细说明演练过程中发现的问题。按照对应急救援工作及时有效性的影响程度，对应急预案加以改进和完善。

6. 应急预案的修订与更新

预案的修订与更新是实现企业事故应急救援预案持续改进的重要步骤。应急救援预案是企业事故应急救援工作的指导文件，同时又具有法规权威性，通过定期或不定期的应急演练、应急救援后应对之进行评审，针对企业实际情况的变化及预案中暴露出的缺陷，不断地更新、完善和改进应急预案文件体系。

当发生以下情况时，应对预案进行适时的修订与更新，以保持预案的科学性和实用性。这些变化包括：企业的布局和设施发生变化；预案演练或紧急情况过程中发现问题；政策和程序发生变化；组织机构或人员发生变化；救援技术的改进；采用新技术、新材料、新工艺；自然条件变化等。

第三节 机械制造企业事故应急救援预案参考

按照相关规定的要求，生产经营单位应结合本单位的实际情况，从公司、企业（单位）到车间、岗位分别制定相应的应急预案，形成体系，互相衔接，并按照统一领导、分级负责、条块结合、属地为主的原则，同地方人民政府和相关部门应急预案相衔接。

在此介绍某机械制造企业生产安全事故综合应急预案、南车青岛四方机车车辆股份有限公司转向架分厂生产安全事故应急预案、解放公司卡车厂涂装车间生产安全事故应急预案，供机械制造企业参考借鉴。

一、某机械制造企业生产安全事故综合应急预案

1. 总则

（1）编制目的

规范机械加工企业应急管理和应急响应程序，确保在发生安全生产事故时，能及时、有效地开展企业自救，实施应急救援，尽最大可能减少事故的危害和损失，保障职工生命和企业财产安全，促进企业全面、协调、可持续发展。

（2）编制依据

依据《突发事件应对法》《安全生产法》《消防法》《特种设备安全法》和《生产安全事故报告和调查处理条例》等法律法规及有关规定，制定本预案。

（3）适用范围

本《预案》适用于机械加工企业可能造成重大人身伤亡事故或巨大经济损失，以及性质严重，产生较大社会影响的安全生产事故，具体如下：

1）厂房发生坍塌、脚手架坍塌造成一次性 3 人以上的群体伤亡事故。

2）铁路、道路发生火车与汽车相互碰撞或发生倾覆、辗轧造成一次性 3 人以上的死亡事故。

3）机械、电气、起重伤害事故，一次性造成 3 人以上的死亡事故。

4）一次性造成 5 人以上的放射性事故。

5）一次性造成 10 人以上的中暑、窒息、急性中毒事故。

6）一次性造成 3 人以上死亡或 100 万元以上损失的火灾、爆炸事故。

7）其他性质较为严重、产生较大社会影响的安全生产事故。

（4）应急预案体系

机械加工企业重特大安全生产事故应急预案体系为：

Ⅰ级：企业安全生产事故综合应急预案。

Ⅱ级：专项应急预案，包括重大危险源安全生产事故应急预案和人员密集场所紧急疏散预案。

Ⅲ级：成员单位现场处置方案。

（5）工作原则

应急工作坚持以人为本、安全第一；统一指挥，分级负责；单位自救与企业救援相结合；依靠科学，依法规范；居安思危，预防为主；遵循科学原理，充分发挥专家的作用，实现民主决策的原则。

2. 生产经营单位的危险性分析

（1）生产经营单位概况

主要包括单位地址、从业人数、隶属关系、主要原材料、主要产品、产量等内容，以及周边重大危险源、重要设施、目标、场所和周边布局情况。

（2）危险源与风险分析

通过对企业各生产场所危险分析和识别，初步辨识出的重大危险源可能导致的重特大安全生产事故。机械加工企业集机械冷加工、机械热加工、表面处理、热处理、锻铸

造、木加工、橡胶塑料加工等综合加工能力及水、电、气、暖供应的动力运行为一体，存在生产环节多、工艺复杂等特点，涉及喷漆、油封、铸造、热处理、电炉、油库、空气压缩站、锅炉房、压力容器、变配电站等十余类危险源。这些危险源蕴含着相当大的能量，一旦失控，所造成的危害和损失将是巨大的。如某机械加工企业所存在的危险源及其可能导致的安全生产事故见表 7—1。

表 7—1　　某机械加工企业危险源及其可能导致的事故

类别	序号	名称	设备设施装置所在单位	可能发生的事故类型
一级危险源	1	2 000 m^3 制氧系统及氧气储罐区（含医用氧生产储存）	动能分公司动力车间	火灾、爆炸、烧伤
	2	有限公司加油站		火灾、爆炸、烧伤、泄漏
	3	有限公司总油库		火灾、爆炸、烧伤、泄漏
	4	高能物理探伤室	质量部	射线误照射、泄漏
一般重大危险源	1	金结分厂丙烷储存点	金结分厂	火灾、爆炸、烧伤、泄漏
	2	10 kV 以上变配电站	动能分公司供电车间	触电
	3	动能分公司天然气配气站	动能分公司动力车间	火灾、爆炸、天然气泄漏
	4	储存量在 10 t 以上热处理淬火油池	锻造热处理车间、模锻热处理车间	火灾、油污泄漏
	5	三类大型容器气密性试验	重容、重机、动能、金结	爆炸
	6	自制 200 t 以上行车安装	工程公司和设备使用单位	坠落、物体打击
	7	200 t 以上大型冶炼合浇和大型装配交叉作业生产涉及设备设施场所	铸锻公司、重机、二金工、军工、齿轮	火灾、灼烫、坠落、物体打击、脚手架坍塌
	8	在用三类压力容器	锻造分厂、动能公司	爆炸
	9	火炸药弹药库	军工分厂靶场	爆炸
易发生事故危险场所	1	化学品库房	有限公司、大锻件研究所	火灾、灼烫、污染
	2	各单位二级油库	各分厂、公司、子企业	火灾、污染
	3	模型库	铸造分厂模型车间	火灾、坍塌
	4	大型工业锅炉	动能分公司热力车间	爆炸、泄漏
	5	真空注锭生产场所	锻造分厂炼钢车间	灼烫、坠落

3. 组织机构及职责

（1）应急组织体系

机械加工企业安全生产事故应急组织机构，主要包括现场应急指挥部、应急指挥中心、应急指挥中心办公室、专家组、总部机关职能部门等。

1）现场应急指挥部。现场应急指挥部是应急指挥中心的临时派出机构，现场指挥员由应急指挥中心指派。当现场指挥员不能履行指挥职能时，应急指挥中心应立即指派或由现场最高领导接替。

2）专家组。根据应急工作的实际需要，应急指挥中心应聘请有关专家，建立本企业重特大安全生产事故应急处置的专家库。在应急状态下，可挑选就近的应急救援专家组成专家组，协助本企业对重特大安全生产事故的应急处置。

（2）指挥机构职责

1）应急指挥中心。应急指挥中心是企业重特大安全生产事故应急管理的最高指挥机构，负责本企业重特大安全生产事故应急指挥工作，职责如下：

①接受上级主管部门的领导，请示并落实指令。

②审定并签发企业重特大安全生产事故应急预案。

③下达预警和预警解除指令。

④下达应急预案启动和终止指令。

⑤审定本企业重特大安全生产事故应急处置的指导方案。

⑥确定现场指挥部人员名单和专家组名单，并下达派出指令。

⑦统一协调应急资源。

2）应急指挥中心办公室。应急指挥中心办公室是应急指挥中心的日常办事机构，职责分工如下：

①依据协议，统一协调社会救援力量。

②审定并签发向政府主管部门的报告。

③指定新闻发言人，审定新闻发布材料。

④组织本企业重特大安全生产事故应急预案的演练。

⑤审定应急工作的考核结果。

⑥审批本企业重特大安全生产事故应急救援费用。

3）现场应急指挥部。现场应急指挥部在应急指挥中心领导下开展应急工作，职责如下：

①按照应急指挥中心指令，负责现场应急指挥工作。

②收集现场信息，核实现场情况，针对事态发展制定和调整现场应急抢险方案。

③负责整合调配现场应急资源。

④及时向应急指挥中心和地方政府汇报应急处置情况。

⑤协调地方政府应急救援工作。

⑥按照应急指挥中心指令，负责现场新闻发布工作。

⑦收集、整理应急处置过程有关资料。

⑧核实应急终止条件并向应急指挥中心请示应急终止。

⑨负责现场应急工作总结。

4）专家组。专家组在应急指挥中心领导下开展应急工作，职责如下：

①为现场应急工作提出应急救援方案、建议和技术支持。

②参与制定应急救援方案。

5）总部机关职能部门

①跟踪并详细了解本企业机车企业（系统）发生的重特大安全生产事故应急处置情况，及时向应急指挥中心汇报、请示并落实指令。

②参与制定应急处置指导方案。

③派出现场指挥部的组成人员，参与现场应急处置工作。

④负责应急指挥中心交办的其他任务。

6）重特大安全生产事故发生单位及事故影响单位。事故发生单位及事故影响单位在应急指挥中心领导下开展应急工作，职责如下：

①事故发生单位负责先期的工艺处理和事故应急响应，并及时向应急指挥中心办公室及地方政府主管部门汇报，向相关单位通报。

②事故发生单位负责事故状态下的有关现场检测和分析。

③事故发生单位负责本单位应急物资的准备及事故先期应急力量的调动。

④事故发生单位和事故影响单位负责本单位各类事故应急预案的编写、完善和演练。

⑤事故影响单位负责落实接到事故单位通报后的应急措施。

⑥事故发生单位及事故影响单位必须听从应急指挥中心的命令。

⑦事故发生单位及事故影响单位参与制定现场应急处置方案。

⑧事故发生单位及事故影响单位派出现场指挥部的组成人员，参与现场应急处置工作。

4. 预防与预警

（1）危险源监控

企业下属各单位要按照企业的有关要求建立健全危险源网络管理体系，认真做好本单位的危险源辨识、评价与监控工作。特别要加强对易发生事故的重特大事故隐患和重大危险源的监控，及时分析有关监控信息，跟踪整改情况，对可能引发重特大安全生产事故的风险信息要及时上报企业。

企业下属各单位要建立并及时更新本单位的重大事故隐患和危险源管理台账，并上报企业。对危险源发生变化，特别是不利于安全生产的情况，各级组织和人员要及时上报，并积极采取相应措施，防止事态进一步恶化。企业综合管理部负责各单位上报的安全生产事故信息的接收，并初步处理、统计分析，必要时上报应急指挥中心。

（2）预警行动

企业下属各单位安全生产事故应急部门接到可能导致安全生产事故的信息后，要按照应急预案的规定及时研究确定解决方案，通知本单位相关部门采取防范措施或启动相应预案。

企业应急指挥中心办公室和企业相关职能部门接到可能导致安全生产事故的信息后，要做好事故的预测与预警工作。

（3）事故信息报告及处置

事故发生后，事故现场有关人员应立即通知企业应急救援指挥部总指挥、副总指挥及成员、单位负责人。

总指挥接到事故报告后，应于 1 h 内向事故发生地县级以上人民政府安全生产监督管理部门和负有安全生产监督管理职责的有关部门报告。情况紧急时，事故现场有关人员可以直接向事故发生地县级以上人民政府安全生产监督管理部门和负有安全生产监督管理职责的有关部门报告。

报告事故的内容应当包括：事故发生单位概况；事故发生的时间、地点及事故现场情况；事故的简要经过；事故已经造成或者可能造成的伤亡人数（包括下落不明的人数）和初步估计的直接经济损失；已经采取的措施；其他应当报告的情况。

5. 应急响应

（1）响应分级

1）企业三级应急响应。企业对安全生产事故实施三级应急响应。

①Ⅰ级应急响应。适用于一次造成 3 人以上死亡的安全生产事故，或危及 3 人以上生命安全的安全生产事故，或造成直接经济损失 1 000 万元以上，或社会危害及影响重大的安全生产事故。

②Ⅱ级应急响应。适用于一次造成 2 人死亡的安全生产事故，或危及 2 人生命安全的安全生产事故紧急状态，或造成直接经济损失较大，或公共危害较大的安全生产事故。

③Ⅲ级应急响应。适用于事故危害有扩大趋势，可能出现危及 3 人以上生命安全，或可能造成影响公众安全的安全生产事故紧急或临界状态。

2）启动应急预案。Ⅰ、Ⅱ级应急响应，事发成员单位针对事故性质、类型按安全生产事故应急预案体系启动相关应急预案，控制事态发展；当难以控制紧急事态时，果断报请当地应急救援机构实施外部紧急应急救援。Ⅲ级应急响应，事发成员单位应立即启动相应的现场处置方案和专项应急预案；Ⅲ级以下应急响应由事发成员单位根据现场控制情况决定应急响应状态。

3）现场应急救援要点。事发成员单位应按照先控制后消除，严防次生、衍生事故发生的要求，迅速展开现场应急救援工作。重视第一时间的发现报警、紧急处置、疏散人员、应急救援。

4）现场应急救援指挥。应急救援指挥以现场为主，所有应急队伍和人员都必须在现场应急救援指挥部统一指挥下，密切配合，协同实施抢险和紧急处置行动；成员单位启动应急预案后，应在安全位置迅速设立现场应急指挥部，判明情况，调集应急队伍、装备器材，组织、指挥事故应急抢险。

（2）响应程序

企业应急响应的过程可分为接警、判断响应级别、应急启动、控制及救援行动、扩大应急、应急终止和后期处置等步骤。应针对应急响应分步骤制定应急程序，并按事先制定程序指导各类生产事故应急响应。

各类型生产事故（如火灾爆炸、天然气泄漏、物体打击等）应按照专项应急预案的要求实施应急处置。在专项预案中应明确应对次生事故的相关内容。当生产事故的事态无法有效控制时，应按照有关程序向国家应急机构请求扩大应急响应。

（3）应急结束

经应急处置后，企业应急指挥中心确认满足专项应急预案终止条件时，可下达应急终止指令。

6. 信息发布

（1）新闻发言人

1）企业对外新闻发言人由企业宣传部担任。

2）现场对外新闻发言人由现场应急指挥部指定。

（2）新闻发布原则

发布的新闻应遵守国家法律法规，实事求是、客观公正、内容翔实、及时准确。

（3）新闻发布形式

新闻发布形式主要包括接受记者采访、举行新闻发布会、向媒体提供新闻稿件等。

7. 后期处置

（1）现场后期处置

现场应急终结后，事发成员单位要实施现场保护，为事故调查、善后恢复做好准备。

地区企业要积极协调地方相关部门，督导成员单位尽快做好各项后期处置工作。

（2）情况报告

事发成员单位在现场应急终结后两天内向本企业提交事故和现场应急工作书面报告；企业向当地政府安全生产监督管理部门及上级主管部门书面报告事故和应急工作情况。

（3）应急总结

应急终止后，现场应急指挥部编写的应急总结应至少包括以下内容：事故情况，包括事故发生时间、地点、波及范围、损失、人员伤亡情况、事故发生初步原因；应急处置过程；处置过程中动用的应急资源；处置过程遇到的问题、取得的经验和吸取的教训；对预案的修改意见。

8. 保障措施

（1）组织保障

企业各级单位应按照应急预案体系建立健全应急指挥、通信系统和应急工作责任制，形成简明有效的指挥和工作协调机制；成员单位要按“平战结合”要求，组织、训练好专兼职应急队伍。

（2）应急物资装备保障

成员单位根据应急预案，配置并完备应急抢险所需的通信工具、设施器材、物料、急救设备等应急资源，并定期检查维护，确保急需（有关应急物资装备以附表形式列出）。

（3）经费保障

成员单位每年度需对应急体系建设、应急费用、维护配备应急设施设备和器材装备等予以必要的预算资金保证。

（4）通信保障

建立企业安全生产事故应急工作通信录，明确企业应急工作上下通信方式、联系部门和联系人；应急通信以电话联系为主，书面报告用传真或电子邮件形式传递，并用电话确认对方接收情况；现场应急通信方式由成员单位在其应急预案中明确（有关通信联系方式以附表形式列出）。

9. 培训与演练

（1）培训

人力资源部负责组织应急培训计划，内容应包括培训时间、培训内容、培训人员、培训方式等。

（2）演练

1）演练频次。应急指挥中心每两年组织一次安全生产事故的综合应急演练。

2）演练要求。应急响应中心应做好演练方案的策划，演练结束后做好总结。总结内容包括：参加演练的单位、部门、人员和演练的地点；起止时间；演练项目和内容；演练过程中的环境条件；演练动用设备、物资；演练效果；持续改进的建议；演练过程记录的文字、音像资料等。

10. 奖惩

（1）奖励

在突发安全生产事故应急救援工作中有下列表现之一的单位和个人，应根据有关规定给予奖励：出色完成应急处置任务，成绩显著的；在突发安全生产事故应急处置过程中有功，使国家和人民群众的财产免受损失或者减少损失的；对应急救援工作提出重大建议，实施效果显著的。

（2）责任追究

在突发安全生产事故应急救援工作中有下列行为之一的，按照法律法规及有关规定，对有关责任人员视情节轻重和危害后果，由其所在单位（部门）或者上级部门给予处分；属于违反治安管理行为的，由公安机关依照有关法律法规予以处罚；构成犯罪的，由司法机关追究其刑事责任。

1）不按照规定制定应急预案，拒绝履行应急救援义务的。

2）不按照规定报告、通报安全生产事故真实情况的。

3）拒不执行应急预案，不服从命令和指挥，或者在应急响应时没有履行职责的。

4）盗窃、挪用、贪污应急救援工作资金或者物资的。

5）阻碍应急工作人员依法执行任务或者进行破坏活动的。

6）散布谣言，扰乱社会秩序的。

7）有其他危害应急救援工作行为的。

11. 附则

（1）应急预案备案

本预案发布后报国家安全生产应急救援指挥中心和企业总部所在地政府主管部门备案。

（2）维护更新、持续改进

当生产场所、生产设备、生产工艺、技术规范、安全规程出现与发生的安全生产事故有联系时，应修订预案；当出现新技术、新工艺、新设备、新装置时，应修订预案；当出现不可预见的安全生产事故，通过事故的调查、分析，属于新衍生出的不可预见的安全生产事故时，应修订预案。

（3）制定与解释

企业应急指挥中心负责本预案的解释。

（4）应急预案实施

本预案自发布之日起实施。

二、南车青岛四方机车车辆股份有限公司转向架分厂生产安全事故应急预案

1. 总则

为贯彻落实“安全第一、预防为主、综合治理”的安全生产方针，规范南车青岛四方机车车辆股份有限公司转向架分厂（以下简称南车青岛四方股份公司转向架分厂）的现场应急管理工作，提高突发事件的应急反应速度和协调水平，增强现场应急处置能力，最大限度地保障员工生命安全，减少财产损失、环境破坏和社会影响，根据《生产经营单位安全生产事故应急预安编制导则》（AQ/T 9002—2006）和《南车青岛四方股份公司突发事件综合应急救援预案》，特制定本预案。

本预案适用于南车青岛四方股份公司转向架分厂的现场应急救援与处置。

2. 事故类型与危害程度分析

（1）主要工艺流程

南车青岛四方股份公司转向架分厂主要承担着铁路客车、铁路高速列车及城市轨道车辆走行部分的加工、焊接、组装任务，其主要工艺流程如下：

下料→调直压型→加工→小件、横梁、构架组焊→抛丸、退火、底漆→构架加工→配管→面漆→组装→加载试验→交检校验

（2）主要事故类型与影响分析

通过对作业活动危害分析法、故障类型影响分析法及头脑风暴法进行分析，转向架分厂可能出现的事故类型和危害程度分析见表 7—2。

表 7—2　　转向架分厂可能出现的事故类型和危害程度

序号	事故类型	可能产生的原因	可能造成的后果	可能发生的区域、装置	可能出现的征兆
1	机械伤害	身体接触危险部位、机械故障	人员伤亡	机加工设备	无
2	火灾	泄漏气体、易燃物品接触明火	人员伤亡、环境破坏、财产损失	乙炔、丙烷气瓶	气体泄漏、有明火
				调漆、喷漆	有明火、冒黑烟
3	低、高压触电	接触裸露的高低压电源线	人员伤亡	电气线路和电气设施	无
4	起重伤害	制动失灵、吊索具断裂	人员伤亡、财产损失	起重设备	无
5	车辆伤害	违章驾驶和行走	人员伤亡	机动车辆	无
6	灼烫	防护不当	人员伤亡	焊接、退火	无
7	中毒窒息	危化品泄漏，防护不当	人员伤亡	焊接、喷漆	身体不适呼吸困难

续表

序号	事故类型	可能产生的原因	可能造成的后果	可能发生的区域、装置	可能出现的征兆
8	容器爆炸	容器缺陷、违章操作	人员伤亡、财产损失	气瓶、风包	发出异响和振动，瓶温升高
9	食物中毒	误食或供餐不卫生	人员伤亡	员工餐厅或作业现场	腹痛、呕吐等

3. 应急组织与职责

（1）应急组织机构（见图 7—1）

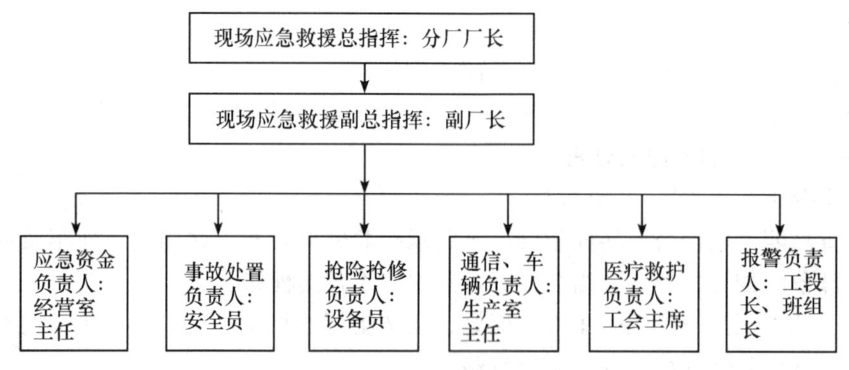

图 7—1 应急组织机构

（2）应急组织机构职责

1）现场应急总指挥（厂长）职责：

①负责接警后，迅速通知通信负责人召集分厂应急小组成员赶赴事故现场，根据事故现场态势决定是否启动现场处置方案，并下达指令。

②负责事故现场的协调、指挥，调动应急资源，组织现场应急处置。

③向公司归口管理部门报告，根据事故现场发展态势，确定是否请求支援。

④应急恢复，下达应急解除指令。

⑤应急结束后，组织事故调查、分析，组织应急处置方案的评审，完善应急措施，组织修订处置方案。

2）现场应急副总指挥（副厂长）职责：

①协助总指挥组织应急处置和救援工作。

②当总指挥不在或丧失指挥能力时，代替总指挥履行其职责。

3）应急资金负责人（经营室主任）职责：

①负责调拨应急救援资金，参与现场应急救援工作。

②负责应急现场无关人员的疏散。

4）事故处置负责人（安全员）职责：

①接警后，迅速向公司归口管理部门报告，负责保护事故现场，参与事故救援。

②根据事态发展，确定拨打厂内和（或）社会救援电话，同时做好救援车辆的引导

工作。

③参与事故后的调查、分析与处理。

④负责总指挥交办的其他任务。

5）抢险抢修负责人（设备员）职责：

①负责组织抢险重要和危险物资，脱离事故现场，防止事故进一步恶化和升级。

②负责应急结束后，生产作业现场的抢修。

③负责总指挥交办的其他任务。

6）通信、应急车辆负责人（生产室主任）职责：

①根据总指挥指令，立即召集应急小组成员迅速到达事故现场。

②安排好应急车辆，停在指定位置，听候调遣。

③参与现场救援，并完成总指挥交办的其他任务。

7）医疗救护负责人（工会主席）职责：

①接警后，立即携带医疗设施赶赴事故现场，立即组织人员对伤亡人员进行初始急救。

②负责将受伤人员护送就近的医疗机构。

③负责对受伤人员的善后处理。

8）报警负责人（工段长、班组长）职责：

①发现警情，立即逐级或直接向分厂副总指挥或总厂长报告。

②根据总指挥指令，参与现场急救等工作。

③应急解除后，负责事故现场的恢复、清理等工作，配合事故的调查与取证。

④当节假日、夜班发生紧急情况，应急领导小组成员不在现场时，除履行上述职责之外，在领导小组成员未到达之前担当临时总指挥职务，履行总指挥职责。

4. 预防与预警

（1）危险源监控

对识别出的危险源应按照《危险源管理办法》实施监控和管理，每项危险源制定《危险源控制措施表》《安全点检表》，落实危险源控制分厂级及班组级负责人，实行班组日点检、分厂周点检制度。对可能造成重大事故的信息应及时向公司安全主管部门报告与备案，及时落实整改。

（2）事故应急报告

现场一旦发生突发事件或出现事故征兆时，使用人或现场其他作业人员应立即大声呼叫班组长和周围人员，按照附录A“现场应急报告与救援流程图”（略）进行逐级或直接报告，报告时要说明事故发生的地点、人员伤亡及事故性质等情况，报告电话见附录A“现场应急报告与救援流程图”（略）。

5. 现场应急救援与处置

根据对转向架分厂可能发生的事故类型与影响分析，确定如下现场应急处置方案。

（1）机械伤害事故现场应急处置方案

1）初始急救

①受害者现场作业周围人员发现事故发生，立即按下伤害设备的急停按钮或关闭电

源开关，防止事故进一步扩大。

②班组长、工段长等接警后，快速到达事故现场，指挥周围人员进行初始急救，帮助受害者脱离伤害设备。

注意：当身体某部位缠进设备上时，严禁以打反车（倒车）的方式，使受害者脱离伤害设备，否则会加重伤害程度。

2）现场处置。分厂应急小组成员到达事故现场后，根据受伤性质和类别分别采取如下行动。

①工会主席携带应急器材根据受害者伤害部位及种类对受伤者进行止血、包扎、固定等，必要时进行心肺复苏。

②安全员保护事故现场、拍照备案，并做好救护车辆的引导。

③经营室主任准备应急资金，疏散周围无关人员。

④设备员带领设备维修人员对伤害设备进行诊断，根据诊断结果进行抢修。

⑤工段长安排陪同人员送受害者去就近医院治疗或抢救。同时，通知受害者家属。

⑥在现场处置过程中，分厂应急救援总指挥全面协调现场指挥，并根据现场态势，决定是否向公司应急办请求启动公司级专项预案。

（2）乙炔（丙烷）气瓶泄漏事故现场应急处置方案

1）初始应急。班组长及周围作业人员到达事故泄漏现场后首先切断火源、电源，采取堵漏、接收漏液等应急措施。

2）现场处置。分厂应急救援小组到达现场后，判定泄漏故障类别和人员中毒情况，分别采取如下的应急行动。

①阀门泄漏：现场应急处置人员戴自给正压式呼吸器，穿防静电工作服，位于上风口处，尝试关闭阀门进行排障。其他抢险人员敞开分厂大门，并持续用分散的水流对泄漏点及附近进行喷淋，以稀释和驱散泄漏气体，保护抢险人员的安全。

②当无法关闭阀门时，抢险人员在可能的情况下，应将泄漏的气瓶移至且远离火源的下风口方向空旷区域，让泄漏气体自行排尽。

③瓶体破裂无法堵漏存在爆炸危险时，现场应急总指挥下达人员疏散、撤离指令并立即实施，人员撤离至上风口。同时向公司应急办报告，请求启动公司级专项预案。

④当有人大量吸入乙炔（丙烷）气体后，迅速使吸入者脱离现场至空气新鲜处，保持呼吸道通畅，如呼吸困难，送公司保健站就诊或抢救。

（3）触电事故现场应急处置方案

分厂应急救援小组到达现场后，判定触电性质，分别采取如下的应急行动。

1）低压触电的现场应急处置

①使触电者脱离带电体。应立即切断电源或用有绝缘性能的木棍棒挑开和隔绝电流，如果触电者的衣服干燥，又没有紧缠住身上，可以用一只手抓住他的衣服，拉离带电体；但救护人不得接触触电者的皮肤，也不能抓他的鞋。

②尽快判断患者伤势，如神志清醒，应使其就地仰面平躺，暂时不要站立或走动，并保持气道畅通，腿部抬高。如患者失去意识，并且呼吸和心肌均停止，应采取心肺复苏术进行急救。

③安排专人送医院急救或等待 120 救护车急救。

2）高压触电的现场应急处置

①使触电者脱离带电体。应立即通知有关部门停电，不能及时停电的，也可抛掷裸金属线，使线路短路接地，迫使保护装置动作，断开电源。注意抛掷金属线前，应将金属线的一端可靠接地，然后抛掷另一端。

②尽快判断患者伤势，如神志清醒，应使其就地仰面平躺，暂时不要站立或走动，并保持气道畅通，腿部抬高。如患者失去意识，并且呼吸和心肌均停止，应采取心肺复苏术进行急救。

③安排专人送医院急救或等待 120 救护车急救。

（4）起重伤害事故现场应急处置方案

起重司机和分厂应急救援小组成员，应根据起重伤害事故性质和类别，分别采取如下应急行动方案。

1）起升机构制动器失灵现场应急处置。在吊运过程中发现起升机构制动器突然失灵后，起重司机应立即进行一次点车或反车操作，看是否可以刹住重物。如果仍不能刹车，应发信号并采取以下措施。

①立即用大、小车在就近处选择安全的空地，用最快速度放下吊物，接近地面时减慢速度，不应用自由下落的办法放下吊物。

②如果地面无空地不能安全放下时，在吊物能够提起的情况下，反复提起，以拖长吊物在空中停留的时间。开动大、小车选择安全空地将物件放下。

2）吊物坠落现场应急处置。在吊运过程中吊物突然坠落，造成地面人员伤亡和设备损坏。按照“机械伤害事故现场应急处置方案”立即展开现场救援。

3）起重触电伤亡现场应急处置。在吊运过程中，起重机漏电造成天车司机触电。现场其他人员立即切断起重机控制电源。救援人员登车，将触电者从天车上转移至地面进行现场急救，判定触电者伤情，必要时现场采取心肺复苏术，直至 120 到达现场或送到就近医院为止。现场总指挥根据事故现场发展态势，决定是否请求启动公司级专项预案。

（5）急性中毒事故现场应急处置方案

分厂应急救援小组成员，根据中毒性质和中毒程度，分别采取如下应急行动方案。

1）苯中毒现场应急处置。现场应急救援人员佩戴防毒面具进入中毒现场将中毒患者移至空气新鲜处，除去被污染的衣服，及时清洗被污染的皮肤。同时，密切观察患者伤势，当停止呼吸时要立即进行人工呼吸，并及时转运到医院进行解毒及有关抢救措施。

2）一氧化碳中毒现场应急处置。由于 CO 的密度比空气轻，现场应急救援人员应俯卧进入中毒现场，打开四周门窗，并将患者迅速移至空气新鲜、通风良好处。由于 CO 中毒常见于冬季，对中毒患者要注意保暖，密切观察患情。昏迷初期可针刺人中、少商、十宣、涌泉等穴位，帮助患者苏醒。对呼吸困难者，应立即进行人工呼吸并迅速送往医院进行进一步的检查和抢救。

3）食物中毒现场应急处置。食物中毒患者常表现为腹痛、腹泻或呕吐。现场应急救援人员立即安排车辆或拨打120急救中心电话，将中毒人员送往医院治疗。同时，密切观察患者有无意识，如果意识、脉搏、呼吸均已消失，必须采取心肺复苏术，如果呼吸和脉搏还没有消失，应让患者保持昏睡体位，防止窒息。如果神志清醒，让患者松开衣扣，保持舒适的姿势，确认究竟误食了什么。如患者呕吐，应让患者张开嘴，将手指伸进患者口中按压舌根，施加刺激使之反复呕吐。如果有残余的药品、食物、呕吐物，应妥善保管，就诊时带给医生检查。

（6）压力容器爆炸事故现场应急处置方案

分厂应急救援小组成员，根据爆炸性质、周围环境和人员伤亡程度，分别采取如下应急行动方案。

1）现场抢救伤亡人员，根据应急分工开展现场应急救援工作，将伤亡人员转移至安全地带，密切观察伤情，必要时采取心肺复苏术，安排车辆送就近医院或等待120救护。

2）对爆炸现场可能引发次生或衍生事故的危险物质和重要物资，如危险气瓶、油漆稀料等，立即组织转移至安全地带。

3）根据事故现场发展态势判断，有次生或衍生事故发生可能时，现场总指挥立即下达疏散指令，在爆炸半径范围内所有人员立即弯腰、捂鼻迅速撤离至上风口安全地带。同时，向公司应急办报告请求启动公司级专项预案。

（7）火灾事故现场应急处置方案

1）初始急救。班组长及现场周围人员就近取消防器材进行火灾的初始扑救。

2）现场应急处置。分厂应急救援小组成员，根据火灾性质、周围环境和人员伤亡程度，分别采取如下应急行动方案。

①气瓶着火。首先集中力量将气瓶泄漏着火点周围的火势扑灭，然后通过关闭阀门或其他材料进行堵漏，当无法堵漏或难以堵漏时，采用冷却法降低气瓶温度，防止爆炸事故发生。

②油漆稀料等易燃液体着火。及时采取关阀、塞孔、捆扎等方法进行堵漏，集中大量干粉灭火器，集中喷射灭火，灭火后要防止复燃。

③电器着火。立即切断电源，防止事故扩大，使用干粉灭火器进行扑救，但不能使用冷却水。

④当火势无法控制，有扩大的可能时，对可能引发事故扩大的危险和重要物资转移至安全地带。同时，现场总指挥下达人员疏散指令，现场应急小组成员根据应急分工组织人员疏散至安全地带，并确认疏散人数。

⑤过程中，现场应急总指挥根据火灾发展态势，应及时向公司应急办请求启动公司级专项预案。

6. 现场应急注意事项

（1）在救援过程中，应本着“以人为本”“救人优先”“防止事态扩大”的原则进行，应尽可能在第一时间内到达现场、抢救伤亡人员。

（2）在抢救伤亡人员过程中，要考虑事故现场有无对影响自身安全的危险因素存在，必要时要正确佩戴防护用品。

（3）在扑灭火灾时，要正确使用消防器材，对着火焰根部扑救。对电气着火、油品着火绝不能使用水扑救。

（4）在组织人员疏散时，疏散人员首先要切断身边电源，捂鼻、弯腰迅速离开火灾现场，疏散至上风口，并确认人数。

（5）对伤亡人员进行心肺复苏时，要领要正确，要一直坚持到医务人员到来为止，不得中途放弃。

（6）在向公司归口部门和社会应急救援力量报告时，应详细将事故发生的地点、人员伤亡情况、事故大致损失、现场处置和救援等情况进行报告，同时要做好急救车辆的引导。

（7）各类应急器材和救援设施应配备齐全，并处于常备状态。

（8）应急救援结束后，要防止复燃，造成二次事故。

7. 应急结束与后期处置

当现场处置结束后，应急救援总指挥宣布救援结束，并做好如下工作：

（1）工段长组织清理事故现场、恢复生产。

（2）设备员组织设备检修，保证设备的正常运转。

（3）工会主席做好受伤人员的善后处理工作。

（4）安全员组织事故调查，分析事故原因，落实事故隐患整改，做好事故的统计上报。

（5）现场应急总指挥组织应急评审，提出改善意见，编写应急总结报告，同时做好预案的修订工作。

8. 应急管理与其他要求

（1）应急设施管理

分厂的消防应急设施按照公司“消防器材管理规定”执行，医疗救治设施由工会统一配发与管理。

（2）应急培训管理

分厂每年制定应急培训计划，按照公司“员工培训管理程序”组织培训，建立培训档案。

（3）应急演练与评审

根据公司“应急预案与响应管理程序”，每年制定应急演练计划和实施方案，组织应急演练活动，根据演练后的评审结果适时修订预案，并报公司应急指挥中心备案。

本预案由南车青岛四方股份有限公司转向架分厂制定，并负责解释与实施。

本预案从发布之日起实施。

附件1：事故现场应急报告与救援流程（略）

三、解放公司卡车厂涂装车间生产安全事故应急预案

1. 总则

为贯彻落实“安全第一、预防为主、综合治理”的安全生产方针，规范解放公司卡车厂涂装车间的重大生产安全事故的应急管理工作，提高重大生产安全事故的应急反应

速度和协调水平，增强现场应急处置能力，最大限度地保障员工生命安全，减少财产损失、环境破坏和社会影响，根据《突发事件应对法》《安全生产法》及《生产经营单位安全生产事故应急预案编制导则》（AQ/T 9002—2006）等要求，特制定本预案。

本预案适用于中国第一汽车集团公司解放公司卡车厂涂装车间的重大生产安全事故应急救援与处置工作。

2. 危险性分析

卡车厂新涂装线占地 20 160 m^2，老涂装线占地 6 710 m^2，有两条中涂喷涂线，两条面漆喷涂线，生产中使用二甲苯、磷化液、电泳漆、溶剂等化学用品；生产过程中产生面漆废渣、磷化渣等有毒废弃物，油漆、溶剂等属有毒易燃物品，遇到明火会引起火灾和爆炸事故，并产生输漆管路、天然气管路联锁爆炸反映，将造成事故扩大和次生事故。

3. 现场应急组织机构及职责

本预案设立现场应急总指挥、副总指挥各一名，下设生产组、消防组、通信组、保卫组，具体人员姓名、联系电话及职责见表 7—3。

表 7—3 应急救援组织机构及职责

组织机构	姓名及联系电话	主要职责	组织机构	姓名及联系电话	主要职责
总指挥	××× 办公室：×××××× 宅电：×××××× 手机：××××××	下达应急指令，组织、指挥现场应急救援工作，向上级请求支援	副指挥	××× 办公室：×××××× 宅电：×××××× 手机：××××××	协助总指挥组织应急救援，当总指挥不在或丧失指挥能力时，代替总指挥履行其职责
生产组	×××、××× 电话：××××××	负责向消防组、通信组下达救援和报警指令	通信组	×××、××× 电话：××××××	负责保卫部指挥中心、急救中心、生控部调度台、卡车厂调度台报告
消防组	甲班：×××、×× 乙班：×××、×× 丙班：×××、×× 电话：××××××	负责现场灭火、救援，组织人员疏散	保卫组	×××、××× 电话：××××××	负责现场警戒

4. 预防与预警

（1）危险源控制

危险源的控制按照表 7—4 要求执行。

表 7—4 危险源控制措施

管理措施	1. 涂装车间着装规定、门卫管理制度、工作许可制度和动火制度 2. 现场不定期巡视检查制度，对涂装现场发生的异常现象及时报告和处理，使现场环境始终保持良好状况

续表

管理措施	3. 禁止所有人员带火种进入车间现场，在车间现场需明火作业时必须到公司开动火证，否则禁止使用明火作业
技术措施	1. 在重点部位禁止拍照和使用手机并加有标示 2. 化学品使用、存放场所禁止铁器撞击，以免产生火花 3. 在使用化学品作业时，必须穿戴好个人防护用品，以免造成人员中毒和伤害 4. 车间内设有 6 个二氧化碳自动灭火报警系统 5. 车间内各部位设有消火栓和灭火器

(2) 信息报告

现场一旦发生突发事件或出现事故征兆时，使用人或现场其他作业人员应立即报 119 火警，说明事故性质、时间地点、人员伤亡及现场等情况，并向车间主控制室报告，请求救援。指挥中心、急救中心、生控部调度台等应急救援组织接警后分别开展救援工作。重特大事故报警电话见表 7—5。

表 7—5　　　　重特大事故报警电话

集团公司	生控部调度台	××××××	
	火警	119	
	交通	122	
	巡警	110	
	急救中心	××××××	
解放公司	调度室	××××××	内线××××
	安环室	××××××	内线××××
	保卫室	××××××	内线××××
	车间主控室	××××××	内线××××

5. 涂装车间火灾现场应急救援流程

(1) ×：00，火灾现场人员报 119 火警，并向车间主控制室通报救援。主控制室接警后，生产组负责人立即下达“消防组携带资源进行现场抢救、通信组救援报警”的指令。然后进行着火事故处理。

(2) ×：01，通信组通知保卫部指挥中心、急救中心、生控部调度台、解放公司卡车厂调度台。

(3) ×：02，消防组到达火灾现场后，查明车间现场着火点和着火区段封闭情况，随即向主控制室汇报。

(4) ×：03，主控制室生产组根据消防组的火情汇报和火灾事故状况，进行火灾事故处理，防止火势大面积扩散。

(5) ×：03，救援副总指挥到达现场，做好配合救灾增援单位的人员、救灾物品及工具的准备工作，等待上一级救援单位的到来。

(6) ×：04，消防组检查着火区段防火门、人员撤离情况，实施隔氧措施控制火势发展和蔓延。

(7) ×：05，集团公司保卫部、急救中心120救护车到达现场。保卫部交警支队负责现场警戒，120救护车对伤者进行紧急处理，并送医院进行综合治疗。

(8) ×：07，集团公司应急救援指挥中心成员到达现场，指挥救护。

(9) ×：10，火情完全控制，现场扑救余火。

(10) ×：15，救援结束，涂装车间配合集团公司保卫部、生控部查找事故原因，进行事故调查，条件允许情况下，车间正常组织生产，生控部、保卫部监督隐患整改。

6. 应急管理与其他要求

(1) 涂装车间内配备了消火栓、灭火器、紧急释放和停止按钮、二氧化碳气体喷头、手动电话报警装置、气体释放报警器、二氧化碳温控感应器、调漆间浓度报警器、消防气体控制室等各类应急设施，各类设施均进行了定置，落实了负责人，定期维护保养，处于常备状态。

(2) 公司内建有专职消防队员，车间内建立了义务消防队员。配备了各类安全防护装备，根据《消防安全管理规定》进行管理，确保应急救援力量到位。

(3) 对应急预案的培训列入公司年度培训计划中，以危险源所在车间班组为重点，对员工进行应急救援知识培训，熟悉本部门危险源应急救援流程、方法，提高员工自救、互救能力。

(4) 定期开展应急演练，每年至少进行一次演练，组织演练评审，适时修订预案，并报集团公司应急指挥中心备案。

(5) 本预案由解放公司卡车厂涂装车间制定，并负责解释与实施。

(6) 本预案从发布之日起实施。

第八章　机械制造企业典型事故案例分析

机械制造企业离不开各种机械设备，机械设备在操作和使用过程中，会带来各种风险与危害，机械设备的危害主要包括两类，一类是机械性危害，另一类是非机械性危害。机械制造企业比较常见多发事故，主要有金属切削加工事故、金属热加工事故、冲压机械事故、电工作业事故、焊工作业事故、起重作业事故、厂内机动车事故等。构成事故的主要要素有：作业人员或其他人员的不安全行为，机械设备存在的不安全状态，生产及作业环境的不安全条件，即人、物、环境三个要素。这三个要素构成了生产中的危险因素（事故隐患），事故的发生可以看作是对这三个要素的失控。因此，企业要注意吸取事故教训，加强对人、物、环境三个要素控制，从而预防事故的发生。

第一节　机械制造企业金属切削加工事故分析

金属切削加工事故主要是各类机械性伤害导致的事故，这类事故的共同特点，是事故伤害由设备、构件、硬性物体直接与人的肌体发生作用而引起的，而且主要发生在机械运转区域。机械设备运行时对人体可产生机械性伤害危险的部位，称为机械设备的危险区域，简称为危区。危区有运行危区与故障危区之分。运行危区可按运动状态分为静止型危区、旋转型危区、往复型危区和复合型危区。故障危区是指发生故障时才出现的危区，它由可动物件运动的可能方向和范围构成。因此，预防金属切削加工事故的重点，是做好对机械设备危险区域的防护。

一、机械制造公司人员戴手套操作旋转机床左手被绞事故

2007 年 8 月 20 日，某机械制造公司修复中心埋弧焊班三名员工在完成角钢的钻孔任务时，一名员工违反安全技术操作规程，戴手套作业，且在机床旋转的情况下清理钻床上的切屑，左手不幸被绞断。

1. 事故经过

2007 年 8 月 20 日，某机械制造公司修复中心埋弧焊班班长邓某，安排本班职工张某、刘某、段某 3 人去完成角钢的钻孔任务。3 人接到任务后，自行分工，张某负责操作钻床，刘某负责往钻床浇水冷却钻头，段某负责上下角钢。3 人完成一根角钢的钻孔时，刘某转身去喝水，段某从钻床上取下钻好孔的角钢放在地面，弯腰准备拿另一根角钢。这时，段某、刘某 2 人同时听见张某的哭喊声，段某转身发现张某的左手已被绞断，另一只手握着受伤处，便赶紧把张某抱出厂房，刘某关掉了钻床开关。班长邓某正

准备进入厂房，发现出事了，立即给主任武某、主任助理王某打电话。接到电话，王某马上进入厂房，发现张某被绞断的左手在钻床上，手上戴着白色帆布手套，钻头握在手中，王某赶紧把手和钻头一起拿下来，立即派车将张某送往医院救治。

2. 事故原因分析

造成事故的直接原因，是张某本人安全意识不强，违反公司安全技术操作规程，戴手套在旋转机床上作业，且在机床旋转的情况下清理钻床上的切屑。

造成事故的间接原因：

（1）同一班组人员段某、刘某，对张某戴手套违章操作的行为不加以制止。

（2）机械制造公司修复中心领导安全意识淡薄，对张某没有进行上岗前的技能培训和必要的安全教育。

（3）安全管理不到位，劳动组织管理不规范，对职工分配任务时没有提出明确要求，致使张某在不具备钻床操作常识的情况下就上岗操作。

3. 事故教训与防范措施

（1）各级领导和全体职工，要吸取此次事故教训，增强安全意识，牢固树立“安全第一”的思想，加强对安全生产的领导，查找管理漏洞，严格考核，落实安全生产规章制度。

（2）组织好安全日活动，坚持进行三级安全教育，补课、建卡，对职工进行《安全操作规程》的学习和考试。

（3）开展“我要安全”活动，学习岗位安全操作规程，严格管理，制止违章。合理使用劳保用品，为安全生产创造良好的环境和条件。

二、操作机床麻痹大意误触操作手柄造成的面部伤害事故

2004 年 9 月 7 日，北京市朝阳区某小型加工厂在生产过程中，一名员工在操作车床过程中身体不慎触到开关，因卡盘没有将工件卡牢，致使工件飞出，造成其左面颊被严重划伤。

1. 事故经过

2004 年 9 月 7 日，北京市朝阳区某小型加工厂在生产过程中，车床操作工王某（男，50 岁），在拆卸车床的部分零件时，由于麻痹大意，没有将车床进给箱操作手柄归于零位，也没有将车床的电源开关关闭。就在卸零件的过程中，手中扳手不小心触碰到车床进给箱操作手柄，结果车床的卡盘立刻飞速地旋转起来，致使卡盘未卡住的工件飞出。因事发突然，王某来不及躲闪，飞出的工件直接击中他的脸部，瞬间将左面颊划开，鲜血直流。

事故发生后，现场人员迅速拨打 120 急救电话，医护人员及时赶到出事地点，此时王某的脸部已经血肉模糊，肉眼就可以看到粉碎的脑骨，情况非常严重，属于重伤事故。

2. 事故原因分析

（1）造成事故的直接原因，是王某在作业中违章操作，在拆卸车床的部分零件过程中，麻痹大意，没有将车床进给箱操作手柄归于零位，也没有将车床的电源开关关闭，

结果不小心触碰到车床进给箱操作手柄，导致车床的卡盘飞速旋转时未卡住的工件飞出造成人身伤害事故。

(2) 造成事故的间接原因，是工厂的安全管理不严格，类似于王某违章作业的情况，应该属于习惯性违章作业，长此以往一直无人纠正，也没有予以必要的处罚，直至事故的发生。对此，工厂安全生产管理人员、企业领导应付重要责任。

3. 事故教训与防范措施

事故之后，尽管医生及时地对王某进行包扎等一系列救护工作，但由于伤势严重，左侧面部额骨、眼眶、颧骨、下颏骨大面积创伤，脸部的血一直没有完全止住。救护车送到达医院后，王某被立即推进手术室，经过了5个多小时手术。手术后不能进行自主呼吸，只能靠呼吸机来维持，处于危险期。

事故之后，企业所采取的防范措施：

(1) 加强对员工的安全教育，在安全教育中，要对职工讲解生产特点、作业环境、危险区域、设备状况、消防设备等。重点介绍生产作业中可能导致发生事故的危险因素，交代容易出事故的部位和典型事故案例。

(2) 教育员工思想上应时刻重视安全生产，自觉遵守安全操作规程，不违章作业，爱护和正确使用机器设备和工具。

(3) 要向员工讲解如何正确使用爱护劳动保护用品和关于文明生产的要求，强调机床转动时不准戴手套操作，高速切削时要戴防护眼镜，女工进入车间要戴好工作帽，进入施工现场和登高作业必须戴好安全帽、系好安全带，工作场地要整洁，道路要畅通，物件堆放要整齐等。

(4) 组织学习安全操作规范，讲解安全操作要领，说明怎样操作是危险的、怎样操作是安全的、不遵守操作规程将会造成怎样的严重后果。

三、轨梁厂人员对钢管抛光作业戴手套操作手指受伤事故

2006年7月5日，四川省某钢铁公司轨梁厂机修车间一名车工，在对钢管进行抛光处理时，违反严禁戴手套操作车床的规定，作业中右手手套和砂布一起缠绕在旋转钢管上，造成右手严重受伤。

1. 事故经过

2006年7月5日，四川省某钢铁公司轨梁厂机修车间车工班职工王某（男，37岁），从机修备件加工间的工具箱内找了一根钢管，在2号车床（型号：C620）上加工一件1号车床用的扳筒工具。当王某把钢管在2号车床上车削加工成 ϕ23 mm×608 mm尺寸后，发现钢管表面有毛刺，于是便找来砂布对钢管进行抛光处理。王某顺手戴上手套，把车床转速调到380 r/min，两只手拿砂布对钢管进行抛光。当抛光处理完一遍后，发现其光洁度仍然不够，为了使加工后的钢管更加光滑，王某便把刚才所用的砂布折叠并包裹住钢管，用右手握住其包裹处，把车床转速调到600 r/min，再次对钢管进行抛光处理。在第二次抛光作业过程中，右手手套和砂布一起卷入缠绕在旋转钢管上。事故发生后，王某迅速把受伤的右手抽离旋转钢管，把车床停下后，坐在2号车床旁的板凳上，呼叫坐在砂轮机房外凳子上同班职工唐某，唐某等人闻信后将受伤的王某送到医院

进行救治。经医院诊断，王某右手中指、无名指、小指近指间关节撕脱离断伤。

2. 事故原因分析

(1) 造成事故的直接原因：一是王某戴手套在旋转的车床上对钢管进行抛光作业，违反了在旋转机床上工作严禁戴手套操作的规定，属于严重的违章作业。二是王某用砂布包裹钢管且用单手握紧旋转钢管进行抛光作业，车床转速过快，作业方式不当。

(2) 造成事故的间接原因：一是车间、班组对职工安全教育不够，对违章作业等行为处罚力度不够，教育与考核没有使违章者警醒，违章作业行为没有得到及时和有效禁止。二是职工零星作业安全管理有缺陷，在现场安全监管上存在空档。

3. 事故教训与防范措施

事故之后，经事故调查组认真调查分析，认为王某戴手套在旋转的车床上进行抛光作业，属于严重的违章作业，应负事故的主要责任。对王某违章记 8 分，伤愈后待岗 6 个月，并处罚 2 000 元。同时，对车工班班长、车间领导、该厂有关部门负责人也进行了处罚。

事故之后，企业所采取的防范措施：

(1) 迅速将此事故传达到各车间、班组，组织职工认真学习讨论，举一反三，并从中吸取血的教训。

(2) 加强职工安全意识教育，开展以“反违章、防事故”主题的大讨论活动。同时加大违章行为考核及处罚力度，让违章者下岗学习。要进一步纠正职工不规范行为，杜绝违章作业现象。

(3) 加强职工零星作业安全管理。要将职工零星作业纳入常态化安全管理，认真开展 KYT 活动，发挥互保对子作用，强化作业现场安全监管，落实各项安全措施。

(4) 加大制度落实的检查力度，提高制度的执行力。对安全意识淡薄、违章作业、冒险蛮干、违章指挥等行为，要按照“四不放过”的原则，认真分析、严格处理，考核与教育并重，延伸考核效应，坚决杜绝各种违章行为。

四、金属加工中心操作镗铣机床工作服被缠绕导致伤害事故

2006 年 4 月 17 日，宝钢集团所属某钢机电公司金属加工中心一名镗铣机操作工，在加工模板切削过程中，不慎致工作服被旋转中的铣刀装夹固定螺栓缠绕，致使其双小腿撞击台阶边沿铁板并折断，造成重伤。

1. 事故经过

2006 年 4 月 17 日，宝钢集团所属某钢机电公司金属加工中心 T6916A 镗铣机操作工李某（1976 年出生，1994 年 9 月进机电公司从事镗铣机操作）在加工模板切削过程中，由于对人离危险点的实际距离估计不足，侧身右手在扶正滴油箱时，不慎致使工作服被旋转中的铣刀装夹（铣刀直径 50 mm）固定螺栓（固定螺栓高出主轴平面8 mm）缠绕，面朝西、后背紧靠铣刀的锥形炮筒、人体与主轴同步旋转（转速为 50 r/min），造成李某双小腿撞击台阶边沿铁板并折断。现场人员急忙将李某送往医院抢救，经医院检查，最终不得不采取左小腿上 1/3、右大腿 1/3 截肢手术，导致终身残疾。

2. 事故原因分析

(1) 造成事故的直接原因是镗铣机操作工李某在加工模板切削过程中，由于疏忽大

意，不慎致使工作服被旋转中的铣刀装夹固定螺栓缠绕，导致人身伤害事故。

（2）造成事故的间接原因是李某所操作的T6916A镗铣机，于1980年制造，在设计中存在着铣刀装夹固定螺栓高出主轴平面的缺陷，因为一直未发生事故，因而麻痹大意，未能采取措施及时消除事故隐患。

3. 事故教训与防范措施

事故之后，企业所采取的防范措施：

（1）认真吸取事故教训，强化对机电公司员工安全意识教育，全面提高广大员工的安全意识和对事故的防范能力。

（2）举一反三，并将事故通报公司，重点对机床作业、电气作业及抢修作业员工普遍进行一次夏季安全生产教育，增强员工的自我保护能力，防止类似事故再次发生。

（3）对作业现场的危险源重新辨识，对安全风险进行全面评价，以人为本，增加安全防护设施、安全警告标牌和作业安全规定条款“在安全防护设施未就位前，旋转设备周围不得有人作业”。

（4）深入开展安全生产大检查，查设备、查隐患、查员工的操作行为，查死角、冷角，查抢修、检修项目的措施落实，减少和杜绝各类事故的发生。

第二节　机械制造企业金属热加工事故分析

金属热加工一般是指铸造、锻造、焊接和热处理等工作。在金属热加工中，需要大量使用各种设备，如铸造设备、锻压设备、热处理设备等，因而在金属热加工生产作业中最容易发生设备伤害事故。因此，企业一方面需要加强对设备的维护与检修，尤其是受冲击部位有无损伤、松动或裂纹等，发现问题及时解决，严禁带病作业，而且设备的安全防护装置必须配备齐全，并确保坚固可靠；另一方面需要对人员进行安全教育和技术培训，科学合理地组织生产，制定行之有效的安全操作规程，并督促作业人员贯彻执行。

一、衡水中盛工程橡胶有限公司人员违章操作导致的物体挤压事故

2013年3月5日，衡水中盛工程橡胶有限公司铸造V法车间，发生一起物体挤压伤害事故，造成1人死亡。直接经济损失55万元。

1. 事故单位基本情况

衡水中盛工程橡胶有限公司成立于2009年2月，位于衡水经济开发区新区五路南侧，注册资金1亿69万元，经营范围：橡胶止水带，橡胶支座，盆式支座，伸缩装置生产、销售、安装、研发，金属构件制造及安装，金属材料、化工原料及产品（不含危险、易制毒、剧毒、监控化学品）销售及进出口。从业人员150余人，法定代表人韩某。

2. 事故经过

2013年3月5日凌晨，在V法车间左某和高某两人覆背膜，高某在造型小车前进方

向的左侧，左某在右侧，用手把背膜覆盖到了砂箱上，准备进入第 9 道工序，当时按钮操作工为宋某，在场的张某在左侧清理现场卫生，张某和宋某在一处，等待造型小车前进至砂仓位加砂压背膜。就在这时左某可能发现背膜有未盖好的地方，没打招呼突然蹬上造型小车南侧踏板（该踏板是为喷涂料方便焊上去的），高某发现后对宋某喊了一声“别走”，在喊声中造型小车已经启动，张某发现小车上有人，迅速按下了“急停”按钮。这时左某已被造型小车载着从烘干罩处挤了过去，当时趴到砂箱上，车停以后就被张某扶住了，这时车间主任高某闻讯跑过来，车间主任高某给公司值班领导（生产副总）王某打电话通报情况，并拨打了 120 急救电话。

公司值班领导王某开车在消防支队路边打双闪等救护车，大约 40 min 救护车到厂，送往医院抢救。经过 2 h 抢救无效死亡。

3. 事故原因分析

造成事故的直接原因，是左某安全生产意识淡薄，没打招呼突然蹬上造型小车南侧踏板，属于违章操作，结果导致事故。

造成事故的间接原因：

（1）安全管理人员安全意识不到位，对职工的安全教育不到位，隐患排查治理不细致，落实相关操作规程不严格，并私自在生产设备上安装踏板。

（2）劳动时间过长，疲劳作业，导致精力不集中。

（3）生产班组安全管理存在缺陷，班组人员作业时相互配合不好。

4. 事故教训与防范措施

（1）加强人员的安全教育，除新入厂员工实行“三级教育”外，还要落实公司制度的年度培训计划，组织在职员工系统学习“三项制度”的内容，不断提高员工的整体素质。

（2）进行技术措施分析，去掉造型小车前方的踏板，任何时候都不得站到造型小车前面操作。同时在 V 法线操作台上增加一个电铃按钮，在启动设备前操作工必须发出声响信号，方可启动设备，把该规定写在操作规程上，列入“三违”检查项目。

（3）利用停产整顿期间，组织铸造厂全体员工培训，系统学习本岗位操作规程，讨论日常工作中存在的不安全因素，查找事故隐患，以文字形式报铸造厂组织整改，整改结果以文字形式报开发区安监局备案。

（4）人力资源部要把好用人关口，不适应岗位要求的有性格缺陷的人员不得录用。今后招工用人单位负责人先面试合格后，再推荐到公司人力资源处培训，经考试合格后，要经过用人单位的主管人员面试后再正式录用。

（5）调整作业时间，防止人员疲劳作业，同时加强夜班作业人员的管理，发现问题及时处理。

二、永庆铸件厂钢包翻倒在存有积水地面导致的爆炸事故

2014 年 6 月 13 日，唐山市丰润区永庆铸件厂铸造车间进行中间包清理作业时，发生一起其他爆炸事故，造成 1 人死亡，直接经济损失 70 万元。

1. 事故相关单位概况

（1）唐山市丰润区永庆铸件厂（以下简称永庆铸件厂）

永庆铸件厂位于唐山市丰润区新军屯镇郑八庄村唐山市丰润区万嘉钢铁有限公司院内，为个人独资企业。该厂下设办公室、铸造车间，经营范围及方式为铸钢件、铸铁件铸造销售，现有员工 30 名，其中安全管理人员 2 名。

（2）张某、刘某维修队

张某、刘某维修队是张某和刘某雇用 5 人组建的维修队，该维修队无工商营业执照及相关资质。维修队负责人张某和刘某及 5 名作业人员均未经过专门的安全生产教育培训

（3）协议签订情况

2012 年 4 月，张某、刘某维修队与永庆铸件厂签订承包协议，张某、刘某维修队承包永庆铸件厂电炉、大包和中间包维修工程。

2. 事故经过

（1）事故发生经过

2014 年 6 月 12 日，永庆铸件厂铸造车间当班工人开始上班。作业前铸造车间主任王某组织召开班前会，明确了当班安全注意事项。随后，各岗位人员按分工开始作业。6 月 13 日早，张某、刘某维修队工人张某、王某（两人负责拆除和清理电炉、大包、中间包内耐火材料）到达铸造车间，开始清理铸造车间北侧 4 号电炉下的废渣。张某、王某使用铁锹将废渣清理至料斗后，准备用天车吊运料斗将废渣倒入 4 号电炉旁的翻斗车内。此时天车在铸造车间南侧 1 号电炉位置处（距离 4 号电炉约 70 m），张某便前往 1 号电炉位置，准备把天车开过来。约 20 min 后张某到达 1 号电炉位置处。此时，永庆铸件厂铸造车间班长邢某在车间连铸机平台上（连铸机平台高约 7 m，在 1 号电炉南侧约 10 m 处），正安排摇包工张某将需要维修的中间包吊运至地面。摇包工张某手持遥控器操作天车（与维修队工人张某准备使用的为同一部天车）吊运中间包，边操作天车边由连铸机平台下到地面。摇包工张某将中间包吊运至铸造车间 1 号电炉旁地面，看见维修队工人张某在 1 号电炉旁，便询问其中间包放在什么位置，维修队工人张某告知摇包工张某将中间包放在原地即可。随后，维修队工人张某从摇包工张某手里接过天车遥控器，并让摇包工张某到连铸机平台取大锤，准备清理中间包。维修队工人张某手持遥控器操作天车将中间包翻倒在地面上，中间包内残渣及残留铁水遇地面积水发生爆炸，导致维修队工人张某受伤。

事故发生后，现场人员立即组织救援，并用永庆铸件厂皮卡车将张某送往唐山市工人医院进行抢救。当日张某经抢救无效死亡。

（2）事故瞒报经过

事故发生后，王某立即打电话向主管安全副厂长邱某报告了事故情况。邱某接到事故报告后分别向厂长李某和维修队负责人张某报告了事故情况。张某接到事故报告后与其合伙人刘某立即赶往永庆铸件厂，随后赶往唐山市工人医院，在赶往医院途中张某、刘某接到张某经抢救无效死亡的信息。张某经抢救无效死亡后，邱某在医院电话向李某做了报告。事故发生后，李某未向丰润区安全生产监督管理部门和负有安全生产监督管理职责的有关部门报告。

3. 事故原因分析

造成事故的直接原因，是维修队工人张某违反安全规程，将中间包翻倒在存有积水

的地面上，致使中间包内残留铁水遇地面积水发生爆炸，导致其死亡。

造成事故的间接原因：

（1）张某、刘某维修队无任何相关资质私自承揽永庆铸件厂电炉、大包和中间包维修工程。

（2）张某、刘某维修队安全管理和教育培训不到位，作业人员未经培训取得特种设备作业人员资格证私自操作天车，违章作业。

（3）永庆铸件厂安全管理和教育培训不到位，未将张某、刘某维修队纳入本企业安全管理体系，安全管理存在漏洞。未对张某、刘某维修队工人进行专门的安全教育培训，导致作业人员安全知识匮乏，安全意识淡薄，对作业现场存在的危险因素认识不足，自我防范意识差。

（4）永庆铸件厂对外委单位施工资质审核把关不严，将电炉、大包和中间包维修工程承包给无任何施工资质的维修队。

（5）丰润区新军屯镇政府和丰润区安监局未认真履行安全监管职责，安全监管和监督检查不到位。

4. 事故教训与防范措施

这是一起因安全管理和教育培训不到位，作业人员无证上岗，违反安全规程而导致的生产安全责任事故。

（1）永庆铸件厂要严格执行有关安全管理规定，切实落实企业安全生产主体责任，举一反三，深刻吸取事故教训，在全厂开展一次安全生产大检查，全面排查和消除各类安全隐患，杜绝各类事故再次发生。

（2）永庆铸件厂要加强外委施工队伍管理，严格审核外委单位施工资质，要与有资质的施工单位签订有效的施工合同，并加强对其施工过程的安全监管。同时要严格审核施工人员的从业资质，严禁无证上岗。

（3）永庆铸件厂要认真开展安全教育培训，尤其要强化对外委施工人员安全教育培训，确保从业人员具备对本岗位各类安全隐患和风险的判断识别能力，从本质上提升从业人员的安全意识和技能。

（4）永庆铸件厂要高度重视安全生产工作，认真学习《生产安全事故报告和调查处理条例》《国务院关于进一步加强企业安全生产工作的通知》等法律法规和文件，切实做好生产安全事故信息报告工作，不得迟报、漏报、谎报和瞒报事故。

（5）丰润区新军屯镇政府和丰润区安监局要认真汲取事故教训，依法履行安全监管职责，切实加强对辖区和监管职责范围内各类生产经营单位的安全监管和监督检查，真正做到安全生产监管“全覆盖”。

三、重型机械厂作业人员操作液压切板机造成的断指事故

2005 年 8 月 5 日，湖北省某重型机械厂在生产过程中，铆工段两名作业人员按照工作安排，在操作液压切板机完成一批薄铁板条的切割工作时，因操作失误，造成一名作业人员右手三指被压得粉碎。

1. 事故经过

2005 年 8 月 5 日，湖北省某重型机械厂在生产过程中，铆工段工人张某和尹某按照

工作安排，共同在液压切板机上完成一批薄铁板条的切割工作。操作中张某在右，尹某在左，每次入料后二人需协调配合推动调整板材，看好各自边的尺寸线，再由尹某操作固定压脚和切刀两手柄。在连续作业中，一次整板切割还剩很小的边料时，尹某见两边尺寸对线，便机械地拉动压脚拉杆，只听“啊”的一声大叫，张某的右手三指被压得粉碎，造成人员伤害事故。

2. 事故原因分析

(1) 造成事故的直接原因，是切板机工作面有 2 m 宽，二人各把一边，相距较远。切板数量大，每次都要经过入料、检查尺寸、调整、压脚定位、切割，由于长时间重复操作，会产生疲惫的机械动作。而整板剩余小料时，按规定应手持调整板棍辅助推拨窄料调整位置。因二人长时间切割操作已非常熟练，嫌麻烦未采用上述方法，而直接用手在压脚空位调整窄料。但手一旦偏离压脚空位，二人稍有配合失误，便会发生压手事故。由于二人长时间重复操作形成机械动作，再加上违章操作，从而引发压手事故。

(2) 造成事故的间接原因，是车间及班组有针对性的安全教育不够，作业人员安全意识不强，生产作业中监督检查不力。

3. 事故教训与防范措施

事故之后，企业所采取的防范措施：

(1) 加强安全技术教育，教育作业人员严格遵守切板机安全操作规程。入料和调整时严禁将手伸入压脚下面和压脚空位。压脚空位只能作为观察尺寸用。

(2) 二人共同切割工作，必须配合协调，注意力集中。操作手柄者除听清对方通报声音外，还必须看清自己和对方入料手位确在安全位置后方可操作手柄。

(3) 由企业或车间（班组）制定切割作业连续作业时间，在连续作业一段时间后，进行休息、调整。

四、热处理车间作业人员开玩笑导致的铁吊篮挤压头部事故

2005 年 11 月 10 日，河北省某机械加工厂热处理车间在生产过程中，两名作业人员在操作淬火水池上方的葫芦吊，准备用铁吊篮去炉旁装一批加工后的轴类零件时，因开关盒发生导电，致使吊车急行向左行驶，导致吊篮将一名作业人员挤在墙上，造成颅脑粉碎性骨折。

1. 事故经过

2005 年 11 月 10 日，河北省某机械加工厂热处理车间在生产过程中，工人黄某和孙某共同在淬火水池作业。作业中，黄某操作淬火水池上方的葫芦吊，准备用铁吊篮去炉旁装一批加工后的轴类零件。孙某见黄某把吊车开得晃动不稳，便开玩笑地责骂黄某说：“你怎么开的车啊，亏你还是一名老同志呢!”听到孙某这么说，黄某便生气地将手中葫芦吊开关盒扔向孙某说：“你会开，那你来开!”孙某接到开关盒后，表示不愿总帮着黄某干活，便将开关盒又扔给了黄某。但是黄某没有接住，结果开关盒掉入水池中。在水池中，开关盒发生导电，使火线向左与开关粘连，致使吊车急行向左行驶。孙某见吊车急行向左行驶，他怕吊篮撞到墙上，下意识地用手去拽吊篮，吊篮受拽力后随钩转圈将孙某挤到墙上，造成孙某颅脑粉碎性骨折。

2. 事故原因分析

(1) 造成事故的直接原因，是由于黄某和孙某在工作中嬉笑打闹，在争执中将开关盒扔入水中，致使开关粘连，导致吊车在行进中失去控制，而孙某在慌乱中拽吊篮，结果被吊篮挤到墙上导致重伤。

(2) 造成事故的间接原因，是开关盒密封不严，在以前的安全检查和使用中，没有发现问题，致使开关盒入水后使开关粘连，导致吊车在行进中失去控制。

3. 事故教训与防范措施

事故之后，企业所采取的防范措施：

(1) 加强员工的安全意识教育，强调在工作中必须遵守劳动纪律，严禁在生产作业中开玩笑、打闹。

(2) 操作吊车应持有起重专业证上岗，严禁他人随意操作；特殊工作情况下必须安排专门人员进行监督管理。

第三节　机械制造企业人员作业触电事故分析

从大量触电事故分析来看，造成触电事故的原因主要有：一是由于缺乏电气安全知识而造成触电事故。二是因违反操作规程而造成触电事故。三是因电气设备不合格而造成触电事故。四是因维修不善而造成触电事故。五是因一些偶然因素而造成触电事故，如大风刮断的电线恰巧落在人体上等。从触电原因分析中可以看出，除了偶然因素外，其他原因造成的触电事故都是可以避免的。

一、永强起重设备有限公司拆除临近高压线铁架子触电伤亡事故

2013 年 3 月 23 日，河北省霸州市永强起重设备有限公司（以下简称永强公司）发生一起一人触电死亡的生产安全事故，直接经济损失 70 万元。

1. 事故单位基本情况

永强公司位于霸州镇老堤村北，占地 10 000 m^2，现有员工 25 人，公司类型为有限责任公司，法人代表高某，注册资金 800 万元。经营范围：制造、销售、维修起重设备及钢结构产品；安装、改造桥式起重机及门式起重机。

2. 事故经过

2013 年 3 月 23 日，永强公司在建三层办公楼主体工程已竣工，在拆除外墙北侧脚手架时，受雇人员赵某（男，27 岁，霸州市岔河集乡前狄村人）不慎将 6 m 长的铁管触碰到临近 4 m 的高压线上，被电击成重伤，从 7 m 高处坠落，被立即送往廊坊四院，经抢救无效死亡。

3. 事故原因分析

造成事故的直接原因，是在拆除临近高压线的铁架子过程中，赵某违章操作致触电死亡。

造成事故的间接原因：

（1）永强公司对李某建筑队拆除作业现场安全生产管理不到位，安全隐患排查不力。

（2）李某建筑队缺乏对职工的安全教育培训，拆除脚手架作业未制定拆除施工方案。

（3）未对工人进行安全技术交底，未告知作业人员工作场所和工作岗位存在的危险因素和防范措施。

4. 事故教训与防范措施

（1）永强公司要认真吸取事故教训，提高对安全生产重要性的认识，对本公司及外包工程要进一步健全完善安全生产责任制度、规章制度和操作规程，加强管理，确保各项制度落实到位。

（2）建立健全各环节、工作岗位、作业场所风险辨识防范机制，确保作业人员全面了解风险因素和防范措施。

（3）以提高全员安全知识、安全生产技能、安全意识为重点，进一步强化安全生产教育培训工作，切实提高全体人员的安全素质。

（4）安监局、建设局、供电局、霸州镇政府等部门，要认真贯彻相关的安全生产法律法规，督促企业落实主体责任，全面提升企业素质，坚决杜绝生产安全事故的发生。

二、国盛管道装备制造有限公司施工中人员违规操作触电事故

2013 年 6 月 29 日，河北国盛管道装备制造有限公司二期工程理化检测中心办公楼在建设过程中，一名施工人员在施工过程中触电后从高处坠落，导致死亡。

1. 事故单位基本情况

河北国盛管道装备制造有限公司始建于 2009 年，公司占地面积 6 万 m^2，建筑面积 3 000 m^2，注册资金 600 万元人民币。该公司坐落于盐山县正港开发区，现公司二期工程职工宿舍楼和理化检测中心办公楼仍在建设中，未投产。

2013 年 4 月 24 日，河北国盛管道装备制造有限公司与星某（盐山县星马村人）签订该公司职工宿舍楼及理化检测中心工程施工合同，工程以轻包的方式每平方米 245 元的价格承包给星某进行施工。星某无注册公司、工商营业执照及各种工程施工资质。

2. 事故经过

河北国盛管道装备制造有限公司在建二期工程理化检测中心办公楼二楼上圈梁施工中，支完盒子后需要绑扎钢筋，然后进行混凝土浇筑。2013 年 6 月 29 日，星某在海兴县赵毛陶乡丁村找来王洪某及王福某两位钢筋工，以整个上圈梁 1 000 元的价格分包给两人进行钢筋绑扎工作。当日两人施工到该施工楼二楼东南角时，王洪某（33 岁，钢筋工）不慎把 ϕ10 mm×700 mm 的螺纹钢筋触到距离该施工楼东墙 1.7 m10 kV 的高压线上，当时高压电流把王洪某击落至该施工楼二楼地板上，王洪某坠落时头部着地又造成了二次伤害。

事故发生后，施工工地建筑工人王建某上报至公司主要负责人刘某，刘某立即派公司主要管理人员开车将王洪某送往盐山县人民医院进行急救，后经治疗无效死亡。

3. 事故原因分析

造成事故的直接原因，是施工人员王洪某在作业施工过程中违规操作，不慎将 ϕ10

mm×700 mm 的螺纹钢筋触到距离该施工楼东墙 1.7 m10 kV 的高压线上导致王洪某触电。

造成事故的间接原因：

（1）施工作业面下无水平防护（安全平网），缺乏有效的防坠落措施，施工人员未配备安全帽、安全带及绝缘手套等劳动防护用品。

（2）施工单位安全管理体系不健全，安全管理混乱，未对工人进行岗前安全教育，未实施有效的安全检查，致使操作人员安全意识淡薄，冒险作业。

（3）公司未到有关单位办理任何施工手续，未经审批而擅自将工程承包给不具备施工资质的个人进行施工。

（4）企业未充分认识到理化办公楼东侧 10 kV 高压线存在的不安全因素，未安装防护网。

4. 事故教训与防范措施

（1）河北国盛装备制造有限公司应认真吸取本次事故教训，要建立健全相应的管理制度，切实加强公司安全管理，杜绝违章操作。

（2）河北国盛装备制造有限公司要切实加强安全投入，加强施工项目安全管理，做好设备设施的安全防护，确保施工人员配备必要的劳动防护用品，加强对施工人员的安全教育。

（3）河北国盛装备制造有限公司管理人员应认真学习《安全生产法》等相关法律法规，提高安全意识，加强对企业的安全管理，确保安全生产。

（4）县安全生产监督管理局及建设主管部门应进一步加强对机械加工及建筑施工领域的安全监管，督促相关企业认真学习生产法律法规，做好各项安全生产工作，组织人员对辖区内企业开展安全检查，并对检查中发现的安全隐患和违规、违法行为严格查处，严防类似事故的发生。

三、机械制造厂电仪车间维护电工操作不当触电烧伤事故

2005 年 2 月 23 日，河南省某机械制造厂电仪车间维修班一名维护电工，在检修二级中控配电室低压电容柜时，在未断电的情况下，直接用手钳拔插式保险，因操作不当，手钳与相邻的保险搭接引起短路形成电弧，导致大面积严重灼伤。

1. 事故经过

2005 年 2 月 23 日上午，河南省某机械制造厂电仪车间维修班维护电工鄢某，上班后接受任务，对二级中控配电室低压电容柜进行检修。鄢某在检修二级中控配电室低压电容柜时，违反安全操作规程，在未断电的情况下，冒险直接用手钳拔插式保险。因操作不当，手钳与相邻的保险搭接引起短路，形成的电弧将面对电容柜的鄢某的双手、脸、颈脖部大面积严重灼伤。现场人员发现后，急忙将鄢某送进医院进行救治，因抢救及时才脱离了生命危险。但这起电气短路事故，烧毁了低压电容柜上的大量电气元件，造成该柜连接系统单体停车长达 3.5 h，给生产造成了较大损失。

2. 事故原因分析

（1）造成事故的直接原因，一是鄢某严重违反“不准带电检修作业”的规定，心存

侥幸，冒险蛮干，在该电容柜完全可以断电检修的情况下，却带电检修作业。二是鄢某习惯性违章作业。在拔插式保险时，本来可以用岗位上配备的专用工具——保险起拔器，可是麻痹大意用手钳直接带电拔保险，从而导致电容柜短路并产生电弧致自己灼伤和系统停车。

（2）造成事故的间接原因，一是鄢某在检修前，未编制设备检修方案，未填写检修任务书，未办理设备检修许可证，更没有与岗位操作人员取得联系，趁操作人员中午买饭的时候，想偷偷地把保险换掉，使自己的违章行为神不知鬼不觉。二是岗位当班操作工海某严重失职失责。本来已发现鄢某在岗位上转来转去不愿离去，已意识到他可能有什么事情要做，但不闻、不问、不沟通、不追查、不提醒，结果就在他去买饭的短短几分钟，却给鄢某违章行为造成了可乘之机。

（3）造成事故的重要原因，是电仪车间安全教育不到位，安全管理不严格，存在管理上的死角。该车间规章制度制定得不少，讲得也多，但落实得不够，违章行为没有真正得到有效控制和消除。

3. 事故教训与防范措施

事故之后，企业所采取的预防措施：

（1）在全车间范围内开展为期一周的事故案例教育，组织全体员工学习讨论鄢某为什么会违章，为什么会受伤害，展开深刻的剖析。要求员工在自查的同时，查找身边的隐患，以此达到对员工的警示教育的目的。

（2）重新修订车间安全管理制度，不但要大力宣传宣讲，而且要求员工们都必须认真地落实到工作中，执行在行动上。采取联防制的方法，一人违章，全体受罚。达到事前讲到，事中互相提醒、互相监督、全员制约的效果。

（3）在全车间范围内开展学业务、学技术、学规程、学制度活动。比学习、比思想、比技能、比遵章、比零违章的零事故目标。

四、炼铁厂电修车间值班电工违章带电作业触电伤亡事故

2004 年 5 月 8 日，河北省某钢铁公司炼铁厂电修车间两名夜间值班电工，在进行设备检修时，违章带电作业，结果造成一人触电，经抢救无效死亡。

1. 事故经过

2004 年 5 月 8 日凌晨，河北省某钢铁公司炼铁厂在夜班生产过程中，电修车间夜间值班电工田某、柳某，接到高炉槽下值班人员电话，报告说：槽下 11 号闸门无关闭信号，需要立即进行检修。田某、柳某赶到现场，对槽下料坑 11 号闸门接近开关进行检查，回到班组拿图样、万用表后，回到现场继续检查。经查确认为信号继电器烧坏，决定更换继电器。田某将继电器上下各线路拆下，然后开始拆除继电器，同时让柳某到柜后卡住螺母。柳某到柜后发现接线端子太密，手无法进去卡住螺母，便从柜后返回柜前，此时听到田某在喊：“救命，我触电了。”该车间值班人员王某迅速赶到事故现场，对田某进行急救，并将他送往医院，但经抢救无效死亡。

2. 事故原因分析

（1）造成事故的直接原因，是田某在拆除继电器时，违反电工操作规程中“需接触

或接近带电部分时，必须先停电做好安全措施后才能进行作业”的有关规定，违章带电作业。

（2）造成事故的间接原因，是该厂安全制度不落实，安全管理不严格。下达检修任务时，未执行“五同时”的规定，而且联保互保不到位。

3. 事故教训与防范措施

事故之后，企业所采取的防范措施：

（1）进一步重申电工操作规程，要求电工作业时必须执行规定的安全程序，包括停电、验电、装设临时接地线、装设隔离栏和悬挂警示标志、会同工作负责人现场确认无电，并交代附近带电设备位置和注意事项，然后双方办理许可开工的签证，方可开始工作。

（2）加强对电工和其他特种作业人员的安全教育，通过事故案例，明确遵章守纪的重要性，增强人员的安全意识，不论在任何情况下，都把安全放在首位。

（3）加强对夜班作业的安全管理，安排车间领导、安全管理人员进行夜班作业检查，发现不安全问题及时纠正、及时解决。

五、动力车间电工进行临时用电接线作业被电弧灼伤事故

2006 年 1 月 11 日，江苏省某厂动力车间在生产过程中，一名电工在进行临时用电接线时，不慎将待接电缆的裸露铜丝碰到带电铜排，造成电气柜短路拉弧、跳闸，发生电弧灼伤双手事故。

1. 事故经过

2006 年 1 月 11 日，江苏省某厂动力车间在生产过程中，一外协单位持一张“临时用电单”到电工班请求接电，由于现场电源柜容量不够，电修班长林某让施工队人员先将线放到电房附近，同时安排电工仇某，到楼上确定一下电线通往哪个电柜，准备接电。林某在一楼接电话时，看见电工仇某下来拿工具包往楼上走，当时以为他上楼准备吃饭，也未多想。约 15 min 后，林某在一楼听到“轰”的一声很响的跳闸声，意识到发生事故，迅速到楼上电房查看，发现电柜部分线路跳闸，电工仇某坐在地上，脸上发黑，双手被电弧灼伤。林某立即向车间领导、生产调度汇报，接着将仇某送往医院，经医院检查治疗，无生命危险。

2. 事故原因分析

（1）造成事故的直接原因，是电工仇某在作业过程中，违反电气作业必须一人作业、一人监护电气操作规程要求，在无人监护、安全措施未落实的情况下独自进行作业，作业过程中，由于电修班楼上电房配电柜内接线点附近有带电裸露铜排，操作时不慎将待接电缆的裸露铜丝碰到带电铜排，造成电气柜短路拉弧、跳闸，并被电弧灼伤双手。

（2）造成事故的间接原因：一是班组安全管理不到位。电修班班长在安排电工仇某工作时交代不清，未明确要求等到下午再接线及无人监护不许从事接线作业，未明确要求安全防范措施；未执行“工作任务单”制度，仅在本子上记录一下工作内容。二是电气柜本身存在一定欠缺，柜内接线处空间狭小，作业点离带电裸露铜排间距很近，容易

造成事故。三是动力车间领导及安全管理人员安全管理意识不到位，在电修时未严格执行“工作任务单”，以及对电气危险作业执行“一人作业，一人监护”的规定有困难时，未加以重视及时解决。

3. 事故教训与防范措施

事故之后，企业所采取的防范措施：

(1) 完善岗位的管理制度，严格执行“工作任务单”制度。从2006年1月12日起，电修班立即恢复“低压作业工作单”，在每次作业前在单上注明作业时间及相关的人员、任务、安全措施等内容。

(2) 凡进行有触电危险的电气作业，坚决执行“一人作业，一人监护”的安全监护制度，杜绝“单人作业”现象并严格落实安全措施。

(3) 对电气柜存在的缺陷采取可行性的措施，加装一些防护设施。

(4) 动力车间要加强安全宣传和教育工作，进一步提高全体电工的安全意识，防止习惯性违章发生。

第四节　机械制造企业起重作业事故分析

在机械制造企业，起重作业是最为常见的作业，同时也是危险性较大的作业。由于起重机械的作业过程和工作环境都比较复杂，因此危险性较大，极易发生事故。在对起重作业事故的预防上，应加强安全管理，加强对起重作业人员的安全教育，按照安全操作规程进行操作，并注意及时消除起重机械存在的事故隐患，不要使事故隐患演变为事故。

一、机电制造有限公司起吊油缸自制吊环断裂造成的伤害事故

2008年2月23日，某机电制造有限公司在组装企业自主研发的2 000 t油缸机缸体部分、吊装柱塞缸时，发生一起起重伤害事故，造成装配钳工一人右手受伤。

1. 现场勘察情况

(1) 引发事故的2 000 t油缸机位于该公司装配二车间，外形尺寸2 200 mm×1 800 mm×4 000 mm，完工后总质量6 t左右，为液压式驱动升降，其中柱塞缸质量1 t左右。

(2) 柱塞缸装配程序。清理油缸机缸体和柱塞缸表面，在油缸机上顶板未密闭前；先将柱塞缸吊入缸体上方，进行位移和缸体同心后缓慢下落垫稳，然后起吊柱塞缸，抽去垫着物，由装配人员扶住柱塞缸，柱塞缸缓慢下降装入缸体内。

(3) 起吊柱塞缸为2 t手拉葫芦，垫着物为两根槽钢，吊装装置为：在柱塞缸顶部表面焊接两只专用吊环、吊环间距600 mm，吊环内穿一根ϕ40 mm×880 mm圆钢，在圆钢的中间焊接一只ϕ12 mm×90 mm圆形吊环（此圆环为装配人员自制），2 t手拉葫芦吊钩钩住圆形吊环进行吊装作业。

2. 事故经过

2008年2月23日，该公司装配二车间主任陈某和装配钳工田某进行2 000 t油缸机

缸体和柱塞缸装配，根据分工，陈某操作 2 t 手拉葫芦；田某负责扶住柱塞缸，将柱塞缸装入油缸机缸体内。准备工作完成后，陈某将手拉葫芦拉动，柱塞缸吊离垫着物，田某将垫着物两根槽钢抽掉；并扶住柱塞缸圆柱面，准备发出指令，让陈某拉动葫芦链条下降高度，进行入缸装配。此时，柱塞缸底面距油缸体上平面高度 100 mm 左右。这时，田某看到柱塞缸底部有灰尘，就用右手去擦灰尘，就在此刻，承重的 ϕ12 mm×90 mm 的圆形吊环焊接根部突然断裂，柱塞缸瞬间落下，将田某右手除拇指外其余四指砸断。

3. 事故原因分析

（1）造成事故的直接原因：一是自制圆形吊环使用材料不当，造成受力后焊接处断裂。事故发生后，经过对钳工田某自制的 ϕ12 mm×90 mm 的圆形吊环进行取样分析，发现圆形吊环焊接性能差，不能承载柱塞缸质量。二是装配钳工田某违规操作。在进行柱塞缸装配、看见柱塞缸底部有灰尘时，应指挥将柱塞缸下降，使底部垫着、放稳后再进行灰尘清理，而不应直接用手清理悬吊的柱塞缸底部。

（2）造成事故的间接原因：一是企业管理人员监督管理工作不力，责任心不强。车间主任陈某明知 ϕ12 mm×90 mm 圆形吊环为田某自制，未按规定送技术部门检验材质，未能发现吊装索具缺陷。二是企业执行安全生产规章制度不力。对职工缺乏有针对性的安全教育，布置生产任务时，未告知装配人员工作场所存在的危险因素和防范措施。

4. 事故教训与防范措施

事故调查组经过调查取证和分析，一致认为：这是一起因装配人员违章操作、自制吊具先天性缺陷不安全而引起的生产安全事故。

事故发生后，事故单位按照“四不放过”原则进行了整改：

（1）对事故有关责任人进行了教育和经济处罚处理。

（2）召开事故现场分析会，分析事故原因，吸取事故教训。举一反三，发动全公司职工在自己身边找隐患，提出整改对策措施，确保安全生产。

（3）进一步完善企业规章制度，召开全体员工大会，重申劳动纪律，严禁私自制作吊具，杜绝“三违”现象，做到“三不伤害”。

（4）进一步加强对员工的安全生产教育培训，强化员工安全意识，提高安全操作技能，增加员工自我防护能力。

二、正通石化冶金机械有限公司吊装楼板碎裂导致的起重伤害事故

2014 年 6 月 4 日，张家口正通石化冶金机械有限公司在拆除旧厂房过程中发生一起重伤害事故，造成 1 人死亡，直接经济损失 120 万元。

1. 事故单位概况

（1）事故发生单位概况

张家口正通石化冶金机械有限公司（以下简称正通公司）成立于 2001 年 1 月 2 日，注册资金 580 万元，公司类型为有限责任公司，法人代表李某，经营范围：石油化工冶金机械设备及配件、普通机械零部件加工及其对外贸易进出口经营等。该公司原经营地址张家口市桥东区胜利南路 19 号，现搬迁至西山产业集聚区兴业路 18 号，原下属五个

分公司，搬迁后整合为机械加工、压力容器铆焊、热处理三个分公司，现共有职工 236 人。事故发生地为原二分公司厂房。

（2）工程概况

2014 年 5 月 31 日，正通公司（甲方）与孔某拟定拆迁抵账合同，合同约定将旧厂房及办公楼拆迁所得作为所欠孔某工程款，工期 6 月 1 日至 6 月 10 日，在合同未生效（乙方未签字盖章）的情况下，孔某就组织工程队开始拆除作业。孔某没有建筑施工企业任何资质，也从未参加过任何形式的安全培训，他又将拆除楼板工作分包给没有拆除施工相关资质的席某，席某临时雇用吊车（车牌号冀 G65250，车主兼司机常某）和其他施工人员，并联系楼板买方张某，张某雇用汽车拉走拆下的楼板。

2. 事故经过

2014 年 6 月 4 日，正通公司旧厂房拆除现场，席某组织工人们拆除楼板，并将拆下的楼板吊装到汽车上，吊车在吊装楼板下落过程中，在接近汽车高度 2 m 的位置，旧楼板由于强度大大降低，楼板一侧的两个吊装位置突然碎裂与吊车绳索脱开，另一侧随着楼板的脱落也随即脱离，楼板一下掉落并砸到刚上汽车准备整板的司机刘某身上。

事故发生后，现场的工人们立即开展救援并拨打了 120 急救电话，120 急救车赶到后将刘某送往 251 医院进行抢救，刘某经抢救无效死亡。

3. 事故原因分析

（1）造成事故的直接原因，是汽车吊在吊装楼板过程中，楼板突然发生碎裂、脱落，砸到正在吊装物下作业的刘某身上，导致其受伤死亡。

（2）造成事故的间接原因

1）非法发包拆除工程项目。正通公司安全生产主体责任不落实，将拆除工程发包给不具有相应资质的孔某，孔某又将楼板拆除工程分包给了无任何资质的席某。

2）违规施工、违规作业。拆除及吊装作业没有制定专项施工方案和安全技术措施，施工现场没有安排专门的安全监护人员负责现场安全管理；刘某违规在吊装物下作业。

3）特种设备安全管理不到位。吊车未经技术监督部门检验就进场作业；现场作业没有安排专门的司索工和吊装指挥工。

4）安全教育培训不到位。作业人员未进行专门的安全教育培训，缺乏相应的安全生产知识，自我保护意识淡薄。

4. 事故教训与防范措施

根据事故原因分析，调查组认为这是一起由于非法发包、安全管理不到位造成的生产安全责任事故。

（1）正通公司要深刻吸取事故教训，认真落实企业安全生产主体责任，严格发包程序，完善拆除施工相关手续，委托具有相应资质的单位实施机械拆除，制定专门的拆除施工方案和安全技术措施并认真贯彻落实，坚决杜绝类似事故，防止其他事故的发生。

（2）要进一步强化施工现场安全管理。工程各方要严格落实各方安全生产责任，开展施工现场安全隐患排查治理，督促现场作业人员严格执行操作规程，落实安全防护措施，切实提高安全生产水平。

（3）要加强安全教育培训。组织施工人员开展安全教育培训，促使施工人员增强安全生产意识，掌握正确的操作程序和技能，切实提高防范事故、预防事故的能力。

三、欧美佳焙烤机械有限公司天车电机坠落导致的物体打击事故

2014 年 1 月 20 日，深州市欧美佳焙烤机械有限公司发生一起物体打击事故，1 人死亡，直接经济损失 83 万元。

1. 事故单位概况

（1）事故发生单位情况

深州市欧美佳焙烤机械有限公司（以下简称欧美佳公司）。成立于 2009 年 5 月，位于深州市城市新区泰山路东侧，公司类型为有限公司，注册资金 1 000 万元，固定资产原值 2 400 万元，上年产值 3 000 万元，从业人员 100 人，经营范围：面包制作设备、食品烤炉、食品搅拌机、食品模具、烤箱配件等。

（2）发生事故的设备情况

发生事故的设备为电动单梁起重机（以下简称天车），属于桥式起重机，设备型号 LDA3t－21. 5 m A3，事发前最后一次检验日期为 2013 年 8 月 28 日，检验结论为合格。

2. 事故经过

2014 年 1 月 17 日车间主任刘某对天车例行检查时，发现天车运行异常，时走时停。刘某没有做进一步仔细检查，没有发现天车电机固定螺栓已经松动。刘某把天车存在异常的情况汇报给了当时在安平县分厂的生产部主任高某，高某指示暂停使用。当天刘某没有把暂停使用该天车的指令通知给相关人员，且于 2014 年 1 月 18 日出差去了济南，造成工人在不知情的情况下使用带病天车，2014 年 1 月 20 日，欧美佳公司装配车间工人李某在用天车进行食品烤炉的燃烧机装配时，上方天车电机突然坠落，砸中其后脑部，导致李某当场昏迷。

事故发生后，装配车间当班人员立即组织救援，并拨打 120 急救电话。120 急救车赶到后立即对李平现场抢救，李某经抢救无效死亡。

3. 事故原因分析

（1）造成事故的直接原因，是天车电机固定螺栓松动使天车电机坠落造成物体打击。

（2）造成事故的间接原因

1）李某未取得特种作业操作资格证，擅自进行吊装作业，违反操作规程，作业过程中未佩戴安全帽，电机坠落后砸中其头部，导致李某死亡。

2）欧美佳公司生产现场安全管理不到位，无现场安全管理人员指挥天车吊装作业，车间负责人未阻止不具备特种作业资质人员在没有佩戴安全帽的情况下擅自进行吊装作业。

3）欧美佳公司各项安全管理制度不落实，形同虚设。公司各部门之间管理脱节，存在管理漏洞，设备维护人员没有执行企业有关安全管理制度，对天车设备进行安全检查时粗心大意，没有逐项、逐部位仔细检查，发现设备存在安全隐患，却没立即采取有效措施。

4）安全教育培训不到位，导致工人安全意识淡薄，纪律观念不强，违章操作。

5）欧美佳公司未严格落实安全生产大检查方案要求，公司对安全大检查重视程度不够，日常安全监管不到位，安全隐患排查走过场，没有达到全覆盖，隐患排查治理工作存在死角盲区。

6）欧美佳公司安全投入不到位，没有给员工配备安全帽，以至于员工在吊装作业时没有安全有效的防护措施。

4. 事故教训与防范措施

这是一起因现场安全生产管理缺位、违章操作而引发的生产安全责任事故。

(1) 欧美佳公司要深刻吸取事故教训，要进一步健全安全生产责任制，落实主体责任，加强对生产现场的安全管理，加强对员工的安全教育培训，提高员工安全意识，完善隐患排查治理制度，切实全面、深入、细致开展隐患排查，及时治理各类事故隐患，杜绝同类事故再次发生。

(2) 特种设备主管部门要针对此次事故开展一次专项治理行动，对深州市所有起重设备进行事故隐患大排查，并将专项治理情况报安委会办公室，确保本市不再发生类似事故。

(3) 要全面落实企业主体责任，保证企业各项规章制度的有力执行。要切实开展职工三级安全教育培训，着力提高职工的安全防范意识和自我保护能力。完善隐患排查制度，采取多方式、全方位的安全检查，认真履行自查自纠职责，扎实开展隐患排查治理工作，要查实、查细、查严、查到位，全面消除事故隐患。

(4) 企业要举一反三，更加深入地开展安全大检查活动，进一步加强安全生产管理。要认真查找安全生产工作中的薄弱环节和突出问题，确保生产安全。

(5) 城市新区管理委员会要加强对辖区所属企业的安全管理，督促企业落实主体责任，建立健全企业三项制度及隐患排查制度，要在辖区内经常性开展安全隐患大排查活动，消除事故隐患，减少各类生产安全事故发生。

四、亚泰重工机械有限公司焊工违规操作天车导致的工件坍塌事故

2013 年 4 月 6 日，邢台亚泰重工机械有限公司施工升降机二车间发生工件坍塌砸人事故，造成一人死亡，直接经济损失 80 多万元。

1. 事故单位基本情况

邢台亚泰重工机械有限公司始建于 1997 年，现占地面积 26.4 万 m^2，建筑面积 8 万 m^2，现有职工 500 余人，其中工程技术人员 60 余人，年生产能力 4～12 t 塔式起重机 1 000 台以上，建筑升降机 1 500 台以上，产品销往全国各地并出口中东、俄罗斯、东南亚等国家和地区。

2. 事故经过

2013 年 4 月 6 日，邢台亚泰重工机械有限公司施工升降二车间电焊学徒工王某，操作天车进行吊装导轨架作业，由于导轨架在通道上违规超高摆放，在吊装过程中，天车上电缆线将导轨架挂倒，导轨架坍塌砸中在此打扫卫生的工人郗某（男，23 岁）。事故发生后，车间负责人、公司董事长、安全副经理等有关人员第一时间赶赴事故现场，组织人员将伤者送往邢台市人民医院救治，后因伤势过重救治无效死亡。

3. 事故原因分析

（1）造成事故的直接原因：一是焊工违规操作天车，清洁人员未按规定佩戴安全帽等防护用品；二是车间工件摆放未符合国家标准，超高违规占用通道。

（2）造成事故的间接原因：一是公司安全管理不到位，安全规章制度不落实，作业现场隐患排查不彻底，设备管理存有缺陷；二是企业安全教育不到位，教育培训不扎实；三是职工的安全意识淡薄。

4. 事故教训与防范措施

为吸取事故教训，防止类似事故重复发生，加强安全生产管理工作，事故单位必须采取以下措施：

（1）加强职工安全教育，对职工集中培训，特别是要注重班前或班中教育，提高职工安全防范意识。

（2）以事故现场为典型，对公司人员集中开展安全警示教育。

（3）组织各车间主任，集中开展一次隐患大排查活动。

（4）加强对生产工序的日常监督检查，加大对违规处罚的力度，确保各项安全措施落到实处。

（5）完善安全生产规章制度，提高安全生产水平。

五、中海钢管制造股份有限公司吊车起吊中钢管坠落伤害事故

2013 年 4 月 9 日，盐山县河北中海钢管制造股份有限公司发生一起起重伤害事故，事故造成一人死亡，直接经济损失 76 万元。

1. 事故单位基本情况

河北中海钢管制造股份有限公司成立于 2004 年 12 月 17 日，占地约 3 万 m^2，注册资本 5 200 万元。公司坐落于盐山五里窑开发区，现有员工 70 人，专职安全管理人员 2 人（均已取得安全生产管理资格），公司主要生产产品为热扩无缝钢管，年产能 40 000 t。该公司为安全生产标准化三级达标企业，于 2011 年 12 月取得负责人资格证，公司配备安全生产管理人员两名，均已取得安全生产管理人员资格证。

2. 事故经过

2013 年 4 月 9 日，货车在河北中海钢管制造股份有限公司东南厂区吊卸 ϕ377 mm×32 mm 钢管，吊车操作工孙某负责操作吊车，吴某、卢某负责吊卸钢管，货车司机周某（男，38 岁，初中文化）站在车厢钢管之上帮忙挂吊钩。挂好吊钩后，周某并没有离开车厢，吊车工孙某没有收到信号员的信号便启动了吊车，当钢管吊起约 1.2 m 高时，吊车突然发生故障，钢管未脱钩，带着钢绳突然下滑，周某因站在车厢钢管之上，躲闪不及，砸中右胸部以下部位，右腿被钢管压在下面，现场几名工人立即用撬杠进行施救，因钢管过重没被撬动，后又将另一台吊车开过来把钢管吊起，才把周某救出。

事故发生后，生产厂长崔某向办公室主任马某汇报后，马某随即拨打了盐山县医院 120 急救电话并向公司负责人孙某做了汇报，大约 10 min 救护车来到现场将伤者周某送到县医院进行急救，因伤势过重，当日转入沧州市第二人民医院进行治疗，经过几天的抢救，于 2013 年 4 月 16 日经治疗无效死亡。

3. 事故原因分析

(1) 造成事故的直接原因

1) 吊车操作人员在未得到信号指挥的情况下擅自操作，违反该工种的操作规程。

2) 吊车在起吊过程中发生故障，并引起起吊物坠落。

(2) 造成事故的间接原因

1) 货车司机周某安全意识淡薄，自保意识较差，使身体处于危险部位，致使起重设备发生意外时，来不及躲避，导致事故发生。

2) 中海钢管制造股份有限公司疏于管理，未安排专门人员对吊装作业现场进行安全管理，未落实相应的安全管理制度，安全管理不到位。

4. 事故教训与防范措施

(1) 河北中海钢管制造股份有限公司应认真吸取事故教训，要严格按照《建筑起重机械安全监督管理规定》的相关要求，在进行吊装作业时，指派专职设备管理人员、专职安全生产管理人员进行现场监督检查，发现违反安全操作规程的行为要立即制止并采取相应的安全防护措施；认真开展公司安全生产隐患排查，要督促落实相应的管理制度和操作规程，切实加强企业安全管理，杜绝违规违章操作。

(2) 要切实加强安全投入，做好设备设施的安全防护；确保从业人员配备必要的劳动防护用品；要加强从业人员的三级教育，提高从业人员的安全素质。

(3) 事故相关单位负责人应认真学习《安全生产法》等相关法律法规，提高安全生产意识，加强安全培训，制定相应的安全生产和隐患排查制度，确保生产安全。

(4) 县安全生产监督管理局应进一步加强对机械加工领域的安全监管，督促相关企业认真学习安全生产法律法规，做好各项安全生产工作，组织人员对辖区内机械制造等行业开展安全检查，并对检查中发现的安全隐患和违规、违法行为严格查处，严防类似事故的发生。

六、锚链有限公司制链车间起重工违章起吊导致的人身伤害事故

2006 年 9 月 24 日，山东省某钢铁集团公司所属锚链有限公司制链车间，一名作业人员在准备吊装长 55 m 锚链时，因锚链较长，须进行打捆，就在打捆过程中，起重机行车工在没有进行安全确认情况下违章起吊行车，将这名作业人员左手的食指、中指的末节被钢丝绳套挤掉，造成人身伤害事故。

1. 事故经过

2006 年 9 月 24 日，山东省某钢铁集团公司锚链有限公司制链车间滚抛班班长张某(男，40 岁，滚抛工)，在 1 500 t 拉力试验机工房吊装直径 78 mm、长 55 m 锚链准备进行滚抛。因锚链较长，须进行打捆，张某用右手将钢丝绳套的一端摘下吊车钩头后，将钢丝绳套穿过链条，左手从链条另一端准备将钢丝绳套抽出，此时行车工陈某在没有进行安全确认情况下违章起吊行车，张某反应不及时，没有立即将左手抽出，造成左手食指、中指的末节被钢丝绳套挤掉。事故发生后，现场人员立即将张某送往公司医院救治，随后送往专门医院进行接指手术，但是手术不顺利，未能对左手食指、中指的末节成功接指。

2. 事故原因分析

(1) 行车工陈某在没有进行安全确认的情况下，违反行车安全操作规程规定，违章启动行车，是发生事故的直接原因。

(2) 事故当事人安全意识不强，观察不及时，操作不熟练，是造成事故的重要原因。

(3) 制链车间安全管理不到位，职工安全技能培训不注重效果，是造成事故的另一重要原因。

(4) 事故发生地点在行车驾驶室的下面，行车工视线不好，也是事故发生的原因之一。

3. 事故教训与防范措施

这起事故除了应重视人员的违章作业之外，还应重视工作环境对人的行为的影响。这里所指的工作环境是指对不安全行为能产生直接影响的物质微观环境，如工作场地的温度、湿度、色彩、噪声、照明度及工作场地的环境布置等。实践证明，这些因素对人的行为有明显的影响作用，容易导致操作失误。因此，如果需要在此地点进行经常性的起吊作业，就需要进行一些改进，最起码在行车驾驶室适当的位置设置一面镜子，通过镜子的折射，行车工能看见行车驾驶室下面的人员操作情况，并且能看见人员指挥的手势，避免类似事故的重复发生。

事故之后所采取的措施：

(1) 结合这起事故，以开展百日安全无事故活动为契机，在全公司范围内开展反违章专项治理活动，加大反违章检查力度和考核力度。

(2) 要求有吊装作业的单位组织行车工和吊装人员进行培训学习，特别是安全操作规程和起重手势的培训学习，并进行理论和操作实践的考试，对于考核不合格的职工进行离岗培训。

第五节　机械制造企业其他类型事故分析

机械制造企业在生产过程中，由于大量机械设备的使用和人员的高度密集，不可避免地会发生各种各样的事故，如绞碾事故、冲压事故、物体打击事故、触电事故、中毒事故及火灾爆炸事故等。在各种人员伤害事故中，以机械伤害事故为主，据统计机械性伤害事故占全部事故总数的70%左右。除此之外，还存在着其他意外伤害事故，例如人员高处作业坠落事故、驾驶场内机动车辆不当导致的事故、冲压机械操作不当造成的事故等。这些事故也是比较常见多发的事故，应加强安全管理，注意防范。

一、港口机械有限公司人员高处作业未采取防护措施导致的坠落事故

2013年1月26日11：40左右，河北港口集团港口机械有限公司（简称港口机械公司）的外包单位秦皇岛利安工贸有限公司（简称利安公司）一名职工，在对秦港煤炭堆场取料机进行维修过程中，不慎从4 m高平台坠落受伤，经送医院抢救无效死亡。

1. 事故单位基本情况

（1）秦皇岛利安工贸有限公司

利安公司成立于 2008 年 3 月 12 日，公司类型为有限责任公司（自然人投资或控股），公司位于秦皇岛市海港区开滦路 5 号，注册资本 100 万元，经营范围为一般经营项目（项目中属于禁止经营和许可经营的除外）：钢结构制造；机械零部件加工；其他机械设备的销售及租赁；五金交电、建材、钢材、服装、鞋帽、日用品、其他化工产品的销售；清洁服务；门窗安装；齿轮、阀门、通风机、机床、压缩机、冶金及矿山机械的安装、维修等。现承包河北港口集团港口机械有限公司在秦港股份公司第九分公司的机械维修工程。公司证照齐全，现有职工 20 人，其中专职安全员 1 人。

（2）河北港口集团港口机械有限公司

港口机械公司原名为河北港口集团工程技术有限公司，于 2012 年 11 月更名为河北港口集团港口机械有限公司，是以原秦皇岛港务集团机械修造厂为根基组建的河北港口集团投资的全资子公司。其维修中心承包秦港股份公司第九分公司机械维修工程，该公司证照齐全，经营范围：桥式起重机、门式起重机、塔式起重机、门座起重机、桅杆起重机、悬臂式起重机的安装、维修（特种设备安装改造维修许可证有效期至 2016 年 1 月 14 日）；门座起重机的制造（特种设备制造许可证有效期至 2013 年 8 月 4 日）；压力管道的安装（特种设备安装改造维修许可证有效期至 2013 年 12 月 30 日）；对外派遣劳务（劳务派遣资质许可证有效期至 2014 年 3 月 4 日）；计算机的设计、技术开发、安装、维修；通信终端设备、电气设备安装、维修；港口设备的维修、保养及运行服务；电梯销售及技术咨询；空调制冷设备的销售、安装、维修；计算机网络工程；房屋租赁；钢结构件加工。注册资金 1 亿元，下设四个分公司，分别为港机分公司、沧州渤海港务分公司、曹妃甸分公司、信息分公司，固定资产 5 411 万元，职工 422 人，其中专职安全员 16 人。

2. 事故经过与救援情况

（1）事故发生经过

港口机械公司维修中心承接了秦港股份公司第九分公司 R13-1 取料机维修项目，R13-1 取料机在 2013 年 1 月 3 日取料作业中，悬臂前段钢结构折断，导致取料机头部驱动连同斗轮部分坠落、翻倒在作业煤堆上，导致斗轮装置、卸料装置损毁严重。在维修恢复过程中，由于取料机臂架钢结构部分焊缝要求探伤，因此，港口机械公司维修中心便把焊缝焊接技术要求比较高的部分维修项目分包给了外协单位利安公司；利安公司承揽此维修项目后，派两名维修工负责此项工作。1 月 26 日，利安公司维修工人王某，在维修平台翻越取料机臂架头部钢结构时，不慎失足，从 4 m 多高的平台钢结构臂架上坠落，导致跌落后头部受伤。

（2）事故救援情况

事故发生后，现场人员及时将事故发生情况上报了港口机械公司安监部副部长化某，化某立即将事故发生情况上报了公司领导和河北港口集团安监部；在此同时，港口机械公司总经理周某、安监部副部长化某、利安公司经理刘某和河北港口集团安监部等相关领导及时驱车赶到了现场组织救援工作，并启动事故处置应急救援预案，对事故现场进行了保护。事故现场人员将伤者王某抬上在现场的一辆港口机械公司维修中心的后勤保障货车，送往秦皇岛市人民医院进行抢救。利安公司法人刘某于 2013 年 1 月 26 日将事故发生情况上报了秦皇岛市安全生产监督管理局。伤者王某因伤势过重，于当日在秦皇岛市人民医院经抢救无效死亡。

3. 事故原因分析

事故调查组通过对事故现场勘察、事故单位材料及对相关人员的询问笔录等综合分析认定：

造成事故的直接原因，是利安公司维修工人安全意识淡薄，在高处作业中，未采取有效的安全防护措施，未正确佩戴安全防护装备违章作业。

造成事故的间接原因：

（1）利安公司安全教育培训工作不到位。企业未认真落实教育培训制度，没有按规定对新入厂工人进行教育培训，更未进行岗前考核。

（2）利安公司安全管理不到位。对承揽的维修项目未进行工作计划部署，对维修作业人员安全管理缺失，对职工作业监督检查不到位，对职工违章行为没有及时发现并制止，导致发生安全事故。

（3）港口机械公司对承包单位利安公司的安全监管工作落实不到位。港口机械公司维修中心未对利安公司高空维修作业实施有效的安全监管，维修作业现场存在的安全隐患和职工违章作业行为未及时发现并制止，导致发生安全事故。

4. 事故教训与防范措施

（1）利安公司要认真查找事故发生的原因，从中吸取事故教训，加强企业的安全管理工作。同时，通过此次事故，让每一名职工都要提高职工的安全防范意识，举一反三，杜绝类似事故的再次发生。

（2）利安公司要认真履行教育培训制度。按照国家有关规定切实做好职工三级安全教育培训工作。认真落实班前会制度，强化职工的班前教育，提高职工的安全意识，培养职工遵章守纪的良好习惯，杜绝“三违”现象发生。

（3）利安公司强化企业班组管理。配足配强班组长，要求班组长在作业前、作业中、作业后，都要对整个班组的人员作业情况、工作环境和设备、设施等进行安全检查，防止职工违章作业，杜绝由于工作环境存在安全隐患或由于职工不按规定佩戴安全防护设施造成生产安全事故发生。

（4）利安公司加大企业的安全检查力度。认真落实企业的安全检查制度，及时发现并制止企业职工的违章行为。在维修作业前一定要做好安全评估，告知作业中存在的安全隐患，采取安全保护措施，严格执行操作规程，杜绝违章作业，防止安全事故的发生。

（5）港口机械公司要从中吸取事故教训，加强企业的安全管理和对外协单位的监管工作。同时，通过此次事故，让每一名职工都要提高职工的安全防范意识，举一反三，杜绝类似事故的再次发生。

（6）港口机械公司要加强对维修中心承包维修工程项目的管理，对发包的工程严格按照协议要求，做好各自的管理工作。加强对承包单位的安全监管，特别要做好对临时维修作业现场的安全监管工作，杜绝新员工未经三级安全教育培训和考核上岗作业情况的出现，防止发生安全生产事故。同时要督促维修项目承包企业制定项目施工方案，并认真组织实施，切实建立健全安全防护措施，全力督促检查落实到位，防止事故发生。

二、润宏建筑机械制造有限公司维修天窗导致的高处坠落事故

2013 年 3 月 11 日，河北润宏建筑机械制造有限公司生产中，发生一起维修工在维修炼钢车间顶棚天窗时高空坠落事故，导致一人死亡。

1. 事故单位基本情况

河北润宏建筑机械制造有限公司始建于 1998 年，占地面积 9.65 亩，建筑面积 2 300 m^2，注册资金 1 500 万元。公司坐落于盐山县五里窑工业区，现有员工 115 人，工程技术人员 12 人，专职安全管理人员 2 人（均已取得安全生产管理资格）。该公司主要生产各种型号的建筑机械泵车配件、泵管等产品。下设耐磨、喷漆、地泵、地蜡涂料和炼钢 5 个车间。

2. 事故经过

2013 年 3 月 9 日润宏建筑机械制造有限公司主要管理人员张某，找到承揽彩钢工程的农民工崔某和董某（44 岁，农民工），说该公司炼钢车间的天窗破损严重需要维修，次日崔某和董某到该公司勘测天窗工程，后与该公司主要管理人员张某以每平方米 5 元钱包工的价格谈妥，3 月 11 日崔某带领妻子王某及董某来到该公司进行施工，3 人把该公司炼钢车间顶棚的漏洞修补完后，准备维修车间天窗时，董某爬到天窗顶部踩在天窗的钢梁上由西向东走，不小心一脚踩滑，脚踩在了 0.4 mm 的彩钢板上，因此时董某未佩戴任何的安全防护措施，彩钢板已糟透经不起董某身体的重量，董某从距离车间地面 10 余米的天窗顶部坠落了下来。

事故发生后王某立即拨打了 120 急救电话，并通知了公司主要管理人员张某，10 min 后 120 急救车到达该公司，由崔某、王某及 120 急救人员把董某抬到急救车上送往盐山县阜德医院进行救治，董某被推入手术室后经抢救无效死亡。

3. 事故原因分析

（1）直接原因

1）施工人员董某在临边高处悬空作业施工过程中，未佩戴安全带及安全帽，违规操作。

2）施工作业面下无水平防护（安全平网），缺乏有效的防坠落措施。

（2）间接原因

1）施工单位未实施有效的安全检查，对违章及违规行为发现后未能及时地制止。

2）施工人员无证上岗，安全意识淡薄，冒险作业。

3）公司把工程施工项目发包给不具备施工资质的个人进行施工。

4. 防范措施及建议

（1）河北润宏建筑机械制造有限公司应认真汲取本次事故教训，要督促落实相应的管理制度，切实加强公司安全管理，杜绝违规操作。

（2）河北润宏建筑机械制造有限公司要切实加强安全投入，做好设备设施的安全防

护；确保从业人员配备必要的劳动防护用品；要加强从业人员的三级教育并提高从业人员的安全素质。

(3) 河北润宏建筑机械制造有限公司管理人员应认真学习《安全生产法》等相关法律法规，提高安全意识，加强对企业的安全监督，确保安全生产。

(4) 县安全生产监督管理局及建设部门应进一步加强对机械加工及建筑施工领域的安全监管，督促相关企业认真学习生产法律法规，做好各项安全生产工作，组织人员对辖区内企业开展安全检查，并对检查中发现的安全隐患和违规、违法行为严格查处，严防类似事故的发生。

三、机械加工厂电瓶车运送管片产生位移导致的伤害事故

2002 年 12 月 3 日，江苏省某机械加工厂在生产过程中，铸造车间两名职工开电瓶车运送管片时，龙门吊钢丝绳钩住管片预留孔内伸出的安装螺栓，致使管片产生位移，压在一名职工身上，经抢救无效死亡。

1. 事故经过

2002 年 12 月 3 日，江苏省某机械加工厂在生产过程中，铸造车间职工刘某、顾某二人，开电瓶车空车准备运送管片。开到工作吊装地点，刘某指挥 20 t 龙门吊司机将两块叠放在一起的管片吊放到电瓶车挂车上，随后刘某和顾某两人到挂车两侧脱钢丝绳，并把钢丝绳甩在挂车右边。然后，刘某向龙门吊司机做了起吊的手势后，站在一旁，顾某准备开动电瓶车。由于龙门吊起重钢丝绳提升尚未超过挂车上的管片，在电瓶车开动过程中，钢丝绳钩住管片预留孔内伸出的安装螺栓。龙门吊司机发现后，打铃示警并松钩，但是刘某、顾某没有注意到龙门吊司机的打铃示警。在电瓶车向前运行产生的作用力下，挂车上的管片产生位移，并使管片一端滑下挂车，压在了刘某身上。事故发生后，现场负责人当即派人指挥龙门吊将管片吊开，将刘某救出，并立即送往医院抢救，但是终因刘某伤势过重，经抢救无效死亡。

2. 事故原因分析

(1) 造成事故的直接原因，是刘某、顾某作业中麻痹大意，将龙门吊起重钢丝绳从管片上脱下后，未等龙门吊起重钢丝绳升起，并超过装在挂车上的管片一定的安全距离，就开动电瓶车，致使钢丝绳钩住挂车上的管片并滑下压人死亡。

(2) 造成事故的间接原因，是安全教育不够，作业人员在起吊作业中没有按照规范要求进行操作。

3. 事故教训与防范措施

事故之后，企业所采取的防范措施：

(1) 在全厂通报事故情况，对作业现场进行一次全面安全检查，对查出的事故隐患，按“三定”要求进行整改。

(2) 对全厂职工进行一次安全教育和操作技能培训，并进行一次安全技术考试，同时切实落实各级安全生产责任制，进一步明确各部门、人员的职责，并加强日常检查考核力度，不断提高全体作业人员的安全生产意识。

(3) 各生产车间要加强饭前、下班前特殊时段的生产管理，合理安排职工的工作休

息时间，强化作业现场的安全监控工作。

四、机械制造厂冲压工作业中进入模腔取工件导致的右手重伤事故

2002 年 4 月 11 日，江苏省某机械制造厂在生产过程中，一名冲压工在操作 80 t 冲床加工台扇零件时，由于误操作，右手进入冲床模腔内，导致右手拇指、食指、中指、无名指、小指共 10 节冲掉，造成重伤事故。

1. 事故经过

2002 年 4 月 11 日，江苏省某机械制造厂 204 车间在夜班生产过程中，冲压工杨某（男，20 岁，工龄两年）按照工作安排，在 80 t 冲床上负责加工 14 in 台扇零件。该冲床采用光电保护装置，具有较高的安全可靠性，但是杨某由于疏忽大意，在作业前没有将光电保护装置放在正确使用位置，作业中又违反安全操作规程，右手进入冲床模腔内取工件，模具下降时将右手拇指、食指、中指、无名指、小指共 10 节冲掉，造成重伤事故。

2. 事故原因分析

（1）造成事故的直接原因，是杨某疏忽大意，违反安全操作规程，作业前没有将光电保护装置放在正确使用位置，作业中又将右手伸入模腔内取工件，从而导致事故。

（2）造成事故的间接原因，一是冲床的光电保护装置不完好，当光电保护装置不在正确使用位置时，不能发出警告提示。二是该厂对定人定机制度执行不严，杨某所操作的冲床属于临时安排，作业人员对所操作的冲床不熟悉。

3. 事故教训与防范措施

事故之后，企业所采取的预防措施：

（1）加强对员工的安全教育，增强员工的安全意识和自我保护意识；在技术培训中，要认真讲解各种安全防护装置的原理和操作方法。

（2）冲床工和相关人员要严格执行设备安全管理制度、安全操作规程，在操作前一定要进行认真的检查，操作中杜绝违章作业。

（3）对事故冲床要采取技术措施，完善安全防护装置，提高设备本质安全度。

五、电气设备制造公司操作冲床改动安全装置导致的事故

2004 年 2 月 11 日，安徽省某电气设备制造公司冲压车间在夜班生产过程中，一名职工在操作 25 t 冲床时，擅自改动安全装置，左手进入冲床模腔失去保护，导致左手食指、中指、无名指被轧掉 5 节，构成重伤。

1. 事故经过

2004 年 2 月 11 日，安徽省某电气设备制造公司冲压车间，在夜班生产过程中，一名新职工马某（男，20 岁）在操作 25t 冲床时，为了加快冲压速度，提高产量，违反安全操作规程，擅自将冲床左电源按钮用胶带封住，只使用右手启动右电源按钮。由于冲床失去安全防护，马某在进料、取料过程中，不慎操作失误，左手进入冲床模腔，滑块下行，将马某左手食指、中指、无名指被轧掉 5 节，构成重伤。现场人员急忙将马某送往医院治疗，因无法断肢再植，造成终生残疾。

2. 事故原因分析

(1) 造成事故的直接原因，是马某严重违反冲床安全操作规程，操作冲床时，擅自将冲床左电源按钮用胶带封住，只使用右手启动右电源按钮，结果导致事故。这也是发生事故的主要原因。

(2) 造成事故的间接原因，是用人单位忽视对员工的岗前培训，安全教育培训不到位，夜间生产作业安全检查监督不到位。

3. 事故教训与防范措施

事故之后，企业所采取的预防措施：

(1) 冲床工是一个危险性较大的工种，对新进厂的冲床作业人员要认真进行安全教育和技术培训，考核合格后方可上岗操作。

(2) 严格要求冲床作业人员在操作时必须严格遵守安全操作规程，不得有任何违章行为。严格禁止作业人员擅自改变安全保护装置，凡出现此类情况，一律按严重违章处理。

(3) 车间干部和班组长要增强责任心，加强对作业现场的安全检查，及时制止违章操作行为。

六、人造板有限公司机修工焊接作业不遵守规程导致的伤亡事故

2003 年 7 月 3 日，福建省某人造板有限公司切片车间在生产过程中，切片工段切片机输送螺旋叶脱焊断裂，一名机修工在进行焊接时，由于有人误按电钮，致使这名机修工双腿被螺旋叶片卷入，碾成重伤，经抢救无效死亡。

1. 事故经过

2003 年 7 月 3 日，福建省某人造板有限公司切片车间在生产过程中，切片工段因切片机输送螺旋叶脱焊断裂，与此同时，在同一车间相隔 7 m 左右的提升机也出故障，于是机修车间梅某与跟班机修工苏某一起前往切片工段，在当班操作工蒋某的配合下，分别对该车间设备进行检修。苏某进入输送螺旋槽内，低头专心焊接脱焊断裂部位；梅某抢修提升机，由于上下不方便，由蒋某配合按提升机电钮开关（提升机和切片螺旋控制电钮按键并排安装）。因蒋某操作疏忽，误将切片螺旋控制电钮启动，离配电盘正面仅 2 m 正在进行电焊作业的苏某，由于切片螺旋突然启动，双腿被螺旋叶卷入，与此同时另一台提升螺旋杆手拉葫芦随着螺旋拉力从约 2 m 高度落下砸在苏某左腹部。在苏某惨痛的呼救声中，蒋某还蒙在鼓里，走近切片螺旋输送槽一看，方才意识到自己按错按钮，随即返回关闭电源，但为时已晚，苏某因伤势过重，经抢救无效死亡。

2. 事故原因分析

(1) 造成事故的直接原因，是切片工段现场管理兼操作工蒋某，在配合抢修过程中，未尽监护职责，工作马虎，思想麻痹，将切片螺旋机电钮当成提升机电钮启动，由此而造成事故。

(2) 造成事故的间接原因：一是机修工苏某在进入螺旋输送槽进行焊接作业时，未按照规定通知电工切断电源线，也未悬挂“检修作业，请勿合闸”标志，没有防范措施；二是该公司及车间安全管理机构监督不力，缺乏安全教育，安全培训不到位，致使

车间管理人员安全意识淡薄，安全技能差，事故应变能力不强。

3. 事故教训与防范措施

事故之后，企业所采取的防范措施：

（1）加强安全监督管理工作，在各承包段设立安全员，加强技术力量，由公司抽调一名技术强的机修人员充实到切片工段开展工作。

（2）加强安全教育，对新聘人员或调换岗位的人员实行三级教育，特殊工种人员必须持证上岗，对重要岗位进行专门的培训教育，增强职工安全防范意识，加强安全生产知识和提高操作技能水平。

（3）加大安全生产检查力度，公司“安办”负责牵头，由分管安全生产的副总经理、公司安办主任、车间主任和机修或电工班组长组成检查小组，在每周六上午进行全面安全检查；每晚组成5名干部轮流值班巡视，发现隐患，责令整改，不能马上处理的，则下达整改通知书限期整改，将事故隐患降到最低点。